走遍中国

西藏

以文化引导旅行
中国背包客的金牌旅行指南

《走遍中国》编辑部

中国旅游出版社

本书导读

作为一套以实用信息为主的自助旅行丛书，《走遍中国》尽可能地向读者提供最全面的信息，包括出发前需要了解的相关的人文地理知识，准备出发时所应掌握的衣、食、住、行的资讯以及大量来自“当地人”的景点推荐和特别提醒。

1. 西藏档案

决定去西藏旅行，总是希望能对它有一个大致的概念，什么样的地理特征造就了那样的美景，什么样的历史造就了这样的现今，“西藏档案”通过图文并茂的方式，为读者建立一个对西藏具象感知。

2. 西藏解读

这片土地有着独具特色的风光、民俗和美食。“西藏解读”板块的设置就是想通过图文对照的方式，对西藏的人文地理进行梳理，以建立对西藏的感性认知。

3. 西藏经典

西藏有太多的美景值得去欣赏，有太多的民俗值得去品味，有太多的地方值得去旅行，如何在有限的时间里了解到最经典的西藏、最地道的西藏，正是这个部分的设想。

4. 准备出发

季节是影响旅行的关键因素之一，在不同的季节和不同的气候，风景会呈现出不同的韵味。此外，交通工具、交通状况、住宿条件和当地的美食风味，都是旅行者出发前最为关心的细节，因为这将决定旅行时间、行程安排甚至所需携带的衣物。至于花费，旅行专家们已经给出了一个建议性的预算方案。

5. 背包客推荐

《走遍中国》有众多的“背包客推荐”，来自旅行达人的亲身经验，为的是能为读者提供最贴心的旅行指南、最实用的旅行攻略。

6. 地 图

地图是旅行中不可或缺的一个重要元素，给予旅行者最具象的旅行方向，也为旅行者提供最方便快捷的旅行定位。《走遍中国》包括大量的详细地图，便于读者阅读和规划行程。

内文地图图例

G40 高速公路及编号	湖泊水系	饮品和酒吧
高等级公路	垭　口	商　店
G312 国道及编号	山　峰	银　行
S217 省道和县乡道	桥　梁	文化娱乐
铁　路	隧　道	火车站
快速路	首　都	汽车站
大　街	省级政府驻地	机　场
小　街	市级政府驻地	码　头
小巷和小路	县级政府驻地	停车场
徒步线路	村　镇	其他地点
地铁和轻轨	旅游景点	指北针
索道和滑道	宾馆、客栈	
国　界	饭　店	
省　界		
市　界		
长　城		
城　墙		

DISCOVER CHINA

目录 走遍中国·西藏 Tibet

CONTENTS

DISCOVER CHINA

走遍中国·西藏 Tibet

CONTENTS

DISCOVER CHINA

走遍中国·西藏Tibet

CONTENTS

DISCOVER CHINA

走遍中国·西藏 Tibet

CONTENTS

地图目录

西藏，是寻梦者最久远的梦境，是离去者最终极的追忆，是向往者最恒定的秘境……

西藏，在天堂的隔壁

这是一块可供灵魂歇脚的土地，一块生长传奇与神话的土地，也是无数颗被凡俗生活所疲惫的心想要抵达的土地。

这里的蓝天更高远，这里的河流更湍急，这里的心跳更剧烈。

高耸的冰山、辽阔的草原、矫健的雄鹰、狂奔的野马、披着夕阳的牧人、阿里荒原的狼嗥、古格王国的废墟、雅鲁藏布的峡谷、藏北无人区的飞雪……这一切的一切，都将西部这片土地映衬得如此寂寞，如此美丽，如此高贵而雄壮。

是的，这是一块可供灵魂歇脚的土地，一块生长传奇与神话的土地，也是无数颗被凡俗生活所疲惫的心想要抵达的土地。

这就是西藏。

6500 万年前的中生代，当地球古大陆还处在激烈的动荡期，印度洋板块和亚欧板块就像两颗火热的心那样相撞了，天崩地裂，山河变形，在这两大板块碰撞的地方，隆起了一片高原，并一直以每年几厘米的速度向天空继续生长。这就是青藏高原，被称为“世界屋脊”的青藏高原；这就是西藏，一次次洗亮我们双眼的西藏。

说不完的西藏。多少年了，这一片神奇的土地因为被险峻的高山和咆哮的河流所阻隔，除了太阳和月亮可以任意将它细细打量外，对西藏以外的人而言，这是一片神奇得近乎神话的土地。

于是，众多被好奇之心驱使的人们从四面八方涌向西藏；于是，青藏线、川藏线、滇藏线，一条条道路被向往西藏的人充斥；于是，多少进藏的人在这里得到了回报：那高峻的喜马拉雅，那奔腾的雅鲁藏布，那比天空还要湛蓝的纳木错。

站在“世界屋脊”上打量这片雪域高原，这片因为高峻的地形和威严的寒冷而特立独行的高原，当世界的大部分地区变得喧嚣和狂躁，这里依然是一片冰雪的净地。它是那样高远，又是那样宁静；它是那样神秘，又是那样平凡。也许，每一颗被世俗的尘埃污染的心灵，原来都可以有一个且应该有一个美丽的“西藏”。

当你在拉萨或是某个小得只有两三百户人的县城的街上闲逛时，当你面对旷野一只孤独的母狼那忧郁的眼神时，当一支高亢悲凉的民歌从一个喝醉了酒的女人的沙哑喉咙里如江河一样一泻千里时，当一张衰老得再也长不下一丝皱纹的脸被夜色淹没得只有一片轮廓时，当那博学的老喇嘛念着无人能懂的法经向你宣讲古经书里诡秘神奇的只言片语时——从这些充满诗性与神性的细节中，你已经体悟到了什么是西藏，什么又是西藏的灵魂。

对于寻梦者，西藏是最久远的梦境；对于离去者，西藏是最终极的追忆；对于向往者，西藏是最恒定的秘境；对于行走者，西藏是一个温暖而苍凉的手势。关注西藏，关注西藏大地的细节与美丽，这是一种体验，也是一种心与心的抵达。

走遍中国·西藏

TIBET ARCHIVES
西藏档案

走遍中国 · **西藏**

TIBET ARCHIVES 西藏档案

地理

整个西藏约123万平方公里的土地，高原是西藏的主角。如果说西藏是一首气韵悠长的诗，那么高原就是这首诗的诗眼，是这首诗最动人的华彩段落。

地球的制高点

最能概括西藏地理特征的，莫过于“世界屋脊”这四个字。是的，如果地球是一栋房子的话，西藏所在的青藏高原就是这栋房子的制高点。这片高高隆起于中国西部的大地，既有无数海拔高峻的高山（全世界超过8000米的高山共有14座，青藏高原上就有9座），也是无数源远流长的大河的发源地。

作为世界上面积最大、海拔最高的高原——青藏高原几乎构成了整个西藏约123万平方公里的土地，尽管西藏有少数地方不在这片高原之上，但高原仍然是西藏的主角。如果说西藏是一首气韵悠长的诗，那么高原就是这首诗的诗眼，是这首诗最动人的华彩段落。

这片全世界最特立独行的高原北起昆仑山脉，南至冈底斯山脉，东南至横断山脉，包括了西藏自治区、青海省、四川省西部和甘肃省以及新疆维吾尔自治区的部分地区，面积达250万平方公里——如此广袤的面积，已经超过了共和国版图的 1/4，更形象地说，如果真有一双上帝的神奇之手，那么青藏高原这片大高原，足以搁置得下 4 个半法国，或是 8 个意大利，或是 80 个比利时。

青藏高原——中国地形的第一级阶梯

众所周知，中国的地形分为三级阶梯，倘若把中国微缩成一个几百平方米的景观，你将形象地看到，由东往西，中国的地形如何渐次抬高。一个人沿着濒临西太平洋的长江口溯流而上，他将由地势最低、起伏最小的第三级阶梯过渡到地势渐高、起伏较大的第二级阶梯，然后，在四川西部，他将由第二级阶梯走向雄伟高峻、平均海拔在 4000 米以上的第一级阶梯，这第一级阶梯的主体就是青藏高原。

与山地相比，高原绝对海拔高，而相对海拔并不太高。就青藏高原而言，它总的地势是由西北向东南倾斜，海拔从平均 5000 米以上渐次递降至 4000 米左右。如同世界上其他大多数高原一样，青藏高原上也纵横延展着众多高耸的山系——所谓山系，是指比山脉更庞大的山的系统，从而构成了高原地貌骨架——或者更形象地说，这些动辄连绵几千公里的山系，就是托起青藏高原这方“世界屋脊”的房梁，因为几千万年来缓慢而又执着的地壳运动，这些隆起的山系依然还在向着天空的方向生长，因此高原还将更高，山脉还将更险。

如果有机会从太空俯瞰，青藏高原这块地球上高高隆起的第三级，一组组山系由南而北以近东西向的方式井然排列，它们是喜马拉雅山脉、冈底斯山脉、念青唐古拉山脉、喀喇昆仑山脉、唐古拉山脉、昆仑山脉。其中，唐古拉山脉和念青唐古拉山脉往东延伸发生转折变向，形成了藏东南近于南北向排列的横断山脉。

由于这些山脉的海拔平均都在 5000 米，其主峰一般都在 7000 米甚至 8000 米以上，因而这些气势磅礴的大山，头顶都覆盖着经年不化的积雪，而经年不化的积雪在地质作用之下，渐渐形成了冰雪的另一种形态——冰川。因此许多乘坐航班进入西藏的游人，往往会有一个深刻的记忆：飞机平稳地行驶在棉花般的白云上，从窗口望下去，大地上到

西藏是一首气韵悠长的诗

青藏高原上的雪山是众多大江大河的源头

处都是闪着光芒的山峰——那就是冰川在反射着高原上温暖的阳光。

冰川的产物是水，这些地球上质地最纯净的水体，它们在一道道山谷间形成了一条条潺潺流动的小溪，众多的小溪交汇在一起，便形成了众多举世闻名的大江大河：从长江到雅鲁藏布江，从怒江到澜沧江，它们无一不是从冰川融水形成的小溪流的童年时代开始茁壮成长。以这些大江大河为代表的西藏河流，往往由于地形的复杂多变，从而形成了沟谷深切、水流湍急的特点，而丰富的水资源就蕴藏其中。

西藏的高山、盆地、湖泊和峡谷

按照地质学家们的意见，广阔的西藏大地可以大致分为四个组成部分，它们分别是喜马拉雅高山区、藏南山原湖盆谷地区、藏北高原湖盆区和藏东高山峡谷区。

喜马拉雅高山区位于藏南，由几条大致东西走向的山脉构成，平均海拔在6000米，这里是我们这颗蓝色星球上最为高峻的地方，著名的珠穆朗玛峰就矗立在这一地区的中尼边境上。1849年，几个欧洲人在印度平原北部的山顶用望远镜向北方遥望，在他们的视野里出现了240公里以外的珠穆朗玛峰，这是欧洲人第一次看到这座高山，但他们还不知道这座矗立在中国和尼泊尔边界上的山峰，就是世界第一高峰。

珠穆朗玛峰，藏语意为“神女第三”，海拔8844.43米。作为亚欧板块与印度洋板块剧烈碰撞的产物，科学家说，珠峰目前仍在生长，以每年近2毫米的速度向天空逼近。地质学家的研究证明，大约在2亿年以前，珠穆朗玛峰以至整个喜马拉雅山都是一片汪洋，被称为“特提斯”古海。珠穆朗玛峰是在随后发生的一系列造山运动中升起来的。不过，它的南面与北面，仍长期在海水以下。直到离现在7000万～100万年的第三纪末，它才逐渐从海水中脱颖而出，因此它是地球上最年轻的山峰。从第四纪冰期以来，它已经上升了约1400米。

峰顶终年积雪，遥遥望去，大有圣母的庄严与凝重。当年，佛教大师米拉日巴就在山上修行多年，并写下了许多赞美这座喜马拉雅山脉主峰的诗歌。面对这颗蓝色星球上的最高峰，面对珠穆

西藏地理还有一种变幻莫测的壮美

朗玛峰的确只能高山仰止了。

藏南山原湖盆谷地区位于冈底斯山脉和喜马拉雅山脉之间，也就是西藏最重要的河流雅鲁藏布江及其支流流经之地。尽管雅鲁藏布江在流经藏东南时狂暴如猛虎，但在这一地区的绝大多数地段却温柔似处子，它轻盈地在雪山与草地之间流淌而过，经过这细致却充满耐力的千万年的冲积，沿途便形成了众多宽窄不一的河谷平地和湖盆谷地，这些平坦的谷地一般宽度在 5 ~ 10 公里，长度则在 50 ~ 100 公里。

平坦的地形和肥沃的土质给予了发展农业所需的得天独厚的条件，从远古的吐蕃王朝开始，这一地区就是西藏最主要的粮仓，也是人口和城市相对集中的地区。在一些海拔较低的地区，每当春天来临，雅鲁藏布江带着从上游挟带而来的冰水混合物，漫不经心地流淌而过，而温暖得像一件贴身小背心的太阳天天穿行天空，河畔的柳树全都吐出了崭新的嫩芽，远处的村庄牛羊归家，炊烟和暮色交织在一起，让人错觉这不是在遥远的西藏，而是在内地、在烟柳的江南。

藏北高原湖盆区位于昆仑山脉、唐古拉山脉和冈底斯山脉、念青唐古拉山脉之间，包括南、北羌塘山原湖盆地和昆仑山区，它的主体部分，也就是通常被我们称为羌塘的大草原，它还有另一个名字，那就是藏北高原。这是一系列由浑圆而平缓的山丘与谷地构成的草

河流为这片雪域高原创造了深切的峡谷

辽阔草原是西藏的另一道风景

原，它们的相对高差大多在 100 ~ 400 米，由于水草丰茂，成为西藏乃至全国最主要的牧业区之一。

没有到过西藏的人，不知道中国有多大，没有到过羌塘草原的人，不知道西藏有多宽。所有“地广人稀”、“天高地远”、“天苍苍，野茫茫”之类的形容词用在这里都合适，但永远都还不够。只要想想在 30 多万平方公里的土地上，仅仅生活着还不到 1 万人这一点，你就会明白这个地方会有多么辽阔，多么巨大和空旷。

所谓羌塘，在藏语里的意思就是“北方的空地”，这的确是一块空地，它空得无与伦比，空得空前绝后。这块“空地”南北宽约 760 公里，东西长达 1200 公里，如果在欧洲，这样的直线距离已经穿越了好几个国家，但在羌塘，你还一直没有走出那曲和阿里的地界。

藏东高山峡谷区即著名的横断山地，从“横断”这一名词可以想象得到，这一定是一片被重重山道道岭所阻隔的大地。它大致位于那曲以东，为一系列东西走向逐渐转为南北走向的高山深谷。在东边，众多的高山簇拥着三条世界级的大河夺路狂奔，它们就是被称为三江并流的金沙江、澜沧江和怒江。在西边，原本为东西流向的雅鲁藏布江在遇到南迦巴瓦峰的阻挡之后，暴烈的江水急转而南。雅鲁藏布江在古代藏文中的意思是“从最高峰上流下来的水”，它既是西藏最大的河流，也是最重要的河流。从墨脱出境后，它变得平缓了，名字也改称布拉马普特拉河。

但在进入平缓的印度平原之前，雅鲁藏布江必须从群山的环抱中冲出一条路。最柔软的水与最坚硬的山峰较量，不知从哪个地质年代开始，雅鲁藏布江在喜马拉雅山的东段冲出了一条大峡谷。这是世界上最深也是最长的大峡谷，远远超过了曾号称“世界之最”的美国科罗拉多峡谷。大峡谷地处人迹罕至的原始森林中，多少年来，它的壮丽与宏伟，除了头顶的太阳和星辰能够尽情地欣赏，人类的足迹几乎都被挡在了视野之外。直到 20 世纪 80 年代后期，科考

西藏地理有种天地悠悠的大美

工作者们在经过艰难的跋涉之后，终于目睹了那难以言说的壮美。

西藏无以言说的美

“造化钟神秀，阴阳割昏晓。”这样的地形与高度，决定了西藏的主体地区都是冰雪统治的威严世界，与杏花春雨江南的柔美或是骏马秋风塞北的肃杀不同，西藏是雪山簇拥着草原，草原包围着雪山，而在雪山与草原之间，沉睡着冰清玉洁的湖泊或是咆哮着势若奔马的江河。西藏地理所具有的美，既是一种天地悠悠，山高水长的大美，也是一种变幻莫测，丰富多彩的壮美。

多年以来，西藏奇特的地理就吸引了众多外来者探寻与好奇的目光，为了一睹雪山草地的风采，许多人经历了意想不到的困难才抵达了这世界的屋脊，而西藏一律慷慨地赐予外来者为之肃然动容，甚至热泪盈眶的、无法用语言描述的美。

1898 年，当夕阳中的清王朝正在百日维新的变法图强中做着最后的挣扎时，一个叫河口的日本僧人经过了长时间的跋涉之后，终于从印度翻越了横亘在中印两国之间白雪皑皑的雪山，进入了西藏境内。这位生长在日本的僧人，面对西藏地理感到难以言说的恐惧和惊喜，他在日记中写道：“当冬季大雪纷飞时，不仅四面群峰为积雪所覆盖，而且我们所在的平原也下雪，积雪可达一尺、两尺甚至三尺。同时暴风以猛烈的势头，把积雪吹散并卷上天空，山坡上的积雪在狂风中像海浪一样冲下来肆虐平原。”

然而不久之后，同样是在西藏，呈现在河口面前的却是另一番安详的风景——这一次，他在一面湖泊前停下了脚步，西藏为他展示的是无限的柔美与诗意，以至于这位四大皆空的僧人也忍不住诗兴大发，写了一首很打油的七言诗：

映无数星光流去，
布拉玛河似天河。
神之国喜马拉雅，
屹立布拉玛河上。

比河口的西藏之行晚了将近 1/4 个世纪，一个法国奇女子大卫·妮尔也踏上了探访西藏的路途，和河口不同的是，妮尔选择的线路是溯怒江而上，由云南进入西藏。当然，她所见识的西藏，又是另一种截然不同的风景。晚年的妮尔回忆生平时，曾认为自己应该死在西藏羌塘，她在她的回忆录中写下了一个有关西藏地理的片段："很少有风景区会像怒江流域那样，平静而又媚人。在景色秀丽的森林中，在蜿蜒的山道旁出现了越来越多的天然草坪，它们似乎有意地装饰着奇形怪状的山石。有的岩石孤立地、光秃秃地矗立在那里，如同草坪中央的一块纪念碑一般；而在别处，其他的山岩则在植物的掩饰下，以奇特的方式从一簇簇树叶中映出其威严的形象，金色的树叶如同拜占庭的镶嵌艺术品。柏树排成了一条神秘的林荫大道，直到遥远地方的一条河边，这一切都充满了神秘色彩，我仿佛觉得自己是在一本神话古书的图画中行走。"

珍稀动物的"诺亚方舟"

那些与人类在高原上共同生存和繁衍的动植物，它们也是高原的主人，它们和人类共有这片高远清寒的蓝天。

青藏高原野生动植物极其丰富，各种高等植物达 5800 余种，居全国第三位；各类野生动物约 723 种，其中 40 余种属青藏高原和喜马拉雅山区特有种。其中，主要植物有柏树、桑树、长叶云杉、西藏长叶松、铁杉、高山栎、乔松、云南松林、滇楠、澜沧黄杉林、喜马拉雅红杉、桫椤等。桫椤俗称树蕨，是国家一类重点保护植物，它是地球上残存的最古老的植物之一，被科学家称为"活化石"，具有极高的科研和观赏价值。青藏高原还有极其丰富的野生花卉植物，如杜鹃、报春花、龙胆、兰花、垂头菊、驴蹄草、岩白菜、岩梅、岩须、含笑、玉叶金花、苦苣苔等。其中杜鹃、兰花、龙胆、报春花是名贵观赏花卉。在喜马拉雅山海拔 3800 ~ 4400 米的高山地带生长着 154 种杜鹃，占世界杜鹃

青藏高原是珍稀动植物的"诺亚方舟"

藏野驴是青藏高原独有的美丽生灵

总数的 17%。

西藏境内主要野生动物有野牦牛、藏羚羊、雪豹、野驴、猞猁、棕熊、盘羊、金丝猴、小熊猫、喜马拉雅塔尔羊、羚羊、马鹿、赤斑羚、长尾叶猴、孟加拉虎、黑颈鹤、藏雪鸡、棕颈犀鸟、斑头雁等。尽管受人类活动的影响，西藏的动植物资源也遭到了一定程度的破坏，但与全国和全球大多数地方相比，西藏依然保持了相当规模的原生态，是中国野生动植物资源保护得最好的地区。在这些动植物资源中，有以下几种值得特别一说。

藏羚羊:藏羚羊在藏语中叫作“坠”。这种动物因身上有着美丽的绒毛而遭遇过被盗猎的灭顶之灾，近年来，由于众多志愿者的保护和国家有关部门的介入，它们的命运才有所改变。在羌塘，多的是那些适宜于藏羚羊生息的水草丰茂之地，它们喜欢出没于地势舒缓的湖滨地区。在那些地方，经常可以看到它们成群结队悠闲踱步嬉戏的身影。

藏羚羊是青藏高原独有的美丽生灵

藏羚羊是固守生存规律和生活方式的动物，它们的交配有着固定的季节和场所，一旦形成，就终生不变。每逢春天交配季节，发情的公羊带领母羊长途跋涉，跑到北部水草茂密之地交配。这是一个漫长的旅途，少则数十里，多则几百里，耗时十多天甚至一个多月。若

生活在海拔 5000 多米处的珠峰岩羊

遇到狼群袭击，羊群大乱，纷纷作鸟兽散。待劫难过后，藏羚羊们扔下一些同伴的尸体，又自行汇集在公羊身边，在公羊并不十分安全的护卫下继续北移，将它们的爱情进行到底。

藏野驴:藏野驴在藏语中称为“蒋”，它是整个青藏高原，可能也是整个动物界的长跑健将，时速高达50多公里，最高时速则达80多公里，一般的汽车也很难追上它们奔跑的四蹄。当藏野驴群在草原上集体奔驰而过时，它们坚硬的四蹄击打着同样坚硬的地面之声可以传到数里以外，让人联想起古代千军万马厮杀的壮烈场面。

藏野驴同时也是最有集体感的动物。它们以群而居，或四五头一伙，或

很少有地方像怒江流域那样，平静而又媚人

背包客收藏：西藏四部

阅读关于西藏的书籍，我们经常接触到卫藏、康藏之类的词语，这些由于历史原因而形成的地理名词，也是西藏地理的一个有机组成部分，了解它们，有利于我们更好地接近西藏的本真。按照传统和习惯，西藏全境包括四川藏族地区在内的土地被分为四个部分，简称西藏四部，即康、卫、藏、阿里四部。

康：康藏，又称喀木，是西藏四部中最东边的一部分，它既包括西藏昌都地区，也包括四川的康定、理塘和巴塘等地。

卫：卫藏，因在西藏四部中位于正中，故又称中藏，包括拉萨市和山南地区。

藏：通常所说的后藏，即日喀则地区。

阿里：在诸藏的西北部，离西藏中心城市拉萨最为遥远的一部。

由于受地理、气候等多种因素的限制，西藏的城市规模都很小，许多县城甚至还不如内地的一个村庄。不过，这些城市虽小，但它们在历史上的地位和现实中的意义却不可小觑。

成百上千头一群，是群与群之间各自为政的独立王国。每群野驴都由一只强壮的雄性充当驴王，驴王不仅可以优先享用最丰美的草料，还可以与它属下的所有异性野驴产生爱情，而其他雄驴只有旁观的份儿。产生驴王的唯一条件就是武力的角逐，胜者为王，败者为寇。

野牦牛：野牦牛被称为“高原之舟”，在于它惊人的负重能力。在羌塘三大动物家族中，它是体型最大的一种，体重达 1200 斤。野牦牛不仅身高体壮，力大无比，且有一对宛如尖刀的犄角，有这样强大的武力作后盾，野牦牛便桀骜不驯，牛气冲天。幸好，它一般不主动攻击人和其他动物，只是在受到侵犯时才奋起自卫。

野牦牛的皮极厚，最厚处约 6.6 厘米，韧性极强，一般的手枪或步枪子弹打在它的皮上，根本穿不透，顶多穿一个小眼了事。藏北无人区附近的牧民们，常把偶尔捕获到的野牦牛皮切下来，晾干后，坚硬厚实的皮可以当菜板用。野牦牛的舌头上长有一层肉齿，可以轻松地舔食很硬的植物。牧人便把野牦牛的舌头割下来晒干，当梳子使用。不过，随着野牦牛进入了国家一级保护动物的名单，要想再得到这样一柄“肉梳”已经是不容易的事情了。

巨柏与古桑：尼洋河是雅鲁藏布江的一条支流，从朗县、工布江达蜿蜒而来，在林芝境内注入雅鲁藏布江。尼洋河下游的河谷里，常常可以看到零星的柏树，这些柏树有塔形的树冠和几人也难以合抱的树干，这就是西藏特有的巨柏。这些巨柏最长的竟然已经有 2500 年的历史了。

与巨柏相映成趣的是林芝县境内的古桑。一般而言，桑树是不可能长得太高大的，西藏的这株桑树王已有 1000 年以上的历史，树高 7.04 米，干围 3.3 米，不仅在西藏雄踞第一，在全国也是第一。

有趣的是，当地人口耳相传，说这株桑树王是文成公主与松赞干布结婚时栽种的。

历史

从文成公主进藏，萨迦地方政权的建立，到清王朝与达赖的关系，西藏这个偏居西南的地区，政权不断更迭，但宗教始终是政权交替中一个重要的组成部分。

远古传说

一切历史都是当代史。所以同样的历史资料到了不同时代的不同史家手里，会有完全不同的史书留下来。尽管如此，所有史家们有一点却是共有的：当他们在关注历史时都将遇上一个不可回避的问题——他的著作所叙述的那群早已化为我们头顶的星辰或尘埃的古人的起源。

这也是全人类一直思考的问题：人类究竟是如何起源的?

这是一个艰深的命题，古今中外的回答不一而足，但基本上都将这类似于世界的第一推动力的东西交付给了冥冥之中的神——人类在感到渺小或绝望时，总是向虚空的神投去期望的一瞥。《圣经》中说上帝用泥土造出了亚当，然后从亚当身上抽取一根肋骨，造出了夏娃，这一男一女便成为人类的始祖。而在汉族的传说中，女娲这位女神扮演了类似上帝的超自然的角色。

与这两种人类起源的传说相比较，藏族关于人类起源的传说显然更接近科学一些——至少它和后来达尔文先生论证出的人类起源于猴子有点英雄所见略同。

传说有一只猴子被观世音菩萨点化，在一座山洞中认真地修行。但不走运的是，有一位罗刹爱上了这只猴子。一天，这罗刹找上门来，要求与其结为夫妻。猴子不肯答应。罗刹就威胁说："如果你不答应我的要求，我就下山去找一个魔鬼，和魔鬼成亲，将来必然生下成千上万的小魔鬼，让它们去祸害众生。"

猴子听了，心中非常矛盾，一方面，如果成亲，必然就犯了修行的戒律，多年苦修也将毁于一旦；另一方面，如果不成亲，罗刹则会在一怒之下造下更大的罪恶。左右为难的猴子无法决断，只得求见观世音菩萨。

当历史尘埃落定，只有风雨中的人类遗迹在传递着远古的回音

顺着历史的阶梯，一步步走近历史

观世音菩萨说："这是天意，也是吉祥之兆，你可以与她成亲，在此雪域之地繁衍人类，这是莫大的善事。"猴子听从了观世音菩萨的旨意，和这罗刹结了婚，并生下6只小猴。此后，这6只小猴又生下500只小小猴，如此滚雪球一般，把一个家族越滚越大。

到后来，由于猴子太多，森林里的果实不够吃了，观世音菩萨就把五谷撒到地上，猴子们吃了五谷，短短的尾巴消失了，身上厚厚的毛变浅了，从此变成了人。这就是西藏高原上最早的居民。

传说这些猴子居住过的山叫贡布山，就在今天的西藏山南地区的泽当镇东郊。泽当这一地名在藏语里意为"猴子嬉戏之地"。至今，这里的人们还传说，在离泽当不远的撒拉村，还有一大片猴子耕种的青稞地。每到春天播种之时，远近的农民都要到这块地里抓一把泥土撒到自己家的地里，据说这把神土能够保佑这一年风调雨顺，五谷丰登。

贡布山上还有一个巨大的山洞，据说就是猴子们的家。直到现在，洞口仍被当地群众插满了树枝，上面飘动着经幡。洞内的石壁上则有一些简单的壁画和六字真言，洞口总是残留着祭祀后的灰烬。

松赞干布与文成公主

在说到松赞干布之前，我们必须先引入一个词：吐蕃。在藏语里，吐读作杜，是大的同音字，也是藏人的自称。所谓"吐蕃"，也就是大蕃的意思。作为中国古代藏族政权名称，它存立于7～9世纪，是由雅隆农业部落为首的部落联盟发展而成的奴隶制政权。这个政权的最高统治者称为赞普，最伟大的赞普要数藏族地区家喻户晓的松赞干布，他和文

西藏的辉煌从松赞干布开始

成公主的故事，曲折而生动地反映了中古时期西藏和内地之间的战争与和平。

吐蕃是西藏地区第一个统一政权，它的统一历史是由松赞干布的祖父开始的，经过三代人的努力，到松赞干布时代，终于功德圆满。由于历史的机遇与个人的才华，松赞干布成为整个西藏历史上几十位赞普中最伟大的人物——

在他的时代，吐蕃的统一大业尘埃落定；

在他的时代，藏文被创制，从此历史变得清晰可见；

在他的时代，拉萨红山上出现了那座横亘千载的布达拉宫；

在他的时代，佛教遍及最偏远的牧区和草场；

在他的时代，吐蕃有了第一部严格意义上的法律，从此吏民可以有一部行为的准则和规范；

在他的时代，40万精锐的吐蕃骑兵所向无敌，令最善战的大唐名将们也为之胆寒；

在他的时代，原本蛮荒落后的西藏让周边王朝刮目相看，甚至天纵雄风的大唐，也不得不派出公主和亲，以获得边境的安宁。

松赞干布继承赞普之位时只有13岁，在当代，这相当于现在一个初二学生的年龄，刚好唇上长出第一缕软软的胡须，刚刚开始学习向异性讨好。而松赞干布已经在一批忠诚正直的顾命大臣的辅助下，开始了他的治国生涯。松赞干布在位期间，主要进行了一系列富国强兵的改革：

军事方面，松赞干布仿照中原隋唐时的府兵制，建立了一套完整的军事组织。他将他势力所及的吐蕃国境分为4个如，即藏如、约如、卫如和叶如，相当于4大军区，作为王国军队的四翼。四如分别设长官、元帅和副将等职，既是军事首长也是地方行政首长。四如以下，分设千户和下千户，其中卫如辖7个千户和1个下千户，其余三个如分辖8个千户和1个下千户，共计31个千户和4个下千户。为了方便指挥，各个如的军队所用的马匹和旗帜的颜色各不相同，以此作为标志。所有兵力相加，在40万人左右，这是当时中国各个部族政权中最强大的一支军事力量。

政治方面，松赞干布设置了各级官府，创立了尚论制。王朝最高统治者当然是赞普，赞普之下，设总管政事的大相一名，大相以下，设副相一名做大相的助手。以下设都护一人，管理王朝外部事务；设内大相和内副相及内小相各一名，负责王朝内政；整事大相一名，负责刑法。

在吐蕃王朝中担任官职的人，按照惯例，要在他们名字的前面标明论或尚的字样。标论者，意味着他是和王室没有直接亲属关系的大臣；标尚者，意味着他是和王室有婚姻关系的贵族。

法律方面，完善的法律是一个国家正常运行的基本保证。松赞干布依照佛家的十善法制定了王国的法律体系，主要条文共 20 条。这 20 则条文不仅是法律，相当一部分还是道德甚至社会礼仪与处世原则。它既宣布要对奸恶之人严惩不贷，同时也对一般的行为规范作出了说明。

文化方面，藏文的创制是开天辟地的大事，它的历史功绩远在军事和政治之上。据史载，当松赞干布基本统一各部之后，决心改变藏族人结绳为约的落后状态，他派吞米桑布札翻越喜马拉雅山，前往印度学习。

几年后，吞米桑布札学成回藏，这位智者以梵文字母为蓝本，再以孟加拉语为辅，结合吐蕃语言实际，创造了藏文字母。吞米桑布札回藏时，松赞干布在布达拉宫设盛宴为他洗尘，并命令全藏民众努力学习自己的文字。据传，松赞干布本人为了学习藏文，苦修了 3 年。

就像两条不平行的线条终有交叉的一天一样，当吐蕃和中原的唐朝各自向前发展到 634 年，它们交叉了。

当时的唐朝天下初定，隋末连年战争的创伤正在得到医治，中国历史上最知名的盛世“贞观之治”姗姗来到人间。而此时的吐蕃，也迎来了其历史上势力最大的黄金时代，那时候，吐蕃的势力向西一直延伸到尼泊尔，向北延伸到今天的新疆，向南延伸到南诏，向东则延伸到了今天的甘肃。

在甘肃洮河流域，这两个政权相互试探的触角第一次接触到了一起。松赞干布是吐蕃历史上最有雄才大略的君主，不仅体现在他杰出的军事才能上，更体现在他审时度势的智慧上，虽然他拥有数十万能征善战的铁骑，但他大多时候是以这些铁骑作为后盾，作为外交的实力，与周边的政权——尤其是唐帝国——保持着一种和平的状态。

中原的文明通过河西走廊传到了逻些（今拉萨），这丰富多彩的文明令松赞干布心向往之。这是一个开放的人，

松赞干布和文成公主的故事家喻户晓

文成公主入藏，让西藏的文明进程一日千里

公主带来的纺织和刺绣的技艺沿袭至今

一个孜孜不倦向外界学习的人，因此，在艳羡大唐文明的同时，他想到了和大唐联姻。

638年，松赞干布派出求婚专使前往长安求见唐太宗，要求迎娶公主，从此约为婚姻，永保和平。但唐太宗小看了青藏高原这个奴隶王国的势力，他轻率而傲慢地一口回绝。639年，松赞干布派出他手下最得力的大臣——大相域松，前往尼泊尔迎娶了该国的尺尊公主。两年后，松赞干布再次派出求婚专使前往长安，表达了迎娶公主的愿望。这一次，他没有失望。

641年，在唐朝礼部尚书、江夏王李道宗的持节护送下，文成公主及唐蕃专使及随行人员数千人辞别唐太宗，踏上了前往吐蕃的迢迢之路。这行人在经青海日月山抵达吐谷浑后，于河源建起馆舍，而早已得信的松赞干布已于此前从逻些出发，在青海玛多县境内迎接到了公主，在执子婿之礼见过李道宗后，松赞干布把文成公主带回逻些，并举行了盛大的婚礼。

文成公主入藏对西藏历史有着深远的影响，她不是一个人入藏，而是先进的中原地区对青藏高原一次文化和文明的输血，她从大唐带往西藏的能工巧匠多达数百人，各种先进的技术由这些能工巧匠传入西藏，并在西藏生根发芽，落后的西藏因之一日千里，因而多年以后的今天，藏族人在说到文成公主时，依然满怀崇敬与感激之情。一个叫毛毛的女作家，对文成公主其人其事，用充满想象的笔法写道：

“藏王打开了公主的陪嫁，他面对的是一个巨大文明的实体，不禁眼花缭乱，有医学、历算书籍，佛经佛像，蔬菜谷物的种子，骡、马、骆驼和羊，还有建筑、酿酒技术、唐朝的音乐、舞蹈等。尤其是那水磨，用水力粉碎青稞，又省劲又快捷，让藏人们惊喜不已。松赞干布见状也大喜，大力推广起来。

“还有纺织和刺绣，公主与她的侍女一起，将这些技术传授给藏地妇女。

用这种工艺纺织和刺绣出氆氇、毯子、毡垫的方法沿袭到今天。这是一次中原高度发展起来的文明成果向雪域佛地集中地、大规模地输入，是一次人类历史上人为的最直接的、面对面的文明开拓，从这个意义上讲，公主不朽。”

680年，文成公主在逻些去世。这位伟大的女人服从命运和历史的安排，从富庶繁华的父母之邦远嫁雪域高原，和松赞干布生活了10年。而松赞干布去世后，她以一位远方的异族女人的身份，在高原寡居达30年之久，作为桥梁和纽带，她已经是一种崇高而伟岸的象征。

萨迦与蒙元

13世纪初叶，大地就像陶轮一样翻转过来。那些来自蒙古高原的高大剽悍的蒙古骑兵，跨着同样高大剽悍的蒙古马，手握寒光闪闪的军刀和例不虚发的劲弓，在成吉思汗的率领下，以不可思议的速度与力量，让当时的世界都感到极度恐惧。

总之，13世纪的中国及亚洲，基本上是一个战争的世纪，太多的流血与杀戮，太多的征服与抵抗，都被那削铁如泥的弯刀和踏破霜晨之月的马蹄搅在了一起。

但西藏却注定将在这个血雨腥风的年代里，一举从中原王朝的敌人的角色转变为相逢一笑泯恩仇的兄弟：雪域高原，从此成为中国不可分割的版图。这一切，得从萨迦派和成吉思汗说起。

萨迦派，是指藏传佛教的一个分支，由日喀则西南仲曲河谷的一个叫贡却杰波的新兴封建农奴主创立。此人自称吐蕃王朝贵族昆氏的后裔，并于1073年在他的家乡修建了一座寺庙，广招僧徒，传习佛法，由于这座寺庙周围的土壤呈灰白色，人们便把这寺叫作萨迦寺——藏语里，萨迦就是灰白土的意思。

从贡却杰波开始，萨迦寺由他的家族世代相传，传到第四代，此人名叫萨班·公哥坚藏，正是他和成吉思汗建立起了有机的联系，而他的侄子则一举成为元朝的第一任帝师，那就是大宝法王八思巴。

再说成吉思汗。1206年，铁木真建立蒙古汗国，尊号成吉思汗。同一年，他兵临西夏，到达青海柴达木地区，甘肃和青海一带的藏族地区纷纷进入蒙古的版图。成吉思汗派人写信给萨迦派寺主萨班，表示他一向尊崇藏传佛教，愿意皈依佛法，并希望该派到蒙古传教。

当时，成吉思汗强大的军事力量如日中天，几乎是攻无不克，战无不胜，他这封文质彬彬的来信，引起了西藏各种势力的猜测和震动。他们明白，尽管这封信很客气，但此前成吉思汗就派人到过西藏劝降，如果应对失策，必将给西藏地区带来可怕的战争。

为此，西藏各派暂息了纷争，决定派出两名代表前往柴达木觐见成吉思汗。这两位代表分别来自山南和拉萨，他们匆匆赶往柴达木，向成吉思汗这位一代天骄表达了西藏各派愿意臣服中央政府的意思，成吉思汗兵不血刃而一举拿下西藏，当然很高兴。这是西藏地方势力和中央政权建立直属关系的开端。

成吉思汗一生总是忙于征服那些遥远的异国他乡，尽管西藏已称臣归顺中央，但他并没有进行真正有效的管理。时间一晃到了1229年，这时候是成吉思汗的儿子窝阔台在位，他将甘肃、青海和原来西夏王国的领土，作为封地划给他的二儿子阔端。

1239年，阔端派大将多达纳波率军从武威进入西疆，这支部队军纪涣散，由于他们在藏族地区的滥杀和抢劫，引发了藏族人民强烈的反抗，在付出惨重的代价后，终于抵达了拉萨以北的热振寺。

多达纳波还算是个聪明人，他看出武力很难使藏族这个倔强的民族屈服，只有宗教的羁縻，才能事半功倍，为此，他写信给阔端汇报说：现在的西藏地区，以噶当派的寺院最多，达垅噶举派的法王最有德行，直贡噶举派的京俄大师最有法力，而萨迦派的萨班大师学问最好，人脉最旺。信中，多达纳波向阔端建议，请萨班到武威和阔端见面，以便通过萨迦派从而进一步控制西藏。阔端同意了，他立即写信给萨班，邀请他到武威会面。

但不知道为什么，这封信发出之后的第七个年头，萨班才带着他的侄子八思巴前往武威，此时阔端已于前一年回蒙古出席推举贵由为可汗的大会了。次年，阔端从蒙古回来，萨班已经在武威等了他一年。

阔端由于长途跋涉，加上在战争年代曾负过伤，当时正身患重病，他的医生们对此束手无策，而萨班凭借神奇的医术，很快治好了阔端的病，这使得阔端对萨班既感激又信任。两人经过长时间的协商，议妥了西藏归顺蒙古的条件，并决定由萨班给西藏各地方势力发出一封公开信，劝他们接受条件，归顺蒙古。

在这封公开信中，萨班以铁的事实说明，归顺蒙古是大势所趋，西藏各势力必须审时度势，任何首鼠两端的侥幸都是徒劳无益的。萨班说，西藏业已成为蒙古的属地，阔端已委派萨迦派和其他官员对西藏进行有效管理。地方上的各种势力，凡是愿意归顺的，就要将各地方官员姓名、部众人数及贡物数量登记造册，复制三份，一份交阔端，一份交萨迦，一份自存。如果各地官员照此办理，那就是表示他们是愿意归顺蒙古的，否则，则视为蒙古的敌人，以后蒙古军队进入时，必然成为讨伐的对象。

1251 年，萨班去世后，他的侄子八思巴成为萨迦派领袖。这一年，忽必烈正准备出征大理，出发之前，他约八思巴到六盘山见面。这次见面是重要而必需的：它使忽必烈终于相信，西藏绝

萨迦，是藏传佛教的一个分支

宗教在西藏的历史发展过程中始终扮演着至关重要的角色

不会在他远征大理时发生任何变数，而八思巴的学问和气质，也给忽必烈留下了良好的印象。

1260年，忽必烈继承帝位，他没有忘记那位在六盘山与他促膝而谈的西藏高僧，立即依照当年西夏制度，封八思巴为国师，赐予玉印。1264年，忽必烈迁都大都（今北京），在中央设立了掌管全国佛教事务和藏族地方行政事务的总制院——以后又改名宣政院，八思巴以国师的身份兼管总制院，成为西藏历史上第一位出任中央政府高级官员的藏族人。

忽必烈时代，元帝国的对外扩张基本上停止，三大金帐汗国疆域已定，忽必烈开始以管理者的视角对空前庞大的帝国进行有效的治理。他坐在北京城的大殿之上，睿智的目光遥遥地注视着数千公里外的西藏。

就在他继承帝位的同时，他派遣达门为特使入藏，设立了27处驿站，这27处神经般分布在雪域高原的驿站，将西藏与中原紧密地连接在了一起。从此，每当北京城有何新的政策，那些飞奔的驿马一路铃铛摇动，一站接一站地将中央政府的旨意传达到萨迦和整个西藏。

八思巴在蒙元中央政府服务了8年，1268年，这位远行的游子重返西藏，忽必烈派出三位官员与他同行，对西藏的人口进行了调查，这也是中央政府在西藏地区的第一次人口调查。

在这次人口调查的基础上，中央政府在萨迦设立本钦一名，由帝师提名，皇帝批准任命，负责西藏地区的管理。本钦以外，设置宣慰使、安抚使、招讨使、万户和千户等各级官职，负责管理当地军政事务。元帝国中央政府在西藏地区共设有13个万户，明令以萨迦为13个万户之首。

万户以下官职，一般都由当地头人或是宗教领袖出任，后来演变成了土司。

绛求坚参与帕竹政权

八思巴的萨迦政权依靠元政府的信任和扶持，从而得以生存。元代，中央军队曾四次进入西藏为萨迦政权铲除敌对势力。但元朝迅速走向腐败和没落，萨迦政权也几乎同步走进了死胡同之中。

死和生总是头尾相继的，一个时代的结束必然是另一个时代的开始。在萨迦政权的废墟上出现的，是乌思藏第悉帕摩帕竹巴政权，简称帕竹政权。

帕竹本是藏传佛教噶举派的一支，该派创始人为生活于12世纪的多吉结布，这一派成为一个地方政权则是从允钦杰娃甲保开始的，他以宗教领袖的身份兼任万户长。到元朝末年，他的后裔绛求坚参横空出世，成为西藏史上的又一位英雄人物。

绛求坚参早在少年时，就因指责帕竹万户府的官员们醉生梦死，不理民生而遭到暗算，只好逃往萨迦避难。在避难的经历中，他进一步看到整个萨迦政权的腐败已经远远超过了他的想象，萨迦政权事实上有如一栋被蛀虫完全蛀蚀一空的大厦，之所以还没有倒塌，只是一场必需的风雨还在酝酿之中。

绛求坚参决心成为埋葬萨迦大厦的这场风雨。1322年，20岁的绛求坚参就任帕竹万户长，他在大臣勋努桑保等人的辅佐下，首先战胜了另一位万户亚桑的进攻。萨迦政权对日益崛起的绛求坚参深感恐惧，视之为心腹大患，于是借口为他和亚桑调解，把他骗到了萨迦。

萨迦本钦给绛求坚参穿上囚服，百般凌辱，然后押着他，率领军队围攻绛求坚参的首府乃东，所有的人都认为帕

古格壁画

五世达赖不远万里到北京朝觐清顺治皇帝（布达拉宫红宫西大殿中壁画）

竹万户危如累卵，很可能一败涂地。但绛求坚参在单刀赴会式地前往萨迦前就已预知到了其中可能的阴谋，从而早和部下商定了应对之策。

果然，当萨迦军队不可一世地将绛求坚参押到乃东城池之前，威胁守军如果不打开城门投降，就杀死他们的领袖时，勋努桑保依计回答说："吾等之领土较吾主犹重，宁可死守，不以城降。"

萨迦的要挟没起作用，只得悻悻而归。随即，勋努桑保派出使者携带着重金前往萨迦，买通了萨迦政府的关键人物，使得绛求坚参有惊无险地回到了乃东。当然，那些笑纳了重金的萨迦要员们完全没有想到，要不了多久，他们就会被这个穿囚服吃粗食的阶下囚砍掉脑袋。

绛求坚参的隐忍换来了整顿军备的时间，随着时机成熟，他跃上骏马检阅军队，向士兵们宣布：彻底打败萨迦的时候到了。

萨迦政府为了对付绛求坚参，组成了另外12个万户的联军。面对比自己多数倍的敌人，绛求坚参相信，那些被神抚摩过脑门儿的人，无论遭受多么无礼的对待和多么难以跨越的障碍，都只是神对他意志的考验，他最终必然会实现自己的梦想。而他本人，就是这样一位在少年时期就被神抚摩过脑门儿的人，因此神的火花一直在他博大的心灵里孕育。

果然如同自信的绛求坚参所想象的那样，萨迦联军虽然貌似强大，但是，由一头狮子率领的一群绵羊必将打败由一头绵羊率领的一群狮子。绛求坚参就是这样一头狮子，因此他取得了最后的胜利。

1349年，萨迦政权落下帷幕，绛求坚参建立了帕竹政权，因他的都城定在乃东，所以他和他的继任者们被称为乃东王。绛求坚参的帕竹政权存续了87年。

五世达赖与清王朝

自从蒙元政府倚重萨迦派，萨迦派便在西藏各派势力中一枝独秀。此后，藏传佛教各派系都竞相仿效，纷纷向外寻求实力派和中央政府的庇护与支持。作为格鲁派的领袖，达赖起源于明代，而生活于明清之际的五世达赖，则是西藏历史上的一个重要人物，他和清王朝之间深厚的关系成为中央政府稳定西藏局面的重要契机。

1640年前后，明王朝的江山在农民起义和清军攻打的双重困境下已经走到了山穷水尽的地步，尽管拉萨远在千里之外，但对中原局势时刻关注的五世达赖早就精明地看到明王朝这条汪洋中的破船已经自身难保，要想获得西藏地区的稳定，必须寻求另外的支持。自然，他的目光很容易就注视到了以八旗铁骑横扫关外随时可能长驱入关的清王朝身上。

1642年，五世达赖和四世班禅的特使悄悄前往盛京（今沈阳）作试探性的访问。清太宗皇太极同样是一位精明的英雄，他深深地知道，达赖和班禅这两位西藏僧俗两界的领袖所抛出的橄榄枝意味着什么。因此，款待了特使。于是，这两个一个处在中国最东边，一个处在中国最西边的少数民族政权，中间隔着一个垂而不死的明王朝，戏剧性地握手言欢了。

清王朝与西藏宗教界的一拍即合，并不是没有原因的心血来潮。其实，早在皇太极的父亲努尔哈赤时代，虽然二者还没有直接接触，但努尔哈赤即看到满族正处于由原始宗教萨满教向藏传佛教转变的重要过程中，他无法忽略藏传佛教发源地西藏。

当清王朝还叫作后金，满族还叫作女真时，一位千里迢迢到辽东传教的藏

罗布林卡的湖心宫是达赖接见访客的地方

罗布林卡屋檐上的兽首

族喇嘛郎苏成为藏传佛教涉足东北的先驱。即使是这位普通的、并不是西藏宗教领袖们派出的“志愿者”性质的喇嘛，努尔哈赤也对他优礼有加。《满文老档》中说：“是日，科尔沁老人郎苏喇嘛至，入汗衙门时，汗起身与喇嘛握手相见，并坐大宴之。”

五世达赖的重要历史地位，不仅在于他曾派兵收复了被拉达克国王占据的阿里，甚至也不仅在于他于1637年暗中邀请游牧于新疆天山一带的蒙古厄鲁特部的固始汗率兵入藏，推翻了对格鲁派采取压制政策的第悉藏巴汗政权，而在于他与清王朝亦即中央政府之间建立起了一种有效的管理机制。1652年，此时清王朝已如同五世达赖所预料的那样统一了中国，这时努尔哈赤和皇太极均已辞世，在位的是据说后来在五台山出家为僧的顺治。如同乃祖乃父，顺治对西藏的安定也极为重视，他于该年派出使节前往拉萨，邀请达赖入京。

达赖欣然应允，经过一番精心准备，包括达赖和班禅以及固始汗在内的一支3000人的进京队伍前往北京。

这次进京觐见开了历史的先河，活动也耗时达一年有余。当这支队伍在结束觐见返回拉萨途中，顺治派出的特使快马追上了他们，这位特使向达赖宣布了一道圣旨，圣旨正式册封达赖为“西天大善自在佛所领天下释教普通瓦赤喇怛喇达赖喇嘛”。

这是一道在历史上意义重大的圣旨，达赖喇嘛首次得到了中央政府的册封，此前虽已有达赖之称号，但那不过是俺答汗代表一个部族政权或者说一个地方政府的封号，而这次顺治的圣旨则代表了一个国家，一个强大的中央王朝，两者自然不可同日而语。更为重要的是，达赖的册封（以后还要加上班禅）必须经过中央政府，自此成为一条规矩，一个仪轨，一种让僧俗万众心服口服的重要方式。

20世纪的两次坐床典礼

自清朝开始，中央政府对西藏的管理日益加强，1793年清政府颁布《钦定藏内善后章程》时，创建了传承至今的金瓶掣签制度，达赖和班禅这两个藏传佛教最大的转世系统的转世灵童的确认，必须得到中央政府的认可方为有

罗布林卡

效，而每次经确认后的转世灵童的坐床典礼，中央政府总要派出要员前往拉萨，与当地地方政府高级官员、佛教界领袖一起，举行坐床大典。20世纪上半叶国民政府时期，中央政府即派员参加了两次坐床典礼。

1939年夏季的一天，西藏僧俗两界高层人物接到国民政府来电，宣称国民政府蒙藏委员会委员长吴忠信将由水路从印度来拉萨主持十四世达赖喇嘛的坐床大典，对此，西藏地方政府噶厦极为重视，在官员们看来，身为蒙藏委员会委员长的吴忠信，其地位比前清的驻藏大臣还要高，必须小心接待。为此，噶厦政府专门召开会议研究各项筹备工作，国民党政府驻拉萨办事处处长也与会共商接待事宜。

这一年的秋末冬初，吴忠信抵达边境小镇亚东——从内地前往拉萨，居然必须绕道南海、马六甲海峡、印度洋，再从印度入境，可见当时进藏之艰难。早有准备的噶厦政府接报后，令第二藏兵营抽出20名官兵组成卫队，专程赴亚东护卫吴忠信一行，又令亚东总管策松平康陪同吴前来拉萨。在西郊接官厅里，噶厦政府的噶伦、达赖喇嘛和摄政的首席代表知宾以及七品官以上的僧俗官员，均肃立恭候，态度恭谨。此后，吴忠信一行到色新别墅下榻，4位噶伦代表噶厦，携带米、面、酥油、糌粑、鸡蛋等礼物，前往色新别墅向吴忠信行见面礼。噶伦私人也向吴委员长及其随行官员送礼物。当晚，地方政府在色新别墅设宴为吴委员长一行洗尘。几天后，各大活佛拉章、政府官员、三大寺的拉吉、各扎仓代表以及英国驻拉萨商务代表、尼泊尔领事、不丹官员等，都陆续拜见吴忠信。

作为必不可少的礼仪，吴忠信为大昭寺、小昭寺的释迦牟尼像各献了红、黄、蓝三色长绫哈达一匹，并在大昭寺的释迦牟尼像前，以汉族佛教徒的供奉仪式点灯、烧香。在布达拉宫观世音菩萨像前、十三世达赖喇嘛的灵塔上，吴忠信献了三色长绫哈达。在色拉寺和哲蚌寺，吴忠信为每个僧人布施藏银15

两，并向寺庙赠中华民国国旗一面。送给达赖喇嘛的礼物则是绸缎、茶叶以及土特产品，以及两幅吴本人的书法作品。其他诸如噶厦政府的重要官员札萨克、台吉、仲译钦波、孜仲、达赖和摄政王的首席知宾、藏军司令等，则统统赠送蒋介石及吴本人的照片，照片后面有他们各自的签名和印章。

在一番来来往往的拜访和送礼仪式之后，1940 年，即藏历铁龙年正月十四日，十四世达赖喇嘛坐床典礼隆重举行。是时，达赖喇嘛坐在大殿正中的宝座上，吴忠信并排坐在达赖喇嘛的左边，其随行官员都坐在铺有锦缎外套的厚垫子上。据当时的参与者回忆，吴忠信身着蓝色锦缎长袍，黑色马褂，头戴黑色瓜皮帽，斜披蓝缎背带，背带上别着一枚金色勋章。

仪式开始，朗杰扎仓的领诵人和向达赖喇嘛献礼者两人向达赖喇嘛敬献吉祥八标、吉祥八宝和七珍等物品。之后，摄政热振讲话，参加典礼的僧俗官员也均按照各自的官职向达赖喇嘛敬献哈达。接着与会人员在吃了茶点小事休息之后，观看了两场为此典礼准备的藏戏。最后班禅堪布厅、萨迦、三大寺、仲吉、前后藏各部等都纷纷宴请达赖喇嘛，并敬献礼物。

吴忠信在主持十四世达赖喇嘛坐床大典后，即将离开拉萨时，又前往罗布林卡与达赖告别，告别时，吴忠信送给达赖一只怀表。摄影师为他们拍下了许多珍贵的照片。

1940 年 2 月 5 日，国民政府发布命令，免予金瓶掣签，特准丹增嘉措继任为第十四世达赖喇嘛。

民国时期的另一次坐床大典举行于国民党统治摇摇欲坠的 1949 年。早在 1937 年年底，第九世班禅额尔德尼在青海玉树大寺圆寂。1941 年，班禅堪布厅按照宗教仪轨，寻访出了青海循化撒拉族自治县的男童宫宝慈丹，作为九世班禅的转世灵童，报请国民政府批准。1949 年 6 月，国民政府颁布命令准予宫宝慈丹继任为第十世班禅额尔德尼，并免予金瓶掣签。同年 8 月 10 日，国民政府派蒙藏委员会委员长关吉玉为专使，主持了在青海塔尔寺举行的第十世班禅额尔德尼的坐床典礼。

大事记

7世纪初

藏王松赞干布兼并10余个部落和部族，建立吐蕃王朝，定都逻些（今拉萨）。641年，松赞干布迎娶唐太宗的宗室女文成公主，奠定了吐蕃与唐朝200余年频繁往来的“甥舅亲谊”。

710年

唐金城公主嫁吐蕃王墀足德赞，同时携带绣花锦缎数万匹、工具书籍多种和一应使用器物入蕃。

822年

唐朝派刘元鼎等人到吐蕃，与吐蕃僧相钵阐布和大相尚绮心儿等人结盟于拉萨东郊。此次会盟在唐长庆年间，史称“长庆会盟”。会盟双方重申了“和同为一家”的甥舅亲谊，商议今后“社稷如一”。

记载这次会盟内容的石刻《唐蕃会盟碑》共有3块，其中一块现立于拉萨大昭寺前。

842年

吐蕃王朝因王室内讧和部族之间、边将之间的混战而分裂瓦解，出现众多互不统属的地方势力，互相征伐连绵持续达400余年。

1247年

萨迦派高僧萨班·公哥坚藏与蒙古汗国皇子阔端在凉州（今甘肃武威）议定了西藏诸部归顺蒙古汗国和接受所规定的地方行政制度的内容，并成立了萨

贝叶书

迦地方政权。元朝建立后，西藏亦成为中国元朝中央政府直接治理下的一个行政区域。

1260年

元朝皇帝忽必烈封公哥坚藏的侄子、萨迦派法王八思巴为国师。

1264年

忽必烈设释教总制院，命八思巴以国师身份兼领院事。在总制院（后改宣政院）下，设“宣慰使司都元帅府”，负责处理和管辖现今西藏大部分地区的军政事务。

1265年

忽必烈封八思巴为大宝法王、帝师，并通过八思巴举荐，任命了总管西藏事务的行政长官和13个万户府的万户长。

1354年

以绛求坚参为首的帕竹噶举派成为西藏大部分地区的统治者，形成了政教合一的帕竹地方政权。元中央政府承认了这一事实，封绛求坚参为大司徒。

明朝时期，采取普遍封赐的政策，对具有政治实力的地方诸教派首领均赐以“王”、“法王”、“灌顶国师”等名号；王位的继承必须经皇帝批准，遣使册封。这时，达赖喇嘛和班禅喇嘛两大活佛系统所属的格鲁派兴起，三世达赖喇嘛索南嘉措向明廷入贡，获得明朝中央封赐的“朵儿只唱”名号。明朝中央对西藏地方的治理，沿袭了元朝的办法，先后设置乌思藏、朵甘两个“卫指挥使司”和“俄力思军民元帅府”，分别管理前后藏、昌都和阿里地区的军政事务。

藏传佛教仪式

1652年

五世达赖应清顺治皇帝邀请进京入见。次年，顺治皇帝颁赐金册、金印，敕封五世达赖，正式确定了达赖喇嘛的封号。

1713年

康熙皇帝册封五世班禅罗桑意希为“班禅额尔德尼”，正式确定了班禅喇嘛的名号。自此，达赖喇嘛在拉萨统治西藏的大部分地区，班禅额尔德尼在日喀则统治西藏的另一部分地区。

1727年

清政府设立驻藏大臣，代表中央监督西藏地方行政。

1750年

清政府废除郡王制度，建立西藏地方政府（“噶厦”），规定了驻藏大臣与达赖喇嘛共同掌握西藏事务的体制。

1792年

清朝派福康安率领大军入藏，反击入侵后藏的廓尔喀军，并攻入廓尔喀境内，廓尔喀投降议和。

1793年

清政府颁布了著名的《钦定藏内善后章程》，就驻藏大臣的职权、达赖与班禅及其他大活佛转世、边界军事防务、对外交涉、财政税收、货币铸造与管理以及寺院的供养和管理等制定了较为完善的制度，成为此后百余年间西藏地方行政体制和法规的规范。

1904年

英军侵略西藏，西藏军民在江孜英勇抵抗，失败。十三世达赖喇嘛土登嘉措逃离拉萨去蒙古库伦，英军进入拉萨，

英国和印度军队的武装入侵西藏

强迫订立《拉萨条约》共10条。

1912年

中华民国中央政府设蒙藏事务局(1914年改称蒙藏院),主管西藏地方事务,并任命了中央驻藏办事长官。

1929年

南京国民政府设立蒙藏委员会,主管藏族、蒙古族等少数民族地区行政事宜。

1940年

国民政府在拉萨设立蒙藏委员会驻藏办事处,作为中央政府在西藏的常设机构。西藏地方政府多次选派官员参加国民代表大会。

1951年5月23日

中华人民共和国中央人民政府和西藏地方政府的代表就西藏和平解放的一系列问题达成协议,签订了《中央人民政府和西藏地方政府关于和平解放西藏办法的协议》(简称《十七条协议》)。达赖喇嘛和班禅额尔德尼分别致电中央人民政府主席毛泽东,表示拥护《十七条协议》,决心维护祖国主权的统一;西藏各阶层僧俗人士和各地藏族领袖也表示坚决支持。从此,西藏历史翻开了新的一页。

1954年

达赖喇嘛、班禅额尔德尼联袂赴北京参加中华人民共和国第一届全国人民代表大会。达赖喇嘛当选为全国人民代表大会常务委员会副委员长,班禅额尔德尼当选为全国人民代表大会常务委员会委员。

1956年4月22日

西藏自治区筹备委员会在拉萨正式成立,中央人民政府派遣以陈毅副总理为团长的代表团专程到拉萨向西藏各族人民表示热烈祝贺。

达赖喇嘛被任命为西藏自治区筹备委员会主任委员。

1959年3月

西藏地方政府多数噶伦和上层反动集团全面发动了旨在分裂祖国、维护封建农奴制、反对民主改革的武装叛乱,中央人民政府命令驻西藏的人民解放军坚决平息了叛乱。

同年3月28日,国务院总理周恩来发布命令,宣布解散西藏地方政府,由西藏自治区筹备委员会行使西藏地方政府职权。与此同时,中央人民政府顺应西藏人民的意愿,在西藏进行了民主改革,废除了封建农奴制度,百万农奴成为新社会的主人。

1965年9月1日

西藏自治区第一届人民代表大会在拉萨召开,西藏自治区正式成立。

主要民族

西藏是藏民族的发祥地和聚居区，民族分布具有大分散、小杂聚的特点。藏族除了一部分分布于青海、甘肃、四川、云南等省外，一半左右居住在西藏自治区境内。除藏族外，西藏还有汉族、回族、门巴族、珞巴族、怒族、纳西族、蒙古族、土族、独龙族、满族以及僜人、夏尔巴人等 40 多个民族成分。其中门巴族和珞巴族是西藏独有民族，属全国 22 个人口较少民族。

藏族

有关藏族的起源众说纷纭，而在藏族民间广为流传的，是记载在藏文史书《西藏王统记》中的一段“猕猴变人”的传说。藏族自称“蕃巴”（bod-pa），有自己的语言和文字。藏语属汉藏语系藏缅语族藏语支，分卫藏、康方、安多三种方言。现藏文是 7 世纪初根据古梵文和西域文字制定的拼音文字。10 ~ 16 世纪，是藏族文化兴盛时期。藏戏独具特色，歌曲和舞蹈充分体现了民族风格。

藏族信奉大乘佛教，大乘佛教吸收了藏族土著信仰本教的某些仪式和内容，形成具有藏族色彩的“藏传佛教”，对活佛高僧尊为上人，藏语称为喇嘛，故藏传佛教又被称为喇嘛教。藏族传统衣着为上身穿长袖衫，男子外着宽肥的长袍，卫藏地区女子着无袖长袍，腰间系带，已婚妇女多系五彩“邦典”（图

藏族妇女

藏族服饰

门巴族妇女

案似彩虹的围裙）；历史上男女都蓄辫，喜戴首饰，现在农牧区仍有部分男子蓄辫；不同地区的传统服饰特点各不相同。传统食物以糌粑（青稞炒熟后磨成）、牛羊肉为主，喜喝酥油茶、奶茶和青稞酒，忌食狗肉及奇蹄类动物肉。葬俗以天葬、水葬为主，亦有火葬、土葬，因人因地而异。

门巴族

门巴族主要分布在西藏自治区门隅和上珞渝的墨脱及与之毗连的东北边缘。门巴族有自己的语言——门巴语，但是没有本民族的文字，通用藏文，主要信仰藏传佛教，也有部分人信仰原始宗教。

823 年设立于西藏拉萨大昭寺前的甥舅和盟碑记载："孟族"等族向吐蕃王朝"争相朝贡，俯首听命"。这个孟族，即包括门巴族。13 世纪，门隅作为西藏的一部分正式归入中国的版图。门巴族聚居的门隅，地处喜马拉雅山脉南麓，山高谷深，道路艰险，交通闭塞，历史上被视为神秘的地方，藏语称"白隅吉莫郡"，意为"隐藏的乐园"。

门巴族爱唱情歌，也爱唱酒歌。这种酒歌，称作"萨玛"，流行于门隅，歌词生动有趣，曲调欢快高昂。萨玛酒歌多为 7 个字或 9 个字组成一句，诗节无定数。常用比喻、渲染和夸张的手法，抒发对崇高理想和美好愿望的强烈追求。近来通过歌唱比赛出道的门巴族艺人"央吉玛"便是门巴族人能歌善舞的代表。

珞巴族

珞巴族是中国少数民族中人口最少的一个民族，仅有 3000 人。主要分布在西藏东起察隅，西至门隅之间的珞渝地区。"珞巴"是藏族对他们的称呼，意为"南方人"。

珞巴族大部分居住在雅鲁藏布江大拐弯处以西的高山峡谷地带，山高林

珞巴族是中国少数民族中人口最少的

密，人烟稀少，交通十分不便。架栈桥、过独木、爬“天梯”、飞溜索、穿藤网，是珞巴族的交通绝技。珞巴族男女都喜爱系一条考究的腰带，有藤编的、皮革制作的，也有用羊毛编的，并织有各种彩色图案。腰带除用来扎系衣裙外，还用来悬挂小刀、火镰和其他铜、贝制作的饰物。佩带长刀是珞巴族男子的嗜好。而珞巴族成年男子腰间都挂着“火镰”。另外，用石块烙制的食品是他们的独特习俗。珞巴族人擅长舞蹈，他们的舞蹈取材于模拟动物鸟兽，驯养动物的画面等。

回族

现居住在西藏的回族居民多数是清代从甘肃、陕西、青海、四川、云南等地迁入的回族后裔，少数来自中亚一带。主要分布在拉萨、日喀则、昌都等城镇。多数从事商业、手工业及屠宰业。通常使用藏文或汉文，在宗教上使用阿拉伯文或乌尔都文。信仰伊斯兰教，在拉萨等地建有清真寺。

特别提醒： 除此之外，在西藏还生活着几支独特的族群。

僜人

僜人俗称“僜巴”，分布于中印交界地区，即喜马拉雅山脉以东、横断山脉西部的西藏察隅等平均海拔1000米的林区。居住在察隅的僜人有1300多人。尚未列入中国主体民族中。他们有自己的语言，属汉藏语系藏缅语族，无文字，以刻木、结绳、摆木棍（树枝）记事。僜人的服饰十分有特点：女人一般都戴一对锋如长鼓似的银质长耳环，头戴护额，颈项挂串珠或其他银饰，穿筒裙，赤足；男人头上都盘着长长的黑帕，戴一种银耳环，腰挎砍刀，十分威武。

夏尔巴人

有没有听说过，如果你到了喜马拉雅，登不上雪山，夏尔巴人背都能把你背上去?

夏尔巴人（Sherpa），族名在藏语中表示“来自东方的人”，相传先祖来自中国甘孜地区，是一个散居在中国、尼泊尔、印度和不丹等国边境喜马拉雅山脉两侧，操藏语族夏尔巴语的族群。他们又被称为“喜马拉雅山上的挑夫”。

从20世纪20年代起，夏尔巴人就为登山者充当向导和挑夫，他们体质好、抗缺氧能力强，吃苦耐劳。而登山队员们的“路”便是夏尔巴人在没有任何装备的情况下，冒着生命危险架设出来的。

夏尔巴人大都信奉藏传佛教，绝大多数人信奉萨迦派和噶举派，也有信奉格鲁派和宁玛派的。他们以佛教教规作为行动准则，喇嘛在夏尔巴人中享有特殊地位。他们还崇尚鬼怪，相信星算，凡有重大举动都先占卜而后作决定。

走遍中国·西藏

INTERPRETATION OF TIBET
西藏解读

走遍中国 · **西藏**

INTERPRETATION OF TIBET
西藏解读

探寻西藏的宗教之源

藏传佛教已成为西藏日常生活中不可或缺的部分，不了解藏传佛教就很难了解西藏，看到的西藏也只停留在天高云淡、山峰高耸、民风淳朴的表面。

本教，藏族文化之源

面对如同雅鲁藏布江一样源远流长的藏族文化，人们不禁要问，如果从今天溯源而上，它最长最老的源头是哪一条？越来越多的学者们认定，这条最长最老的藏族文化之源，就是一种叫作本教的原始宗教。

本教又称苯教、笨教，辛饶弥沃大师据传是本教的创始人，他创立该教的时间为公元前 1917 年，即藏历木鼠年，创立之地则为象雄地区，就像佛教的创始人释迦牟尼是王子一样，辛饶弥沃大师也是王子——然而这一过于遥远的年代的可信度并不高。我们只能笼统地认为，本教出现的时期相当早，约相当于青藏高原上人类的原始社会末期，至于比较系统的本教，其历史也已有 3000 多年了。总之，本教起源于原始初民对于天地、山川、日月、星辰等自然万物的变化和存在有着不可思议的神秘感，对于生老病死等现象的不可理解，于是对自然万物产生了敬畏和崇拜心理，一步

宗教是西藏日常生活中不可或缺的部分

步由原始的万物有灵演化为系统的宗教。

本教的发展一般可分为笃本、伽本、觉本三个时期。前两个时期称黑本，后一时期称白本，为本教的主流派。该教早期主要崇拜天、地、水、火、雪山等自然物，其后守护神崇拜和祖先崇拜逐渐成为主要信仰。8世纪后，藏传佛教在西藏兴起，本教受到藏传佛教影响，将一部分佛经改为本教经，并据此繁衍教义，与此同时，藏传佛教各派也吸收了本教的若干内容和仪轨。

如同大多数宗教都要对世界作一番根本性的解释一样，本教认为世界是由一个或几个巨大的卵演变而成的，世界产生于五种本原物质，同时强调神和人类的共同起源，人和神之间存在亲缘关系，该教的三界说认为，天神、人类、动物、生灵互相联系，相互依存。

本教对西藏文化的影响源远流长，它创造了藏文化的多个最初：生活民俗、行为规范、历算、藏医、藏文、宗教信仰、政教制度等，无不打上了本教的或深或浅的烙印。因而，它完全担当得起藏文化源泉之一的重任。

据本教经典的记载：西藏本教创立后不久便传播到西藏全境，然后从广袤的雪域高原传到今天的新疆南部、四川西部和云南北部以及印度北部和波斯地区，由此造就了以冈底斯山脉为中心的本教文化圈，也正式形成了今天喜马拉雅文化的核心区域。

藏传佛教，佛教的本地化

10 世纪初，藏传佛教最终形成，进入后弘期

1405 年，本教大师念麦·西饶降赞在后藏建成曼日寺之后，新派本教以曼日寺为基地向全西藏发展，本教从此产生了新旧两派。新派与旧派的最大区别就是新派戒律严明、注重威仪、重学兼修。在漫长的岁月中，本教见证了西藏的战争与和平，兴旺与衰退，它先后经历了吐蕃王直贡赞普灭本、象雄王国灭本、吐蕃王墀松德赞灭本、吐蕃王朗达玛灭佛灭本等多次劫难，尽管如此，它本身所具有的强大本土生命力和深厚的群众基础仍然让它延续至今。在西藏，本教文化早已融入藏族人民生活的各个方面。

自从佛教传入后，本教的领地和信徒日益减少，以至于走上了没落的路子。只有在工布江达一带，本教还有一席之地。在林芝县城东南，矗立着一座高大的雪山，人称苯日神山，自古以来，它就是本教最重要的神山之一。

关于苯日神山，在本教教徒中流传着这样一个故事，从中可以看出本教与佛教之间的激烈斗争：

当年本教和佛教相争时，本教徒阿穷杰博曾与著名的佛学大师莲花生斗法。莲花生在达雅江与尼洋河交汇处，用法力调集大风企图把附近的村庄全部吹倒。阿穷杰博用巨石压住树木，狂风因此减速，村庄被保全了，但树木都被吹弯了，所以直到今天，这里的树木仍然是弯着身子。此后，两人又再次斗法，莲花生再次被击败。从此，本教就在工布江达一带保存下来。

苯日神山上有一棵很大很大的树，本教把它叫作天梯，认为它是通往宇宙的阶梯，凡是早死的儿童的尸体都会被装入木箱中，再把木箱放到这棵巨树的树杈上，人们相信，只有如此，夭折者的灵魂才能由此树进入天堂。巨树上总是挂满了各种经幡，树下还常摆放着各种祭品，加上由于地势较高，巨树上部云雾弥漫，真有种说不出的神秘与诡异。

藏传佛教，佛教的本地化

佛教是具有全世界影响的信徒最多、影响最大的宗教之一，起源于印度。而藏传佛教是佛教传入西藏后产生的一个分支，历史上，它的影响遍及西藏、青海、内蒙古及四川和云南各地。各种资料表明，佛教传入西藏大约在 7 世纪的松赞干布时期。据传说，在 5 世纪的一天，吐蕃王室的祖先拉托多聂赞在雍布拉康的屋顶上休息，忽然从天上掉下来几件佛教器物，当然，这位贵族并不认识此为何物。正在纳闷之际，空中有个声音向他说道：在你 5 代以后，将有一个懂得这些器物的赞普出现。5 代以后，果然出了一个大力弘扬佛法的赞普，这就是大名鼎鼎的松赞干布。

传说不足为凭，历史上的事实是，在松赞干布时期，原本流传于吐蕃的佛法第一次被以政权的世俗力量得以推广演进，大小昭寺等著名的寺庙就兴建于这一时期，大批印度和尼泊尔僧侣也来到雪域传经布道。从这一时期到9世纪中叶赞普朗达玛灭佛，称为前弘期；10世纪初，佛教再次得以复兴，并终于完成其藏化过程，形成既有深奥佛教哲学思想，又有独特西藏地方特色的地方性佛教，藏传佛教终于形成，这一时期称为后弘期。

正是在藏传佛教的曲折发展历程中，形成了它的各个教派，下面，我们作一个简单的梳理：

到11世纪中叶以后，西藏佛教进入各个教派形成时期，相继出现宁玛、噶当、萨迦、噶举、格鲁、希解、觉宇、觉囊、郭扎、夏鲁等教派。后5个教派由于无政治势力做靠山，势小力弱，先后融入其他教派或被迫改宗其他教派，均消失于历史长河之中。影响较大的有宁玛等5个教派。

宁玛派形成于11世纪，是藏传佛教中最早产生的一个分支。该派吸收和保留了大量本教色彩，他们重视寻找和挖掘古代朗达玛灭佛时佛教徒藏匿的经典，并认为自己弘扬的佛教，乃是从8世纪的吐蕃时代传下来的，因而最具经典性，所以称宁玛，藏语意为“古旧”。加上该教派僧人只戴红色僧帽，因而俗称红教。宁玛派以密宗修习为主，其思想受汉语系佛教影响，与内地禅宗“明心见性”相似。今天，宁玛派不仅在中国藏族地区传播，在印度、不丹、尼泊尔、比利时、希腊、法国、美国也有一定的信徒。

噶当派创建于1056年。藏语里，“噶”指佛语，“当”指教授。“噶当”意为用佛的教诲来指导凡人接受佛教之义理。该教派以修习显宗为主，主张先学显宗，后学密宗，其教法传播甚广，藏传佛教各教派均受其影响。15世纪格鲁派兴起后，原噶当派的僧人和寺院都改宗格鲁派，噶当派从此逐渐消失。

本教文化早已融入藏族人民生活的各个方面

噶举派创始于11世纪，该派重视密宗学习，而密宗学习又必须通过口耳相传，故名噶举——藏语里，“口传”之意。因该派创始人玛尔巴和米拉日巴在修法时都穿白色僧裙，故噶举派又俗称白教。噶举派最初分香巴噶举和达波噶举。14～15世纪，宗喀巴大师及弟子克珠杰等先后向香巴噶举系僧人求学，但后来此系逐渐湮没无闻，融入他派。人们现在提到的噶举派通常指由南岩玛尔巴大师创立的达波噶举。历史上，达波噶举实力雄厚，支系最多，其中一些不是直接控制西藏地方政权，就是通过代理人控制地方政权的僧俗两界领袖。值得一提的是，藏传佛教的转世制度即肇始于该派，因而噶玛巴堪称历史最悠久的“活佛”。

萨迦派创始于1073年，因该教派祖寺萨迦寺所在地呈灰白色，故得名萨迦。萨迦，藏语意为“灰白土”。由于

随着佛教的推广，佛寺也大量兴建起来

该派寺院围墙涂有象征文殊、观世音和金刚手菩萨的红、白、黑三色花条，故又称花教。萨迦派在形成教派体系、扩大宗教影响、扩展封建势力过程中，出现过历史上著名的“萨迦五祖”。

其中，萨迦四祖萨班曾在元朝时联络西藏各个封建势力归顺蒙元。萨班去世后，萨迦五祖八思巴又成为元朝中央的高级官员，受到元朝皇帝极大的恩宠，被封为“国师”、“帝师”、“大宝法王”，萨迦派也由此成为元朝在西藏统治的代表。明朝，萨迦派高僧贡噶扎西前往南京朝见永乐皇帝，受封为明朝三大法王之一的“大乘法王”。

格鲁派创建于1409年，是15世纪西藏佛教史上著名的宗教改革家宗喀巴在推行宗教改革过程中形成的，也是藏传佛教中形成最晚的一个教派。宗喀巴生活于西藏帕竹政权取代萨迦政权之时，上层僧人不仅直接参与政治、经济的角逐，而且生活日趋腐朽，在社会上逐渐失去民心。

针对这一情况，宗喀巴以重视戒律为号召，到处讲经说法，著书立说，抨击僧人不守戒律，积极推进藏传佛教的改革。1409年藏历正月，他在拉萨大昭寺发起祈愿大法会，这就是流传至今的传召大法会。法会后，宗喀巴建起著名的甘丹寺，创建严守戒律的格鲁派。格鲁，藏语意为“善律”。由于宗喀巴及其追随者头戴黄色僧帽，故又俗称黄教。格鲁派创建后，相继建立起哲蚌寺、色拉寺、扎什伦布寺、塔尔寺、拉卜楞寺等影响甚大的大寺，它们与甘丹寺一起并称为格鲁派的六大寺院。此外，格鲁派还创建了达赖、班禅两个最大的活佛转世系统。

薪火相传的活佛转世

关于活佛及活佛转世，权威的《辞海》作了一个简明扼要的解释：藏传佛教中依转世制度而取得地位的高级僧侣的俗称。其中地位最高者为达赖和班禅；其次为法王，是清朝中央政府给予“呼图克图”封号的转世者（旧有“八大呼图克图”等称号），再次为一般活佛。活佛原来依宗法制度父子世袭。13世纪噶举派的噶玛支系始创转世制度，至格鲁派（黄教）禁止僧人娶妻以后，转世制度流行更广。这一解释说明了几个问题：第一，活佛有很多种，大到最高级别的达赖和班禅，小到只管一座寺庙的一般活佛；第二，在古代，它曾经是有血缘关系的世袭制度，在格鲁派的改革之后，实行了转世制度。

作为藏传佛教区别于其他宗教的最大特征，活佛转世已有数百年的历史，要想追本溯源，一切就得从源头上说起。

时间回到元朝初年，回到忽必烈时代。忽必烈对萨迦派领袖八思巴非常赏识，除了封他为国师外，还封他为“西天佛子，化身佛陀”，此后，元代人就开始称西藏高僧为“活佛”，不过，这时它指宗教修行中取得一定成就的僧人。只有到活佛转世制度创立后，它才成为寺庙领袖继承人的特称。活佛转世的理论基础源于佛教教义，佛教教义中，有“佛有三身”说和“灵魂不灭”说。“三身”是指过去、现在和未来，都有一位最高的佛为主宰；一切生灵都在六道轮回之中，循环往复，无始无终，犹如车轮之旋转，佛的化身也不例外，但佛经过轮回仍然是佛。遍布全球的佛教有许多分支，但这一理论基础只有藏传佛教才天才地加以创造，从而形成了源远流长的活佛转世制度。而最早发明活佛转世的人，是与八思巴同时代的另一位高僧。

1252 年，忽必烈召见八思巴时，也邀请噶玛噶举高僧噶玛拔希。但噶玛拔希投向了当时的蒙古大汗蒙哥，被蒙哥封为国师，并赐给一顶金边黑帽及一枚金印。1283 年，噶玛拔希圆寂。为将本教派既得利益保持下来，他便以佛教意识不灭、生死轮回、“化身再现，乘愿而来”为依据，临终前要求弟子寻找一小孩继承黑帽。弟子秉承师命，找来一小孩为噶玛拔希的转世灵童，黑帽系活佛转世制度就这样建立起来了。明朝，黑帽系活佛噶玛巴被明永乐皇帝封为明三大法王之首的“大宝法王”。今天，这一活佛转世系统仍在传承。1992 年 9 月 27 日，拉萨堆龙德庆县楚布寺举行盛大的十六世噶玛巴活佛转世灵童坐床典礼，揭开噶玛噶举黑帽系活佛转世的又一页。

藏传佛教各教派为了自己的利益，纷起仿效，相继建立起大大小小数以千

扎什伦布寺辩经

计的活佛转世系统。据统计，清乾隆年间在理藩院正式注册的大活佛就有 148 名，到清末增至 160 名。到新中国成立时，在信仰藏传佛教的各民族各地区约有上千个活佛转世系统，形成了一个庞大的活佛群。其中，随着本教派利益的膨胀而建立的两个最大的活佛转世系统是达赖转世系统和班禅转世系统。

活佛转世的一般的程序是：当前一任活佛圆寂之后，由高级僧侣们根据各种征兆确定活佛转世的方向，然后由寺院派出高僧分赴各地秘密寻找转世灵童。这些转世灵童在通过种种考察后，经过不断的淘汰和筛选，最后确定其中一个为转世灵童，迎回寺庙，举行坐床。

由于活佛小者是一座寺庙的最高领袖，大者是全藏的领袖，因此，对于活佛转世活动中转世灵童的确认，便成为西藏各利益集团角逐的手段。对转世灵童的认定，在清乾隆五十七年（1792）中央政权决定金瓶掣签制度前，主要采取以下方式：一、抓阄。如寻访出几个幼童，各方意见相持不下，难以确定时，即采用抓阄法来确定。二、护法神汉作法降神指定。三、高僧占卜指定。四、世俗统治者指定。如第巴·桑结嘉措指定的第六世达赖喇嘛仓央嘉措，但这些只是在特定历史条件下的特例。五、僧俗统治者共同商定。后两种特例说明，活佛转世神秘化或简单化，都服从于统治者的需要。但这些随意性较大的举措，容易滋生各种弊端。为此，1793 年清朝颁布《钦定藏内善后章程》时，创建了传承至今的金瓶掣签制度，并把它列入第一条：

“关于寻找活佛及呼图克图的灵童问题，依照藏人例俗，确认灵童必问于四大护法，这样就难免发生弊端。大皇帝为求格鲁派得到兴隆，特赐一金瓶，今后遇到寻认灵童时，邀集四大护法，

不了解藏传佛教，就很难了解西藏

遍布全球的佛教有许多分支，但只有藏传佛教有活佛转世制度

将灵童的名字及出生年月，用满、汉、藏三种文字写于签牌上，放进瓶内，选派真正有学问的活佛，祈祷七日，然后由各‘呼图克图’和驻藏大臣在大昭寺释迦牟尼佛像前正式认定。假若找到灵童只有一名，亦须将一个有灵童名字的签牌和一个没有名字的签牌，共同放进瓶内，假若抽出没有名字的签牌，就不能认定已寻得的儿童，而要另外寻找。达赖喇嘛和班禅额尔德尼互为师徒，认定他们的灵童时，亦须将他们的灵童的名字用汉、藏、满三种文字写在签牌上，同样进行。这些都是大皇帝为了格鲁派兴隆和不使护法弄虚作弊。”

金瓶掣签制度，完善了藏传佛教活佛转世制度。金瓶掣签后，驻藏大臣、寻访灵童负责人要将掣签所得灵童的情况报告中央政府，经中央政府批准后，才能举行坐床典礼。为此，清朝特制两个掣签金瓶，一个用于达赖、班禅转世灵童的认定，现存放于拉萨布达拉宫；另一个用于确认蒙藏大活佛、呼图克图的转世灵童，现存放于北京雍和宫。

清朝中央制定的金瓶掣签制度，在政治上进一步完善了传统的活佛转世制度，确立了中央政府在这一问题上的最高权威。清廷通过这一制度，取消了过去由护法神指定灵童真身的做法，从而消除了护法神假托神言，任意妄指的弊病；加强了中央政府对于转世活佛这一关系西藏地方政教大权的重大宗教事务的管理，确立了中央政府在活佛转世问题上的最高权威。

金瓶掣签制度实施以后，基本上没有再因转世灵童而引起大的纠纷，避免了历史上各教派内部为争夺转世灵童的矛盾和斗争，从而促进了藏族社会的相对稳定。

走进心灵的神山圣湖

考察全世界，山水有灵，成为神的化身和宗教的符号，这种情形可能也只有西藏独有，这无疑是西藏地理——尤其是人文地理——一个不可或缺的部分。

由于全民信教的巨大影响，自古以来，藏族同胞就坚持万物有灵的观点，尤其是那些高峻的山和幽深的湖，大多被赋予了形而上的意义——它们不再仅仅是自然界的造物和客观存在，而是具有灵性的神山圣湖。全西藏最知名的神山圣湖大致有以下这些。

冈仁波齐

冈仁波齐实在太有名了，不仅在阿里，不仅在西藏，也不仅在中国。这座冈底斯山脉的主峰，和许多著名的山峰总是连着一系列的山脉起伏波动不同，它有些孤独地壁立千仞，像一座巨大的金字塔，它的四壁分布极为鲜明对称，仿佛是上帝在制造它时曾小心地绘过图纸。终年的积雪堆积在山顶，绕来绕去的云雾像一层薄纱一样罩住了它的峰顶，在世界上众多的高山都被人类的双脚征服之后，冈仁波齐仍然是一座没有人类脚印镶嵌其上的处女峰。

冈仁波齐是一座不同宗教和不同国度的人们心目中共有的神山。佛教中最著名的须弥山指的就是冈仁波齐。耆那教封它为“阿什塔婆达”，其创始人筏驮摩那在此获得解脱。印度人把它称为“凯拉斯”，认为它是宇宙中心。印度教认为它是破坏之神湿婆的居所，

冈仁波齐是不同宗教不同国度的人们心目中共有的神山

人们用仰望的双眸和飘扬的经幡表达对念青唐古拉山的敬意

这位湿婆法力无边，既可毁灭世界，亦可创造世界。本教徒更把它看作圣地和“世界中心”。

冈仁波齐在藏语中意为“神灵之山”，在梵文中意为“湿婆的天堂”。从印度创世史诗《罗摩衍那》以及藏族史籍《冈底斯山海志》、《往世书》等著述可以推测，人们对冈仁波齐的崇拜可上溯至公元前 1000 年左右。

古老的本教经典描述说：一条河从冈仁波齐山流下来，注入了不可征服的湖泊——玛旁雍错，有四条大河由此发源，流向东、南、西、北四个方向。流向东方的是达确藏布——马泉河（下游为布拉马普特拉河），绿宝石丰富，饮此水的人们如良驹一般强壮；流向南方的是马甲藏布——孔雀河（下游为恒河），银沙丰富，饮此水的人们如孔雀一般可爱；流向西方的是朗钦藏布——象泉河（下游为萨特莱杰河），金矿丰富，饮此水的人们壮如大象；流向北方的是森格藏布——狮泉河（下游为印度河），钻石矿藏丰富，饮此水的人们勇似雄狮。

关于神山的各种神话传说，如果收集起来，估计可以写一部厚厚的书。

正是因为几种宗教都把它看成神山，因此每年都有络绎不绝的朝圣队伍从印度、不丹、尼泊尔以及我国各大藏族聚居区不远千里前来朝圣。转山是来自不同地方的朝圣者最常采用的方式，信徒们相信，转山 1 圈可以消除罪恶，转山 108 圈则不但全部罪恶消除，且能够飞升成仙。又据说佛祖释迦牟尼的生肖属马，马年转山 1 圈相当于其他年份转山 13 圈，且最为灵验，也更能积功德。所以每逢藏历马年，转山的朝圣者最多。

念青唐古拉山

不仅在西藏，即便在全中国，念青唐古拉山都是一条著名的山脉，它的主峰耸立在天湖纳木错之南。念青唐古拉山是威严的，它用终年的积雪和变幻的电闪雷鸣止住了那些探寻的脚步，只准许人们用仰望的双眸和飘扬的经幡表达敬意。

念青唐古拉山在宗教上是全藏著名的护法神，也是北部草原众神山的主神。本教和佛教虽是不同的宗教，但两者的信徒都敬奉此山，认为它是修得正果的诸持明者的修行净地和欢聚之处。

但与宗教传说里护法神的庄严不同，在当地牧羊人和狩猎者的民歌和传说中，念青唐古拉山和纳木错不仅是西藏最引人注目的神山圣湖，更是生死相依的情侣。念青唐古拉山因纳木错而更加英俊挺拔，纳木错因念青唐古拉山而愈加绮丽动人。

南迦巴瓦峰

即便西藏雪峰众多，南迦巴瓦峰仍是不可忽略的一座。南迦巴瓦的意思是“直刺蓝天的战矛”，这根战矛长达 7782 米，在世界高山中坐第 15 把交椅。南迦巴瓦峰地处雅鲁藏布江大拐弯内侧，寒气逼人的雪峰深入云天，偶尔有阳光扫来，雪峰的一角便变成了金黄色，而背阳的阴面则转眼之间便飘起了大片大片的雪花。对爱好探险和登山的人来讲，攀登南迦巴瓦峰这样的山既然有一定的危险性，其刺激性也就大大增加了。由于攀登南迦巴瓦峰的难度系数太大，一直到 1992 年中日联合登山队登上顶峰之前，它还一直是一块人类的足迹未能涉及的处女地。

关于南迦巴瓦峰，当地有一个流传很广的故事：很久以前，上天派南迦巴瓦和加拉白垒镇守东南。弟弟加拉白垒勤奋好学武功高强，个子也是越长越高，哥哥南迦巴瓦十分嫉妒。于是在一个月黑风高之夜将弟弟杀害，将他的头颅丢到了米林县境内，化成了德拉山。上天为惩罚南迦巴瓦的罪过，罚他永远驻守雅鲁藏布江边，永远陪伴着被他杀害的弟弟。这个神话故事很生动地向我们解释了这两座山的特点：我们现在看到的加拉白垒峰顶永远都是圆圆的形状，那是因为它是一座无头山；南迦巴瓦则大概自知罪孽深重，所以常年云山雾罩不让外人一窥。

纳木错

西藏多湖泊，号称“天湖”的纳木错是其中名气最大的。纳木错在那曲地区班戈县和拉萨市当雄县交界处，距当雄县城 40 公里。纳木错湖面海拔 4718 米，从湖东岸到西岸长 70 多公里，由南岸到北岸宽 30 多公里，总面积 1900 多平方公里，是我国第二大咸水湖，也是世界上海拔最高的咸水湖，最深处在 33 米以上。纳木错湖水靠念青唐古拉山的冰雪融化后补给，沿湖有不少大小溪流注入，湖水清澈透明，湖面呈天蓝色，水天相融，浑然一体，闲游湖畔，似有身临仙境之感。

纳木错中五座岛屿，如同五只战舰挺立于万顷碧波之中，佛教徒们传说它们是五方佛的化身，因而凡去神湖朝圣敬香者，莫不对之顶礼膜拜。

此外还有五个半岛从不同的方位突入水域，其中扎西半岛居五个半岛之冠。

南迦巴瓦寒气逼人的雪峰深入云天

岛上林立着无数石柱和奇异的石峰，或恰似人形，或挺如松柏，或弯如象鼻，千姿百态，惟妙惟肖。

12 世纪末，藏传佛教达珑噶举派创始人达珑·塘巴扎西贝等高僧，曾到湖上修习密宗要法，并认为该地是胜乐金刚的道场，于是始创了羊年环绕纳木灵湖之举。信徒传说，每到羊年，诸佛、菩萨、护法神集会在纳木错大兴法会，如果能在此时前往朝拜，转湖念经一次，胜过平时 10 万次，其福无量。所以每到羊年，僧俗信徒不惜长途跋涉，前往转湖，这一活动，每到藏历羊年的四月十五达到高潮，届时僧俗云集，先后历时数月。

玛旁雍错

隔着玛旁雍错还有一段距离，便能感觉到干燥的空气变得湿润了，虚空中，像是有无数细小的水珠在游丝般地跳动着，旅人就知道，圣湖一定就在山的脚下。等到汽车转过山脚，翻上了最后一座山顶，脚下那大海一般波涛起伏的一片巨大而生动的碧绿就是圣湖，就是与冈仁波齐山一样声名显赫的玛旁雍错。

玛旁雍错离冈仁波齐山只有 20 公里，海拔近 4588 米，是世界上海拔最高的淡水湖之一，面积达 400 多平方公里。唐代玄奘在他的《大唐西域记》中对此湖也有记载，认为那是西天王母居住的瑶池。

许多宗教典籍和传说中都曾记载或描述过玛旁雍错。印度传说中称这里是湿婆大神和他的妻子喜马拉雅山的女儿乌玛女神的沐浴之处，而藏族人则代代相传，认为这里是广财龙神的宫殿所在。一些佛教典籍中所称的世界江河之母，也就是指玛旁雍错。

900 年前的一场宗教大论战成就了玛旁雍错千载以来的盛名。那是在 11 世纪，藏传佛教与本教之间有一场论战，论战以藏传佛教的胜利而告终。

因为这场论战是在玛旁雍错之畔举行的，得胜的佛教僧众把它归结为圣湖的保佑，并取了玛旁雍错这个名字，意思是“永恒不败的碧玉湖”。从那时起，玛旁雍错便成为藏传佛教三大圣湖中最知名的一个而受到僧俗两界的景仰与膜拜。作为这场论战的另一个产物，就是沿湖曾建有多处寺庙，今天尚存的还有 9 座。

号称“天湖”的纳木错水天相融，似有仙境之感

羊卓雍错之美在于与美景交织的人间烟火气息

佛教徒们坚信，玛旁雍错是胜乐金刚赐给人类的无上甘露。如果用湖水净身，可清除心灵的各种妄念、烦恼及罪孽。饮用湖水，可以祛病强身。

朝圣者如果绕湖转经，则可获得无上的功德。因此，上千年来，历代不绝于途的朝圣者总是以到圣湖转经洗浴为人生最大的幸福。即便是最偏远村寨一个最卑微、最下贱的人，只要他一旦到圣湖饮用过圣湖之水，并用圣湖之水洗涤过他被生活的重压折腾得疲惫不堪的身体，再回到村寨时，他就是最有话语权的长者。因为人们相信，伟大的佛祖将与他同在，他将是一个得到了神的启示的人。

说到圣湖玛旁雍错，就不能不提到鬼湖拉昂错。拉昂错距离玛旁雍错只有8公里之遥，两湖之间的狭长地带是进出普兰县的必经之路。据说玛旁雍错与拉昂错的湖底有暗河相通，但奇怪的是，圣湖是淡水，而鬼湖则是咸水。与玛旁雍错的欣欣向荣、人脉旺盛相比，拉昂错有些形单影只，湖边有一些暗红色的小山，色彩迷离，满耳都是涛声，而宽阔的湖区竟然见不到一人一畜，恍惚间以为已经走到了大地的尽头。

羊卓雍错

羊卓雍错的名头实在太响，它与纳木错和玛旁雍错并驾齐驱，被认为是西藏最伟大的三座圣湖。在藏人口耳相传的传说里，羊卓雍错既是龙女的化身，也是女护法神的卓锡地。

羊卓雍错简称羊湖，羊卓在藏语里意为“上部牧场”，雍则是“碧玉”。羊卓雍错，一般可意译为珊瑚湖。羊卓雍错与雅鲁藏布江相距只有几公里，大江和大湖如此邻近的位置，但二者却没有水道相通，有点令人意外。事实上，羊卓雍错是一个典型的内陆湖，既没有出水口，也没有像样的河流注入湖中，因此它那湛蓝如天空的湖水，靠的全是四周冰雪的融化和雨水作为补给。

在当地人的传说中，羊湖是仙女下

凡所变。但严肃的科学不认同这些道听途说，科学告诉我们，羊卓雍错在远古时期曾是一条冰河，大约在 4 亿年前，由于冰川堵塞了河道，久而久之就形成了一座 678 平方公里的大湖——如此辽阔的面积，把整个成都市区全放进湖里，都还有一半的空间呢。

羊卓雍错的美，不在周遭的雪峰，也不在满天的彩云，甚至也不在湖水本身。羊卓雍错的美，美在西藏少有的人间烟火气息：在湖的周围，散布着优质的牧场、农庄和热气腾腾的温泉。即便走遍了全西藏，也难以找出第二片能与这里相比的人间乐土。牛羊低头啃草，牧人唱响歌喉，青稞在湖边的沃土上静静生长，飞来飞去的水鸟则为空寂的天空增添了丝丝活气，远处的农庄上，炊烟升起，一切都是如此吉祥，如此安宁，仿佛步入了世外桃源。

羊卓雍错盛产高原裸鲤和细鳞鱼等，估计储量达几亿公斤——如果把这些鱼都捕起来，足可以给全国人民每人分上半斤八两。丰富的水生生物为水鸟提供了良好的生存条件，因而这里也是藏南地区最大的水鸟栖息地。而湖边的山峰和草地上，常常可看到雪猪、野羊和狐狸悠然自得的身影——在这里，不仅人类可以安居乐业，动物们也尽情地享受着大自然的恩赐。

拉姆拉错

在西藏有名的湖泊中，拉姆拉错肯定是面积最小的一个——不要说无法与几百平方公里的玛旁雍错或羊卓雍错相比，就是高原上随处可见的那种小湖泊，十有八九也要大过它。但是，如果说到这些湖泊的名气，拉姆拉错一点不比那些比它大上几十倍几百倍的“巨无霸”逊色——可以说，拉姆拉错是西藏湖泊家族中最具传奇色彩的湖。

拉姆拉错藏语意为“天女之魂湖”，我们不知道这是怎样的一个天女，又赋予了这座湖何等的灵性。我们只知道，就是这座面积仅仅 1 平方公里多的椭圆形湖泊，按照藏传佛教的传统，它在历代活佛转世制度中有着重要地位。像历

传说，在拉姆拉错能看到自己的前世今生

代达赖和班禅这样的大活佛去世后，为了寻找他们的转世灵童，有关人士都要到湖边仔细观看湖中的倒影，以便由此获得转世灵童所在的方向和出生的时间等启示。由于拉姆拉错的这一神秘力量，藏族人普遍相信通过观看湖中的倒影能够看到自己的前世今生，同时还可以预测来世。

佛教认为，人有三生，即前生、今生和来生，故汉语中有所谓三生有幸的说法。但对于渺不可知的人世，人的灵魂到底是不是真的能够轮回，即便现代科学也无法说得明明白白，更何况，这颗星球上总是有着那么多人力所不能解释的现象呢？

湖畔有二世达赖根敦嘉措修建的曲科杰寺，寺里供奉着吉祥天母的画像，自二世达赖始，每代达赖亲政之前都要到这座湖边小寺一次。

班公错

班公错位于日土境内的中国与克什米尔印度实际控制区交界处，一半在中国，一半在克什米尔。班公错长达150多公里，在内地，基本就是两三个地级市之间的距离，可在西藏才走完了一汪湖。班公错在藏语里称为哥木克哥那喇令错，意思是“长脖子天鹅”。这个藏语名很传神，因为班公错的确像天鹅的脖子一样又细又长，它最狭窄的地方竟然只有区区5米。不知道真相的人看到这5米的水面，肯定不会认为它居然有600平方公里，肯定会把它当作一条清澈的源自雪山下的小溪。

班公错中有一座鸟岛，那儿是鸟的天堂。这座鸟岛很小，长300米，宽200米，全岛找不到一棵高大的树，只有一些起伏的灌木谦虚地站立着。石灰石的碎块地面上，到处落满了鸟儿，大鸟，小鸟，有名的鸟和不知名的鸟，全都把这儿当作了最写意（写音xiè，舒适之意）的天堂。鸟蛋也到处都是，一些新出生的鸟在鸟妈妈的带领下练习飞翔，一些鸟又在努力地从蛋壳里挤出来，睁大了小眼睛好奇地打量这方净土。每当鸟儿们成群结队地朝湖面飞去时，天空中总是飘浮着一些鸟的羽毛，在阳光下闪着细碎而柔和的光。

风景如画的班公错中有一座鸟岛，是鸟儿的天堂

嘛呢石、经幡、擦擦

嘛呢石、经幡、擦擦是在藏族聚居区最经常看到的，它们被供奉在神山、圣湖、嘛呢堆、白塔和转经之路上，表达着信众现实与超现实的愿望。

嘛呢石，比石头更坚硬的信仰

地处四川最西北部的石渠县，与西藏昌都和青海玉树只有一江之隔，传统上，这里属于藏族地区，与西藏有着同样的文化传承。在这个高寒的牧业县所属的扎溪卡草原深处，有一座由一块块大大小小的石头垒成的石城，它高约10米，长宽各有百米以上，是一座呈正方形的石头城。四围的城墙上，不时有一个往里面凹进去的“窗口”，走近细看，才发现不是窗口，而是用来摆放神像的位置。这些神像中，既有格萨尔王，也有传说中辅佐格萨尔王南征北战的岭国三十将，以及美丽优雅的王妃们。令人震撼的是，这样一座庞大的石头城，它的建造没有使用任何现代化原材料，更没有现代化建筑机械，当然也没有经过周密的规划和设计，全是多年来你一块我一块地堆垒而成。

那些堆成这座奇迹般的石城的石头上面都刻画着六字真言和慧眼、神像，以及各种吉祥图案，它们叫作嘛呢石，是藏传佛教文化影响下的一种信仰的产物。不仅是石渠，其实只要走进藏族地区，嘛呢石和由嘛呢石堆成的嘛呢墙、嘛呢城并不鲜见，当然更多的是嘛呢堆。

嘛呢石有两种，一种是前面所说的刻画有图案或文字的石头，这种嘛呢石一般堆积在一起，有意识地砌成一道长长的嘛呢墙，或者更进一步建筑成一座壮观的嘛呢城。嘛呢墙藏语称为“绵当”。在藏族地区，经常可以见到的一个场景是，每逢吉日良辰，高远的蓝天白云下面，人们在煨桑之后，一边往嘛呢墙上添加石头，一边默诵祷词，添加好了石头之后，还充满虔诚地用额头去轻轻地碰触它。正像“世上本没有路，走的人多了也就成了路”一样，草原上原本没有嘛呢堆和嘛呢墙，但添加的人多了，这些石头由少到多，由寡到众，在经过

嘛呢石

漫长的时光之后，一座座嘛呢堆拔地而起，愈垒愈高。每颗石子都凝结着信徒们发自内心的祈愿。嘛呢石的产生，使这些自然的石头开始形象化。藏族在漫长的历史进程中，涌现出了浩如烟海的嘛呢石刻品，凡人迹所至，随处可见，它是藏族刻在石头上的追求、理想、感情和希望。

另一种嘛呢石则没有刻画图案或文字，严格地讲，它们在加入嘛呢堆之前，只是普通的石头。藏语里，它们被称为“多本”，这个词的意思是指由大小不等的石头积垒起来的、具有灵气的石堆。

刻有图案和文字的嘛呢堆及嘛呢墙往往出现在人们的聚居地或是离寺庙不远的地方，而没有图案和文字的嘛呢堆则往往出现在荒野之中，尤其是那些寒风凛冽却可以远望八方的山口。全民信教的西藏，信仰是创造一切奇迹的原动力，许多转经路上的善男信女，当他们经过那些大大小小的嘛呢堆时，一定会停下脚步，弯腰从路边拾起一块石头，轻轻安放其上。因此，在传统的转经线路上，嘛呢堆往往分布较广，规模也较大。

就刻画有图案或文字的嘛呢石来说，按其刻绘方法，可以分为阳线刻制和阴线刻制两种。阳线刻就是在石头平面上把表示形体的线留出、空出画面的肌理纹路，这种数量较少。阴线刻则是石面上单线凹刻出图案和文字线条，形式多样，阴刻在嘛呢墙中占绝大多数。

嘛呢石所表达的，是藏族同胞对于信仰的赤诚，同时也包含他们发自内心的良好祈愿。内地游人第一次见到这些高大的嘛呢堆、长长的嘛呢墙或壮观的嘛呢城，心中激发起的是一种不由自主的震撼。一个嘛呢堆，也许历经了上百载甚至几百载的岁月，从第一个信徒投下第一块嘛呢石起，这种周而复始，永无休止的堆石行动就不会停下来。也许，我们把它称为奇迹过于简单，它更像一个寓言，以石头的方式暗示我们：信仰和怀念的力量如此巨大，只有它，才能抵挡那所向披靡的似水流年。

药王山的刻经人

风马旗，沟通凡世与灵界的桥梁

如同嘛呢石遍布藏族地区一样，与它几乎如影随形的则是风马旗。在藏族地区，你随时可能见到的除了嘛呢石，另一种和宗教信仰关系最为密切，与普通民众生活也最为密切的事物就是风马旗。在西藏的绝大多数山口、路口、码头、寺庙、普通的民房或是帐篷，以及自然界的树枝之上，随处都可以看到一种以经咒图像木版印于布、麻纱、丝绸和土纸上的各色风幡，这一面面小旗在藏语中称为“隆达”，也有人称之为“祭马”、“禄马”、“经幡”、“祈愿幡”，不过，人们更习惯称它为“风马旗”，在藏语里，“隆”就是风的意思，“达”则是马的意思。

藏族认为，“风马”在深层意义上指人的气数和运道，或者特指五行；在灵气聚集之处——比如神山圣湖和寺庙——挂置印有敬畏神灵和祈求神灵护佑愿望的风马旗，让风吹送，就能够把人间的愿望准确而及时地传达到神灵那里，神灵也会对这样的愿望更加关注，从而实现愿望的可能性也更大。也就是说，风马旗充当了沟通凡世与灵界的桥梁，它是一条人间与天堂的秘密通道。

也许，西藏最大的特点其实并不是美丽的雪山草地纵横交错，而是灵界与凡世的生活你中有我，我中有你，有时候，你甚至分辨不出哪些是真实的生活，哪些是传说和神话。关于谁是风马旗的始作俑者，目前西藏宗教界、学术界还没有一个定论，但大多数人都倾向于认同 12 世纪初的噶举派寺院——当时，这一支派为了传诵其教义而悬挂风马旗，从此成为西藏地区最为独特的一道风景。

从材质上看，常见的风马旗多由布制成，也有用麻纱、丝绸及土纸的。从形状上看，风马旗有方形、角形、条形等；从大小上看，风马旗小可到一条一缕，大可到整匹整幅的棉布，但通常为 10 ~ 60 厘米。从颜色上看，风马旗的颜色分白、黄、红、绿、蓝五种。民谣中唱道：黄幡象征自现莲；红幡象征雨调和；青幡象征后裔长；红幡插在草坪上，如鹿角光耀眼；红幡插在屋顶上，如红火永兴旺……布的颜色在这里有明确寓意，即所谓西赤、东青、南黄、北绿的宇宙四方之说。在藏族人心目中，白色纯洁善良，红色兴旺刚猛，绿色阴柔平和，黄色仁慈博才，蓝色勇敢机智。从图像上看，常见风马旗的图像中心大多为一匹宝马，马背上驮着燃烧着火焰的佛法僧三宝，四角环刻着四尊保护神，它们分别象征圆满的金翅鸟、力大无穷

风马旗，沟通凡世与灵界的桥梁

的龙、警惕的老虎和胜利的狮子。这种构图还代表了古人的宇宙观，即金、木、水、火、土五行的循环往复，生命也因之而经久不息。从制作工艺上看，风马旗大多由木刻雕版印成，但也有用石刻版和金属刻版的。

在藏族地区，人们无论喜庆生辰、逢年过节，都要插挂五彩风马旗，以示天、地、人、畜的和谐吉祥。草原上，那些逐水草而居的牧人每迁徙一次，在搭完帐篷后的第一件事就是系挂风马旗，以求周围神灵的许可和福佑；朝圣者结伴跋涉荒漠野岭，也一定扛一面醒目的风马旗，祈求免入迷途遇灾难；江畔湖边人们遍插风马旗，以示对水神的敬畏与供奉；生活于莽林峻岭间的人们高悬风马旗，以示对山神岩神的虔诚与供奉；在圣迹古刹张挂五彩风幡，表示对神佛祖魂和先哲圣贤的崇拜与礼赞；阳春三月开犁播种，耕牛的头角上一定插挂风马旗，那是向土主地母致敬和祈祷，祈望五谷丰登；山河路口张挂风马旗是希

在西藏的绝大多数山口、路口、寺庙可见各色风幡

望舟车无碍；天葬台附近张挂风马旗则是超度亡灵寄托哀思，等等。总之，风马旗是沟通世俗与灵界的通用媒介。

西藏多凌厉的劲风，当这些悬挂于高处的风马旗在风中被吹拂得猎猎作响时，你能感觉得出，这不仅是一种深入民间的多年以来形成的信仰，同时也是一条通往隐秘西藏灵魂的捷径。在外人看来，高原的气候和地理环境，决定了这里的物质生活永远不可能丰富多彩，但高原人的笑容却永远那么灿烂，这其中，一定有什么深刻而内在的动因，或许，风马旗就传递出了那么一星半点动因之所在吧。

擦擦，完善夙愿的圣物

擦擦其音来自梵语，俗称小泥佛，真实含义是小型的佛像。擦擦一般都是用凹型的模具制作而成，大的可以尺计，小的只有方寸大小，所采用的题材以佛、菩萨、金刚护法、高僧像和佛塔等为主。

制作擦擦的原料主要以泥土为主，虽然原料相同，但擦擦也能分出不同的等级，一般以泥巴为主的擦擦在民间比较流行多见，有些压模时会在泥佛的背面掺入青稞或是其他圣物，以此表示祈祷。有些比较珍贵的擦擦会在原料泥巴中掺入金、银、松石、珊瑚、宝石粉等贵重的东西，制作这些擦擦的人在过去大都是上层社会人士与贵族。

制作擦擦的脱模器具一般以铜、铁为主，也有些地方用木质模具，每个地方的风格都不一样。在制作方法上还有陶塑和泥塑之分，陶塑的擦擦是在泥塑的基础上烧制而成，有的还会加以彩绘。由于制作的原材料泥土几乎随处可见，模具的大小又易于携带，所以制作擦擦并不需要复杂和特殊的技术，擦擦就经常跟随游方的僧人、朝圣的香客的足迹流传于他们足迹所到之处。在民间有些专门在佛教圣地制作擦擦的人，他们多是以此为生，朝圣的人们常常会出资购买他们制作的擦擦，或是向他们施舍些财物。

擦擦的题材以佛、菩萨、金刚护法、高僧像和佛塔等为主

由于地域和用途的不同，每个地方的擦擦都具有自己的特点，其中尤为著名的是产自阿里地区的擦擦，而这个地区的擦擦又以古格一地的最具代表性。与古格壁画相同的是，古格擦擦的艺术形态受到来自早期印度佛教艺术的影响很深。佛、菩萨的造型呈现出纤细优美的身姿线条，圆润而高耸的乳房等都是这方面典型的具有热带地区的艺术特征，造像的衣服边围等细节也刻画得极为生动飘逸。因为这一地区主要分布是灰白与灰绿色的黏土，这种土质含沙量较高，所以擦擦制作出来后很容易磨损，不易保存，极为珍贵。而用这种土制作出来的擦擦也与土的颜色一样，呈现出灰绿、灰白色，在长时间的风化后呈现出较为阴冷的色调。

还有一种非常高贵而神圣的布擦，制作这种擦擦大都是在达赖、班禅这样的大活佛圆寂后塔葬之前，在对法体进行处理时，将融合着活佛血水的药物、盐等物融入泥土。与一般擦擦不同之处在于，因为盐与泥土发生了化学反应，所以使得制作出的擦擦呈现出白色。藏语中法体意思是“布”，擦是佛，所以得名“布擦”。布擦在藏族信众中极为珍贵，被当作至高无上的法物佩戴和供奉，相传这样的擦擦还有治疗百病的功效。

相传历史上确实出现过具有治病疗效的擦擦，这种擦擦大都是用名贵药物混合而成，不含泥土或是只含有少量泥土。得到这样擦擦的人既可以佩戴在身上用来驱邪，在遇到身体不适的时候也可以拿来服用，据说疗效还相当不错。

擦擦的用途除去被摆放在山口、湖畔、嘛呢堆等地外，还有就是填放于佛像或佛塔的内膛之中。当一件佛像或佛塔制作完成后，根据宗教仪轨往往要向里面填入特定的圣物、法物相伴随，擦擦就是其中之一。擦擦的放置也是较为考究的一件事，放什么题材的擦擦，放置的数量，放置佛像的选择都极为严谨。比如阿里地区的佛像内部所放置的擦擦题材，主要是以金刚、护法为主，其中的怖畏金刚、密执欢喜金刚、金刚手、胜乐金刚等都极具艺术和地方色彩。

在西藏民间，人们习惯将擦擦当作完善自己夙愿的圣物，每当遇到家人得了病，老人辞世，必须要请来喇嘛念经，根据这个人在平时修行的本尊，算出应该供奉什么样的佛，并依据喇嘛的指点请人或从制作人那里请回擦擦，然后供奉在寺庙、神山、圣湖畔等神圣之地。人们还常常为了积攒善业而制作大量的擦擦，这些擦擦被统一地放置在专门为其搭建的小房子中，这些放置擦擦的房子被称作“擦康”，往往是在寺庙附近、朝圣路上。所以我们也就常常会看到一些四四方方上面插着风马旗的小房子，这些房子一般都是附近的居民所建的擦康。

史诗《格萨尔王传》

一部融会了藏民族古代历史、民俗、宗教、伦理及语言文学的大百科全书。

《格萨尔王传》是西藏人所创造的一个文化奇迹，它是世界闻名的藏族长篇英雄史诗。所有有关格萨尔的故事、传说都源于这部经典的文学典籍，它汇集了人们对格萨尔的畅想以及与历史相关的珍贵资料。

《格萨尔王传》主要流传于我国西藏、青海、甘肃、云南、四川等藏族人民聚居的地方，甚至在喜马拉雅山麓周边的一些地区及国家也有流传。在现今的蒙古人民共和国、俄罗斯的布里亚特地区有着一部极具蒙古特色的《格萨尔可汗传》流传，据说这部史诗就是蒙古族人根据格萨尔的故事与当地文化传统相结合创作而来的。

关于这部史诗起源的时间到现在一直还没有定论，不过一般学者认为《格萨尔王传》是8世纪以来一直由当时的人们以藏族的神话故事、传说、歌谣以及谚语、格言等民间文学为基础，由群众集体创作而成的。一部如此规模宏大的史诗诗篇绝非产生于一代人或几代人之手而完成，史诗的创作和发展，从一个原始雏形到今天能够见到的拥有百余部、上千万字容量的鸿篇巨制，是几个世纪以来藏民族智慧的结晶，直到现在仍然盛传于民间，被视为极为罕见的活着的史诗。

这部被誉为“东方的《伊利亚特》和《奥德赛》”的史诗是一部什么样的作品呢？从历史上看，藏民族有着崇尚英雄的文化传统。这为产生“格萨尔王”这一理想化的英雄人物提供了肥沃的土壤和基础。作品中主要歌颂了格萨尔抗击侵略，保卫自己家园所进行的战争，以及英雄所表现的勇敢的气概和鞭挞邪恶势力的勇气与智慧。

这部史诗不仅叙述了格萨尔王的

格萨尔是否真实存在，学界没有定论，但是格萨尔堡的确是真实存在的

格萨尔王是英雄的化身，既存在于过去，也存在于现今

种种英雄业绩，还展现了宏大的战争场面。其间还描述了古代高原繁杂的民族关系以及族群统一的过程。在《格萨尔王传》中可以看到当时藏族人的道德观、宗教信仰、风俗习惯等，被现在的学者称之为一部融会了藏民族古代历史、民俗、宗教、伦理及语言文学的大百科全书。

“格萨尔”一词的来源是古梵文，在藏文中有着“花冠、花蕊、英雄”的意思。格萨尔王到底是指的什么人呢？在民间艺人所传诵的“赛马篇”这一部里有这样一个故事描述：相传有一个叫觉如的小孩子，其面貌丑陋，身材矮小。在一次赛马会上比赛的关键时刻，觉如骑着他的爱马一马当先冲过终点，也就是这一时刻，原先丑陋矮小的他一改往日容貌，变成一个英俊威武的骑士和身怀绝技的射手。因为有突然得势之意，所以取名格萨尔诺布占堆。也有传说认为格萨尔王是蒙古族的首领成吉思汗；有人说是宋朝初期甘肃、青海等地交界处建立国邦的唃（音 gū）厮啰国王；还有人说是四川德格一带土司的某代祖先，这种说法被这个地区的很多人所认同；比较离奇的说法是，格萨尔王是古罗马帝国的恺撒大帝、三国时期的关云长等。不管格萨尔王到底是何许人，在《格萨尔王传》中格萨尔的全称是赡部洲雄狮大丈夫珠宝制敌王，是英雄的化身，是整部史诗的主人公及灵魂人物。在许多学者眼中，也许并无格萨尔其人，因为没有翔实的史料对其进行记载，无从考证真实性，可对藏族人民来说，格萨尔一直都是活生生的英雄人物，既存在于过去，也存在于现今。

《格萨尔王传》之所以可以较为完整和全面地保存下来，主要是依靠在民间的两种形式进行流传。一是口头说唱的形式；一是手抄本及刻本的形式。其中口头说唱是主要的流传形式，呈散文、韵文的说唱体，它通过民间

在《格萨尔王传》中可以看到当时藏族人的道德观、宗教信仰、风俗习惯等

说唱艺人的游吟说唱，口耳相授世代相传。根据这些说唱艺人所记录、整理的手抄本及木刻本在民间也极为广泛地流传，这些通过文字记录的内容成为史诗的另一种形式，这些抄本和木刻版本在民间被群众视为极为贵重的宝物珍藏供奉于家中。

此外，《格萨尔王传》在民间还有其他流传方式，如绘画、雕塑、舞蹈、戏剧等。现如今《格萨尔王传》依然以口头说唱的形式继续流传着，西藏的冬季到来后，很多生活在农牧区的藏族人纷纷涌入拉萨朝圣，这个时候的八廓街热闹异常，人潮如织。各色艺人也会聚集街头卖艺求生，其间就有说唱《格萨尔王传》的艺人。

这些能够说唱长篇《格萨尔王传》的艺人当中也有些具有传奇的经历，最为有意思的是，他们中有的并非经人传授，曾有一个放羊的牧童就是在放羊时，在山坡的石头上睡着，一觉醒来张口就可以通篇唱诵《格萨尔王传》。另一位年轻人也是在一场大病后，突然可以将几十万字的《格萨尔王传》流畅地背诵。

《格萨尔王传》采用散文与诗歌相结合的文体，其中的诗歌部分，在藏族文学的诗歌史上，起着承前启后、沟通古今的作用，表现在意识形态、修辞手法，尤其是诗歌的格律方面。《格萨尔王传》所运用的比喻手法不胜枚举，其间充满了各种奇思妙想。

《格萨尔王传》这部史诗性的巨著到底有多长难以定论，因为至今也没有任何人和任何学者看到并整理出完整的《格萨尔王传》，它的确是人类文学史上的一笔巨大财富。

西藏日常生活中的迷人细节

西藏在地理上远离中原，在文化上也另有异趣，有着一个独立而又完整的体系，藏族服饰、藏戏和藏医是这种文化在日常生活中最直接的呈现。

藏族服饰，穿在身上的财富

远古时代，我们那些茹毛饮血的原始人祖先把树叶和兽皮围在身上，这是服装的雏形，不过，那时候的服装仅仅只有御寒和遮羞的功能，根本谈不上美观和服饰文化。随着人类社会的发展，穿在人体表面的这种叫作衣服的东西，也越来越多地沉淀下不同时代、不同社会背景下的文化传统，甚至成为此民族与彼民族之间具备相对差异性的文化符号。

藏族在很长一段历史时期过着逐水草而居的游牧生活，服饰也具有游牧民族的特色，服装既要有很强的防寒作用，又要有散热的方便，使臂膀伸缩自如，并适应露宿的生活，当成卧具，并随身可以携带生活用品。服饰主要以袍状为主，也就是俗称的藏袍。总体来说，藏族的服饰具备以下几个特点：

其一，藏服的基本结构是肥腰、长袖、右衽、长靴、编发、饰品。

其二，藏服的色彩对比强烈，如红与绿、白与黑、黄与紫，并运用复色，金银线搭配使服饰色调明快夺目，给人一种积极向上的感觉。

其三，面料主要以棉布、绸缎、光板、羊皮、毛料、呢子为主。

其四，藏靴是藏族传统服饰的重要特征之一；靴子上的花纹也有一定的习俗和规范。

其五，腰带是藏族服饰必不可少的组成部分，有的以毛织物编织而成，有的以金属等贵重的饰件作为装饰。

其六，装饰品广泛运用，装饰材料

一套藏族服饰可能价值十几万甚至上百万元

羊皮袍是藏北女性的主要服装

主要以金银、珠宝、象牙、珊瑚、松石等为主。大量名贵装饰品装饰在衣服上，使得这些服装价格昂贵，像一些藏族少女身上的一套服装，加上所佩物品，其价值竟然高达几十万甚至上百万元，这样贵重的衣服往往不可能一代人就置齐，而是历经两三代人，才凑成了这么一件传家宝一样的衣服，这在其他民族中很少见到。

俗话说，十里不同天，百里不同俗，虽然同为藏袍，但在西藏不同的地区，也有不少区别。

藏东的康巴地区，民风剽悍，体现在服饰上，也以粗犷见长，尤其是该地区的藏族男子，他们的头、颈、耳、手等处常常佩戴金、银、象牙、珊瑚、玛瑙、玉石等首饰，腰间悬挂藏刀、火镰、钱包、鼻烟壶等生活用具，既方便实用，又富装饰效果，康巴汉子的豪情被这种服饰展现得淋漓尽致。

藏北是广阔的草原，因地制宜，丰富的羊皮就是制作藏袍的主要原料。由于藏北高原气候极其寒冷，冬天往往在零下二三十摄氏度，正是依靠这种羊皮袍，人们才能度过漫长死寂的冬天。此地的羊皮袍大多是光皮的，有的在袖口、衣襟、下摆等处缝制黑平绒的镶边。夏季是一年里最美好的季节，牧民们也换上新装，他们戴着红缨毡帽，腰上佩挂制作精美的火镰和腰刀、火枪、护身符，在蓝天白云下跨着骏马赶着羊群走向水草丰茂的草原深处。

羊皮袍也是藏北女性的主要服装。她们的羊皮袍上一般缝制了红、蓝、绿三色绒条作为装饰，平时腰间挂满奶桶钩、针线盒和牧鞭之类的物件，遇到节日喜庆的时候，还挂起项链和金银饰品，头发则梳理成多股小辫，戴上缀满绿松石、贝壳、银币的呢绒或氆氇长披。

相对来说，拉萨地区气候宜人，长

期以来是西藏地区政治、宗教、经济、文化的中心。该地区的装束也以严整规范著称。拉萨的女子一般以毛料或布帛制作短袖夏装，里面穿藏式衬衫，冬季穿羔皮长袖藏装，头戴“杨夏帽”。装饰品则有由珍珠、珊瑚、绿松石等制成的叫作“巴珠”的冠帽及各种耳坠、项链和戒指。男子穿毛料或布帛制成的袍子，里面穿藏式衬衫，头戴礼帽，脚蹬皮靴。贵族服装从样式看，与普通藏袍没有多大的区别，但质地和花纹都有严格的等级规定，从服饰上可以看出其社会地位的高低。西藏僧人因其教派不同，装束也有所不同，但服饰颜色大致相同，除噶举派穿白裙外，其余教派均着黄色及红色僧服。

藏戏，深入民间的欢乐

几乎中国的每一个省乃至部分更小的区域，都有一种乃至多种地方戏，而每一种地方戏，又可以算是该地域文化和风俗的集中体现。看过藏戏的人都会觉得藏戏中有许多宗教仪式，不知道这是否和西藏全民信教的社会背景有关。不过，作为藏戏的发源地，日喀则的藏戏不可不看，也不可不知。

早在强大的赞普们统治高原的黄金时代，藏戏的雏形便集合了宗教仪式和民间歌舞逐渐出现。人们把日喀则作为藏戏的发祥地，很大程度上是由于藏戏鼻祖汤东结布乃是日喀则地区昂仁县人。当年，他天才地利用当时的民间艺术和宗教仪式中的某些戏剧萌芽发展了藏戏。而五世达赖倡导举办藏戏节，则进一步促进了藏戏的发展。

在影响最大、流传最广的蓝面具派藏戏的四大流派中，日喀则地区就占有其三，即昂仁的迥巴派、仁布的江嘎尔派和南木林的湘巴派。

昂仁县的迥巴藏戏是闻名于藏族地区的汤东结布亲自创建的，有近600 年历史，在诸多藏戏流派中是艺术发展最完整、最成熟的一个。昂仁县有一支迥巴藏戏队，不多的演员们常常到周边巡回演出，他们所受到的观众的欢迎，一点不亚于内地的明星。

藏戏中往往添加有许多宗教仪式

南木林县的湘巴派藏戏历史更悠久，它起源于14 世纪，已有700 年的历史，唱腔高亢嘹亮，表演粗犷豪放，在历年拉萨的雪顿节上都能以其独特的风韵赢得满堂彩，是节日期间必不可少的一道压轴戏。

仁布江嘎尔藏戏据说创建于八世达赖时期，当地群众受藏戏创始人汤东结布教派寺庙群宗寺的影响人人都有唱藏戏的嗜好，当时噶厦政府规定每户必须由2 名会演藏戏的人组成团体进行演出，当地仅有的10 户人家，竟然抽出20 人组建了藏戏班，一代一代流传至今。

与川剧之类的剧种基本已走进了黄昏的没落，不得不靠政府的提倡才能勉强在影视的双重打击下苟延残喘完全不同，在藏族地区，藏戏一直是藏族同胞最大的兴奋点之一，可以说，观看藏戏，在他们的生命中占据了相当重要的地位。

藏戏往往在每年耍坝子或是其他重大节日里粉墨登场。天作剧院，大地就是最盛大的舞台。那四乡八里翻山越岭来看戏的乡亲是如此众多，以至于那朵山际奔走的云朵似乎也停下了脚步，饶有兴趣地观看这人间浩大的欢乐的人、欢乐的歌和见证了这欢乐的雪峰和原野。

藏医，治病救人的另一种方式

作为中华民族优秀文化瑰宝之一，藏医是我国传统医药的重要组成部分，它是以藏族为主的少数民族在漫长的实践中创造发展起来的传统医学，主要流行于藏族聚居地区，包括西藏、青海、四川、甘肃等省区；同时，在南亚的印度、尼泊尔等国，藏医也较为流行。

藏医的萌芽，至少有2000 多年的历史，早在公元前3 世纪，古代西藏人就有了“有毒必有药”的医理。7 世纪，松赞干布统一青藏高原，建立强盛的吐蕃王朝。文成公主入藏，不仅标志着两大强势政权之间从对立走向和平，也是一次包括医学在内的中原地区对西藏地区的输血。松赞干布的雄才大略，一方面体现在文治武功，另一方面则体现在对社会的发展，他在烽火渐熄之时，邀请印度、尼泊尔医生入藏，会同本地医生与中原赴藏医生一道，编辑整理了大量医学经典著作，其中最负盛名的是宇妥·元丹贡布的《四部医典》。这部医典的问世，标志着藏医体系的完成。

藏医认为，宇宙是由小五行（金、木、水、火、土）和大五行（气、火、土、水、空间）组成，小五行在人体则指心、肝、脾、肺、肾；大五行则包括整个宇宙，整个宇宙都依赖大五行的运行。藏医学以其独特的“三因学说”、“人体七大物质”和“三种排泄物”为基础理论，在多个学科领域都有独特的建树。由于佛教思想已渗透到了社会的各个方面，成为占支配地位的强大精神力量，因此藏医学自奠基时期便具有了浓厚的藏传佛教的色彩。

藏医理论认为，人体内存在三大因素，“龙”、“赤巴”、“培根”；七大物质基础，即饮食精微、血、肉、脂肪、骨、骨髓、精；三种排泄物，即小便、大便、汗。三大因素支配着七大物质基础及三种排泄物的运动变化。

神奇的藏医图谱

藏医学自奠基时期便具有浓厚的藏传佛教的色彩

在正常生理条件下，上述三者互相依存、互相制约，保持着相互协调和平衡，当三者中的任何一个因素或几个因素由于某种原因出现过于兴盛或衰微的情况时，则会出现龙病、赤巴病和培根病，治疗上就需要对三者进行调整，使其恢复到协调状态。

与早期的中医相比，藏医对于人体解剖及生理有更为深入的了解。对于人体内的器官，藏医认为人有五脏六腑。五脏指心脏、肝脏、脾脏、肺脏和肾脏，六腑指大肠、小肠、胃、膀胱、胆和三姆休。古代藏医用形象的比喻来说明各脏器的功能：心脏——国王，端坐在宝座上，居人体胸腔的正中；肺脏——犹如大臣和太子，围绕着君王；肝脏和脾脏——似君王的大、小后妃，处在君王下端，但关系又很密切；肾脏——像一座房屋的脊梁，没有它，身体就不能成为一栋大厦。

藏医学产生于青藏高原，具有十分明显的民族、社会和自然环境的特点。青藏高原为高寒地区，与外界交通极不方便，因而藏医学长期保持着它所固有的特点。比如青藏高原的动植物品种较为稀少，因此藏药多取自高山氧气稀薄环境中生长的耐寒动植物等。

在用药物治疗时，藏医主张用药引子，以便把所用的制剂引向患病的部位，例如用白糖作为药引子治疗单纯性的热病；用红糖块做引子治疗寒性病等。

除药引子之外，对药物的服法也有讲究。比如说，丸药一般是用开水送服，其中寒性病用热开水吞服；热性病则反之，用凉开水送服；至于混合型的病症，亦即寒热兼有的，就用温开水送服。

时至今日，尽管西医已在藏族地区占主导地位，但传统的藏医依然历久弥新并与时俱进，目前，全国共有藏医院56 所，西藏自治区藏医院制药厂已成为全藏最大的藏药生产基地，已有藏药品种 350 个。

唐卡：随身携带的庙宇

在青藏高原，无论是寺院、帐篷，唐卡一定是最为醒目的藏地元素。色彩或夺目或沉静、布局或繁密或疏朗，唐卡不只是一张精美的卷轴画，经过加持的唐卡，就是一座可以随身携带的庙宇。

唐卡的色彩或夺目或沉静，布局或繁密或舒朗

唐卡（Trang-ka）也叫唐嘎、唐喀，系藏文音译。有人考证，在藏文中，“唐”音意指空间的广袤无边；“卡”大意指空白被填补。因而从这一语源上推论，“唐卡”一词颇富诗意，暗喻在这一方白布上充满了无限的可能性。

如今一般人公认的唐卡定义，是指用彩缎装裱后悬挂供奉的宗教卷轴画。它类似于汉族地区的卷轴画，多画于布或纸上，然后用绸缎缝制装裱，上端横轴有细绳便于悬挂，下轴两端饰有精美轴头。画面上覆有薄丝绢及双条彩带。涉及佛教的唐卡画成装裱后，一般还要请喇嘛念经加持，并在背面盖上喇嘛的金汁或朱砂手印。唐卡是最能代表藏文化的元素之一。

随身携带的庙宇

唐卡的起源问题混杂着神奇的传说。在比较公认的关于唐卡起源的传说中称，西藏的第一幅唐卡是吐蕃赞普松赞干布用自己的鼻血画的护法女神白拉姆。这个传说记载于五世达赖喇嘛所著的《释迦牟尼佛像记·水晶宝镜》中，虽然这只是传说，然而有理由认为，唐卡艺术即是兴起于松赞干布时代前后，考虑到唐卡是画于布和丝绢一类的织物上，正是在松赞干布时期，随着与外界特别是唐王朝交流的加强，加上佛教在藏地的传播，催生并发展出了唐卡这种“布上画”的艺术形式。

此外还有不同的说法，认为唐卡可能在古老的象雄文化中就已经产生，与原始巫教信仰密切相关。昌都噶玛沟的老画师噶玛德勒说，在经书中有记载，第一张唐卡的诞生与尼泊尔的叫吉托的国王有关。在这个唐卡来历的故事中，唐卡成了沟通生死的一种媒介，具有强烈的原始信仰形式，并且将唐卡的产生追溯到尼泊尔，这是否暗示了唐卡产生的历史更为久远？藏传佛教原本就融合了原始信仰的因素与形式，因而这一说法也并非空穴来风。

无论如何，唐卡与寺庙中供奉的佛像一样，起到了随身携带的庙宇的功能。这是游牧民族特有的形式，马背上的民族逐水草而居，不管走到哪里，“只要把唐卡系挂在帐篷里，哪怕是一根树枝上，宗教的光芒便会使艰辛的日常熠熠生辉”。

从藏传佛教的密宗修行来看，唐卡的出现更有其必要性。在西藏密宗修行中，观想是十分重要的，几乎每一个修行步骤，都需要精确而繁复的观想，出不得偏差。把观想的内容画在唐卡上，十分有助于初学者掌握这深密的内容。在藏传佛教的入门的不共加行中，皈依是十分重要的，不同教派的修行所观想的皈依境是不一样的，这些都有相应的唐卡画，而最为精美的当数坛城唐卡。

坛城，梵文曼荼罗，基本图形由外到内以圆形等几何体形式层层相套构成一个大圆，外面饰以水图案及火焰图案，象征了大海、风墙、火墙，大圆由外及内分别是金刚墙、莲花墙、护城河等。中部为正方形图案（也有五边形、六边

唐卡画于布或纸上，再用绸缎缝制装裱

精美的坛城唐卡只有具备高超技艺和丰富多彩的宗教知识的画师才能绘制

形或七边形），中心是主尊殿，一般用红、黄、白、蓝表示东南西北四方。坛城唐卡的图案结构复杂，绘制极具难度，只有具备高超技艺和丰富多彩的宗教知识的画师才能绘制。精美的坛城唐卡构图紧凑、图案繁复多变、色彩多变而绚烂，具有极佳的形式感。

藏文化的百科全书

除了主要的宗教功用外，唐卡还进入了西藏人民生活与文化的每一个角落，成为藏文化不可或缺的部分。西藏几乎家家户户都有佛堂，再简陋的佛堂，也许请不起佛像，但至少有一幅唐卡高挂其上，便于他们向佛菩萨供奉、祈祷和顶礼。在偏远的地区，不能随时请僧人来做法事的时候，唐卡也起到了临时的替代作用。

除了描绘佛教内容的佛本尊像、护法神像、祖师像等，唐卡还广泛涉及历史、民俗的内容，几乎包罗藏族人生活的所有内容，有“西藏的百科全书”之称。西藏居民家中常见的唐卡中除了佛菩萨画像和坛城图外，还有六道轮回图、十相自在图、九宫八卦图、八大佛塔图、八吉祥图（宝伞、金鱼、宝瓶、妙莲、右旋海螺、吉祥结、腾幢、金轮）、七政宝图（轮宝、象宝、马宝、君宝、大臣宝、摩尼宝、妃宝）等图案。唐卡与藏医学也有很深的渊源。著名的《四部医典挂图》就是采用唐卡的形式，将藏医学博大精深的内容巧妙而准确地再现于唐卡挂图上，述及藏医学的基本原理、病理学分类与对治，甚至包括外科手术的过程，以及各类医疗器械，十分便于发扬和传承藏医学。

在藏戏的演出中，藏戏班子无论在哪里搭建戏棚，都会在当中的柱子上挂一幅藏戏创始人汤东结布的唐卡画像；不仅如此，在藏戏流派中，还有一派称为“喇嘛嘛呢”的，其演出的核心内容就是唐卡挂图，表演者在一旁指着唐卡的细节，唱出剧情。这种表演方式也借鉴到了格萨尔艺人的演唱形式，几乎每年都会有流浪的格萨尔艺人在八廓街，他们头戴五佛冠，坐在挂起的唐卡下，悠扬地唱诵格萨尔的传奇。

西藏的天文历算学自成一派，很早就已经认识到宇宙的结构，唐卡中即有《四大部洲及风火水土图》、《天体日月星辰运行图》等，从宇宙天体、藏历历法、十二属相纪年、四季变化等都有体系完备的描绘。《天体日月星辰运行图》，用12种动物（牛、羊、马、鱼等）各代表一个星球，各按一定的轨道运行。这与古代汉地把天体分割为十二宫是完全一致的。历算唐卡是藏族历算家根据文成公主带来的历算书、图表等进一步发展而来的，这种藏历推算法叫“黑算”。今天，在拉萨的西藏博物馆中可以欣赏到这些精美绝伦的唐卡。

唐卡流派绚烂纷呈

从时间上，我们大致可把唐卡艺术分为几个时期。7～9世纪前弘时期，也是西藏佛像造像之初。这时的绘画构图相对简练，色彩一般多用青、黄、赤、白四种基色，人物造像几乎全裸，仅以梵绳、八宝为庄严，主尊画得较大，多用直线。9世纪发生的朗达玛灭佛事件中，使这一时期绝大多数的作品被毁。

11～15世纪，随着藏传佛教后弘时代的开始，分上路与下路。下路弘法是从西藏阿里地区的古格王朝开始，其兴建寺庙的工匠大多来自东北印度（帕拉）或克什米尔地区，这一时期的艺术作品明显受到外来文明的影响，并进一步影响到西藏其他地区的唐卡创作。13、14世纪时期，萨迦派得到元朝皇帝的支持，统领全藏各派，统一带来了繁荣，这一时期创作了许多精美的唐卡和铜像，大多出自尼瓦尔人（尼泊尔原住民）之手，是具有尼泊尔风格的作品。

15～16世纪，是藏族佛教艺术的繁盛期。由于与汉地往来密切，汉地画

展佛节展示的就是寺院珍藏的巨型唐卡

唐卡是最能代表藏文化的元素之一

风大大影响了唐卡画风。16世纪到18世纪早期，西藏本土画派日渐兴盛。这期间，出现了许多唐卡流派，著名的有勉唐、钦则、勉萨、噶玛嘎瑞等重要画派。

富有奇异魅力的颜料

唐卡有很多类别，依材料不同，有国唐(丝绢唐卡)、止唐(绘画唐卡)之分。国唐中又有刺绣、织锦、缂丝、堆绣、珍珠等类别。现存世界最大的一幅西藏刺绣佛像唐卡——刺绣红夜魔唐卡，制作于明朝年间。山南昌珠寺则收藏着一幅珍贵的珍珠唐卡。

唐卡从施色的不同上，又有红唐、黑唐、蓝唐等之分。红唐一般描绘佛本生故事，风格富丽；黑唐，是以黑色为底，以金汁色线，多绘护法神、金刚一类镇妖降魔的内容，画面威严庄重；蓝唐则多绘欢喜佛、胜乐金刚一类题材，有吉祥喜庆之意。

在具体的用色上，根据所绘内容的不同，大有讲究。比如白色表现平静、和善，多用于佛菩萨的面貌，红色和深蓝色表现强悍好斗、凶猛狰狞，使用于护法或菩萨愤怒像中，绿色在勉唐画派中被大量用于背景。产生并且延续唐卡奇异魅力的秘密之一是颜料。因为所有的颜料皆取自大地，不论珍贵的矿物、稀罕的植物都是纯天然颜料。而颜料的配制完全是手工操作，过程缓慢而复杂，甚至跟人的力气有关，比如白色和黄色可以由年轻男人来打磨，但蓝色和绿色则需要体弱无力的人慢慢地研磨。用这些颜料绘制的唐卡历经沧桑却不变色，色彩之美则无以言喻。其中对金色不可或缺的应用乃是唐卡绝技，为了使上金粉的画闪闪发光，须用一种打磨得尖尖的玛瑙或九眼石镶嵌的笔反复摩擦出很多层次，所以多少年后，即使画面模糊，但描金的局部仍是熠熠夺目。

20世纪藏画颜料一度失传，用国画和广告画颜料代替而作的唐卡大为逊色。在西藏大学丹巴绕旦、阿旺晋美等专家努力之下，1998年失传近40年的制作工艺失而复得，用矿物和植物颜料画出的唐卡重现纯正色彩，富于光泽、经久不变。

度量经——戴着镣铐的舞蹈

在唐卡的绘制中，有许多代代相传的“卡玛”(规则)须得遵循。昌都噶玛沟的唐卡大师噶玛德勒说：“在佛经中记载着唐卡绘画的造像尺度，最根本的依据是佛最本原的造像。因为在释迦牟尼身上具备了世间万事万物的特点，而其他各类都只有其中的一样。比如人的唇沟是与释迦牟尼一样的，而狗则有与释尊一样的舌头，如此世间万物集中显现在释尊身上，因而释尊的法相就成了唐卡最早的标准。”而藏地绘画造像尺度的明确化依赖两个关键人物：一个是被称为文殊转世、开创了勉唐画派的勉拉顿珠，他创造了佛像《造像度量经》，规定了唐卡画中佛像的比例，其口诀就是唐卡艺人必须熟记于心的“恰才益金罗布”。另一个关键人物是生于贡嘎贡

背包客收藏：唐卡的流派

在西藏的本土画派中，第一个被公认而且影响后世巨大的画派是由活跃于15世纪下半叶的勉拉顿珠所开启的勉唐画派（menbris），勉派的善相比较优美，构图比较有层次。与勉拉顿珠同时代还有另外一位绘画大师钦则钦莫（mkhyen rtse chen mo），他和勉拉曾师从同一位画师。他的画中以愤怒相的威猛有力而被广泛吸收，流传至今。继承钦则画风的画家称为钦则画派（mkhyenbris）。

17世纪中叶，后藏的秋英嘉措将旧勉派进行改革，创立勉萨派（menbrissama，即新勉派）。此画派将旧勉派的背景加入少许透视概念，色彩调得更加清亮，并且运用更多的描金线法，使画面看起来更华丽、活泼。此派原本只流行于后藏地区，后来普及整个藏族地区，后藏地区的格鲁派大寺庙目前都保存大量此派的作品。

16世纪下半叶到17世纪初，藏东和康区兴起称为噶玛嘎瑞的新画派（karma gar bris）。噶玛嘎瑞画派的产生与著名的“三扎西”有关，第一个扎西是活跃于山南雅砻的南喀扎西（16～17世纪），他继承了传统的同时又吸收了其他技法；南喀扎西的徒弟却吾扎西是第二个“扎西”；第三个扎西是噶玛噶学扎西，此画派在旧勉派的基础上，更强调汉式风格中的留白与淡雅，画风流露一种非常有魅力的文人气质，是17～18世纪的新主流，该画派在18世纪以后发展出许多新支派。

由噶玛嘎瑞画派发展出的重要支派有司徒画派、噶学画派，前者画风更加淡雅，人物花鸟更加细致，并且非常重视主尊头光与背光的透明感。后者的画风是在勉派的上色法上，加入司徒画派的构图与气质。此画派一直流行于川、藏边界地区至今。18世纪中期以后，各画派互相影响，风格渐渐混淆，有些地方形成了以画唐卡为业的唐卡之乡，并进而形成了地域性的流派。风格较为明显的有昌都噶玛沟、青海热贡等画风。

热贡唐卡艺术在今天十分兴盛，特点是背景喜欢用翠绿色，莲花座像牡丹花，大量使用金线勾勒，布局繁密、设色艳丽。

多的贡嘎钦热，他们二人有如唐卡历史上的太阳和月亮以度量经方式使唐卡造像有了标准。

自此之后，唐卡艺术成为戴着镣铐的舞蹈，带来了它的繁荣与兴盛。

在今天看来，唐卡是一门多么繁复炫目的艺术，而它的秘密竟在于“因循守旧”。一代一代的画师以严格遵循度量经的造像尺度为前提，才能在绘画过程中将个人的才能完全融入传统之中。——这让人想起艾略特著名的诗论《论传统与个人才能》的观点，“舍小我而入大我”。然而，在唐卡艺术中，个人的才能并不会被一笔抹杀，画师的能力在于赋予“标准像”以灵魂，使护法显威，使菩萨慰藉心灵，使宗教具有情感，使佛心契入我们的心中。

这同时也是一把双刃剑，只有真正的艺术家才能戴着镣铐舞蹈——标准化是规范，也意味着一种约束。且当一种形式达到了极致之后必将由盛转衰，早期西藏的佛教艺术与中亚克什米尔、北印度细密画及喜马拉雅山艺术有着紧密的联系。从今天西藏阿里地区象泉河谷壁画中，可以看到这些灵动而融汇的风格。

是否，度量经在严格考验着每一位唐卡艺人？是否，它能够戴着镣铐跳出绝世之舞，以传达佛菩萨之悲心与深意？

玛吉阿米：一个西藏文化的密码

从那东方山顶
升起皎洁月亮
玛吉阿米的面容
时时浮现我心上

八廓街上的玛吉阿米

八廓街是拉萨最为著名的老城区，这里集中了最多的老房子，这些藏式平顶房的外墙几乎都刷成白色。朝圣者、商人、游客，来自藏族聚居区不同地方的藏族群众穿梭其间，构成这些纵横交叉迷宫般的街道中流动的风景。稍费周折就能找到那幢著名的黄房子，在周遭的白色民居中，黄色醒目的外墙提示着每个从它面前走过的人，关于它的不凡身份，关于它的诸多传说，关于与它相关的人和故事。

这是一幢三层小楼，就在街区的拐角处，外墙的黄色在西藏只有达赖喇嘛才能使用。至今，当地人依然认为，这里曾经是六世达赖喇嘛仓央嘉措家人居住的地方，也是他夜会情人的地方，而这个情人便是“玛吉阿米”，虽然，这种说法并没有任何来自史料的支持，但人们似乎更愿意相信，六世达赖也拥有俗世的爱恋与欲望，并对这种不为宗教戒律容忍的行为坦诚表达。在姓氏重复率极高的藏族名字中，几乎没有叫“玛吉阿米”的女性，有学者更从藏语的词义将“玛吉阿米”解释为“未嫁姑娘”。但在传诵中，人们一直将“玛吉阿米”解读为情人的名字，六世达赖的这首诗也被普遍地认定为是一首情诗，广为流传。

来自南错的转世灵童

关于这位出生于今天西藏山南错那

黄色外墙的玛吉阿米是八廓街独特的存在

达旺一带的五世达赖的转世灵童仓央嘉措，在藏地有着许多关于他的传说。他短暂的一生正处于西藏社会政治尤为动荡的时代。1682 年，五世达赖喇嘛圆寂后，摄政王第司·桑结嘉措利用布达拉宫正在修葺的机会，对外严密地封锁了这一消息。此时，蒙古准噶尔与清王朝处于对抗局面，而西藏正处于蒙古势力之中，格鲁派即是借助蒙古的势力达成了对全藏的统治。另一方面，西藏拉藏汗即位，与桑结嘉措始终处于一种对立的状态。这真是一个危机四伏、内外交困的时刻。

桑结嘉措把五世达赖圆寂消息隐瞒了 15 年后，终于被康熙帝知道了真相，不得不寻找五世达赖的转世灵童。出生在今天山南错那达旺一带，一个信奉宁玛派的家庭里的仓央嘉措被确定为转世灵童，已经长成少年的仓央嘉措在 15 岁那年作为六世达赖入驻了布达拉宫。

突然成为雪域法王的仓央嘉措并没有感到快乐，这位翩翩少年曾经的生活是那么自由自在，错那地处西藏南部，有着温润的气候、丰沛的水草和森林，白云雪山草地绿树间成长的少年，浸润在门巴欢乐、丰富的民间歌谣中，少年的春心在一个宁玛教的家庭里没有受到任何约束。然而，生活在布达拉宫里，实际上是生活在权力的夹缝之中，虽已坐床，但外界传闻中，他不过是桑结嘉措的傀儡。从内心来说，仓央嘉措并不赞成政教合一，有自己的政治主张。这位"雪域法王"处在政治权力的夹缝间，势单力弱、无所依靠。他不能伸张自己反对政教合一的政治主张，也不能专心于佛教的研习与传播，甚至面临着生命之虞。处在如此境况的仓央嘉措感到的是无力、无望和无奈。处于这样的情形下，仓央嘉措以放浪形骸、酒色笙歌的形象示人，公然拒绝了班禅为他授的比丘戒，甚至连沙弥戒也不遵守。

玛吉阿米的面容时时浮现我心上

于是，人们看到的是一个离经叛道、放任不羁的六世达赖，他在布达拉宫的后面修了龙王潭，与男女朋友们在那里唱歌跳舞欢聚。对于以教规严厉而著称的格鲁教派来说，这是不可容忍的行为。

布达拉的法王和八廓街的情郎

在拉萨下面住时
是浪子宕桑旺波
秘密也无用了
足迹已印在了雪上。

这首诗说的是，已居住在布达拉宫的仓央嘉措深夜为了会情人，假扮成普通的藏族少年，乘着月光从侧门偷偷地溜出来。宕桑旺波是仓央嘉措为自己离开布达拉宫混迹于拉萨的世俗生活而取的俗名，只是这个秘密却因布达拉宫里当值的喇嘛发现雪地上的足印而暴露。仓央嘉措在诗歌中坦诚自己的行为，同时也说明了一个道理，任何秘密都是不可能被掩盖和隐藏的。

将他选定为转世灵童的桑结嘉措在

有人认为仓央嘉措的诗歌充满了佛理的机巧阐释和表达

仓央嘉措20岁那年劝他受比丘戒，表面上应允的六世达赖前往日喀则的扎什伦布寺与五世班禅罗桑意西相见，学习佛法。然而，五世班禅这样写道："休说他受比丘戒，就连原先受的出家戒也无法阻挡地抛弃了。最后，以我为首的众人皆请求其不要换穿俗人服装，以近事男戒而受比丘戒，在转法轮。但是，终无效应，只得将经过情形详细呈报第司。仓央嘉措在扎什伦布寺居17日后返回拉萨。"

"白天是布达拉的法王/晚上是八廓街的情郎。"仓央嘉措用直率坦白的语言和态度写出来的诗句，有着直抵人心的感染力，这也是西藏文化的魅力所在。那些常情、常理在直白率性的诗句里，表达了佛法中的禅义，被普罗大众深深地喜爱。

已过了开花的时光
蜜蜂儿不必心伤
既然是缘分已尽
我何必枉自断肠。

拉藏汗与桑结嘉措之间的矛盾不断加深，"投毒计划"失败后，桑结嘉措被杀。拉藏汗向康熙报告，第五世达赖嘛嘛转世灵童是由桑结嘉措选定，甚有不妥。之前，康熙因桑结嘉措隐瞒五世达赖圆寂消息已对其很不满，由此下令废黜仓央嘉措，重新选定六世达赖，并要求将仓央嘉措"执献京师"。正史中关于仓央嘉措的记载就停止于此，在被押解前往京城的路上，行至青海湖畔，"暴病身亡"，此时的仓央嘉措年仅24岁。这也是在布达拉宫的灵塔里独缺六世达赖灵塔的原因。

这个不守清规的"雪域法王"留在布达拉宫的痕迹少之又少，甚至众多的灵塔里都没有他的那一座，但在民间，他被称为"情僧"，人们传说他的故事，传唱他留下的那些诗歌。

你见，或者不见我
我就在那里
不悲不喜
你念，或者不念我
情就在那里
不来不去

是情诗还是道歌?

很长时间以来，人们都把他当成一位多情的僧侣，他的诗歌被当成情诗来读，浪漫、多情成了他身上的标签。连八廓街上这幢黄房子也被冠以"玛吉阿米"，成为一家有着浪漫情调的藏餐吧。那首写给"玛吉阿米"的情诗被写在餐吧的菜单上，餐桌上的留言簿被来自世界各地的情人们写满了柔情甜腻的情话，一切都坐实了三百多年前，那位处于政治夹缝中艰难生存的六世达赖喇嘛"情僧"的事实，也让"玛吉阿米"成了高原上浪漫和情人的代名词。

仓央嘉措留在世间一百多首诗歌，很多年以来，人们反复吟诵，为这位雪域法王在字里行间的真诚、情爱所感动，也为他短暂的生命叹息。

在那东方高高的山顶
升起一轮皎洁的月亮
玛吉阿米美丽而醉人的容颜
时时荡漾在我的心房。

是仓央嘉措流传最广的诗歌之一，这首被写在拉萨八廓街玛吉阿米藏式餐吧菜单上的诗歌，也成为仓央嘉措作为"情僧"的重要佐证之一。不断有学者、作家、翻译家在重新研究、翻译、整理有关仓央嘉措的作品，所有的翻译或研究分为两类截然不同的意见，一类认定仓央嘉措留下来的诗歌多数都是情诗，表达的是世俗人间情人间的思念和情爱，而另一类的意见则认为，这些表面是情诗，但那是诗人在所处的政治环境和他心怀弘扬佛教理想的背景下，字里行间表达的对于处境的无奈，也充满了佛理的机巧阐释和表达，所以那些传诵了百年的诗歌并非情诗，而是道歌，里面有着作为六世达赖的仓央嘉措投身佛法的虔诚。

在正史的视野之外，关于仓央嘉措的结局有许多的猜测。近年来，越来越多的研究和发现证明，仓央嘉措并没有暴病死亡于青海湖，而是押解的人放走了他。因为对于清政府来说，如何处置在西藏高原的民众中具有一定影响力的六世达赖这原本就是一个棘手的问题，所以收到死亡的报告便不多加追究。流亡了的仓央嘉措来到过中国四川、西藏，后又到尼泊尔，最后在阿拉善弘扬佛法，承庆寺就是他圆寂的地方。

三百多年来，六世达赖从来没有走出过人们的视野，从布达拉宫、扎什伦布寺再到八廓街，世俗的人们更愿意把那些含有佛法深义或密宗修行而作的诗歌当成情歌，让有着谜一样一生的仓央嘉措成为传说，连同他的诗歌被反复地吟诵。这不仅是仓央嘉措诗歌的魅力，也是西藏文化的魅力。

人们传说他的故事，传唱他的诗歌

走遍中国·西藏

CLASSIC TIBET
西藏经典

走遍中国 · **西藏**

CLASSIC TIBET
西藏经典

西藏必访焦点

西藏以其神秘与高洁吸引着络绎不绝的游人，尤其是年轻人，近年来西藏游已经成了年轻人最为向往的休闲活动，因为这不仅仅是休闲，更是修行。

1. 布达拉宫

所在地区：拉萨市

游览季节：常年皆可

“回到拉萨，回到了布达拉”。如歌词中唱到的一般，布达拉，不仅是拉萨的象征，更是所有人向往的圣地。高高的红山上，垒砌着这座气势雄浑的藏式宫殿，最初为松赞干布迎娶文成公主所建，而后成为历代达赖的冬宫居所。如今的布达拉宫，每日定量接待游客不超过 2300 人。抚摩着锯齿状的女儿墙沿着 900 多步石头阶梯缓慢向上攀爬，这短短的 100 多米，却是信众一辈子的渴求。这座通往神圣的信仰之道，犹如雪域高原的灯塔，而这颗“世界屋脊的明珠”的光芒，永远普照着藏地的所有角落。

2. 大昭寺

所在地区：拉萨市

游览季节：常年皆可

大昭寺

珠穆朗玛峰

“先有大昭寺，后有拉萨城”。在藏族人民心中，大昭寺在拉萨的中心地位，不仅是地理位置上的，也包括社会生活层面的。在大昭寺释迦牟尼殿前，有一根看似普通的立柱，这上面却钉满了无数倒在朝圣路上的信众的牙齿。从大昭寺金顶俯瞰大昭寺广场，每天从日出到日落而去，有络绎不绝的虔诚的信众在这里磕长头。大昭寺的布局方位与汉地佛教的寺院不同，其主殿是坐东面西的。寺院内的佛殿主要有释迦牟尼殿、宗喀巴大师殿、松赞干布殿、班旦拉姆殿（格鲁派的护法神）、神羊热姆杰姆殿、藏王殿等。

3. 珠穆朗玛峰

所在地区：日喀则地区

游览季节：每年 4~5 月和 9~10 月

位于定日县境内的珠穆朗玛峰是世界第一高峰。峰顶常年积雪，冰川、冰坡、冰塔林到处可见。旭日东升之时，巨大的山峰在红光照耀下光彩夺目。它是藏族人心中神圣不可替代的神山，也是全世界人民膜拜的女神。珠峰四时景不同，许多摄影发烧友为了拍得珠峰大片，在山脚一待就是几个月。

出了珠峰观景台和珠峰大本营外，绒布寺也是观赏珠峰的绝好位置。在这里远观珠峰，可以看到珠峰山体犹如一座巨大的金字塔，令人望而生畏。天气晴好时，便可见山顶一团乳白色的烟云腾空而起，恰如一面白色旗帜，这便是闻名于世的“珠峰旗云”。

4. 雅鲁藏布大峡谷及南迦巴瓦

所在地区：林芝地区

游览季节：4 月或 10 月

雅鲁藏布大峡谷位于西藏林芝地区米林县，长 504.9 公里，平均深度 5000 米，最深处达 6009 米，是世界上最大的峡谷。在这个五彩斑斓的隐秘境地，人们可以看到地球深部的状态，瑰丽无比。 从林芝派乡进大峡谷入口，便可观赏雅鲁藏布中游宽谷。集壮美与秀丽于一身的“中国最美山峰”南迦巴瓦峰便在此出现。南迦巴瓦虽奇美，却极不易见。藏于云中深处的南迦巴瓦，只有诚心的人方有机会得以一睹风采。神山下，是藏家的农舍和村庄。春来冰融，粉红的桃花和各色杜鹃开得漫山遍野，映衬着俊美的山色与大峡谷格外生动。

5. 冈仁波齐

所在地区：阿里地区

游览季节：5~6 月，9~10 月

冈仁波齐是藏传佛教、印度教和本教信众心中的“世界中心”。它位于普

冈仁波齐

兰县圣湖玛旁雍错以北，海拔 6638 米，峰顶四季冰雪覆盖，呈圆冠金字塔状，上空常被云层缭绕，神秘而不得常见。阳光照耀在积雪的山峰上，闪耀着奇异的光芒，若是得以一见真颜，那便是几辈子修来的福气。信众们坚信，到冈仁波齐转山一圈便可洗尽 500 年的罪孽，而在马年转神山，更可消除 6500 年的灾祸。如此神话，让人不得不对冈仁波齐充满宗教般的虔诚与惊叹。

6. 纳木错

所在地区：拉萨市

游览季节：5~9 月最佳

作为西藏三大圣湖之一的纳木错，藏语意为“天湖”，位于拉萨市当雄县和那曲地区班戈县境内。湖面海拔 4718 米，湖水靠念青唐古拉山的冰雪融化后补给。远远望去，卧于羌塘草原上的纳木错宛若一颗光洁的蓝宝石。天气晴好时，湖水与天色融为一体，甚是迷人。天湖纳木错，在藏族人心中有着非常神圣的地位。每天在这儿朝觐的人多如牛毛，到了藏历羊年，这里更是人山人海。在藏族人的传说里，藏历羊年转湖念经一次，功力胜过平时转湖念经十万次。风马旗飞扬，桑烟四起，诵经声袅袅不绝。

纳木错

7. 羊卓雍错

所在地区：山南地区

游览季节：盛夏时节

“天上的仙境，人间的羊卓。”

羊卓雍错，位于山南地区浪卡子县境内。“雍”是“碧玉”的意思，“羊卓雍错”，即“碧玉湖”。羊卓雍错盛名很高，与纳木错、玛旁雍错并称西藏三大圣湖。站在海拔 5030 米的岗巴拉山口向南眺望，便能见羊湖以一副精美的神态展示在眼前，湖水湛蓝，静卧一团团

羌塘草原

厚重的白云之下。湖边农田碧绿，牛羊成群，山水之间，尽是令人舒心的趣味。

8. 玛旁雍错

所在地区：阿里地区

游览季节：夏秋季节

玛旁雍错，海拔将近4500米，位于阿里地区普兰县城东35公里处，遥望神山冈仁波齐。玛旁雍错，在藏语中意为“无能胜湖”。它既是西藏著名的圣湖，也是亚洲四大河流的发源地。藏传佛教信徒认为，玛旁雍错是最圣洁的湖，每日，有无数人千里迢迢赶来用圣水清洗人心中的烦恼和孽障。纳木那尼雪山的静谧与圣湖交相辉映，而在其旁一个名为霍尔的村庄，便是欣赏和拍摄玛旁雍错、纳木那尼峰的最佳位置。

9. 羌塘草原

所在地区：那曲地区

游览季节：夏秋季节

羌塘草原，是中国五大牧场之一，位于昆仑山脉、唐古拉山脉和冈底斯山脉之间。春去夏来，羌塘草原草色丰美，牦牛多如星星点缀在茵茵的绿草上，真想像牦牛、骏马般驰骋旷野上。每到8月，迎来羌塘草原的黄金时节。此时，在羌塘草原的重镇——那曲便会举行一年一度的赛马会。除了赛马，还会有马上竞技、跑马射箭、骑射、拔河、跳远和跳高等体育项目。而最为特别的还数抱石头比赛，一个个壮如牦牛的牧民，光着膀子使足力气把重达200多斤的石头抱起来扛到肩上，惊艳众人。

10. 古格遗址

所在地区：阿里地区

游览季节：9月下旬至10月

古格王朝遗址西距阿里札达县城18公里，整座城堡建在一座300多米高的黄土坡上。古格王朝遗址是一座规模宏伟的高原古城，经历岁月和风沙洗劫数百年后略显沧桑。如今，除了巍然屹立的王宫古堡，还有大量断壁残垣、坍毁的洞穴、倾圮的佛塔散布在大漠黄沙中。登上王朝遗址，从最上方向下眺望，废墟下仅存十几户人家。苍茫的古格大地上，偶见粉色的格桑花顽强地开放，不由感慨生命的强大。古格，虽已逝去多年，却仍然向人们昭示着博大的感召力。

古格遗址

去西藏一定要尝试的事

去西藏，有太多的风景要看，有太多的风情要领略，有太多的寺庙要参观，有太多的美食要品味，在此情此景中，有几件事情，是来西藏不能错过的。经历过它们，你才能真正走进西藏。

1. 在太阳底下发呆

拉萨是座日光城，也是座慢城。西藏的时光更是悠闲自得。那漫无边际的草原上，牦牛们在日光下懒懒地打着盹儿，是的，这里的高原，想必最适宜修身养性，慢慢悠悠吧。有人说，来到西藏一个月，花了半个月时间在大昭寺发呆。这不足为奇。发呆的地方很多，比如仓姑寺外，比如大昭寺广场，又或者拉萨河边。再或者足不出门，只静静待在客栈里，望着窗外那娇艳的格桑花和一方蓝天，捧一本闲书看或不看，时光就这么缓缓地流逝。西藏是全国太阳辐射最强的地方。拉萨的全年总辐射达到195千卡/平方厘米，是同纬度成都的2.1倍，上海的1.7倍。拉萨全年日照时数3005小时，是成都的2.4倍，上海的1.5倍。因此拉萨被称为“日光城”。担心晒黑的女孩子在享受阳光的时候，切勿忘了身着长衣长袖，如果想在太阳底下小寐一会儿，不妨拿方深色的丝巾盖住脸。

在拉萨一定要尝试慢悠悠地享受日光

转山

2. 去冈仁波齐转山

山峰常年白云缭绕的冈仁波齐是藏族心中的“神灵之山”。在藏族同胞看来，能看到峰顶的人是有福之人。传说中，冈仁波齐是佛祖释迦牟尼的道场，在印度教中它又是湿婆大神的殿堂，耆那教和本教都有围绕象征纯洁与仁慈的冈仁波齐转山可以洗去罪孽的传说。据说朝圣者来此转山一圈，可洗尽一生罪孽；转山十圈可在五百轮回中免受下地狱之苦；转山百圈可在今生成佛升天。千百年来朝圣者络绎不绝，在通往神山的道路上，虔诚地祈祷着、朝拜着，成为西藏独有的风景。也有很多人去冈仁波齐转山，只为抛却尘世的纷扰，凝听内心的声音，在极度艰苦中找到真实的自我。

3. 甜茶馆喝甜茶

西藏人喜欢喝甜茶，也习惯喝甜茶，就像广州人有喝下午茶的习惯一样。在西藏各大地区均能找到甜茶馆，拉萨最多。这些甜茶馆或隐于闹市中心，或藏在街道边隙，它们并不打眼，但问一问当地人便一定能找到。乍一看甜茶馆或许会觉得不舒服，甚至有那么一点不干净。它们大多很陈旧，几张老木式桌子一摆，便围坐了一圈人。茶杯很旧，苍蝇到处乱飞。甜茶馆不光卖茶，还有藏面、酥油茶等便餐。喝茶的人中，有转经的信徒、闲聊的老人、歇脚的本地人和好奇的外地游客。大家多半在午后前来，不知不觉，一个下午的时间便打发掉了。在拉萨，很多人推荐去仓姑寺外喝甜茶，或者去老有名的光明甜茶馆。一杯甜茶仅需 6 毛钱，但这里却能看到拉萨乃至西藏最原汁原味的生活。

4. 像信徒一样去转经

转经是西藏人生活中不可或缺的一部分，西藏人认为，转经相当于念经，是忏悔往事、消灾避难、修积功德的最好方式。转经的人一般选择转山、转湖，或者围着寺庙等神圣的地方顺时针绕圈。甚至，一块嘛呢堆也成了人们转经的所在地。转经的人一般手持转经筒，口中默念六字真言，步伐或快或慢，如果在转经途中遇上一排排转经筒，也会去转动，绝不遗漏。如果想像一个藏族人一样去转经，不妨在拉萨的某一个早晨早早出门。拉萨人转经一般在清晨和傍晚，清晨最多。拉萨城里，有三条最为著名的转经道，它们分别是朗廓、八廓和林廓。三个转经道就是三个大圈：第一个圈在大昭寺里面，称为“朗廓”，也就是“内圈”的意思；第二个圈围绕大昭寺，称为“八廓”，意思是“中圈”；第三个圈围绕整个拉萨城，称为“林廓”，意思是“外圈”。除此之外，还有一个圈围绕着布达拉宫，这就是“孜廓”。在拉萨的街头走着走着，便混入了转经的队伍，于是，你便成为转经的一人，一起去接受虔诚的洗礼吧。

转经是西藏人生活的一部分

5. 用镜头捕捉天地之大美

西藏是浑然天成的摄影天堂。出色的蓝天、壮丽的山河、辉煌的寺庙、虔诚的藏族人，还有绛红色僧袍的僧侣……所有人来到这里便像来到了梦境中的天堂，大美而不言。去西藏前，一定备上一部高画质的单反相机，如果只是用手机或者卡片机拍照，那实在有点对不起西藏的风光。如果条件允许，最好再配备一只长焦镜头，它能帮你捕捉到更多意想不到的美景。另外，高原光照很强，建议为每只镜头安装一片品质足够的 UV 镜。春天的林芝桃花、夏天的纳木错天湖，秋天的拉萨河，冬天的布达拉宫等都是摄影人强烈推荐的西藏摄影必拍之处。

经幡每随风飘动一下，就是诵经了一次，为人们向神灵祈愿

6. 聆听经幡的颂歌

有西藏人的地方便会有经幡。在山坡上，在小河边，树林中，还有房顶上，它们迎风而动，蔚为大观。经幡是五色的，所以又称五色经幡。每一种颜色又有特定的含义：蓝幡象征天空，白幡象征白云，红幡象征火焰，绿幡象征水，黄幡象征土地。有人会说，这不就是彩旗嘛，怎么会叫作经幡呢？只要你用心去看，便会发现其中奥秘。经幡不仅是彩色的，在其上还印有经文。藏族人民坚信，随风而舞的经幡每飘动一下，就会诵经一次，它不停地向神灵祷告人们的祈愿，是神与人连通的纽带，因为靠风作为媒介，又有人叫它为“风幡”。站在经幡林下，听风涌动的声音，心一下便沉静下来。那声音如美妙的梵音直抵人心，所有的心事都仿佛付之于它，随后归于平静。

7. 朝觐雪山，感受生命的纯净

西藏的雪山很多，知名的如珠穆朗玛、唐古拉山、南迦巴瓦。而更多的则是不知名，甚至地图上都没有标注的雪山。开车进藏，前路一片茫然，也许转一个弯，雪山便清晰地出现在眼前，那么近，仿佛触手可及。虔诚的藏族同胞每见雪山都会虔诚地叩拜，在他们心中，雪山是纯净的象征，是精神上、意义上的符号和象征。在雪山下，人的心灵归于本真。其实什么也不需要做，只需默默和雪山对话，感受雪山传递给你的能量，然后，继续上路。

在西藏，雪山是纯净的象征

8. 亲吻圣湖

西藏有三大圣湖：纳木错、羊卓雍错和玛旁雍错。其中，纳木错位于拉萨当雄县境内，羊卓雍错位于山南地区，从拉萨前往比较方便，玛旁雍错位于阿里地区，想要朝觐难度稍大。神山与圣湖本就是一对恋人，比如纳木错与唐古拉，玛旁雍错与纳木那尼。神山只能遥遥一观，而圣湖则可以亲切靠近。西藏的圣湖湖水很蓝，蓝得跟天色一样，浓到化不开。有藏族人将马匹牵到湖中清洗，你便也想学着他们的样子，脱掉鞋袜去感受湖水的清凉。一会儿乌云翻滚，天色陡变，湖面上风云变幻。不要担心，高原的天就是这样无常，不一会儿工夫，乌云过境，蓝天重现，湖面便又恢复刚才的迷人姿态，所谓天是什么色，水便是什么色就是此意。

9. 去色拉寺看辩经

辩经其实是佛家用语，实出家人学习佛经之后，以一问一答或一问几答、

色拉寺的辩经在西藏最著名

在西藏，随时会遇到直击内心的风景

几问一答的方式互相交流所学心得。这也是藏传佛教僧侣们学习佛经的一种方式，他们通过辩论的方式来检验一个人的学识。发问的时候，发问人拍一下巴掌来引起对方的注意，并向其致敬。能运用佛理把所有的问题一一解答会赢得更多的认可和敬佩，也是考试方式之一种。每座寺院几乎都有辩经，但以拉萨的色拉寺为最著名，每天下午三点左右都有辩经活动。色拉寺辩经的场面和气势都是不容忽视的。争论声、拍手声以及念珠转动的声音，僧人们声情并茂的辩经虽然听不懂，静下心来，却仍能感受到佛理的博大精深。

10. 期待一次艳遇

对于年轻人来说，西藏莫过于最好的艳遇地。一次长途的旅行，让本是陌生人的红男绿女情愫暗生，而西藏的蓝天，雪山和圣湖，会将这样的偶遇渲染得更加纯粹和动人。艳遇或许发生在客栈里，或许发生在甜茶馆中，或许发生在前往某处圣湖的途中……而拉萨则被誉为继丽江之后的又一艳遇胜地。在拉萨的玛吉阿米餐厅，这个流传着仓央嘉措与玛吉阿米动人爱情故事的圣地，找一处临窗的位置坐下，借着昏黄的灯光，便能看见小情侣间的卿卿我我，那景象甚是迷人。

西藏主题特色线路

1. 川藏南线（国道 318）

川藏南线，即国道 318 成都至拉萨段，被誉为“中国最美景观大道”。这条线经金沙江、澜沧江、怒江、雅鲁藏布江和著名的念青唐古拉山脉、冈底斯山脉，沿途有雪山、圣水、草甸、寺院密集，是自驾者进藏的首选线路，也是摄影爱好者不可错过的黄金路线。二郎山隧道是跨入藏族地区前的最后一道关口，出了隧道，便是另外一番景象。很多时候，我们会看到二郎山隧道两岸，一边风和日丽，一边大雪飘扬，让人惊叹不已。但这仅仅是川藏南线精彩的前奏。川藏南线相对北线来说并没有这么惊险，倒是折多山让不少人胆战心惊。折多山为大雪山一脉，是重要的地理分界线，最高峰海拔 4900 米，垭口海拔 4298 米，与康定县城的海拔落差达 1800 米，是川藏线上第一个需要翻越的高山垭口，因此有“康巴第一关”之称。冬季是最难过折多山的，冰天雪地，路面湿滑，即便越野车也必须是防滑链加身。再加上折多山的盘山公路九曲十八弯，更比平日增添了不少困难。翻到山顶，回望这一道道拐，不仅心口发凉，难怪当地人有句话叫“吓死人的二郎山，翻死人的折多山”。接下来，沿途精彩无数：走过跑马溜溜的山，流连在被誉为摄影天堂的“新都桥”，奔跑在高高的毛垭大草原上，看巴塘的康巴汉子和姑娘跳起弦子舞，驻足宁静的然乌湖，聆听静谧翠绿的巴松错、看尼洋河上风光如画，朝觐难以见真颜的南迦巴瓦……神山与圣湖，草原与森林，每一处都能让人驻足不前，每一处都荡漾着心灵的尘埃。尤其是然乌至拉萨段，这一段路况很好，平均海拔也仅在 3000 米以上，特别适合第一次进藏的人士逗留。然乌的清晨甚美，因此，尽管然乌镇很小，但常年人满为患。波密号称“西藏的瑞士”，春来秋去，这里的景色绚丽，

新都桥

然乌秋色

吸引着不少摄影爱好者驻足。行进在藏地江南，不禁心情大好，茂密的植物也将传说中的“高原反应”驱散得一干二净，知名的还有不知名的野花遍地盛开，有那么一瞬间，你甚至在怀疑：这真的是西藏吗？直到你看到远山上那星星点点的牦牛和堆积如山的用作燃料的牛粪你才恍然大悟：原来西藏不仅仅是高远与苍凉。

■ 旅行季节

冬季大雪封山，特别是翻越折多山口时比较危险，建议避开冬季；另外，7、8月为传统的雨季，会有泥石流、滚石下滑的危险，应该避开。5～10月为最佳旅行季。

■ 行车及加油

川藏南线目前大部分路段为柏油路，一般来说，普通轿车即可通过。沿线的县城都有加油站，提供93#、90#汽油和柴油。这条线风光极美，吸引了不少骑行者。

■ 住宿

沿线的康定、芒康、八一镇、拉萨等都有不错的宾馆，一般情况下都能满足需求。然乌住宿比较紧张，特别是旺季几乎一铺难求，所以到然乌的时间最好早一点。

2. 川藏北线（国道317）

川藏北线，这里主要是指“大北线”。从成都北上在映秀镇往西，穿过卧龙自然保护区，翻越海拔4520米的巴郎山，经小金县，抵丹巴。进入甘孜后，经道孚、炉霍、甘孜、德格过岗嘎金沙江大桥入藏，再经江达、昌都、类乌齐、巴青、索县、那曲至拉萨。全长2412公里。川藏北线景色更为壮阔，是越野车自驾游推崇的大美线路。相比川藏南线，北线不仅更惊险，更壮阔，其宗教色彩也更为浓厚。从丹巴嘉绒藏族聚居地开始，你将领略到甲居藏寨的风情。梭坡是古碉聚集地，在此可遥想当年古战场的金戈铁马。出丹巴不久便是317国道上的第一个镇——八美，过此，沿途可欣赏高原森林、草甸风光，翻越海拔3951米的松林口，便是以藏式民居著称的道孚。进入甘孜地区后，寺院林立，翻越马尼干戈，经过珠牡王妃沐浴的新路海，再翻越“川藏第一险”雀儿山，进入整个藏族地区的文化中心——德格。德格印经院是一定要去拜会的，半天下来，你将参观到一整套印经过程。德格后过岗嘎金沙江大桥便是藏东的重镇——昌都，这也是进入西藏境内第一大站。由格鲁派宗喀巴大师创建的强巴林寺亦是旧西藏三大领主之一寺庙。强巴林寺供应着强巴佛，寺中的壁画、雕塑、建筑、经卷等艺术珍品和文物均十分珍贵。这里的“香积厨”可供拍摄和参观，不过女人不能进去。昌都地区还有远近闻名的唐卡乡嘎玛沟。过了昌都，海拔一点点攀升，渐渐往西藏腹地进发。丁青不大，却

川藏公路

拥有藏地最大的本教寺院——孜珠寺。孜珠寺难以见，车路曲折险峻，当地人说，如果走路需要一天时间，骑马需要半天，而开车也需要一个多小时。孜珠山虽高，但风景却奇美，这里还拥有藏东地区最大的天葬台。而后进入索县，奔驰在辽阔的羌塘草原上，"天苍苍，野茫茫，风水草低见牛羊"大概就是这个样子。到达青藏线与川藏北线均能到达的节点——那曲。那曲也是西藏北部最大的城镇，5～9月是那曲草原的黄金季节。不仅气候温和，降雨也集中在此时，不似冬日的萧索。8月，草原上一片葱绿，一年一度的那曲赛马会隆重举行。赛马会不仅是整个藏北的盛会，拉萨和其他地方的人也远道而来。藏北人热情豪爽，又能歌善舞，见过马上驰骋后，再跳起欢快的锅庄舞，伴着草原上明朗的星光真是美好。那曲距拉萨不过300多公里，驱车一天便能到达。一路上皆是草原的美景，路况也很好。清晨还在那曲，傍晚便能看见布达拉宫的圣光。

■ 旅行季节

每年的最佳时节是5月和8月中旬～10月。6、7月为雨季，川藏北线泥石流和塌方频繁发生，最好避开此段。

■ 行车及加油

川藏北线相对南线来说更加险峻，有些路段会遇上塌方、冰雪等，最好选择越野车出行，沿途县城均设有加油站，提供93#、90#汽油和柴油。

■ 住宿

沿线的丹巴、甘孜、昌都、那曲、拉萨等都有不错的宾馆和青年旅舍，食宿很好解决。丁青比较缺水，即便政府宾馆也经常停水。巴青、索县住宿条件相对较差。

3. 滇藏线（国道214）

滇藏公路的一条支线，由昆明经下关、大理、香格里拉、德钦、盐井，到川藏公路的芒康，然后转为西行到昌都或经八一到拉萨。其中一段路与国道318路线重复。由昆明至芒康路程1112公里，芒康经八一镇至拉萨1214公里，全程2326公里。昔日"一趟滇藏茶马古道线，一段天险路"，如今几乎是一条宽敞平坦的沙石路，无论晴雨均可通车，唯红拉山冬季会有雪阻。

这条兼具大美与大险的世界级越野线路其实早已闻名，它曾是美名远播的古时商人走过的"茶马古道"。回望如今的滇藏公路，有中小桥梁 112 座，涵洞 1764 道，雪山悬崖间，天气说变就变，再加上高原空气稀薄，在如今看来也是一条不平凡的道路，又如何能料想古人是凭借怎样的毅力和决心才在那个物资匮乏的时代仅靠马帮和脚力沟通起了滇藏两地。

在这条道路上，将经过繁华如梦的大理古城，小资与文艺并存的丽江古城，再往前，便进入藏族地区香格里拉。詹姆斯·希尔顿在《消失的地平线》中这样描绘香格里拉："那稀薄的空气中泛起一层淡淡的云烟，仿佛是梦中的纱帐，与瓷青色的天空相映成趣。随着每一日呼吸，每一次凝望，他渐渐沉入一种深深的近乎迷醉的平静……"

和西藏相比，香格里拉格外空灵而绚丽。这里有大大小小的草甸和坝子，静谧的雪山下是宁静的海子，这里是摄影人魂牵梦萦的地方，是世人梦想中的天堂。

香格里拉后，便是德钦。如果运气好再加上天气眷顾，便能在德钦到盐井的路上参拜到藏地著名的神山——梅里雪山。梅里雪山又称雪山太子，平均海拔在 6000 米以上的有 13 座山峰，称为"太子十三峰"，主峰卡瓦格博峰海拔高达 6740 米，是云南境内第一高峰。德钦到盐井的路不太好走，多是靠山的悬崖。盐井，即是进入西藏境内第一站。顾名思义，盐井，即是产盐晒盐的地方。盐田一边出红盐，一边出白盐，如此奇观倒是吸引了不少游客和摄影师。在盐井吃过加佳面后，便向芒康进发。这一段路更是崎岖多折，若是在秋季翻越红拉山口，回望从海拔 2000 多米的山底直至 4000 多米的山巅，红拉山犹如彩色的画板。红拉山也是国家一级保护动物滇金丝猴的自然保护区。红拉山下，便是芒康。从芒康到拉萨，路经八宿、林芝等大节点，沿途风景甚好，这段线路也是川藏南线从芒康到拉萨的路，一路走走停停，两三天便到拉萨。

梅里雪山

■ 旅行季节

每年的最佳时节是 5 ~ 10 月，需避开 6、7 月的雨季，以防泥石流威胁。

■ 行车及加油

滇藏线段比较好走，从盐井翻越红拉山路段比较险峻，道路较窄需谨慎驾驶。最好选择越野车出行，沿途县城均设有加油站，提供 93#、90# 汽油和柴油。

■ 住宿

沿线云南境内的节点住宿都很好，旺季最好提前预订。进入西藏后，芒康、林芝和拉萨的住宿条件较好。

4. 青藏线（国道 109）

青藏公路从青海第二大城市格尔木出发，翻越海拔 4700 米的昆仑山、海拔 4800 米的风火山、垭口海拔 5150 米的唐古拉山以及念青唐古拉山；跨过通天河、沱沱河和楚玛尔河三条平均海拔 4500 米的大河，穿过藏北羌塘草原，在拉萨与川藏公路会合，全长 1160 公里，担负着 80% 的进藏物资的运输，被称为“青藏高原上的苏伊士运河”。青藏公路一年四季通车，是五条进藏公路中最繁忙的一条。行进在青藏线上，观莽莽昆仑，辽阔草原，荒芜戈壁，只觉天地一片苍茫。

作为一条重要的进藏线路，在进入西藏境内有两个不可错过的重要节点，第一个便是我国最大的内陆咸水湖青海湖。青海湖在蒙古语中叫“库库诺尔”，意为“青色的湖”。青海湖最美的季节在每年的七月。此时，青海湖边尽是蔓延的油菜花，金色的一大片与蔚蓝的天空与远处湛蓝的湖水相映成趣。如果想要看到青海湖鸟岛的胜景便要在四月赶去。成千上万斑头雁、天鹅、棕头鸥铺天盖地而来，好一个热闹的青海湖。

一般来说，停留在青海湖后的第二天便会翻越唐古拉山口。途中会经过广袤的可可西里。车速被严格控制在 40 码以内，因为稍不留意便会有藏羚羊穿过公路。你需要带上一架望远镜和一只长焦镜头，以便随时不动声色地捕捉它们俏丽的身影。海拔在一点点升高，依稀感觉到空气的稀薄。直到从风和日丽的旷野来到寒风凛冽，时有大雪飞扬的

昆仑山脉玉珠峰

从纳木错扎西半岛眺望念青唐古拉山

山口方知是到了海拔5200米的唐古拉山口。在这里，每走一步都会感觉明显的不适，多待一会儿，甚至会出现高原反应的症状。很多人谈起唐古拉山口便大惊失色。是的，这里容不得开半点玩笑。从唐古拉山口下来，便是安多。安多到那曲不过100多公里，若是时间和精力允许，最好在条件更好，海拔也更低的那曲歇息。那曲到拉萨的路上，会途经当雄，这里有西藏三大圣湖之一的纳木错。纳木错意为天湖、灵湖或神湖，是藏传佛教的著名圣地，湖面海拔4718米，东西长70公里，南北宽30公里，面积1920平方公里，是我国的第二大咸水湖，也是世界上海拔最高的咸水湖。到纳木错要翻越海拔5190米的那根拉山口，这里风极大，不宜多留。朝觐纳木错后，不妨再往羊八井泡上一通温泉解乏，之后，便向圣地拉萨进发。

旅行季节

每年的5～10月。冬季过于寒冷，少有游客。即便在盛夏走青藏公路，最好也准备毛衣、羽绒背心等过冬衣物。翻越唐古拉山口时经常遇上暴风雪。

行车及加油

青藏公路路况很好，是几条进藏公路中路况最好的一条。沿途各大站均有加油站，非常方便。尽管路况好，但选择这条线路进藏是很容易发生高原反应的。格尔木平均海拔3000米，过了格尔木后通常会在一天内赶到安多，这一

青海湖

天的驾驶中，会从海拔 3000 米上到海拔 4500 米，还会翻越海拔 5000 米以上的唐古拉山口。因此，最好不要单车出行，而且最好一车配有两名以上司机，同时准备好抗高原反应的药物。

■ 住宿

这条进藏线路中，第一天晚上可以借宿青海湖边，条件不是很好，但可以一大清早起来看湖；第二天建议停留格尔木稍作休息；第三天行程艰巨，很多人会在安多停留，但建议再赶点夜路停留在那曲。因为安多平均海拔在 4000 米以上，到了秋季，夜里容易下雪，一是容易发生高原反应，二是柴油车容易在气温骤降情况下发动机点不着火。那曲平均海拔 3000 米，且住宿条件远胜于安多。第四天便可以赶到拉萨或者纳木错稍作停留。

5. 新藏线（国道 219 转国道 318）

新藏公路全长 1455 公里，是世界上海拔最高的公路，是一条真正的“天路”。这条路也被称为“魔鬼之路”：途中翻越 5000 米以上大山 5 座，其中最高的界山达坂海拔高达 5248 米，是几条进藏路线中最危险的节点。从海拔 900 多米的新疆翻过 5200 多米的山口再停到 4500 多米的阿里，对很多人来说都是个不小的挑战。

尤其值得一提的是界山达坂，其实就是一个大山口。这里是西藏与新疆的分界线，在此以北是新疆，以南便是西藏。很多人拼命闯过界山达坂，还有很多人却永远倒在了这条进藏的魔鬼路上。这不是危言耸听。看那山口赫然屹立的“5248 米”，凝聚着多少勇士的心血。

新藏线

纳木那尼

都说大险之处有大美。这条路上的风光可谓壮阔苍茫。这条线路沿途要翻越海拔 5000 多米的十多座雪山达坂，翻越昆仑山、冈底斯山，沿喜马拉雅山北麓南下，穿越茫茫荒原，尽是一望无垠的戈壁、沙漠和终年积雪的崇山峻岭，数百公里不见人烟。而藏野驴和黄羊却撒了欢似的成群奔跑在旷野上，那场面甚是壮观。翻越界山达坂后进入西藏首站——日土。日土虽远，却有着一个颇具盛名的湖——班公错。班公错又称错木昂拉红波，位于阿里地区日土县城西北约 12 公里处，藏语意为“长脖子天鹅”，有世界上海拔最高的鸟岛。鸟岛一般不允许人接近，只能乘快艇远远观望。

阿里地区的首府狮泉河镇如今已通航班，从这里到古格王朝遗址的路也修葺一新。古格王国遗址是一座高原古城，位于阿里札达肥札不让区象泉河畔的一座土山上，占地约 18 万平方米。古格王朝遗址不允许游人过夜，朝觐后可到札达县城歇息。

阿里地区，多是荒芜的牧区，比前藏地区更为原始和淳朴。也许几百公里内见不到一户人家，也许远方的一座不知名的雪山就让你莫名地流下泪来。这里，被称为“世界屋脊的屋脊”。这里，也许才称得上最质朴、最有味道的西藏。到了萨迦县才有了一点人烟的味道。萨迦寺便坐落于萨迦县奔波山上，是藏传佛教萨迦派的主寺。萨迦寺用象征文殊菩萨的红色、象征观音菩萨的白色和象征金刚手菩萨的青色来涂抹寺墙，所以萨迦派又俗称“花教”。从萨迦到拉孜后便是后藏的中心——日喀则，藏语中意为“水土肥美的庄园”。日喀则是一座古老的城市，也是“国家级历史文化名城”。从日喀则南行，便可朝觐世界第一高峰——珠穆朗玛峰，进出珠峰最好避开雨季。日喀则市内的扎什伦布寺是班禅驻锡地。这里每年会举行展佛节

冈仁波齐

和跳神节。日喀则距拉萨约 300 公里，路况很好。

旅行季节

新藏线路况最好的时候是在春天，每年 5 月初，新疆会派一辆进口的维修专用车把公路平整一遍。如果从新藏线再转 318 线到拉萨，一定要赶在七月中旬前出日喀则，此后，便是后藏的雨季了。

行车及加油

新藏线是几条进藏公路中最差的一条。国道 219 十分颠簸，大部分路段为土路。颠簸之下人也更容易高原反应。新藏公路沿线荒凉，多是空旷的无人区，给养补充也很困难。从这条路进藏一定要四驱越野车。因为沿线县城、城镇极少，请多备几个油桶，碰到加油站加满备用。

住宿

新藏公路沿线县城极少，基本行驶在无人区，沿途只有兵站可以借宿。车上可以准备睡袋。到了狮泉河转 318 线进拉萨，沿途可住在仲巴县、萨迦、拉孜和日喀则。仲巴有老仲巴和新仲巴之分，建议住在老仲巴的汽车旅馆，就在路旁，那里有很多前往神山朝拜的印度人，到了半夜也十分热闹。

西藏特色节庆

初到西藏的人们，总是被“雪域高原”上各种独特节庆吸引了目光，那些节庆不仅代表着西藏的文化、历史，藏族同胞的宗教信仰，也向我们展示了西藏内在的一面，隐藏在风景背后生动的一面。

藏历年盛装的人

1. 藏历年

时间：藏历元月一日至元月十五日

藏历年是根据藏历推算出来的。从藏历元月一日开始，到藏历十五结束，持续 15 天。跟农历新年一样，藏历年则是藏族人民最为热闹、最为盛大的节日。藏历年的准备工作从前一年的十二月便开始了。除了吃喝等年货外，一种名为“切玛”的五谷斗必不可少。做切玛时，需在绘有彩色花纹的木盒左右分别盛放炒麦粒和酥油拌成的糌粑，上面插上青稞穗和酥油塑制的彩花，同时还要用水浸泡一碗青稞种子，使其在新年时节长出一两寸长的青苗。如此精心制作而成，只为祈祷来年五谷丰登。

2. 花灯节

时间：藏历正月十五

藏历正月十五为花灯节，也称酥油花灯节。花灯节不仅西藏的人民过，几乎所有的藏族地区，例如四川甘孜、云南迪庆、青海藏族地区等藏族人民都会在各大寺悬挂灯花，十分热闹。最为出色的酥油花要数青海西宁的塔尔寺。在花灯节这天，人们会来寺院朝佛、转经、跳藏戏；而夜晚则更是热闹：寺院内张灯结彩，街道也搭起各种花架，放上用彩色酥油捏成极为精巧的神仙人物、牛马牲畜、花果鸟兽、楼台殿阁等形象，并点燃酥油灯进行祝福。

3. 萨噶达瓦节

时间：藏历四月十五

萨噶达瓦节在藏历四月十五日，相传这一天是释迦牟尼诞生成佛日，又传是文成公主到达拉萨的纪念日。因此，每年这一天，拉萨人民都会集会转经纪念这个神圣的日子。萨噶达瓦节期间，拉萨的转经道上人流如织，尤其是林廓道上的转经人流最为壮观。转经的人们身着节日盛装，一手持转经筒，嘴里默念六字真言，从凌晨两点一直持续到晚上，不知疲惫。

雪顿节

4. 雪顿节

时间：藏历六月底或七月上旬

在藏语中，“雪”是“酸奶子”的意思，“顿”为“宴”的意思，“雪顿节”意为“吃酸奶子的节日”。雪顿节在每年藏历六月底七月初到来，这是西藏最为盛大的节日。雪顿节期间，最主要的活动集中在拉萨哲蚌寺和罗布林卡。如是年恰逢哲蚌寺举行晒大佛仪式，那必定人潮涌动，千千万万信徒从四面八方赶来顶礼膜拜，其壮观景象唯有亲眼所见方能体会。而罗布林卡主要进行藏戏表演。看过表演，再在林卡内铺上卡垫、地毯，摆上各种酒和饮料、菜肴，尽享节日的欢乐。

5. 沐浴节

时间：藏历七月六日至十二日

每到藏历上旬，拉萨河边便聚集了很多前来沐浴的藏族人。这便是为期一周的沐浴节。沐浴节不仅在拉萨河举行，在藏地高原的河边都可见这一年一度的净身沐浴的活动。沐浴节，在藏语中叫“嘎玛日吉”（洗澡），是藏族人民特有的节日。时值夏末秋初，无论男女老少皆下河享受水的微凉，河道里洋溢着欢声笑语。据说，在沐浴节期间洗澡，定能祛除百病，强身健体。沐浴之后，一家人围坐在河滩上，斟满青稞酒，倒上酥油茶，再没有比这更舒心的日子了。

6. 望果节

时间：藏历六月底或七月上旬

“望果”是藏语译音，意为“绕地头转圈”。“望果节”即“在田地边上转圈的日子”。望果节流行于西藏的拉萨、日喀则、山南等地。转地头一般在青稞黄熟以后、开镰收割的前两三天举行，由此可见，望果节是藏族人民欢庆丰收的节日。望果节已有1000多年历史，节日的第一天，人们以村为单位，成群结队在田间转圈，位于队伍前面的人还会捧上切玛，举着青稞、麦穗，求神诵经，祈求丰收。丰富的野餐后，便开始紧张的秋收。

7. 燃灯节

时间：藏历十月二十五日

燃灯节在每年藏历的十月二十五日。这一天，是藏传佛教格鲁派创始人宗喀巴大师逝世纪念日。人们为了纪念这位大师，在当日便会昼夜燃起酥油灯。寺院的神坛上，家家户户的经堂中，酥油灯长明，映红了拉萨的上空。

望果节

西藏最值得推荐的美食

生活在青藏高原上的人们有着独特的饮食习惯，糌粑、酥油茶、甜茶、奶渣、青稞酒、牛羊肉等历来是藏族人民的传统食品。对旅行者来说，找一家甜茶馆，晒晒太阳，喝喝甜茶，或者酥油茶，吃碗藏面。这是一种闲适的生活。

1. 酥油茶

来到西藏，必先斟满一碗酥油茶。对于进藏高反不适的人来说，酥油茶不仅是很好的饮品，更是抵抗高反的良药。酥油是从牛、羊奶中提炼出来的，具有很高的营养价值，而茶更是藏族人民深爱的东西。酥油茶便是用酥油和浓茶加工而成。经过木柄反复捣拌后的酥油与茶汁溶为一体，这便是西藏人民日常生活中最离不开的东西。在西藏，最主要的饮用茶的方式便是酥油茶，除此之外还有甜茶和清茶。在拉萨、那曲、日喀则等城市，酥油茶馆到处都是。而最纯正的酥油茶一定出自藏族同胞家中。走进任何一家藏族百姓的家，他们都会拿出上好的酥油茶款待你。一碗下怀，热情的主人总是要将客人的茶碗添满，假如你不愿再饮，就不要再动它，待到起身告辞时，再连着多喝几口，但不能喝干，这才符合藏族人的习惯和礼仪。

由酥油和浓茶加工而成的酥油茶

喝甜茶成了到拉萨必做的事情

2. 甜茶

可以说拉萨的一天就是从一杯甜茶开始的。在拉萨或者西藏的许多地方，喝茶是一件非常重要的事情，班可以不上，生意可以不做，而太阳不可不晒，茶不可不喝。于是，茶客们便把大大小小茶馆的座位填得满满的，酥油茶、花茶、甜茶、清茶各有各的所爱，但价廉味美的甜茶，似乎更大众一点。

甜茶是乳黄色的，不透明而略稠，热气腾腾、浓香扑鼻。甜茶的制作过程并不复杂，用料也很简单，主要就是牛奶、红茶和糖。将红茶熬汁，加入牛奶和糖，充分搅拌后即可饮用。可以这么说，甜茶是用奶粉调的，是英国人带来的，而酥油茶是土生的，是用酥油、鸡蛋、茶等冲出来的。

3. 糌粑

在西藏的茶馆、便餐店甚至街头、田间地头，随处可见就着酥油吃糌粑的藏族人。有酥油茶的地方便有糌粑，这两者似乎是分不开的。因此，糌粑便是藏族人每天必吃的主食。“糌粑”，是藏语译音，在藏语中意为“青稞炒面”。糌粑方便携带也容易食用，藏族人出门过林卡必备糌粑。吃糌粑时，需在碗里放上一些酥油，冲入茶水，加点糌粑面，用手不断搅匀。拌时，先用中指将炒面向碗底轻捣，以免茶水溢出碗外；然后转动着碗，并用手指紧贴碗边把炒面压入茶水中。待炒面、茶水和酥油拌匀，能用手捏成团，就可以进食了。初次尝试糌粑的游客一般不会捏，可以请茶馆老板或者藏族同胞帮忙。最正宗最美味的糌粑当数西藏牧区牧民家里的糌粑，在拉萨地区的光明甜茶馆等可以吃到。

4. 藏面

一杯甜茶，一碗藏面，每到中午，拉萨的甜茶馆总会见到转完经后来用餐的信众。

正在用糌粑做贡果的妇女

5元一碗的藏面在藏族同胞看来是最实在的美味。浑厚劲道的面条，附以鲜香的牦牛肉丁，葱花漂浮其上，老远就能闻到牛肉的汤香。佐餐的是一碟深红色的藏式酸萝卜和一小碗辣酱，这辣酱色泽鲜红，口感辣而不猛。藏面的味道经久耐回味，一口酸萝卜，一口藏面，回味悠长。在藏族人看来，藏面最关键的在于汤。如果没有牛骨汤就等于失去了藏面的灵魂。因而，每家藏面馆总是格外花心思熬制牛骨汤。在拉萨的光明甜茶馆、革命茶馆等久具盛名的茶馆，都能吃到最正宗的藏面。而那曲市高原路上的“领头羊藏餐馆”、日喀则科技路上的“东方红甜茶馆”、昌都芒康县的“诺慢吧甜茶馆”、阿里格桑路上的“扎西茶馆”等的藏面在西藏也是家喻户晓，值得一试。

5. 风干肉

在西藏到处都能吃到风干的牛（羊）肉。西藏高寒，食品不易霉烂变质，将牛羊肉去水风干后又能保鲜，因而是藏族人最喜欢的吃法。每年秋季，藏族人便将鲜牛肉或羊肉割成条，穿成串，撒上食盐、花椒粉、辣椒粉、姜粉，挂在帐房和屋檐下等阴凉通风处，让其风干。待到次年三月之后，风干肉基本成型，此时，便可用刀将肉切割下来烤食或者直接生吃。味道麻脆酥甘，酸香满口，咀嚼时无渣塞牙。

6. 酸奶

来到藏地高原，一定要品尝最货真价实的酸奶。西藏人喝酸奶的历史已久，西藏最为著名的“雪顿节”原意便是“吃酸奶子的节日”。西藏的酸奶，通常用牦牛奶制作而成。黏稠度很高，品质格

将牛羊肉割成条风干，既能保存又好吃

外醇厚，奶香浓郁。在西藏，酸奶被分为两种，一种叫“达雪”，是用提炼过酥油的牛奶制作而成；另一种叫“俄雪”，用没提炼过酥油的牛奶制作。不管哪种酸奶，都要用大量的白砂糖来中和酸度。白糖撒在既冷又稠的酸奶上，一时半会儿溶化不了，吃在嘴里便发出脆脆的声音，这便是在西藏吃酸奶的独特体验。雪顿节期间，不仅能吃到最纯正的酸奶，还有酸奶米饭、酸奶包子、酸奶果等吃食，让人垂涎三尺。在拉萨，最负盛名的酸奶来自酸奶坊。小小的店铺内，各种花样的酸奶层出不穷，吸引了不少游人前来品尝。

7. 香寨

香寨是藏族人食用米饭时的最佳菜肴，有咖喱的美味，有土豆的清香。做香寨时，先将土豆煮至八成熟，沥干，去皮，切成小块后备用。再将去皮后的葱段放入油锅内稍煎后，取出放入石槽中捣烂待用。之后用凉水将咖喱粉拌和成糊状，倒入油锅内，做成油咖喱。再将羊肉剁成块，用适量酥油烹炒后，放入锅内加水焖煮，再适时添加土豆、油咖喱、盐、生姜、茴香、丁香、胡椒、藏蔻等调料，搅拌煮熟后便成了一盘色泽金黄，味美鲜香的香寨。在拉萨的一些藏式餐厅都能吃到这种香味四溢的菜式。

READY TO START
准备出发

走遍中国 · **西藏**

READY TO START
准备出发

旅行与季节

西藏地处高原，受到地理因素的影响有着特殊的自然条件和季节变化。高寒地区气候冬长夏短，只有在林芝的局部地区和拉萨等极少数地区四季较为分明。其中以拉萨为中心的日喀则、林芝、山南等地交通便利，不受季节等方面约束，全年可以前往。

■ 西藏 · 春季

最佳推荐地：林芝地区

以拉萨为例，春季的到来比内地稍晚一些，一般是3月底～5月初这段时间，拉萨河两岸的植被复苏，农人开始忙于耕种。但真正看到拉萨附近山上的草都绿起来要到6月中旬以后。东南林芝地区因植被较为茂盛，春天里桃花盛开景色宜人。而在阿里、那曲等地这个季节还是大雪纷飞。

每到3月，被誉为“藏地江南”的林芝地区，桃花次第开放。从林芝到波密，山林中一片绯红，映衬着清澈的尼洋河水，十分养眼。三面环山的林芝桃花沟聚集了很多慕名而来的摄影爱好者，溪水从山顶倾泻而下，涧边长满了野生桃树，粉红的一片片，一簇簇，惹人心醉。

特别提醒： 西藏的春天风沙较大，气候干燥。在很多主要山口和路段还有积雪。

■ 西藏·夏季

最佳推荐地：日喀则地区、山南地区

西藏进入夏季后一般很多地方都可以前往，时间是在5月底~8月，平均气温在9℃~28℃。林芝地区平均海拔较低，降雨也较为丰沛，雨季一般集中在夏季6、7月份，这两个月里旅行者经常会因为塌方而滞留途中。那曲等地草原上牛羊成群，在牧人的驱赶下踏过青青的草甸。

6、7月份是拉萨、日喀则、山南等地的油菜花盛开的季节，7月底很多地方的青稞已经开始陆续收割，这段时间适宜前往旅行。阿里地区夏天南线会不太好走，建议躲过雨季前往。

■ 西藏·秋季

最佳推荐地：阿里地区

秋天是西藏旅游的黄金季节，适宜出行的是8~10月，在这几个月里气候条件普遍较好、气温适宜、氧气充足。无论是海拔较低的林芝地区，还是较为偏远的藏北那曲、阿里等地都可以前往。

前往阿里地区是夏秋最好，因阿里冬季时间长，草原返青时间和生长期在6月中旬~10月上旬。虽然在这个季节里适宜在西藏外出旅行，但还是要提醒游客，高原气候异常，三百里不同天，有些海拔较高的地方在10月就已经开始下雪，出行还是要做好准备工作。

■ 西藏·冬季

最佳推荐地：拉萨地区

西藏冬季除东南部地区外，从11月到次年3、4月份是西藏的季风时节，2、3月间风力最强。那曲等地在冬季里都会普降大雪。不过拉萨、日喀则等地区虽然夜间温度也会降到0℃以下，但白天还是气候温暖，冬季降雪量也较少。

特别提醒：冬季不宜到阿里、那曲等地，但拉萨是冬季西藏旅行的首选地，这个季节里集中了很多藏族的传统节日。虽然冬天拉萨白天的温度适宜，但昼夜温差大，一般住宿的地方不提供取暖设备，建议冬日去拉萨的人要做好防寒准备。

到达与离开

西藏位于青藏高原的西南部。北与新疆毗邻，东连四川省，东南与云南省相连。区内地势多变，山峦起伏，河流

虽然环境艰苦，阿里仍然是人们向往的净土

西藏年度气温表												
月　　份	1	2	3	4	5	6	7	8	9	10	11	12
平均气温℃	6.8	9.2	12	13.7	19.7	22.5	21.7	20.7	19.6	16.4	11.6	7.7
最低温度℃	-6.9	-3.2	0.9	5.1	9.2	9.9	9.4	7.6	1.4	-5	-9.1	-10.5

众多，湖泊星罗棋布。平均海拔为世界之最，故有“地球第三极”之称。因为地势的原因，过去前往西藏是极为艰辛的旅程。现在随着西藏的发展，使人们的极地之行变得更为方便、快捷。进出西藏既可以选择航空，也可以选择乘坐火车、汽车。

■ 航空

西藏现在已有 4 个机场投入使用，最早是 1965 年建成通航的拉萨贡嘎机场，之后是昌都机场，2006 年 9 月 1 日新建成了林芝机场，阿里昆莎机场 2010 年投入使用。拉萨贡嘎机场是西藏最繁忙的机场，目前国内北京、广州、上海、成都、西宁、昆明、香港、重庆、西安、昌都、香格里拉等城市有航班，还开通了前往尼泊尔加德满都的国际航班。

在西藏旅行最需要的就是时间，乘飞机的优点是可以节省时间，减少旅途奔波的疲劳。对于年龄较大的旅行者和没有足够假期的人来说乘飞机是首选方式。由于西藏航线被“垄断”，机票价格一直居高不下，从北京到拉萨的往返机票就高达 5000 多元，对一般旅行者来说这是一笔不小的数目。其实，美景是在进藏的途中，乘坐飞机可能错过这些美景。

特别提醒： 目前所有进出拉萨航班只对 10 人以上的团队同时进出才有折扣，并且折扣不多，一般为 7 ~ 9.5 折，单程票折扣多少，根据季节以及旅客多少而定。

对于热爱旅行的人来说，西藏是不能不去的梦

■ 铁路

从 2006 年 7 月 1 日开始，北京、上海、成都、广州、西宁等城市都有发往拉萨的列车。因为火车的票价实惠，可选择的范围较广，时间上也容易掌握，旅途之中还能欣赏到沿途的美景，使乘坐火车进藏成为越来越多旅行者的首选交通方式。缺点是在旅游旺季车票较为难买。

特别提醒：尽量避免在黄金周期间乘车进藏，很可能是一票难求。

■ 公路

川藏线、滇藏线、青藏线、新藏线，都可以进藏。如果先去印度、尼泊尔旅行的游客还可以选择从尼泊尔的中尼公路进藏。

进藏的公路网络已经较为完善。每天都有从格尔木、西宁、兰州、成都等地开往拉萨的长途客运班车。在过去乘坐长途客车进藏是很多旅行者节省费用的首要选择。随着青藏铁路的开通，一张从格尔木到拉萨的长途车票价格和一张火车票价格相差无几，长途车的舒适性也远不如火车。长途客车逐渐在旅行者选择进藏途经中失去优势。近些年很多有条件、有时间的人开始选择自驾车前往西藏，费用和时间上都比较容易掌控。

拉萨至日喀则、江孜、林芝、那曲、西宁为定时班车，每天都有，拉萨至成都为不定时班车，约 10 天一班；日喀则至定日、樟木、狮泉河为不定时班车（约 10 天有一班）。

特别提醒：西藏的主要城市之间和主要交通线路都有定时和不定时的班车来往，但时间变化大，根据当时的路况和旅客多寡而论，都会临时改变。

住在西藏

西藏大部分地区的住宿条件较为完善，但因为西藏地广人稀，偏远地方和人口较为集中的县镇、城市有着巨大的差距。以拉萨、林芝为例，因为旅游较为发达，小到家庭旅社，符合自助旅游者需求的青年旅舍，大到功能齐全、设施完善的星级酒店一应俱全，而前往阿里的话，沿途住宿还比较落后，有些地方甚至还需要借宿兵站。

西藏住宿情况和特点：主要旅游城市住宿设施完善；主要公路如青藏公路、川藏公路沿线县镇住宿设施较为完善；人口较集中的县、镇、地区住宿设施较为完善，如山南泽当镇；偏远、高海拔地区及公路沿线住宿较为落后，如阿里地区。

西藏的住宿分淡旺季，5 ~ 10 月为旺季，11 月 ~ 次年 4 月为淡季。旺季时房价还会根据游客的入住率上涨，淡季时很多地区的宾馆、旅舍会暂时停业或减少营业范围，价格下调。

特别提醒：西藏，像拉萨、日喀则这种主要旅游地，星级宾馆较多，拉萨有四五十家星级宾馆，日喀则一二十家，除了“五一”、“十一”和八月“雪顿节”三个黄金周住宿非常紧张外，其他时间住宿都没问题。其他地方的星级宾馆比较少，但相对来说去旅游的游客也不多，所以，住房很少出现“紧张”的局面。由于西藏地处高原，旅游淡旺季很明显，淡季基本处于歇业状态，故旺季房费比内地的房费相对较高，贵 30% 左右，部分或某个时段房费也可能翻倍。

■ 星级宾馆

在西藏星级宾馆的房间价格与内地基本相同，以标准间为例，拉萨三星级喜马拉雅饭店旺季时的标准间价格为

西藏随处可见转经筒

600 ~ 800 元，房间装修豪华、设施一应俱全，而且特别配备了吸氧机等装置。这几年拉萨建起了多座星级宾馆，在旺季时主要住宿的人群以团队游客及商务游客为主。

■ 青年旅舍与家庭旅馆

以拉萨为例，来到拉萨旅行的游客大都喜欢聚集于八廓街附近，既有国际知名的青年旅舍，也有只能住下十几人的小型家庭旅馆，而且价格符合旅游者的需求，有几十元一张床位的多人间，也有与宾馆相同设施的标准间、豪华间，而且价格比星级宾馆便宜很多，一般在 100 ~ 300 元。因为有着宽松的氛围、自由的交流环境、特色的服务等，青年旅舍及特色旅馆在西藏极受旅游者的欢迎。更多来拉萨旅游的人选择入住青年旅舍和家庭旅馆，既可以节省费用又可以交到朋友，方便出行。

■ 低价位的星级享受

在旺季时西藏各地的宾馆饭店几乎很难寻到折扣，进入旅游淡季后，很多宾馆都开始降低房价，冬季里一般星级宾馆的价格只有旺季的一半，甚至更低。不过西藏的大多数宾馆都没有取暖设施，而且温差较大，即使星级宾馆也可能在冬天因为客人少节省能源而不开中央空调。

吃在西藏

■ 原汁原味的藏餐

人们来到高原，更多对藏餐的理解是糌粑、酥油茶、风干肉等。在过去没有便利的交通运输和集约化蔬菜种植基地时，平常百姓的饭桌上是以糌粑、藏面、藏包子为主的，尤其是冬春两季，非蔬菜种植季节的时候。而当时西藏贵族的饭桌上却异常丰富。一道藏式火锅里，既有羊排、牛肉、牛杂、蔬菜，还有海参、虾仁和鱼翅等海鲜类。这些海鲜都是从印度运来的干货，当然这道火锅在过去的西藏只有贵族才能享用。

随着交通运输的便利以及科学的种植技术，藏族百姓人家也可以吃到越来越多新鲜的蔬菜和其他种类繁多的食物。除了川菜在西藏的大街小巷蔓延外，传统的藏族食品还是藏族人的最爱。而来西藏观光、旅游的人更多的是想品尝到真正地道的藏餐。

人参果在西藏很多地方的沙地中都可以采集到，不但价格便宜，营养丰富，而且有着吉祥祝福的含义，藏族人家招待客人的第一道菜，往往是以人参果为主。烹制方法是用酥油炒制，然后和白糖相拌，有的还会放入煮熟的大米及其他辅料。酥油人参果和人参果八宝饭也是现在藏餐厅中必有的一道菜品。

生活在高原上，因为海拔高，气候变化异常，对热量和营养的需求也就更高。高原民族大都以畜牧业为主业，牛羊肉是餐桌上不可或缺的食物。这就要提到牦牛肉，因为牦牛大都是散养，因其高原种群的特征，使其肉质富有弹性，脂肪含量高，是可以保证体力和提供热量的最佳食品。藏族人在烹制牛羊肉时，大都尽量保持原汁原味，尽量不破坏肉的本来味道。现在拉萨讲究的藏餐厅对牦牛肉的选料是比较苛刻的。传统藏餐中炸羊排是最能体现原汁原味的肉味的，这道菜的烹制其实很简单，将精心选购的羊排煎好，撒上椒盐或少许的辣椒粉即可食用。而羊肉所带有的醇美香味马上就会使你唇齿生香。

说过牛羊肉，藏香猪也不可不提了。藏香猪是西藏地区的一种特产，这种生活在高原上的猪体形较小，浑身漆黑，长着长长的毛发，以散养为主，主人从不刻意喂养。其肉质细嫩，香而不腻，瘦多肥少。因为藏香猪的生长期长，所以在过去只有招待高贵客人时才进行烹制。

除去对肉食的制作，牛羊身上的其他部位也被藏族人加工后做成美味的食品。血肠就是传统特色的藏餐之一，制作方法大致和内地一样，在牛肠中灌入牛肉，加上牛血等做成。平时挂在阴凉处进行风干，招待客人时只要稍作蒸煮即可。在青海藏族地区，血肠的制作有很多种，里面添加的辅料也更加丰富。食用血肠时一定要蘸上西藏特有的辣椒粉才能品出真正的藏餐味道。清炖羊头和灌羊肺也是利用羊身上的边角料制作的食品。灌羊肺的做法非常特别，将羊肺洗净后，灌入调料和香料，煮熟后切片，再煎一下即可上桌食用。

为了搭配牛羊肉，也为去膻味，藏族人特意腌渍酸萝卜与肉类同炒或当配菜，都是相得益彰的吃法。另外，餐后喝一碗秋瑞汤也是开胃的不错选择。秋瑞汤是将当地产的一种叫秋瑞的豆子发酵后，与肉片、粉条和木耳等蔬菜烧制的汤菜。因为味道闻起来有点臭，内地人不易接受，而能够吃进去的汉族人一定会得到藏族朋友的赞赏，也是对他们的菜肴最好的肯定。

藏民族一年中的节日繁多，在节日里，食用具有节日特色的食品不可或缺。在藏历除夕前，每家都会做一种叫“鼓杜”的面疙瘩汤，馅料中含有胡椒、盐等。每种馅有不同的含义，吃到不好意义的人会引起哄堂大笑，是节日家庭聚会必

到当地人家品尝地道藏餐

藏式包子

甜茶

不可少的节目之一。藏历新年不可缺少的食品还有"卡赛"，是用面和色素炸的彩色点心，放在托盘中很是好看，等着来家中拜年的客人品尝，是吉祥意义的传达。在燃灯节期间，每家每户都会做面疙瘩汤，拌酥油、白糖和奶渣食用。然后全家老少举着酥油灯到附近的寺庙去祈福。

奶渣是藏族平时的零食，也是制作其他藏式食品的主要辅料之一。"推嘎"是藏族人常食用的一种藏式甜点，就是将酥油、奶渣、鸡蛋和糖放在一起制作成糕状的食品，吃到嘴里酸甜适中。除去甜点的制作需要奶渣外，还有奶渣粥、奶渣饼等。这些美味藏式甜点现在大都可以在藏餐厅中品尝到。

■ 藏餐中的饮料

青稞酒、酥油茶、甜茶、清茶、安多奶茶。

■ 小吃

奶渣酥油饼、人参果酥油饼、酸奶人参果、奶饼子（奶渣为主）、藏面（牛骨汤）、藏包子（牛肉丸及高原小芹菜）。

■ 面食

藏式窝窝头（发面涂抹酥油蒸制）、酥油面团（酥油和青稞）、牛肉团水饺（馅料主要是牛肉，蘸孜然食用）、藏式面片汤（微辣，里面有牛肉和少量蔬菜）。

■ 肉食

凉拌拼盘（有三宝，牛肾、牛心、牛肺）、手抓炸羊排（新鲜羊排炸制而成，配西藏辣椒粉）、手抓牛肉（大块牛肉冷却后食用）、虫草牛排、牛羊肉炖萝卜、煮羊头、炒羊肺。

■ 粥、汤

奶渣粥、牛奶泡米饭、牛肉粥、酥油疙瘩汤、肉丸子汤、青稞酒粥。

■ 其他

高原土豆泥（高原上盛产的小土豆，用酥油炒制）、酥油人参果、酸萝卜牛肉（酸萝卜炒牛肉配饼子卷食）、人参果八宝饭（人参果、米饭、蔬菜）。

预算

■ 无法省掉的开支——门票

在西藏常常可以听到游客交流逃票的经验，在很多关于西藏的旅游书中，教授人们如何逃票也被公然地写在旅游常识里。这样的行为近些年已经逐渐遭到质疑和反对，更多的游客遵守规则买票进入参观。如果想节省这部分开支，建议随个人喜好定下游览计划，多了解当地的人文、历史及相关景区的知识，不走马观花，这样虽然也许会错过一些景点，但也会带来更多的乐趣。

■ 行程中最大的开支——路费

在西藏旅行最大的开支就是路费支出，飞机往返依出发地不同少则3000元，多则5000元。火车往返根据城市不同也要500～2000元。

到达西藏后根据个人需求，旅行的路费可多可少，既可以选择乘坐现有的公共交通工具，也可以选择和其他人一起包车分摊旅费的方法。在拉萨有很多青年旅舍门口都设有信息牌，上面有各种各样出行信息，但前往主要景区的费用相差并不多。

特别提醒：

1. 出于安全、便利的因素考虑可以直接在出发地及拉萨参团旅行。
2. 收集包车出行信息，比较价格。
3. 搭顺风车，费用AA制，这种方式最省钱。

■ 可以省掉的费用——土特产购买

虫草、贝母、藏饰品、各种工艺品……在西藏，这些东西使得游人眼花缭乱，殊不知购买土特产品已经占据了你旅游的一大部分开支。虫草虽好，价格却是不菲，但是否真的有那么神奇的功效？藏饰好看，也许在你生活的城市里就有许多这样的小店，价格并不一定贵多少。藏刀精致，可大多属管制刀具，带回去不太容易。如果想去更多的地方旅行，建议将购物方面的费用做好规划，不要盲目购买。

像各类首饰、挂件、小工艺品，基本视个人爱好而定，像牦牛骨手链、项链、绿松石手镯之类，价格不高，又有西藏特色，可以用来馈赠亲朋好友。比较有价值的有：地毯、挂毯、唐卡、虫草、藏红花、各种特种功效的藏药等，还有像墨脱的石锅、江孜的手工地毯、拉孜的藏刀、普兰的木碗等也非常值得购买。藏药中有些像治疗胃病、风湿效果非常好，如藏红花、雪莲、虫草，都值得考虑。藏刀因为目前为管制物品，购买和携带都不是很方便，买到后需要陆路带或邮寄，乘飞机不可带。

高山反应

面对高原，很多人首先想到的就是海拔升高后所带来的高山反应。高山反应指未经适应的人进入海拔3000米以上高原地区，由于大气压中氧分压降低，肌体对低氧环境耐受性降低，难以适应而造成缺氧，由此引发一系列的高原不适应症。当然，除了高原缺氧的因素之外，还有恶劣天气如风、雨、雪、寒冷和强烈的紫外线照射等，都可以加剧高原不适应，并引发不同的高原适应不全症。

■ 高山反应的症状及自我判断

部分初次进入高原的人，在海拔3000米的高度，24小时内出现头疼、头晕、眼花、耳鸣、全身乏力、行走困难、难以入睡等症状，严重者出现腹胀、食欲不振、恶心、呕吐、心慌、气短、胸闷、面色及口唇发紫或面部水肿等症状。出现这些症状，应在原高度处停留休息3~5天，或立即下降数百米高度，一般就可恢复正常。

特别提醒：严重的高山反应对人体的伤害是比较严重的，因此，在进入高原后，如果出现了下列症状，应考虑已经发生高山反应：

1. 头部剧烈疼痛、心慌、气短、胸闷、食欲不振、恶心、呕吐、口唇指甲绀紫。
2. 意识恍惚，认知能力骤降。
3. 出现幻觉，感到温暖，常常无目标地跟随在他人后面行走。

■ 预防措施及减轻症状的药物

在进入高原前2天开始至进入高原后3天内，预防性地口服一些药物可减轻高山反应症状：感冒冲剂、板蓝根冲剂。

红景天是许多人寄予希望预防高山反应的药物，其功能是清热解毒、燥湿，用于肺热、脉热、瘟病、四肢肿胀。近年，我国从红景天中分离出红景天苷，经实验证明有强心、镇静、升血压、抗疲劳的作用。红景天浸膏用于抗疲劳、增加体力及耐力、病后虚弱等。这种药物究竟能否预防和治疗高山反应，目前尚未找到科学根据。

特别提醒：

1. 建议到西藏旅游之前去医院做一次全面的身体检查，在肯定自己心肺等主要脏器没有毛病的前提下，才能起程。心、肺、脑、肝、肾有明显的病变，以及严重贫血或高血压的病人，切勿盲目进入高原。
2. 进入高原，要注意饮食合理，多吃碳水化合物。特别注意禁止饮酒。因高原气候干燥会造成水分流失，建议多饮水。
3. 并不是每一个登上高原的人都会出现高山反应，高山反应的发生率、恢复的快慢与个体代偿适应能力有关，这次没有高山反应的人也未必在下一次登上高原时就没有反应。有一些人会每次都发生高山反应，这些人就是高山反应敏感者或高度易发者。需要提醒的是，高山反应并不是可以通过反复锻炼就可以克服的。有些体质在平原地区较弱的人在到达高原后反而没有高山反应，而一些身体健康的人会出现高山反应。高原对于每一个人都是不一样的，来到高原后具有一个良好的心态面对高山反应才是克服高山反应的最佳办法。

证件手续

西藏地处边陲，与印度、尼泊尔等国接壤，有着绵延数千公里的边境线。前往西藏旅行，在出行前最好根据自己的行程安排检查自己需要携带和办理哪些证件和手续。

特别提醒： 居民身份证一定要随身携带。

丰富的特色旅游商品

护照

如果准备前往尼泊尔，一定要提前办理护照。

在北京、上海、广东等地可以直接前往尼泊尔使领馆办理，时间一般是2～3个工作日。而且签证率很高，几乎很少有拒签等情况，旅游签证一般给2～3个月的停留时间，不过这已经足够了。

在拉萨办理尼泊尔签证：尼泊尔总领事馆位于拉萨市罗布林卡北路，乘出租车前往10元就可到达。最好在周一至周四的上午前去，如果周五去要到2天后才能领取。签证办理时间是2个工作日。第一天填写申请表格，第二天与签证官会面并领取签证。

特别提醒：

1. 办理签证前需准备两张两寸彩色照片，如果事先没有准备好，可到拉萨市内的照相馆去照。拉萨百货一层和大昭寺广场都有专门拍照的地方。
2. 如果英语不好，可以寻求旁边的人帮助。尼泊尔总领事馆签证处有一些常年在此帮人填表的人，收费在20～40元，建议最好不要找这些人帮忙，不得已也要先谈好价格。

边境证

需要办理边境证的地区：日喀则地区的仲巴县、萨嘎县、聂拉木县、定日县、康马县、亚东县、岗巴县、定结县、吉隆县；山南地区的错那县、隆子县、洛扎县、浪卡子县；林芝地区的米林县、朗县、察隅县、墨脱县；阿里地区的普兰县、札达县、日土县、噶尔县。

在西藏办边境证有时候会较为麻烦和耽误时间，所以最好是在出发前在身份证所在地办理，不仅手续简单，费用也很低廉。边境证上，可以写上以下地方："西藏自治区定日县、樟木、阿里地区、墨脱县、米林县。"或者干脆咨询公安局西藏有哪些地方是属于边防管制地区的，然后全部写上。

如果没有事先办理边境证，建议在拉萨办理，所需费用加起来是30元左右。日喀则办理会比拉萨贵些。此外，在西藏办理需要持驻藏单位的介绍信。

在拉萨办边境证要去两个地方：拉萨市公安局，在小昭寺路北端的十字路口向东可看见，凭身份证及介绍信去办一个开边境证的介绍信。然后去武警边防总队。在边防总队大门边有一小房间专门办边境证，办证费用8元，另交押金30元，在规定时间内返回可退押金。

特别提醒：

1. 如果觉得麻烦也可以委托旅行社帮助办理，位于拉萨青年旅舍及大小宾馆内的旅行社都承接此项业务。不过收费较高，有些旅行社开出的办理费用会在几百元。
2. 如果已经办理了尼泊尔签证，那么前往樟木口岸所经过的县镇是不需要办理边境证的，直接出示护照就可以了，这样可以顺便游览沿途风光。

装备

民间有句老话"饱带干粮，热拿衣裳"，做好准备才能应付想象不到的多变的环境，在西藏旅行更是如此。即使觉得没有用处的东西，在西藏旅行也许都会派上用场。出行前，根据自己的旅行计划参考以下提供的装备信息，然后开列一份适合自己的装备清单。出行前再按单检查自己所带物品，建议根据前往西藏的季节选择不同的装备。

服装

夏天建议携带防雨面料的衣裤，因为拉萨、林芝等地夏季多雨。带抓绒衣、裤，海拔较高地区即使在夏季气温也很低。带长袖衣服，高原上的紫外线较为强烈，很容易晒伤人的皮肤，长袖衣服可以防止晒伤。春秋冬：除去防水衣、裤，绒衣、裤外，还要携带保暖内衣和羽绒服。西藏在这3个季节的温差都较为明显，多带衣物可以预防路上万变的情况。

特别提醒： 如果前往珠峰等高海拔地区旅行，即使在夏天也要带上羽绒服。如果你不喜欢款式单调且价格昂贵的户外服装，也可以携带毛衣、牛仔裤等，只要保暖即可。不过很多适合大城市里穿着的时装类衣物就大可不必携带了。

■ 鞋子

夏天前往西藏很多地方旅行，凉鞋还是可以派上用场的，主要是随时可以解放你的双脚；西藏的旅馆基本都提供公用拖鞋，自己备一双还是好的；户外鞋主要以徒步鞋为主，其功能是防水透气，鞋底较厚，鞋帮较高。

如果去条件较为复杂的山地旅行，户外鞋的优势显现异常。但在一些条件较好的城市和地区游览，旅游鞋则比起登山鞋要轻便很多。

■ 户外装备

背包

根据自己选择的旅行线路及携带物品的多少选择背包。建议女士使用30～60升背包，男士45～70升背包。

特别提醒： 除去大的旅行包外，最好再带上一个小的背包及腰包，这样可以在旅行时方便携带随身的物品。钱和贵重物品分开放，以防丢失。

帐篷

如果只是准备游览常规景区、景点大可不必携带，登山爱好者和徒步旅行者随自己需要携带。

特别提醒： 即使计划改变，在拉萨等地的青年旅舍和户外店里是可以租、借到帐篷的。

睡袋

不露营的话，一般不用携带棉睡袋和羽绒睡袋。不过可以携带抓绒睡袋，以备在住宿卫生条件较差的地方使用。

头灯、手电筒

很方便实用的小东西，建议带上以防停电或是夜间寻找东西时使用。

水壶、保温瓶

高原气候干燥，需要随时补水。西藏的瓶装水价格较内地高不少，所以随身带上水壶或水杯十分必要，可以随时补充水分，又可以节约一些费用。

■ 其他物品

帽子、围巾、手套可以用来遮挡紫外线和抵御风寒；墨镜是为了防止高原日照长且强烈；川藏线部分路段和前往珠峰的路上，大多为土路，扬尘比较厉害，口罩在这个时候可以派上用场；防晒霜、润唇膏、湿纸巾、多用途小刀，这些小物件最好随身携带。

特别提醒：

1. 高原上的紫外线强烈，为了防止你的皮肤在不经意间被晒伤最好买SPF值较高的防晒霜。
2. 洗漱用品、记事本、手表、指南针、GPS、雨衣，根据个人需求携带。

■ 药品

外用药及其他

创可贴、纱布、棉签、眼药水、碘酒、好得快。

服用类药物及其他

高原安、红景天胶囊（选其一）、润喉片、藿香正气水、百服宁、感冒冲剂、维生素泡腾片、善存片。

抗生素类药物

上高原前可以前往医院询问医生开出处方后购买携带，这里不推荐使用。

特别提醒：

1. 抗生素类药物主要携带治疗拉肚子、伤口感染、发烧、出现炎症后的药物。
2. 女性旅行者在长途奔波的旅途中有可能月经紊乱，最好提前备好卫生用品。
3. 红景天胶囊在内地的各大药店都有销售，但也可到西藏药店购买，价格还略低于内地。根状红景天在拉萨的药店有售，用开水泡水饮用也有同样的效果，而且可以随时补水，一举两得。

小礼物

铅笔、本子、圆珠笔这些文具是进藏送给孩子们的最好礼物，因为在各地背包客都会遇到当地小孩的“围观”，其实是因为之前去的背包客都给他们带些礼物去，所以可以适当地带些文具，对于孩子们来说是很稀缺的；还有就是糖果、饼干之类的小食品。建议不要直接给钱，特别在一些重要的景点门口，你一旦给一个孩子，就会有许多孩子围上来。如果给钱，最好是纸币，当地孩子对硬币不认可，当地人也很少收硬币。

初次进藏指南

西藏是一个充满了吸引力的地方，究其原因有两点：这里是世界上最高的地方——海拔 8844.43 米的高度令地球人企而不及，于是让这里的风光有了区别于其他地方的美；这里独特的人文特征——藏传佛教是西藏地区最重要的宗教信仰，虔诚的信众和宗教信仰的独特仪式都构成了这道人文风景的吸引力，而西藏本身的高度和到达的困难程度都增加了这里的神秘感。

西藏的海拔高度，尤其是铁路开通之前道路的艰难和危险都让许多旅行者望而却步，也让西藏成了许多人一生的

西藏虔诚的信徒

梦想。当有机会可以去西藏旅行，高山反应、人文特征、行程安排、民族禁忌等，又都成了很多旅行者前进道路上的难点，毕竟，去西藏与去江南在地理、人文等方面都有着太大的差别，所以，即使有一些旅行经验的人也会有些疑虑。目的地、时间、预算是任何一次旅行要面临的问题。去哪里？这是我们首要面对的，紧接着的问题是“看什么”；目的地确定之后便是时间，什么时候去，去多久，这个问题表面上看没有标准答案，而实际上又存在许多共同性；最后要解决的就剩下预算——有多少钱能去西藏，或者换句话说：去西藏需要多少钱？

“初次进藏指南”将围绕着“看什么？”“去多久？”“多少钱？”这三个问题进行介绍。

■ 看什么

西藏对很多人来说是一片充满神秘色彩的土地，这种神秘来自两个方面的原因：自然地理和人文特点。

世界上最高的山峰——珠穆朗玛峰和世界上海拔最高的淡水湖泊——玛旁雍错都在西藏，除此之外，还有神山冈仁波齐、唐古拉山、雅鲁藏布大峡谷、纳木错、羊卓雍错等，这些高山和湖泊不仅是令人震撼的自然美景，同时又蕴含着丰富的人文内涵。所以，到西藏之前，先有一些关于西藏地理、历史、人文方面的知识储备有助于对眼前景物更深一层的理解。从地理上来说，西藏西南高、东北低，所以，以拉萨为起点，越往日喀则和阿里走，高原的感觉越强烈，但到了林芝高山反应相对会弱一些，风光也柔和甜美了许多。

西藏的行政区划分为拉萨、日喀则、林芝、山南、那曲、昌都、阿里地区，每个地区的看点略有不同：

1. 拉萨是西藏的首府，通常也是西藏之旅的首个站点。拉萨又以八廓街为中心，大昭寺、布达拉宫、罗布林卡、哲蚌寺、色拉寺等都是拉萨佛教寺院的重要观光点。除了拉萨市区的寺院，纳木错、念青唐古拉山以及羊八井也是常规线路里的必游景点。

2. 日喀则是后藏的政治、经济、文化中心，也是世界最高峰——珠穆朗玛峰的所在地。如果不去珠峰，扎什伦布寺、白居寺、江孜宗山遗址，以及羊卓雍错也是这一地区十分引人入胜的看点。

3. 林芝被称作“西藏江南”，也有说法是“西藏的瑞士”，可见其自然风光的温婉与宁静，一反西部风光的苍茫与辽阔。其实，这只是林芝风光的一个侧面，主要集中在旅行者较为集中的巴松错一带。而另一个关于林芝的说法是：不到墨脱不算到西藏，墨脱是至今全国最后一个通公路的县，其艰险可想而知。

4. 山南往往被旅行者忽略了，因为这里缺少像珠峰、冈仁波齐、纳木错那样有号召力的景点，但这里是西藏的发祥地，有着许多个西藏的第一。其中，桑耶寺、雍布拉康、青朴修行地、藏王墓、昌珠寺等都是山南的必游景点。

5. 昌都因为与四川和云南相邻，是走川藏线和滇藏线必经的地区之一，现在通火车了，乘汽车进入西藏的旅行者越来越少，所以到昌都看卡若文化遗址、强巴林寺的机会也不多。因为很少人把昌都作为第一次游西藏必到的地区。

6. 那曲是乘火车进入西藏必经的地区，最受旅行者青睐的有骷髅墙、当雄赛马会。但乘火车进藏通常只是透过车窗看一看沿途的自然风光，如果一定要去那曲还是需要先到拉萨再专程安排这段行程，所以少有旅行者把那曲列入初入西藏的日程中。

布达拉宫

7. 阿里以其自然高度与神秘的古格王国而令人神往，神山冈仁波齐、圣湖玛旁雍错、古王国遗址、托林寺、札达土林、班公错、日土岩画都是对阿里心向往之的旅行者挂在口头的名词，但阿里的自然环境极其艰苦，以及到阿里所需要的时间较长，不建议初上高原的人列入行程。

去多久

对于绝大多数旅行者来说，旅行一般都是利用休假或者公共节假日的时间，长度一般 5 天、10 天或者 20 天，不论你从哪里出发，在西藏的旅行时间都不能少于 8 天，当然，时间越长越好，只要你的身体能承受。不同的时间长度就有不同的线路安排与之对应，前提是“看什么”已经有了明确的答案。最常规的行程是这样一个公式：进出西藏的时间（？天）+ 拉萨（3 天）+ 林芝（3 天）+ 日喀则（2 天）=（？天）+8 天，这个行程安排相当于一次西藏普及游，把初上高原该看的都看到了，如果再到西藏，那么就该安排更个性化的深度游了。比如，到珠峰的大本营一探人类征服珠峰的艰难；到山南看西藏的第一座宫殿——雍布拉康、风格迥异的桑耶寺；徒步墨脱、探险雅鲁藏布江……

进出西藏的时间

进出西藏可以通过飞机、火车和汽车，这三种交通方式除了路途中所需的时间不同之外，沿途的景致、对身体条件的要求和费用都是不一样的。

通常来说，乘飞机是最快捷的，但乘飞机的问题在于省掉了身体从低海拔到高海拔慢慢适应的过程，也谈不上沿途风景。火车的安全性和舒适性都是不容忽视的，进藏的列车车厢都配有氧气装置，如果出现缺氧状况也能得到及时的改善，当然时间相对会长一些。相对来说，公路交通是进藏最好的方式，因为随着海拔的慢慢升高，景色也在一点点地改变，身体也在这个过程中得到对高原最充分的适应。但是，路途艰苦、费用较高，如果是自己驾车对驾驶技术的要求也会更高一些。

不论采用何种交通工具进藏，到达拉萨后，最好都有一天的适应期，以缓解身体对高原的不适，尤其是乘飞机进藏的旅行者。留在住宿地静养，忌喝酒、少运动、早睡，到达后充分休息，对于减弱日后的高山反应有非常大的作用。

另外，到西藏旅行的时间很关键，通常旺季集中在每年的5~10月，其他时间也可以到西藏，但高原气温相对低很多，而且有些景点因天气变化会造成道路不通，比如从拉萨到纳木错，5月依然有雨雪天不能通行的可能。

■ 多少钱

“食、住、行、游、购、娱”被称作旅游六要素，而这六个要素都是以金钱作为保障的。以下我们以自助游西藏为例加以说明：

交通费

包含往返费用以及目的地旅游景点往返的费用。

火车票和飞机票的价格以往返的目的地不同而不同，但在西藏旅游景点之间也存在一定数量的交通费用，这笔费用也占交通费用中的相当大的比重。

在西藏的出行分为公共交通、租车和跟团三种方式，现在西藏内部的交通状况都有较好的改善了，除了极少的地方没有长途车直达，基本都能乘公共交通工具到达景点，这个费用是三种交通方式中最低的；其次是包车，在西藏境内旅行建议包越野车，参考价是2～5元/公里，这与租车时的具体情况都有密切的关系，比如车型、时间段等；再次是在当地报散团，这个费用中包括景点门票、导游费，以及餐饮费。

住宿费

宾馆、客栈、家庭旅馆在西藏都有，费用相差很大。宾馆标准间为100～500元/间；三星级宾馆根据淡

如果时间充裕的话，乘火车去西藏不失为一种绝佳方式

八廓街

旺季在 100 ~ 300 元 / 间浮动；客栈标准为 30 ~ 150 元 / 间。

餐饮费

30 ~ 100 元 / 天，这里的消费普遍高于内地一般城市的消费。

门票

西藏的寺院对信教的藏族群众是免费的，但对于游客来说却没有任何优惠。相对来说，门票也是一笔不小的开支。

购物费

西藏有很多独具民族风格的手工艺品，这个费用因人而异，没有标准可供参考。

娱乐

看表演主要集中在拉萨市，有两三场比较值得观看，费用都在百元以上，其次就是酒吧里的消费，当然有的人可以夜里待在客栈休息，而到酒吧的费用就只能依个人的情况而定了。

藏语

学会以下几个单词和词组，相信对你的旅行有一定的帮助。

吉祥如意： 扎西德勒（通常用于见面，双手合十，点头致意）

谢谢： 吐吉其

没有： 敏度

没有零钱： 毛兹敏度

对不起： 冠达

辛苦了： 嘎地

我不舒服： 阿代彼敏度

帮我找个医生： 安木期才热囊

可以在你这里借宿吗： 切让叠呢捏呢永古度枚

LHASA AREA
拉萨地区

阿里
那曲
昌都
拉萨
林芝
日喀则
山南

走遍中国 · **西藏**

LHASA
拉萨地区

人们对充足的日光总是贪婪无比，时间与空间的意向在高原上总有被改变的嫌疑。拉萨这座城市无论怎么变迁，却依然保存着让你停留的理由。倘若厌倦现代化建筑物在这座城市中的崛起，那么在甜茶馆坐在藏族人中间的时光与八廓老城区闲散地漫步，就会让你不再去计较那些本无大碍的事情。拉萨是整个藏文化的浓缩之地，只要留意就会发现，这里聚集存留着自松赞干布迁都于此后的每一道印记。藏族人心目中的神圣宫殿与佛学寺庙云集此处，自然成为游人必去之地。藏餐、小吃、茶馆、戏剧、街头艺人种种随处可见的藏地元素，无处不在地感染着每一个到达这里的人。

拉萨不只是一座城市，它是由自然编织而成的藏地心巢。喜马拉雅地热带在地下蔓延，给予这块土地充足的地热资源，从羊八井温泉一路而下是被赋予神话色彩的丘桑温泉，经拉萨入墨竹工卡县又可见直贡噶举的神泉德仲温泉，往林芝方向前行，米拉山下还有一处日多温泉。拉萨河又从米拉山起源流经墨竹工卡、拉萨市注入雅鲁藏布江，河水孕育而出的湿地调节着这一地区的气候，使冬天候鸟不远万里迁徙于此。拉萨周边数以百计的大小寺庙与保护良好的自然景观交相辉映，点缀于山野之间形成了与自然和谐的人文景致。

拉萨是游人的终点站也是他们的中转站，这种双重的身份让这座城市异常受到宠爱。无论驻足于此还是打尖，拉萨的魅力永远都不会被忽略。

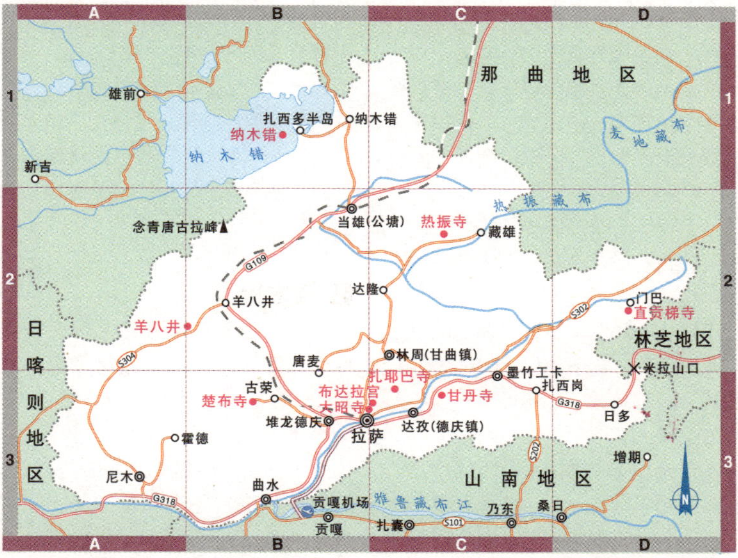

拉萨市旅行交通示意图

前世今生

据史料记载，公元 1 世纪的西藏高原还有很多部落，各部落之间相互斗争，后来为了族群的壮大，部落与部落之间开始结盟。此时，人们还不熟悉“拉萨”，但对“吉曲”已经熟知，而“吉曲”便是拉萨河的古称。

公元 641 年，松赞干布统一了西藏。这位英俊少年向大唐提亲，迎娶文成公主。聪慧的文成公主在进藏后建议用白山羊背土填湖建庙。于是，人们便修建起了现在的大昭寺。在那时，人们将它命名为“惹萨”，藏语的意思是“山羊背上”。而后，“惹萨”被译成了“逻些”，逐步又变成“拉萨”了。松赞干布在位期间将首都迁至拉萨，这一举措使拉萨的地位陡然提升，布达拉宫更是将拉萨塑造成为西藏人民的政教活动中心。雪域之城拉萨因其浓厚的宗教色彩和政治地位显得更加神圣，成为名副其实的“圣城”。

如今的拉萨已是西藏自治区的首府，是西藏政治、经济、文化的中心，也是西藏交通、餐饮、住宿、娱乐、购物条件最发达的地方，既有着雪域高原独特的文明、梦幻般的自然风光，还有绝对明媚的阳光。

八廓街是一片旧式的藏族生活街区，也是西藏最著名的转经道，大昭寺、小昭寺、下密院、印经院、仓姑尼庵、清真寺等都围绕着这条路。这里也是西藏最有名气的购物、观光街。北京东路是横穿拉萨东西的中轴线，集中了很多背包客旅舍和各种特色餐馆、小店，还能近距离地领略拉萨人的传统生活，是自助游旅行者的集中地。仙足岛是拉萨河的江心岛，因有近百家特色客栈而闻名，也是很多“藏熬”、“拉漂”混迹的地方。

旅行与季节

拉萨是日光城，相对藏地其他地区来说，拉萨适合四季游玩，不过最适宜的季节是夏秋两季。拉萨的夏天，空气温暖而湿润，氧气浓度达到高峰，对于第一次进藏的人来说可以先在拉萨逗留几日再往更高海拔的地方去。夏季还有西藏最重要的节日——雪顿节，在藏历6月底7月初来临。

拉萨最美的季节应该是秋季。此时，拉萨河边树林一片金黄，夏末秋初的水微凉，经过正午的日头一晒水温倒是正好，不妨去踩踩水。布达拉宫下的龙王潭，潭水碧绿，金黄的树叶倒映在水中，格外迷人。拉萨城外，则更是一片五彩斑斓的美景。

冬季西藏最主要的目的地是拉萨。雪白的世界中更显出圣城的圣洁与美好，而因为高原阳光强烈，白日里还是会感觉比较温暖。

焦点

■ 布达拉宫

作为“世界屋脊明珠”、西藏最著名的地标性建筑，布达拉宫是古西藏政教合一的绝对中心。这个建于公元7世纪的宫殿群是当今世界上海拔最高、规模最大的宫殿式建筑群，收藏着极为丰富的文物和手工艺品，每一座殿堂的四壁和走廊里，几乎都可以看到壁画。

■ 八廓街

这条被藏族人称为“圣路”的八廓街是拉萨最古老的街道之一，也是拉萨老城区典型的藏族建筑的代表，随处可见西藏民族手工艺品和琳琅满目的旅游纪念品，融合着现代与传统、东方与西方、宗教与世俗，是了解西藏的一扇窗口。

■ 大昭寺

拉萨之所以有“圣地”之誉，与这座佛寺有关。寺庙最初称“惹萨”，后来惹萨又成为这座城市的名称，并演化成今天的“拉萨”。所以直到现在，藏族人仍然喜欢将以大昭寺为主的八廓街一带称为“拉萨”。这个西藏最古老的寺庙，是西藏乃至整个藏族地区宗教的心脏。

■ 纳木错

纳木错与羊卓雍错、玛旁雍错并称为西藏三大圣湖。蓝得没有一丝杂质的天空，蓝得没有一丝杂质的湖水，湖中五个岛屿兀立于万顷碧波之中，远处是白雪皑皑的念青唐古拉的身姿，蓝白相间下，是纳木错宁静、超脱的面容。

■ 罗布林卡

罗布林卡曾是历代达赖喇嘛的夏

八廓街

宫，也是西藏园林中规模最大、风景最美、古迹最多的一处。这里的一草一木都由光阴滋养而成，这里的一砖一瓦都述说着久远的故事。罗布林卡以其精美的建筑、幽雅的环境，缔造着属于自己的神话。

行程推荐

■ 假如你有 1 天时间

必游景点：大昭寺及八廓街

可以尝试：晒晒太阳

上午游览布达拉宫，游程 2 ~ 3 小时；中餐后需安排 1 ~ 2 小时的休息时间，以便适应高山反应。下午游览大昭寺，游程大约 1 小时，剩余时间逛八廓街。

■ 假如你有 2 天时间

必游景点：布达拉宫、大昭寺和八廓街

可以尝试：晒晒太阳、在大昭寺门前观磕长头的信众，在玛吉阿米静静待着。

行程安排：

D1 布达拉宫—罗布林卡—色拉寺

上午：8：00 左右出发，首先可到布达拉宫，游览时间大约需一个上午，游览结束后可在北京东路上选择餐厅就餐，或回住宿点用餐（由于高山缺氧，一般需回住宿点休息）。

下午：14：00 左右出发到色拉寺，游览时间约需 1 小时。随后可搭车去西郊的拉萨河畔的罗布林卡游览，游览时间需 1 小时。

D2 哲蚌寺—大昭寺—八廓街

上午：8：00 出发到哲蚌寺，游程约为整个上午，随后回住地用餐、休息。

下午：14：30 左右出发前往大昭寺，游览时间需 1 小时左右，然后逛八廓街。

■ 假如你有 3 天时间

必游景点：布达拉宫、大昭寺及八廓街、罗布林卡、纳木错

可以尝试：在八廓街细细地淘宝，到罗布林卡过一次“林卡”。

D1 游览大昭寺、八廓街。

D2 上午游览布达拉宫，下午游览罗布林卡和西藏博物馆。

D3 前往纳木错。

■ 假如你有 5 天时间

必游景点：布达拉宫、大昭寺及八廓街、罗布林卡、纳木错、拉萨老城

可以尝试：沿着拉萨著名的转经道做一回转经人，在途中找一处甜茶馆歇脚；到色拉寺观一次辩经。

D1 游览大昭寺、八廓街。

D2 游览纳木错，返回拉萨。

D3 上午游布达拉宫，下午可休息或逛街。

D4 上午游罗布林卡、西藏博物馆，下午到色拉寺看辩经。

D5 逛拉萨老城。

预算

拉萨是个灵活性很强的城市。毫不夸张地说，500 块钱你可以只住一天，也可以住上一个月。拉萨有很多星级酒店和藏式酒店，消费不低，也有仙族岛那样的适合驴友的小单间甚至单人床。如果你想体验“拉漂”的生活，不妨在淡季租一间小房子，只需几百元。然后跟藏族同胞一起转经、吃藏面、喝甜茶，生活成本很低，日子却踏实。

当然，如果你只有几天时间在拉萨逛，又想把拉萨的景点走个遍，花费会在 1000 ~ 2000 元。其中，最大的花销在门票和住宿。另外，如果想去拉萨城外的一些寺庙，包车费用在 300 ~ 500 元。在拉萨，还有一些特色餐厅，比如玛吉阿米，消费不低。

布达拉宫

【是世界上海拔最高，集宫殿、城堡和寺院于一身的宏伟建筑】

矗立于拉萨市中心的布达拉宫不仅仅是这座城市的象征，更是雪域高原的象征，也是藏文化的博物馆。它是拉萨最高的建筑，在拉萨的任何一个角落，一抬头，定能看到气势磅礴的布达拉宫。

这座拔地参天的宫殿始建于7世纪松赞干布时期，位于拉萨市中心玛布日山（红山）上，占地41公顷。主体建筑分为红宫和白宫，红宫居中，白宫横贯两翼。红宫有历代达赖喇嘛的灵塔和各类佛堂及经堂；白宫部分是达赖喇嘛处理政务和生活居住的地方。主楼高115.703米，13层，东西长360米，南北宽270米，建筑面积约12万平方米，由寝宫、佛殿、灵塔殿、僧舍等1000间组成。宫内珍藏大量佛像、壁画等文物，是藏民族的文化艺术宝库。

“布达拉”是梵语音译，又译作“普陀罗”或“普陀”，原指观世音菩萨所居之岛。从松赞干布到十四世达赖的1300多年间，先后有9个藏王和10个达赖喇嘛在这里施政布教。

时间：9：00～12：00，15：30～16：30，中午休息。

门票：旺季：5月1日～10月31日200元；淡季：11月1日～次年4月30日100元

布达拉宫

背包客推荐：布达拉宫旅行线路

世袭殿（冲热拉康）—五世达赖喇嘛灵塔殿（色东康）—持明殿（仁僧拉康）—菩提道次第殿（朗仁拉康）—西有寂圆满大殿（措庆努西平措）—红宫二回廊—响铜殿（利马拉康）—普贤追随殿（公桑吉珠康）—法王洞（曲吉竹普）—无量寿佛殿（次巴拉康）—释迦能仁殿（土旺拉康）—时轮殿（堆廓拉康）—九世达赖喇嘛灵塔殿—八世达赖喇嘛灵塔殿—圣观音殿（帕巴拉康）—七世达赖喇嘛灵塔殿—上师殿（喇嘛拉康）—十三世达赖喇嘛灵塔殿—长寿乐集殿（其美德丹吉）—殊胜三界殿（萨松朗杰）—坛城殿（鲁朗康）—金顶区—强巴佛殿（强拉康）—东日光殿—东有寂圆满大殿（措庆夏司西平措）—白宫门廊—东庭院（德央厦）—出彭措多大门

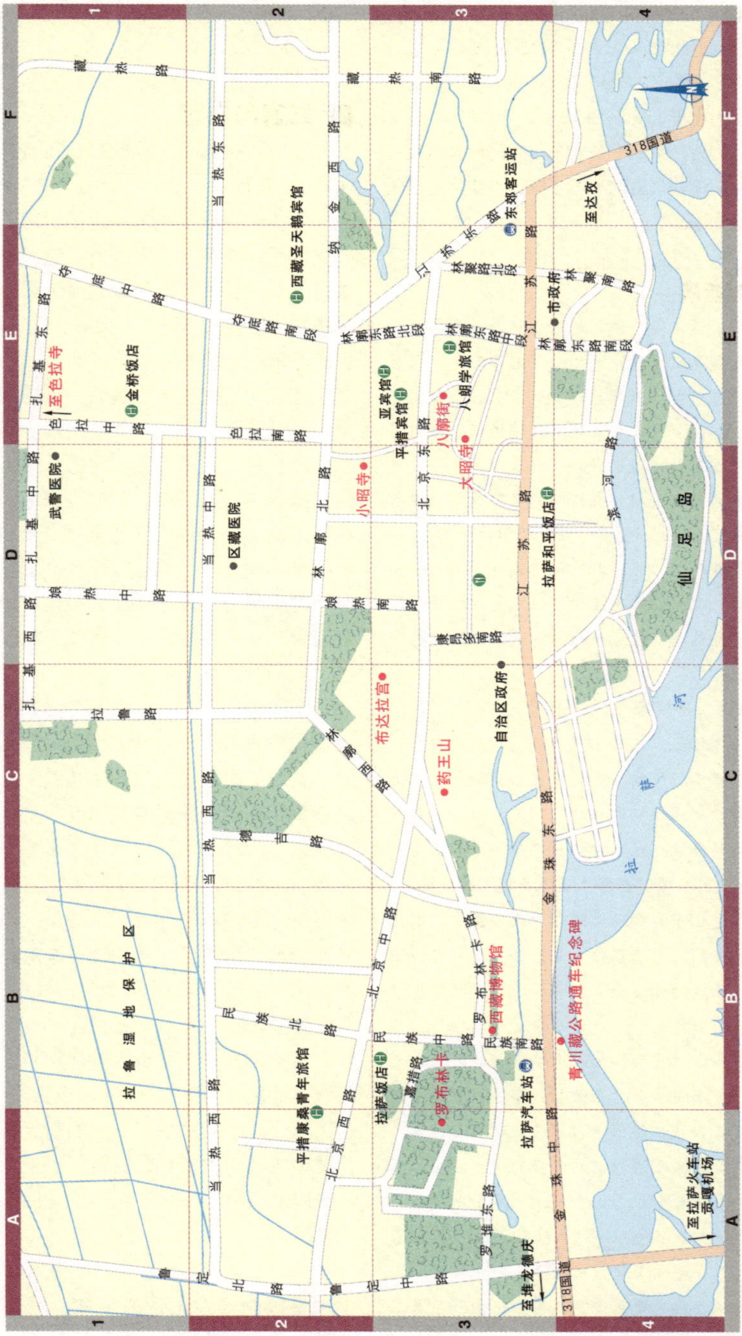
至色拉寺
金桥饭店
武警医院
区藏医院
西藏圣天鹅宾馆
亚宾馆
平措宾馆
八朗学旅馆
八廓街
大昭寺
小昭寺
布达拉宫
药王山
自治区政府
拉萨和平饭店
市政府
东郊客运站
至达孜
仙足岛
拉萨河
西藏博物馆
罗布林卡
拉萨饭店
平措康桑青年旅馆
拉萨汽车站
青川藏公路通车纪念碑
拉鲁湿地保护区
至拉萨火车站
贡嘎机场
至堆龙德庆
318国道
藏热路
藏热南路
当热东路
当热中路
当热西路
纳金西路
夺底中路
夺底路南段
林廓东路北段
林廓东路中段
林廓东路南段
江苏东路
江苏路
林聚路北段
林聚南路
扎基东路
色拉中路
色拉南路
北京东路
扎基中路
娘热中路
娘热南路
康昂多南路
扎基西路
拉鲁路
林廓北路
林廓西路
德吉路
金珠东路
金珠中路
北京中路
民族北路
民族中路
民族南路
罗布林卡路
北京西路
罗堆东路
鲁定北路
鲁定中路
滨河路

拉萨市城区示意图

交通：如果住在老城区的宾馆或青年旅舍，根据远近步行30分钟基本都可以到达；也可以乘坐三轮车，一般车费为5元；住得稍远些，乘坐出租车，车费10元。但不建议乘坐公交车，因为拉萨所有公交车都是绕行布达拉宫的，即使在最近的地方下车，也要步行很久才能到达。

特别提醒：

1. 布达拉宫实行预售与限售结合的卖票制。每天参观人数限制2300人（其中，1600张票分给旅行社，散客票约700张）。每天下午5时后排队领取次日及以后预售证。参观者需提供有效身份证号码，每人限买1张。参观者次日凭购票证上标明的参观时间，在布达拉宫的正大门持身份证购买门票进入。
2. 旅游旺季，布达拉宫的参观时间限制为1小时/次，如果委托旅行社或青年旅舍、饭店前台购买门票，一般会加50～200元的手续费。
3. 布达拉宫较高，且台阶较滑，上下注意慢行；
4. 殿内比较阴冷，即使夏季也应准备件外套。
5. 即使不想如厕，布达拉宫的厕所也是值得一看的。厕所在白宫的德阳厦北边，就建在山洞的顶端，往下看，底下是高悬的山崖，深不可测，有“世界上最深茅厕”的美誉。
6. 布达拉宫的参观线路相对比较固定，有几个主要的宫殿基本每天都开放。如果可能的话，最好选择诸如雪顿节等藏传佛教宗教节日一早去参观。
7. 在布达拉宫西侧北京中路路南的药王山上有一个小观景台，上面拍摄布达拉宫的全景角度正合适，观景台收费2元/人。但是，如果是拍摄布达拉宫的落日的话，其实拉萨河对岸的山坡上更合适，而且人也相对少点。
8. 当地朝圣者参拜布达拉宫均是从正门沿着“之”字形的石级拾级而上，而旅行者多会选择从西门先走到山顶，再一路向下旅游。如果体力欠佳，或者有高原反应，可乘出租车从吼山到达布达拉宫的顶部，从山顶西大门的入口处进入布达拉宫，然后从山上走下来。乘车费用约10元。

红宫与白宫

【布达拉宫主体建筑，从颜色就可以很明显地区分出来】

红宫，主要是达赖喇嘛的灵塔殿和各类佛殿，共有8座存放各世达赖喇嘛法体的灵塔，另有西有寂圆满大殿以及法王洞、殊胜三界殿、上师殿、响铜殿、世袭殿等。

布达拉宫红宫内安放着五世到十三世（六世除外）达赖遗体的灵塔。塔身以金皮包裹、宝玉镶嵌，金碧辉煌。在这些灵塔中，以五世达赖的灵塔最为壮观。这是一座修建在大殿里上下贯通3层楼高的大金塔，高14.85米，塔型类似通常的佛塔，只是从上到下全部用黄金包镶，外镶无数宝石。仅此一塔就用了11万两黄金。

白宫高7层，是达赖喇嘛的冬宫，也是原西藏地方政府的办事机构所在地。位于第四层中的东有寂圆满大殿是达赖喇嘛举行坐床、亲政大典等重大宗教和政治活动的场所，也是布达拉宫白宫最大的殿堂，面积717平方米。五六两层是达赖喇嘛的办公和生活用房。最高处第七层是两套达赖喇嘛冬季的起居宫，由于这里终日阳光普照，故称东、西日光殿。

布达拉宫是一个庞大的建筑群，其附属建筑还包括山上的僧舍、僧官学校、朗杰扎仓、东西庭院和山下的雪老城及西藏地方政府的印经院、雪巴列空、马基康以及监狱、马厩和布达拉宫后园龙王潭等。

300余年来，布达拉宫收藏和保存了大量极为丰富的历史文物。其中有2500多平方米的壁画、近千座佛塔、《甘珠尔》经、上万幅唐卡、贝叶经等珍贵的经文典籍，还有明清两代皇帝封赐达赖喇嘛的金册、金印、玉印以及大量的金银工艺品。

特别提醒： 布达拉宫每一座殿堂的四壁和走廊里，大都绘有色彩绚烂的壁画，壁画的内容既有丰富多彩的神话传说，又有许多珍贵的历史资料。其中包括兴建布达拉宫、松赞干布与文成公主成婚，以及五世达赖和十三世达赖先后到北京觐见清顺治皇帝和光绪皇帝的情景，在壁画上都有栩栩如生的描绘。通过观赏这些绘制精美的壁画可以让游人流连于漫长的历史长河之中，寻找关于这里的故事。

世袭殿（冲热拉康）

这是从后山进入布达拉宫见到的第一座大殿。达赖世袭殿主供佛为金质释迦牟尼像和银质五世达赖像，东侧（右侧）是一世到四世达赖喇嘛塑像，西侧是八药师像和三世佛等共 30 余尊塑像。邻西墙是十一世达赖喇嘛凯珠嘉措坐像及其灵塔。东、北壁的经书架上存放着藏文佛经《甘珠尔》。

五世达赖喇嘛灵塔殿（色东康）

中央供奉的五世达赖喇嘛灵塔，是西藏最重要的一个灵塔，用了 300 多公斤黄金才建成。殿内右侧是十世达赖喇嘛灵塔，左侧是十二世达赖喇嘛灵塔，以及 8 座镶有各种珠宝的银质善逝佛塔等。

特别提醒： 据说灵塔内还有很多宝物，如释迦牟尼的指骨、宗喀巴使用过的碗、大象脑子里的宝石等。

持明殿（仁僧拉康）

主供藏传佛教宁玛派祖师莲花生银铸塑像，其东侧为 8 尊莲花生传承祖师塑像，西侧 8 尊为莲花生的 8 种变身塑像。殿内尚有 8 座银铸善逝佛塔，经书架上存放着第巴·桑结嘉措时精刻的佛经——《甘珠尔》。

布达拉宫白宫

菩提道次第殿（朗仁拉康）

供奉格鲁派信奉的菩提道次第教义的传承上师像，正中主供藏传佛教祖师宗喀巴坐像，殿内还供奉格鲁派及噶当派名人铜像。

背包客推荐：
布达拉宫周边特色餐馆

山洞甜茶馆

就在布达拉宫旁边的山洞里，走进去有种很幽深的感觉，很多老人转经都会在那里休息，喝上一点，聊聊天。那里的甜茶味道很好，还可以和和蔼的老奶奶们闲聊，听听真正的西藏的故事。甜茶、藏包子和藏面都是这里的特色。

地址： 城关区布达拉宫旁边的山洞里

西有寂圆满大殿（措庆努西平措）

五世达赖喇嘛灵塔殿的享堂，也是布达拉宫最大的殿堂。一些重大的佛事活动均在此举行。西端设达赖喇嘛宝座，上方高悬清乾隆皇帝御书“涌莲初地”匾额。门楣上部、殿堂四周和内院回廊绘有五世达赖一生事迹、功绩的壁画，面积达 280 平方米。殿内还保存着康熙皇帝赐给达赖的大型幔帐。西大殿四周为达赖世袭殿、持明殿和菩提道次第殿等 4 座佛殿。

特别提醒：此殿中五世达赖喇嘛进京觐见清顺治皇帝的壁画是极为珍贵的艺术品和历史资料，它的位置在正对宝座的左面大概齐胸高的地方，不留心很难找到。

红宫二回廊

素有画廊之称。回廊四周满绘布达拉宫修建史、红宫落成庆典和佛事活动等壁画。壁画多达 698 幅，有当年修建红宫时的情景，还有当时藏族人民的生活习俗，如赛马、射箭、摔跤等。

响铜殿（利马拉康）

此殿供奉的佛像皆为响铜铸造，有释迦牟尼像、无量光像等 3000 余尊，其中大明永乐和宣德年间内地制造的塑像有上百尊。

普贤追随殿（公桑吉珠康）

殿中间佛座上供奉铜质镏金释迦牟尼坐像，左右为观世音和五世达赖喇嘛像。

法王洞（曲吉竹普）

7 世纪吐蕃时期建筑，被西藏佛教徒尊称为法王的松赞干布当年曾在此修行。殿内有极为珍贵的布达拉宫修建初期留存下来的松赞干布、文成公主、尺尊公主以及吐蕃王朝大臣噶尔东赞（禄东赞）、吞米桑布札等人的塑像。后者相传为藏文创始人。

布达拉宫的主体建筑从颜色上就能区分开来

无量寿佛殿（次巴拉康）、释迦能仁殿（土旺拉康）

无量寿佛殿中间的佛座上供奉 9 尊无量寿佛塑像以及白度母、绿度母塑像各 1 尊。殿堂四周绘满壁画。

释迦能仁殿主供佛教始祖释迦牟尼塑像，两侧排列其八大弟子立像，殿内设有七世达赖喇嘛宝座以及手抄本《甘珠尔》。

时轮殿（堆廓拉康）

时轮殿中心有铜质镏金的时轮立体坛城一座。“时轮”即“时间的车轮”。佛教传说古印度北方有个香巴拉天国，即西方极乐世界，通过修时轮金刚密法，就可进入香巴拉天国。由于修该法需要掌握天文、历算等知识，所以时轮殿的墙上还绘有时轮神像和历算家像 100 余尊。

特别提醒： 坛城的梵语音译为曼荼罗，它是密宗佛神聚集作法的道场。坛城因所奉本尊佛的不同而有所区别。时轮坛城的本尊佛是时轮金刚。

九世达赖喇嘛灵塔殿、八世达赖喇嘛灵塔殿

九世达赖喇嘛灵塔殿内主要有九世达赖喇嘛灵塔、九世达赖喇嘛隆朵嘉措和宗喀巴的坐像。

八世达赖喇嘛灵塔殿内主要供奉八世达赖喇嘛降贝嘉措坐像及其灵塔，而在灵塔前供有八瑞物、八吉祥、七政宝等。

圣观音殿（帕巴拉康）

殿门上方悬挂着清同治皇帝御书的“福田妙果”匾额。殿内正中央供奉的檀香木质自在观世音像，为松赞干布所依本尊，属布达拉宫的稀世珍品。传说这尊雕像是天然形成的，由印度自行来到拉萨。由于藏族人认为观世音是西藏的保护神，所以这尊雕像在西藏有着特殊的重要性。殿内尚有合金质的六面阎罗王等许多珍贵的佛像和佛塔。

背包客收藏：布达拉宫的历史

据史料记载 631 年（藏历铁兔年），松赞干布开始兴建布达拉宫。当时吐蕃王朝正处于强盛时期，松赞干布为迎娶文成公主而修建这座宫殿。据说当时修建的宫殿有 999 间，加上修行室共 1000 间。宫外有护城河，上铺厚木板。10 世纪，这座宫殿因为奴隶起义遭到破坏，后来又因雷击起火进一步毁坏。现在布达拉宫里只有法王修法洞和圣观音殿处的建筑是 7 世纪的原有建筑。布达拉宫始建时规模并没有这么大，以后不断进行重建和扩建，规模逐渐扩大。1645 年，五世达赖喇嘛受清朝册封后，为巩固政教合一的甘丹颇章地方政权，由第司索郎绕登主持，重建布达拉宫“白宫”及宫墙城门角楼等，并把政权机构由哲蚌寺迁来。1690 年第巴·桑结嘉措为五世达赖喇嘛修建灵塔，拆建了“红宫”。这次重修历时近 50 年，至 1693 年才竣工。以后历代达赖喇嘛先后增建了 5 个金顶和一些附属建筑。到第十三世达赖，布达拉宫又进行了历时 8 年的修建。据说这次修建仅白银就花费了 213 万两。1936 年十三世达赖喇嘛的灵塔殿建成后，形成了布达拉宫现在的规模。

从五世达赖喇嘛开始，布达拉宫就成为历代达赖喇嘛的冬宫，也是西藏地方统治者政教合一政权的统治中心，重大的宗教、政治仪式均在此举行，供奉历世达赖喇嘛的灵塔也在此处。

夜幕下的布达拉宫

七世达赖喇嘛灵塔殿

七世达赖喇嘛灵塔供奉在殿堂中央，殿内尚有七世达赖喇嘛坐像，以及佛龛、经书架等。

上师殿（喇嘛拉康）

殿内主要供奉宗喀巴像，两边是六世至十二世达赖喇嘛像，同时还有西藏著名上师的塑像。佛龛中尚有吐蕃王朝赞普像、贤者像等数千尊和佛塔上百座。

十三世达赖喇嘛灵塔殿

是布达拉宫最晚的建筑，1933 年动工，3 年建成。十三世达赖喇嘛灵塔通高 12.97 米，用优质黄金包裹的灵塔面镶嵌着珠宝上万颗。殿内陈设着各种法器、珍珠穿成的珍珠塔（曼荼罗）。第三层四壁均为十三世达赖喇嘛一生的传记壁画。

特别提醒： 十三世达赖喇嘛灵塔殿不是经

背包客收藏：莲花生

走入西藏的寺庙，几乎在每一座寺庙中都会供奉莲花生大师的造像。莲花生是当时乌仗那，也就是今天的克什米尔地区的密宗大师，进藏传法是在藏王墀松德赞时期。墀松德赞是藏王墀足德赞的儿子，墀足德赞去世后墀松德赞还很年幼。当时的辅政大贵族朗氏趁机发动了灭佛运动，使佛教遭到重创。墀松德赞长大后和身边的人一起努力铲除了反对佛教的朗氏贵族，使佛教开始逐渐在西藏复苏。当时正值西藏连年饥荒，瘟疫疾病流行时期。墀松德赞接受了印度佛学者静命大师的建议，迎请莲花生大师入藏传法。相传莲花生大师进藏途中，一路斩妖伏魔，收服了很多妖魔鬼怪，后来来到山南地区创建了当时西藏第一所寺庙——桑耶寺，从此佛教在西藏开始兴盛发展。

常开放，但带外国旅行团的导游经常能托关系带团去参观。所以可以看准时机跟在他们后边。当然，能否成功就要碰运气了。

长寿乐集殿（其美德丹吉）

此殿堂设有六世达赖喇嘛仓央嘉措的宝座，沿墙的佛龛中供奉千尊无量寿佛像。殿内还供奉“挨革则底”护法神和宗喀巴塑像等2000余尊佛像。

殊胜三界殿（萨松朗杰）

是红宫最高的殿堂。殿内供奉一块用藏、汉、满、蒙古4种文字书写的“当今皇帝万岁万万岁”牌位。牌位上方所供为清乾隆皇帝肖像。周围有金刚持、宗喀巴等塑像。殿内尚有十三世达赖喇嘛用万两白银铸造的十一面观世音像。

特别提醒：这是红宫中一座重要的佛殿，许多重大活动都在此殿举行。清代，每逢藏历年初一和皇帝过生日，达赖喇嘛都要率领西藏百官来此向中央政府朝拜。

坛城殿（鲁朗康）

殿堂中心为桑旺堆巴坛城，东面为德却坛城，西面为吉杰坛城。桑旺堆巴（密集）、德却（胜乐）、吉杰（大威德）均为密宗本尊。

特别提醒：殿内四周绘有壁画，内容大都是佛教名人事迹及教史。

金顶区

位于布达拉宫的最高处。金顶指的是灵塔殿和主供佛殿的镏金屋顶，共7座，金顶上有许多镏金装饰。

特别提醒：金顶区四周，尚有经幢、经幡等装饰。

强巴佛殿（强拉康）

主供强巴佛（未来佛）塑像，左右为长寿三尊和仙女顿珠卓玛等，殿内还供有其他佛像和佛塔，西侧设有八世达赖喇嘛宝座。

东日光殿

此殿是十三世达赖喇嘛晚年扩建的起居宫，位于白宫顶层。由喜足光明宫、永固福德、护法殿、长寿尊胜宫和寝宫组成。这些殿堂建筑和陈设精美豪华。

特别提醒：达赖寝宫最为突出，茶几上金壶玉碗玲珑剔透，锦缎的被褥光彩夺目。十四世达赖原来的起居殿堂里现在仍摆着纯金佛像、玉雕观世音、线装经卷、钟表、电器以及其他许多珍玩。

西日光殿

此殿是早期修筑的达赖喇嘛的起居宫，位于白宫顶层。由福地妙旋宫、福足欲聚宫、喜足绝顶宫、寝宫和护法殿组成。

东有寂圆满大殿（措庆夏司西平措）

系白宫主殿，也是白宫最大的殿，内有34根柱。北侧设达赖喇嘛宝座，上方悬清同治皇帝御书“振锡绥疆”匾额。殿内四壁绘有宗教故事和历史人物。

特别提醒：清朝驻藏大臣曾在此为达赖喇嘛主持坐床、亲政大典等仪式，是西藏进行重大宗教、政治活动的地方。

白宫门廊

此门廊有通往白宫的大门，四壁均绘有壁画，其中北壁的文成公主进藏图和南壁的五世达赖喇嘛晚年封桑结嘉措为第巴（执政）的文告，以及下面用玻璃罩住的五世达赖喇嘛留下的手印，都是无比珍贵的文物。

东庭院（德央夏）

系白宫正门前面平坦广阔的平台，面积1500平方米。布达拉宫下面的建筑称为“雪”，译为“下面”，是指建在山脚处的地方政府机构，附属设施等。其西面为白宫主楼，东面为僧侣学校，南北两侧都是住房。

特别提醒：

1.1995年，布达拉宫维修结束后，“雪”的南边的部分已变成了布达拉宫广场。这或许使布达拉宫显得更加壮观，却因此丢失了以前的古朴。过去每逢喜庆节日，拉萨市民总要在此举行跳神和歌舞表演。

2.出彭措多大门沿着“之”字形的石级而下至东部山脚，山下附属建筑有雪老城、龙王潭等。

■ 雪城（珍宝馆）

【布达拉宫新开放的景点之一】

珍宝馆是布达拉宫维修工程的一部分，以原斋康楼为基础，保持斋康楼外观，内部改造为符合文物陈展的现代展馆。珍宝馆共有三层，分为“史海钩沉”和“宫藏珍品”两部分，分为御书匾额、宫藏珍品（瓷器）、文献典籍、佛教造像、宗教用品、面具服饰、唐卡艺术、生活用具8类。

高高耸立的布达拉宫

一层展厅中展出的是清朝皇帝御赐的长生牌、乾隆皇帝御赐的牌匾等；二层展厅中展出的有9世纪的贝叶经，14世纪的白釉暗莲藏文纹僧帽壶，17世纪的缠枝莲托八宝纹斗彩天球瓶，18世纪的鼻烟壶……展品精美绝伦，以前进入布达拉宫极难见到这些珍品。

背包客推荐：
御制十全记碑、御制平定西藏碑

用于记载历史的碑文穿越了时空而长存于世。布达拉宫前面靠近布达拉宫广场的路边，左右两侧各有一座碑亭。左侧《御制十全记碑》，高4.22米，记载了清乾隆五十七年（1792），清兵在福康安率领下驱逐廓尔喀侵略军出境的历史。右侧《御制平定西藏碑》，高3.74米，刻有藏、汉、满3种文字。碑文记载了清康熙六十年（1721）平定蒙古准噶尔部侵扰西藏的历史。

龙王潭

【六世达赖仓央嘉措经常憩息的地方】

龙王潭藏名鲁康，或称作龙王塘，位于布达拉宫山后，初建于传奇人物六世达赖仓央嘉措时期，六世达赖仓央嘉措在湖心建了三层八角琉璃亭，经常到此憩息。龙王潭园区东西长207米，南北宽约112米，呈长方形。水潭是由于修建布达拉宫和第巴·桑结嘉措所筑布达拉宫红宫及经房僧舍时，从山脚大量取土而形成的。

交通：在拉萨市区坐4路公交车可到龙王潭。打的10元。

门票：10元

特别提醒：

龙王潭和布达拉宫之间修有一条小路。

达扎路恭记功碑

【是研究吐蕃奴隶制社会和吐蕃地方政权与唐朝中央政权关系史的重要文物】

8世纪，吐蕃与唐朝之间经常发生战争。吐蕃赞普墀松德赞时期的大将达扎路恭于唐广德元年（763）率兵攻略长安（今西安），达扎路恭记功碑记录的就是这样一段历史。

交通：位于布达拉宫前公路南侧一个黄色围墙的小院内。

药王山

【与布达拉宫咫尺相对，是拍摄布达拉宫的最佳地，尤其是半山腰】

药王山藏名夹波日，位于布达拉宫右侧，海拔3725米，山形奇特。北坡有小路可至峰顶，俯瞰拉萨市区；东南面则峭壁危立。山上原有建于清初的药王庙，五世达赖时期，开始组织各地僧医在此学习，整理西藏医药学等，以后逐渐发展为藏医学院——门巴扎仓，因具有宗教性质，也称药王庙。

药王是释迦牟尼佛的一个化身，相传释迦能医治百病。从吐蕃王朝时代西藏民间出现藏医算起，藏医学已有1000多年的历史。7世纪，文成公主远嫁吐蕃的时候，除带去大唐汉文化，还有《医学大全》，金城公主远嫁吐蕃时又带来了医书《月王药诊》，从此，中医的一些理论和方法逐步融会到藏医学之中。后藏医学者又到印度学医，于是藏医中又继续发展了印度医学的内容。大约在17世纪，这里曾云集了众多慕名而来的求学者，这里的高僧亦为达赖喇嘛的保健医生。

20世纪60年代以后，原属于药王庙的藏医学院合并到门孜康，成为现在的藏医院。它的门诊大楼就在大昭寺西面宇妥桥的附近，为纪念藏医学的始祖，那条路命名为宇妥路。

门票：10元

特别提醒：

1. 连接药王山和布达拉宫的白塔南侧有个拍摄布达拉宫全景的观景台，这里收费为2元/人。上山的小路在布达拉宫右侧对面马路、白塔后面。
2. 药王山后面有拉萨十分著名的万佛墙，附近有很多刻嘛呢石的人家。从西藏旅游局东面的一条小路一直往南走就可找到。
3. 清晨的药王山，经常有摄影爱好者汇集于此，等待第一缕光线照亮布达拉宫的瞬间。

■ 查拉鲁普

【相传，这里曾是文成公主思念家乡时向东方朝拜的地方】

药王山东侧一个洞窟式的小庙宇，洞窟开凿于松赞干布时代，岩壁上有69尊石刻造像，史书《智者喜宴》记载为松赞干布王妃如雍所刻。在大量的佛像与菩萨像中，北面石壁上还雕有松赞干布与文成、尺尊两位公主以及重臣吞米桑布札、禄东赞的造像。这座拉萨地区罕见的石窟寺庙至今仍然保存完好。

洞内光线暗淡，全靠酥油供灯照明。如果去看，千万别忘了带上照明工具。山下北侧有一泉水，水质纯净，过去是达赖喇嘛的专用饮水泉，藏族同胞称之为“药水”。

大昭寺

【西藏的第一座寺庙，是整个藏族地区最重要的寺庙】

在拉萨，藏族人将以大昭寺为中心的八廓街一带称为“拉萨”，藏文意思是“佛地”。大昭寺是拉萨人生活的中心，他们的一切都是围绕着它展开的，由此可见大昭寺在拉萨人日常生活中的重要意义。

大昭寺又名“祖拉康”、“觉康”（藏语意为“佛殿”），始建于唐贞观二十一年（647），是藏王松赞干布为纪念尺尊公主入藏而建的，后经历代修缮增建，形成庞大的建筑群，建筑面积达25000多平方米。作为藏传佛教最神圣的寺庙，大昭寺并不从属于哪个教派。过去每年都会在这里举行传召法会，历代的达赖或班禅的受戒仪式就在这里举行。

时间：7：00～12：00;15：00～18：30。大昭寺上午主要是对朝佛转经的藏族百姓开放，虽然也对游客开放，但是要等很久。下午比较清静，而且经常会有喇嘛为游客介绍大昭寺的历史和文物。只是上午所有佛殿都是开放的，下午只有主要的佛殿开放。19：30左右会有僧人在大殿诵经，直到21:00。若感兴趣，可以事先和售票处的工作人员打好招呼，晚上前往观看。

交通：位于旧城市中心，可步行前往；乘中巴或三轮车在藏医院下车，然后朝大昭寺广场方向步行即到；乘三轮车4～10元。

门票：旺季：4月21日～10月19日70元；淡季：10月20日～次年4月20日35元。若要在大殿内摄影，需要另付90元，但是有些殿是禁止摄影的。请寺庙里的师父讲解，50元/次。

特别提醒：

1. 可独自一人，避开参观高峰时间，一大早随转经人流进入大昭寺。在燃燃不息的酥油灯火中，感受信仰的力量。
2. 下午三四点以后在二层的平台上，通常能看到辩经，但规模比色拉寺小多了。
3. 大昭寺的顶层有个最古老的无顶厕所。
4. 大昭寺广场前，从日出到日暮，每天有来自不同地方的虔诚的佛教徒在这里磕长头。这是很多信众一生最大的心愿。在大昭寺二层的平台上可以俯拍这个壮观的场景。
5. 据说售票处有4位精通英语、汉语、藏语和日语，且通晓佛法的喇嘛，是西藏最出色的导游。不过一般只给团队导游。若有机会聆听他们的精妙讲解，千万不要错过。

大昭寺

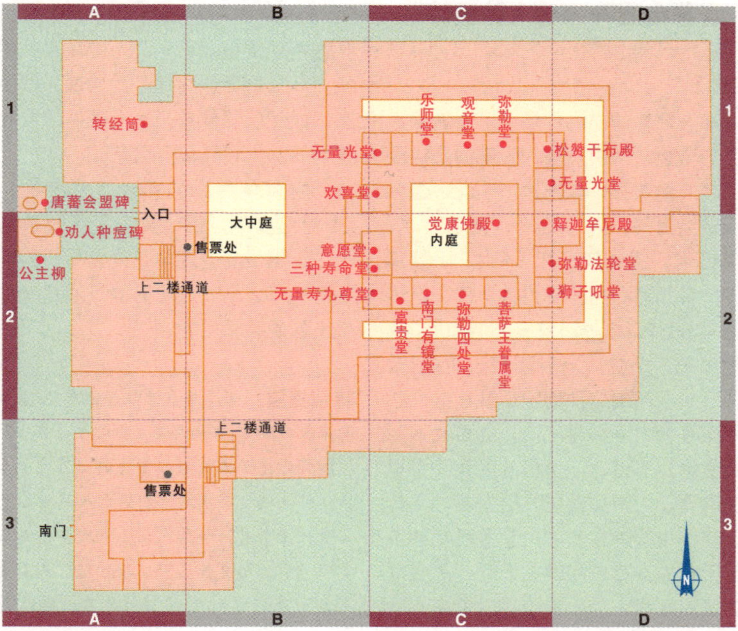

大昭寺平面示意图

背包客推荐：大昭寺参观线路

这是一条常规的参观线路，大昭寺的内容将无一遗漏。

参观的游客从正门进去，右首就是售票处。首先看到的天井式院落是藏传佛教中“格西”（藏传佛教中的高级学位，相当于博士）的产生地。院落东侧有数排酥油灯，白天也总是长明不灭，由来这里朝拜的人负责添加酥油。酥油灯后面就是大昭寺主殿的正门，大昭寺最早的建筑都是从这扇门开始的。进入大殿左右各有两尊巨大的佛像，左侧为宁玛派创始人密宗大师莲花生，右侧是未来佛。

大殿通道入口处右侧是关于大昭寺建寺故事的壁画，它生动形象地描绘出了 7 世纪早期布达拉宫的样子，以及当年填湖建大昭寺的情景。

从左向右依顺时针旋转游览：第一间小殿，里面供有宗喀巴及其八大弟子，转过来第二间殿是观音菩萨殿。当地人供奉佛的方式很虔诚，在殿内经常能遇到一些当地人给观世音菩萨脸上涂金粉。此殿右侧有松赞干布及尺尊、文成公主塑像。在藏族群众的心目中，他们三人不仅仅是普通的国王和王后，他们是菩萨变成了国王和王后来教化藏族人的。两位公主体貌端庄，其中前面发髻高绾的大唐女子就是文成公主。

观世音殿再往前有一排塑像，其中一个头发花白的高僧，就是藏族人非常景仰的汤东结布。生于 15 世纪的他在藏族历史上有两大功劳：修建了铁索桥，发明了藏戏，而发明藏戏是为了筹措募捐修建铁索桥的资金，所以也可以说他是一位艺术家。在南墙与东墙拐弯之处，有宗喀巴及其他教派的诸位宗师。东墙第一间佛殿是无量光佛殿。

■ 唐蕃会盟碑和劝人种痘碑

【为纪念唐蕃会盟和出天花两大历史事件而立的碑】

在大昭寺前面的广场，可以看到大昭寺的全貌，但首先映入眼帘的是被围墙围起的两块石碑。南边一块便是著名的唐蕃会盟碑，高 3.42 米，宽 0.28 米，厚 0.35 米，唐长庆三年（823）用藏汉两种文字刻写。另一碑为种痘碑，是清乾隆五十九年（1794）驻藏大臣和琳（和珅的弟弟）所立。当时西藏天花流行，中央政府了解到这种情况后就让钦命总理西藏事务大臣和琳出面，在藏北浪荡沟捐资修建房屋，让出痘的民众去那里居住调养，由中央政府发给口粮，并传授了接种牛痘的方法。为了普及接种牛痘对天花的治疗，和琳在大昭寺前竖立了这块种痘碑。

■ 释迦牟尼 12 岁等身像

【一座弥足珍贵的释迦牟尼等身像】

7 世纪，富有政治远见的松赞干布先迎娶了 16 岁的尼泊尔尺尊公主入藏，后来又迎娶了大唐的文成公主入藏，两位公主各自带来了一尊珍贵的释迦牟尼的佛像，作为最贵重的陪嫁。尼泊尔公主带来的是释迦牟尼 8 岁时的等身像，文成公主从内地的长安请来的是另一尊 12 岁的释迦牟尼等身佛像。藏族人公认这两尊佛像是最早进入雪域高原的佛像。为了供奉这么神圣的佛像，松赞干布修建了西藏佛教历史上最早的佛教建筑物——大昭寺和小昭寺。

主供佛后面的塑像也是佛祖，是 11 世纪塑的。佛像周围是释迦牟尼的十二大弟子。主殿前有很多石质的巨大的酥油灯，酥油灯所需的灯油是老百姓带来酥油并添加的。

特别提醒： 两尊等身像以释迦牟尼 12 岁等身像最为珍贵，据传此像是释迦牟尼在世时，按照释迦牟尼本人形象塑造的。等身像塑好后，那些弟子有幸请佛祖释迦牟尼给自己的佛像开光加持。藏族人认为它珍贵，不仅仅是因为它的历史价值和文物价值，最重要的是认为见到它和见到 2500 年前的佛祖是一样的。

■ 金顶

【这座建筑中极具汉藏及尼泊尔和印度艺术风格的细节】

殿东南角有楼梯可以上到二层和金顶。大昭寺主殿高 4 层，有 20 多个殿堂，上覆金顶、斗拱为典型的汉族风格，碉楼、雕梁是西藏样式，主殿二三层檐下排列成行的 103 个木雕伏兽和人面

大昭寺金顶

狮身，则又呈现出尼泊尔和印度的艺术风格。

大昭寺的二层只在早上开放。松赞干布的法王殿也在二层的西南角。里面供有藏王松赞干布、文成公主、尼泊尔公主、大臣禄东赞等塑像，也是早期的作品。二三层之间有班丹拉姆护法神殿，这是大昭寺和整个拉萨城的护法女神。大殿的三层平时不对外开放，僧人们在这里打坐修行。顶层四座巨大的金顶分别建于14世纪中叶和17世纪。

主殿的墙角边有一尊小山羊的塑像。很多当地人都来膜拜它。当时在建寺时，山羊搬运沙土立下汗马功劳。为了感激山羊对大昭寺的贡献，大昭寺里不仅给它塑了像，而且将它浑身涂上金粉当作神羊一样崇拜。西面往下的佛殿里有拉萨十分出名的一尊强巴佛，据说它掌管着西藏的风调雨顺，每年藏历新年活动结束前要把它请出去绕大昭寺一周。

背包客推荐：特色餐馆

光明港琼甜茶馆（新）

这家茶馆的甜茶名气很大，不少人初到西藏，第一次认识、品尝甜茶的地方就在这里。光明茶馆坐落在藏医院路上，大昭寺的主要通道旁。茶馆面积很大，有点像早些年的饭堂。客人坐下后，大家就把身上的“毛毛钱”都掏出来，放在桌面上，服务员就来倒茶，然后拿桌面上的钱，自行找赎。

地址：城关区藏医院路（雪域宾馆旁）

光明港琼甜茶馆（旧）

离新光明不远，在丹杰林寺旁边的大院里面，来这的基本是当地藏人。里面人气很旺，在外面看不出来。老光明氛围比新光明更地道，一切都显得那么传统，似乎数十年来什么都没改变过。

特别提醒：

1. 逛完大殿，可出门绕大殿一周，此处共有380个转经筒，一个紧挨一个。边走边推动转经筒是很多虔诚的信徒必做的功课。

2. 从庭院出来，回到侧门的售票处，有楼梯可以直通二层和三层的平台。在平台上俯视大昭寺广场以及远眺布达拉宫，辉煌的建筑在耀眼的阳光中光芒四射，灿烂无比。

3. 二层天井的东北角有一架梯子，通向三层的小门，这里就是上金顶的入口。

八廓街

【曾是拉萨著名的3条转经道之一，现为拉萨保存较好的旧城区】

位于拉萨市旧城区的八廓街，又称八角街，是一整片旧式的、有着浓郁藏族生活气息的街区。最初它只是一条环绕大昭寺的普通街道，后来成为朝圣者的转经道。如今这里已成为西藏最著名的转经道和拉萨的旅行商业中心，集宗教街、观光街、民俗街、文化街、商业街和购物街于一身。

八廓街最初只是围绕大昭寺的一条转经道，也就是“八廓”。藏传佛教认为，以大昭寺为中心顺时针绕行被视为“转经”，表示对供奉在大昭寺内释迦牟尼佛像的朝拜。八廓街即是拉萨著名的3条转经道之一。除此之外，还有2条与八廓街呼应的转经道，那就是围绕整个拉萨老城区连同布达拉宫在内的“林廓”即外转经道；另一条则是充满神秘色彩的“囊廓”，就是大昭寺内的转经回廊道。这3条转经道证实并维护着大昭寺的中心地位，寺内不仅仅是一座供奉佛像及圣物的殿堂，更是佛教经典中关于宇宙理想模式的现实再现，即指“曼荼罗”（坛城）这一密宗义理。

如今“八廓街”的地理概念宽泛了许多。围绕着大昭寺的周围一片街区都

八廓街

称为“八廓街”，是拉萨保存完好的旧城区。

八廓街充分展示了拉萨古城的原有风貌，这里除了一些本地的老住户以外，还有一些定居拉萨十多代的穆斯林和尼泊尔侨民。这里临街的房子几乎都是商店，流动的货摊超过千家，它们经营大小各异的转经筒、藏袍、藏刀、宗教器具等各式用品，还有从印度和尼泊尔远道而来的各种商品。各种民族的旅游商品集中在长仅1000多米的八廓街，可谓物美价廉。八廓街上还分布着一些古老的艺术品店，店主多经营的是传统的唐卡绘画和手织藏毯的精品。

八廓街附近还有下密院、印经院、席德寺废墟、仓姑尼庵、清真寺等宗教文化圣地，可以充分领略到多种文化的碰撞。

特别提醒：

1. 转八廓街要按顺时针方向。
2. 逛八廓街最好早上去，下午6点前离开。因为6点以后大部分商铺将陆续关门。

背包客推荐：八廓街特色小店

百年老店夏帽嘎布

位于八廓北街27号，藏语意为“白色的礼帽”，是一家尼泊尔侨民开的商店。在鼎盛时期，西藏第一辆汽车就是由他们从中尼交界的喜马拉雅山口拆散了运进西藏的。

雪域唐卡手工艺店

八廓街上有很多唐卡店，最著名的还是老字号雪域唐卡手工艺店，位于八廓南街16号，店主人叫茨旦朗杰，师从著名的江白望久。现在雪域唐卡手工艺店的生意非常红火。来他这儿学画唐卡的，不分年龄、民族、国籍都不收学费。

民族商场

从大昭寺广场往西走20米左右是著名的“民族商场”。这里的民族手工艺品品种比八廓街更加丰富，质量也要好。有很多流动商人在这里进货，然后跑到街头以高价出售。

西藏自治区藏医院和西藏藏药厂藏药销售门市部：民族商场正对面就是，后者销售“常觉”、“然纳桑培”、“仁青坐珠达西”等名贵藏药。

玛吉阿米

坐落于八廓街的东南角，是以尼泊尔、印度、西藏风味为主的餐厅。餐厅带有浓郁的藏式风格，二楼有藏族歌手在吧台旁献演节目，露台上的位置和临窗的位置可以俯瞰八廓街。这里的客人以外国游客为多，价格较贵。

雁域

位于八廓街的餐吧。装修以大块的木料为主要元素，二楼的位置刚好可以俯瞰八廓街如织的人流。这里的牦牛粉十分出名。

背包客推荐：八廓街扫货

披肩：八廓街的披肩质量参差不齐。有十块一条的，也有几百、几千的。十块一条的披肩大约是从义乌批发过来，和其他旅游区卖的货色差不多。当然，这里也能找到正宗的尼泊尔货。精密的工艺，出挑的颜色，让你不得不爱。

金刚结：这是来拉萨旅游的客人最喜欢的旅游纪念品之一。五颜六色的很好看，又小巧方便携带。6元左右一个。

绿松石：一种十分古老的玉石。西藏人认为绿松石是大海和蓝天的精灵，是神力的象征，能驱邪降福，可用作护身符。绿松石虽好看，但次品和赝品很多，最好去正规的店铺购买或者请熟悉的当地人导购。

藏银饰品：藏银是西藏、尼泊尔生产的一种含银较少的合金，价格很便宜。一对藏银耳环或者一只藏银镯子大概10块钱就能拿下。

藏香：八廓街上的藏香很多，有来自尼木县的尼木藏香，也有舶来的印度香和尼泊尔香。这些香大多还是比较便宜，10块至几十块钱不等。

3. 八廓街上的摊主们坚信旧的东西一定能卖个好价钱，所以他们经常会拿着崭新的东西说："这是旧东西。"其实这只是对于价值的一种肯定，并不表明他们的判断力有任何的问题。

4. 在八廓街购物，一定要学会和摊主砍价。同样的一件物品，不同摊主的开价经常能相差10倍。买时一定要货比三家，千万别急于成交。要价最离谱的东西一般是天珠，买的时候一定要小心。八廓街上货物繁杂，但目前有很多都是新的仿制品，所以要想买到称心满意的好东西就需要买主识货或有鉴别能力。街上有许多"骨制品"，比如说鹰神，批发价30元，在八廓街上开价65～300元；小摊上挂着的一串串"天珠"，批发价在0.5～1.5元，开价10～20元；黄油酥油灯15元。一旦你出的价卖方同意的时候就一定要买，还要记得带零钱，否则卖方有可能会让你买更多的东西。

5. 在过去有种古老的习俗，藏族摊主会对自己每天第一位买主和收摊前的最后一位买主比较优惠，并用从第一位买主那儿收来的钱在货摊的商品上拍打几下，以示招财进宝。现在这习俗基本不存在了。

小昭寺

【这里是西藏僧侣修习密宗的上密院、格鲁派僧人修习密宗的地方】

位于拉萨最著名的步行街八廓街北面，与大昭寺相距不足千米，寺前是一条颇为热闹的商业街。

小昭寺创建于7世纪中叶，最初的小昭寺是由文成公主入藏时带来的汉族工匠建造，所以其早期建筑系仿汉唐风格。拉萨当地人管这儿叫作"热木齐"，意思就是"汉人的"。小昭寺历史上几经火焚后重建，现存的建筑中只有底层神殿是早期的建筑，殿内的10根柱子依稀可见吐蕃遗风：上面镂刻着莲花，四周环绕花草、卷云以及珠宝、六字真言。

小昭寺主殿共三层，底层分门庭、经堂、佛殿三部分，周围是转经廊道，廊壁上遍绘无量寿佛像，三层过去是达赖喇嘛下榻的地方。小昭寺的金顶也是汉地的歇山式样，以斗拱承托，整座建筑风格也是汉藏合璧。寺内原供奉的释迦牟尼12岁等身像，系文成公主由长安携带进藏，是西藏最珍贵的历史文物，在金城公主时期被移至大昭寺，而将尺尊公主携带的另一尊释迦牟尼8岁等身像移至小昭寺，成为小昭寺的主圣，上密院堪布兼任小昭寺住持。

小昭寺

交通：在北京东路的冲赛康市场对面有一条石板铺就的街道，从这里一直往北走大约300米就到了。

门票：20元

特别提醒：

1. 如果说八廓街已逐渐演变为外来旅游者的“观光街”，那么这里——小昭寺路，则更能体现拉萨当地人的市井生活。
2. 殿内不允许摄影或摄像。

色拉寺

【以辩经而著称的格鲁派寺庙，拉萨三大寺庙之一】

色拉寺全称为“色拉大乘洲”，位于布达拉宫北面3公里巨石峥嵘的色拉乌孜山脚。

“色拉”在藏语里是“野玫瑰”的意思。传说山下修寺时这里长满了野玫瑰，色拉寺因此得名。该寺由藏传佛教

背包客收藏：大、小昭寺与松赞干布

松赞干布出生于617年，出生地就在现在的墨竹工卡县加玛赤康地区，他建立了统一而强大的吐蕃政权。

松赞干布与唐朝皇室通婚是藏汉历史上的一件大事，于是有了“文成公主入藏”这一著名的历史事件，文成公主嫁到吐蕃时，随身携带了大量的经书、典籍，其中最有名的是一尊释迦牟尼的12岁等身像，同时公主也把中原地区的很多技术陆续传入吐蕃。这些物质和精神文化的传入对吐蕃后来的发展起到了极为重要的作用。松赞干布在与文成公主联姻后，吐蕃和唐王朝之间的政治关系也有了很大的增进。松赞干布在其执政时期非常注重汉藏民族间的关系，这对藏族社会的发展影响很大，促成了汉藏民族之间难以割断的关系。

在这一历史时期里，松赞干布还迎娶了尼婆罗（尼泊尔）的尺尊公主，这位尺尊公主虔信佛教，她也从自己的家乡带来一尊释迦牟尼的8岁等身像。两尊释迦牟尼像被迎请到拉萨，这也标志着在西藏历史上佛教的正式传入。

格鲁派祖师宗喀巴委派其八大弟子之一的释迦也失于明永乐十七年（1419）兴建。释迦也失曾代表宗喀巴大师到南京朝觐永乐皇帝，被封为“妙觉圆通慧普应辅国显教灌顶弘善西天佛子大国师”，赐给印诰，并颁赐大量经书、佛像、僧衣、法杖、绸缎和金银，这些成为他修建色拉寺的资粮。主要建筑有措钦大殿、3个僧院及29个康村等，占地约11万平方米。寺内保存着上万个金刚佛像，大多为西藏本地制作，还有许多是从内地或印度运来的铜佛像。大殿和各扎仓经堂四壁保存着大量彩色壁画原作。

时间：9：00～18：30

交通：在娘热东路（靠北京东路）的车站或者大昭寺停车场乘5路中巴可直接到寺庙门口，3元/人；出租车约15元。骑自行车前往的话，大概半小时能到。

门票：55元

特别提醒：

1. 色拉寺辩经每天15：00举行，前来观看的人很多，早到为好。辩经园在正门通道的北端。拍照需另付费用。
2. 寺院许多大殿内保存了较老的壁画，最好带手电筒。
3. 拉萨市内唯一的天葬台就位于色拉寺背后的山上，但建议旅行者最好不要前去参观。为了尊重当地百姓的风俗，西藏政府是不允许游客观看天葬的。
4. 每年雪顿节期间，色拉寺同样会举行盛大的晒佛活动，与哲蚌寺遥相呼应。

哲蚌寺

【与甘丹寺、色拉寺合称拉萨三大寺，“哲蚌晒佛”引人入胜】

哲蚌寺于明永乐十四年（1416）由宗喀巴大师的弟子绛央却杰·扎西班丹始建，宗喀巴曾亲自主持开光仪式。

寺庙位于拉萨西郊根培乌孜山下，远远望去，黑色的山体簇拥着一大群白色的建筑在阳光下显得格外醒目。哲蚌寺是一座名僧大佛辈出之寺，一世至五世达赖喇嘛都曾在哲蚌寺居住，五世达

哲蚌寺

背包客收藏：格鲁派的制度

格鲁派寺庙的管理以措钦、扎仓、康村和米村为主要的组织。措钦是全寺最高组织；扎仓隶属于措钦，相当于分院；康村是扎仓的基层组织；米村又是康村的下一级组织。四个扎仓分别名为罗赛林、果莽、德央、阿巴。每个扎仓各有供茶集会的大殿和经堂。扎仓各有自己所属的僧众，不同扎仓僧众不能相混。扎仓每年集体学习共有8次，每次学习时间15天至1个月不等。学习方法是背诵经文和以因明方式辩论；在堪布前受试及格，由堪布按成绩优劣分别登记，授予不同等级的"格西"学位，直到参加大祈愿法会，授予最高的"拉然巴"格西学位。

赖喇嘛直到受清朝皇帝册封，布达拉宫扩建以后才搬到拉萨城内。每年拉萨雪顿节期间，哲蚌寺要举行隆重的展佛仪式。藏历六月三十日为"哲蚌雪顿"。这天，哲蚌寺的僧人们要在根培乌孜山上挂出一幅高30米、宽20米的巨大释迦牟尼像供人们瞻仰。

哲蚌寺西南角的甘丹颇章是1530年左右由二世达赖根敦嘉措主持修建的，原为二世、三世、四世、五世达赖住地，所以甘丹颇章曾被作为格鲁派政教合一地方政权的代称。

甘丹颇章的西北侧是措钦大殿，"措钦"意为大法堂，是哲蚌寺的中心。大殿占地约4500平方米，用183根大柱支撑，大殿四壁皆是唐卡壁画及数以千计的佛像。中间的大文殊像及白伞盖像极为精致。

这里供有哲蚌寺的主要信仰物——白法螺。这是哲蚌寺在破土兴建时，宗喀巴赠予弟子扎西班丹的，被尊为佛祖所赠的寺宝珍藏在寺内。

大殿里还保存三世四世达赖喇嘛的肉身灵塔、释迦牟尼的百行转图、人间形成图、生死轮回图等。

时间：9：00～17：00

交通：从拉萨市区可乘出租车前往，费用约20元；从市区坐3路中巴只能到达山脚，有时候山下有中巴或拖拉机载客上山，1元/人，否则要步行上山，约需半小时。

门票：120元

特别提醒：

1. 大殿三层是当年宗喀巴亲自开光的强巴佛（未来佛）殿，极为著名。
2. 哲蚌寺每周有6天有辩经活动。
3. 措钦大殿旁边的厨房是西藏最大的厨房了。全寺万名僧侣的饮食都来自于此。

乃琼寺

【是西藏历史上著名的佛教高等学府】

在藏语中"乃"即"地方"的意思，而"琼"是"小"的意思，乃琼寺意思就是哲蚌寺下的一个"小地方"。其实，乃琼寺是西藏历史上著名的佛教高等学府，每年考中格西学位的喇嘛多出于此，现在仍是西藏的佛学院。

现在的乃琼寺建于村居之间，看上去仅仅是个小小的四方院落，院门东开。在传说中，莲花生大师将凶恶的乃琼多吉札丹降伏，将其变为藏传佛教的护法神。因此乃琼寺里有西藏最神奇的一种巫师，也就是法力无边的乃琼神汉，同时也保存下来一种降神的宗教仪式。

乃琼寺院落的长廊上的众多壁画内容，几乎都跟护法和降魔，地狱与苦难相关，这让在阳光下观看的参观者都能感到寒气自后背而起。

交通：在去哲蚌寺的上山的路上，可以顺便游览。可在市中心坐3路中巴抵达，或者乘出租车，费用约20元。

门票：20元

甘丹寺的僧人

甘丹寺

【是格鲁派六大寺院之首，而且是最早的一座】

甘丹寺,全称直译为“喜足尊胜洲”，简称甘丹寺。甘丹是藏语音译，其意为“兜率天”，是未来佛弥勒所教化的世界，这里的僧侣信奉“弥勒净土”。甘丹寺建于明永乐七年（1409），位于拉萨河南岸海拔3800米的旺古尔山和贡巴山的山坳至山顶处。远远望去，旺古尔山犹如一头驮负着一组规模庞大的建筑群的巨型动物，这也充分体现了藏传佛教寺院因地制宜、傍山而立的传统。寺院群由佛殿、喇章宫殿、僧院扎仓和米村及其附属建筑组成。另外，寺庙东头的制高点，是1419年在甘丹寺圆寂的宗喀巴的肉身灵塔，这是一处著名的古迹。

格鲁派创始人宗喀巴15世纪在藏地推行宗教改革，甘丹寺便是他亲自建立的第一座格鲁派寺院。清雍正十一年（1733）清世宗御赐寺名“永泰寺”，由此发展起来的喇嘛教派起初就叫作甘丹派，后来音变而成格鲁派，格鲁即是“善规”之意。

甘丹寺的最高住持人称甘丹赤巴，意为甘丹寺法台。因为甘丹寺是格鲁派的主寺，所以甘丹赤巴也是整个格鲁派的住持，地位仅次于达赖和班禅。

甘丹寺中藏有丰富珍贵的历史文物，其中有1757年清乾隆皇帝赐予该寺镶满金银珠宝，书有汉、满、蒙古、藏四种文字的盔甲；国家特级文物、纯金汁书写而成的藏文《大藏经》中的整套《甘珠尔》佛经；由十六罗汉和四大天王等组成的整套24幅的缂丝唐卡“唐绣”。该寺一年一度规模盛大的“甘丹唐绣节”，就是以展示3周24幅唐绣而形成的。

拉基大殿和阳巴坚为其中主要的佛殿建筑；赤多康和昂久康是甘丹寺中的两座喇嘛建筑，其中赤多康原是宗喀巴的寝宫；旺古尔山西梁的夏孜扎仓和绛孜扎仓是甘丹寺中的两大扎仓建筑，是僧人们日常进行宗教学习之地。此外，寺内还建有23个康村和20个米村，为僧人学经的基层单位和生活场所，同时还建有9个辩经院。

时间：9：00～16：00

交通：甘丹寺路口位于318国道4591公里与4592公里之间，路边有指示牌。在鲁固停车场（大昭寺附近）有中巴车直达。每天6：00发车，单程票价10元，车程约两小时。15：00～16：00原车返回，中途会在桑阿寺停留参观；出租车或包车的价格大约200元。

门票：45元

特别提醒：

1. 参观需时应在2小时以内，但路途遥远及汽车班次关系，需要一整天。
2. 如果包车前往可以节省些时间，不过费用稍高，建议几个人结伴前往分摊车费。

甘丹寺

关帝庙

【一座供奉着关帝的西藏寺庙】

关帝庙位于拉萨西郊磨盘山山顶。这里原来叫巴玛热山，由于这座小山形似磨盘，原来清朝驻藏官员称其为磨盘山。清乾隆五十七年（1792）大将军福康安等在此修建关帝庙一座，就叫作磨盘山头关帝庙。

庙内最大的建筑就是关帝高正殿，里面有关羽和结义兄弟张飞的塑像。正殿后面还有一个佛堂，藏语叫作“绛央拉康”，意为文殊殿。里面主供文殊菩萨，两边塑有金刚和千手观世音。藏族人认为中央政府的领导人都是文殊菩萨的化身，是最大活佛。200多年来这里为拉萨人所信奉，很多信徒香客到关帝像前抽签占卜吉凶，决断疑难。

交通：从西郊白塔再往西大约300米，路南的山上就是。路边有一小牌，指向门口，用藏语和汉语写着：“上面有格萨尔的庙。”

门票：门口标价10元，但一般情况下不用买票。

特别提醒：

1. 药王山参观完不妨到关帝庙这边走走，在往德吉中路的拐角处有一片灰黑的石壁，明显有两处被人磨得乌黑油亮，据传若腿骨疼痛，来这石壁上耐心地蹭几下，会有意想不到的治疗效果，信不信由你了。
2. 关帝庙旁边的功德林寺以占卜出名，很多当地百姓都去那里卜卦祈福。

罗布林卡

【是西藏人造园林中规模最大、风景最佳、古迹最多的园林】

藏语总称为“宝贝园林”，建于18世纪40年代。全园占地36万平方米，建筑以格桑颇章、金色颇章、达登明久颇章为主体，有房 374 间。

时间：周一～周六，开放时间为 9：00～12：00，中午休息，15：00 重新开放。

交通：到藏医院坐2路中巴直抵门口，车费2元。

门票：80 元

特别提醒：

1. 园内 11：00 有藏戏表演；游览需时约 3 小时。

2. 雪顿节是罗布林卡最热闹的时候。此时，西藏各地的藏戏流派都汇集这里举行盛大会演，拉萨城内的老百姓会相约来到罗布林卡，摆上青稞酒和美食，热热闹闹过起西藏最盛大的节日。雪顿节期间罗布林卡免票。

■ 新宫壁画

【对于西藏历史的生动注解】

新宫为两层楼建筑，室内壁画详细

罗布林卡

背包客收藏：关帝庙的来历

“关帝”这位备受中原文化推崇而神化的偶像，与西藏文化并无相干，那为什么在拉萨会修建有关帝庙呢？

立于关帝庙大门之内，由大将军福康安亲自撰写的《磨盘山新建关帝庙碑》一文解答了这个问题。1788 年，廓尔喀因商人的税收问题，出兵西藏，占领了济咙、聂拉木、宗喀。由于清朝派往西藏查办此事的巴忠等人“将就了事，贪国邀赏”，致使廓尔喀借口讨要赔偿银两，于 1792 年 7 月第二次武装入侵西藏，占据了聂拉木、济咙，抓走了噶伦丹津班珠尔。8 月到达日喀则。大肆抢掠扎什伦布寺的财物、金银、粮食和后藏地区的大批牛羊，致使经济损失十分严重。于是清朝政府任命福康安为大将军，率领清军进藏，打退了廓尔喀军队。

清军回到拉萨休整时，感慨在这样恶劣的自然条件下，还能打败骁勇的廓尔喀军队，一定是关帝在冥冥之中护佑他们，所以集资，由福康安总领在拉萨城修建关帝庙。但大将军以为其地势不够理想，又在磨盘山修了关帝庙，拉萨城内的那座已随清军修建的其他建筑消灭在历史尘埃中，只剩下磨盘山关帝庙还在。

介绍了西藏的历史。经典壁画有猕猴变人的传说、松赞干布和墀松德赞的生平传记、五世和十三世达赖访问北京等，共计 301 幅。

■ 格桑颇章（七世达赖宫殿）

【典型的藏式建筑】

这座 3 层楼房为典型藏式建筑，一层的房间用于宗教仪式和接待客人，二层、三层上有达赖卧室及小经房，墙上画满壁画。

■ 金色颇章

【专为十三世达赖修建的宫殿】

建于 1922 年，是一位名叫金色坎布的富人专为十三世达赖修建的，现仍称为“金色宫殿”。

■ 格桑德吉

【内有雕塑和壁画的小型建筑】

是一座小型建筑物，内有释迦牟尼、观世音等画像和雕塑。

■ 湖心宫

【是罗布林卡最美丽的地方】

主要建筑物包括湖心宫和龙王宫。湖心宫位于一人工湖畔，达赖喇嘛常在此会见和宴请僧俗官员。

上密院、下密院

【上下部地区的传法之所】

上密院属藏传佛教格鲁派密院最高学府之一，位于小昭寺旁，占地面积约 2 万平方米，包括小昭寺前左右两边的两层楼房和东边拉萨二中占用的当年的习经场。上密院，藏语称“局堆扎仓”，是上部地区的密教传承之所。下密院属藏传佛教格鲁派密院最高学府之一，位于幸福路北面，东与墨如寺相连，占地面积为 2100 平方米。下密院，藏语称“举麦扎仓”，是下部地区弘传密法之所。

交通：如果住在八廓街老城区，步行即可到达。在游览大昭寺和八廓街的时候也可以顺便前往参观。

背包客收藏：格鲁派（黄教）与宗喀巴

现今西藏寺庙教派中最为人熟知，也最具有影响的教派就是格鲁派。此派是 15 世纪初由著名的佛学大师宗喀巴所创立，因为该派僧人大都穿戴黄色衣帽，故又被人俗称为黄教。格鲁意为“善规”，以教阶严格、戒律严明和教义完备而著称，此教派是藏传佛教中形成较晚的一个派系，却促使了西藏政治宗教和制度的完善。格鲁派兴起后，逐渐在西藏的政治和宗教中占据统治地位，教派内大小的寺庙均采用了活佛转世体系，在教派发展过程中受到清政府的重视，并分别册封了教派内两位具有影响力的大活佛“达赖喇嘛”和“班禅额尔德尼”的称号。清政府对达赖和班禅的册封更奠定了格鲁派在西藏政教合一的统治地位，使格鲁派在相当长的一段时间内在西藏政教中占据着统治地位。

宗喀巴生于 1357 年，圆寂于 1419 年，原名罗桑扎巴，青海湟中人，因为藏语称该地为宗喀，故后人尊称他为宗喀巴。

宗喀巴 17 岁时曾进藏深入学习佛教典籍，通过不间断地学习和自身的修行与智慧，宗喀巴将当时藏传佛教各教派的教义教法取精去繁集大成，创立了拥有系统庞大、次第井然的教义教法系统的教派——格鲁派。宗喀巴在建立格鲁派的过程中所著的《密宗道次第广论》，至今都是格鲁派僧人必修的功课，其中包含格鲁派的理论基根和行动准则。

丹杰林寺

【一座属宁玛派的寺院，以酒为题材的供品是这里特有的】

寺庙属于藏传佛教宁玛派，是桑耶寺的属寺。丹杰林寺是一座小寺，但曾经颇具影响。在这里可以看到很多种以酒为题材的供品，这在其他寺院是不常见的。

地址：八廓街丹杰林路丹杰林巷。

措美林寺遗址

【规模相当于小昭寺，属保护性遗址寺庙】

遗址相当庞大，这里曾是相当有影响的佛寺之一，也是拉萨市老城区内唯一保护的遗址性寺庙。如果住在平措康桑青年旅舍靠东侧的房间，可以直接看到这座寺庙遗址，其规模不亚于小昭寺。北京东路靠近冲赛康百货十字路口北面的巷子里。

背包客收藏：活佛转世制

活佛转世是藏传佛教寺院为解决其首领的继承而采取的一种制度，是藏传佛教特有的传承方式。活佛藏语叫“朱古”，本义为“化身”。活佛转世出自佛教灵魂不灭、生死轮回、佛以种种化身救度众生的观念。藏传佛教的高僧法位继承方式大体可以分为两大类：一是家族式传承，它包括师徒传承和家族传承方式；一是非家族式传承，也就是我们通常所说的活佛转世方式。

西藏博物馆

【是西藏第一座具有现代化功能的博物馆】

西藏博物馆坐落于罗布林卡东南角，占地面积 53959 平方米，具有鲜明的藏族传统建筑艺术特点，同时又深刻体现了现代建筑的实用特点和艺术神

西藏博物馆

韵。“西藏历史文化”为博物馆的基本陈列。

西藏博物馆有丰富的馆藏珍品，诸如各种类型的史前文化遗物，多种质地和造型的佛、菩萨人物造像，历代蘸金粉、银粉、珊瑚粉等手写的藏文典籍，历代中央政府颁给大活佛的金印，金瓶掣签仪式使用的金瓶和玉签，五彩纷呈的唐卡画，各种乐器、法器，具有鲜明的民族特色的手工艺品，别有风格的陶器等。

时间：9：00 ~ 12：00；14：30 ~ 17：30（周二下午不开放）。

交通：乘小公共汽车前往车费2元，如果人多可合乘一辆出租车前往，10元就可以到。与罗布林卡相邻，建议作一线游安排。

门票：免费

特别提醒：馆藏有一张历史十分悠久的唐卡，表现的是文成公主推断的吐蕃的地形。

拉萨清真寺

【在拉萨的伊斯兰教的寺院】

拉萨有5座清真寺，位于布达拉宫西3公里的“卡基林卡”，是拉萨回民的一个聚居点，这里有回民住宅、墓地和两座清真寺。藏语称回族为“卡基”。

拉萨其他3个清真寺为：河坝林清真寺、绕窗巷清真寺和多底清真寺。其中河坝林清真寺是拉萨最大的清真寺，位于拉萨古城东南，始建于18世纪中叶，后焚于大火，现在建筑为1959年重建，建筑群由山牌楼、礼拜殿、邦克楼、浴室、水房、学校、林卡组成，设有三进院落，礼拜殿朝东，分内殿、敞厅、月台等。敞厅内悬有一块“清真古寺”匾额。建筑多采用藏族传统形式，圆形拱顶、尖塔，围墙均用凿刻的方形岩石垒砌，殿内采用伊斯兰教习用的花草纹图做装饰，蓝色基调，朴素简洁，带有浓郁的宗教与地方建筑艺术相结合的明显特色。

楚布寺

【是藏传佛教中开创了活佛转世制度的噶玛噶举派在西藏的祖寺】

楚布寺，亦称磋卜寺，位于拉萨市堆龙德庆县西北的楚布河上游，海拔4300米，距拉萨西郊70公里。

南宋淳熙十四年（1187）由塔布拉杰弟子噶玛噶举派创始人都松钦巴修建。楚布寺规模庞大的建筑群以大殿为中心进行分布，共包括经堂、佛堂、护法殿、佛学院、密宗修习院、活佛私邸及僧舍等，还有较具规模的讲经台等建筑。由于这里有“十年动乱”后政府承认的第一个大教派的活佛，所以一度发展比较快，寺内目前有僧侣300余人。

楚布寺是藏传佛教噶玛噶举派在西藏的主寺，属噶举。噶玛噶举派开山至今已有800余年的历史，现已传至第

背包客收藏：“楚布”之意

对于“楚布”的解释意思很多，其中有3种解释较为权威：一是“楚布寺”即“飞来寺”之意，传说楚布寺是从印度飞来的，这种说法有很大程度的传说意味。二是相传创寺人都松钦巴路经此处时，认为这是一块风水宝地，遂决定修建楚布寺。“楚布”即富裕至极的意思。三是很久以前，有一些本教活佛将施有法术的咒语深埋于此，成为本教的“伏藏”（指藏族本教和佛教徒在他们信仰的宗教受到劫难时藏匿起来，等到有再传条件时重新发掘出来的经典。伏藏一般分为经文伏藏和圣物伏藏两种）。后来，“伏藏”四溢成沟，所以这里便被称为“楚布”，意为“溢出成沟”的意思。

僧侣

十七世噶玛巴活佛。这一教派首创了活佛转世制度，从此开了藏传佛教领袖传承神秘主义的先河。

楚布寺拥有大量稀世文物，值得一提的有：江浦寺建寺碑，现位于楚布寺大殿内，高约 2.5 米，宽约半米，上刻古藏文，该碑对研究吐蕃时期政治、经济、宗教等有重要的史料价值。空住佛，是楚布寺镇寺之宝，是第八世噶玛巴为纪念其上师而塑造的银像。传说银像塑成之后竟自动悬浮空中达 7 天之久，故有“空住佛”之说。楚布拉千，“拉千”即大佛之意，高约 6 米，传说为二世噶玛巴所铸。此外，玛恰噶拉石刻塑像、米拉日巴曾用过的钵、都松钦巴的僧帽等都是楚布寺弥足珍贵的宝物。环抱着楚布寺的吉钦波神山上也有一系列著名景点，如天葬台、静修室和历代噶玛巴闭关洞、十七世噶玛巴转山时于石头上留下的心咒字样等。

时间：9：00 ~ 14：00

交通：大昭寺西侧花圃往南 200 米巷内有中巴车前往，每天 7:00 ~ 8:00 发车，客满即开，车费 15 ~ 20 元，原车 15：00 返回。从拉萨包车前往 300 元左右。

门票：藏族免费，游客 45 元。

特别提醒：因路途较远，从拉萨市内乘车三四个小时能抵达，两小时参观时间足够了，但需按 1 天的时间来预计全程。

羊八井

【羊八井温泉数量居全国之冠】

这里除了普通的温泉外，还拥有全国温度最高的水泉，以及罕见的爆炸泉和间歇温泉，总面积超过 7000 平方米。整个羊八井地热区分布了很多热水井，可供发电之用。这里拥有全国最大的地热发电站，于 1977 年建成的中国与联合国合作研究及兴建的发电站，热水井的热气经管道输送，推动涡轮，为拉萨地区带来既便宜又环保的供电。

羊八井最美的时候是每天的清晨，由于空气还比较冷，羊八井地热田一带总弥漫着白色雾气，地热田产生的巨大蒸汽团从湖面冒起，如人间仙境。如果运气好，碰上热水井喷发，更可一睹沸腾的温泉由泉眼直冲云霄的场面，十分壮观。这里的温泉水含大量硫化氢，对多种慢性疾病都有治疗作用。沐浴的地点是一个露天的游泳池。由于水温太高，需要先经过 2 个露天水池的降温，才能供游客洗浴。在它的周围远远地可以看见雪山，在这样的环境下洗温泉，确实是一种享受。尤其在冬天的时候，跳进温泉里看漫天飞雪，说不出的浪漫惬意。

交通：位于拉萨和纳木错之间，距拉萨市 87 公里，在拉萨市长途汽车站有多班客车前往。返回时，在羊八井的运输站或青藏公路旁，

羊八井

很容易找到便车及中巴客车。但是泡温泉的游泳池距离青藏路口大约还有 8 公里，而且没有出租车，只有徒步或搭车。另一个办法是包车去纳木错回来的路上顺道前往，但需事先和司机谈妥。

门票：成人 60 元；儿童 30 元。温泉池旁边有出售泳衣，就是相当贵。

住宿：游泳池旁有饭店可以提供住宿，七八张床，30 元 / 天。旁边还有一个发电厂招待所，25 ~ 30 元 / 床。或者住在羊八井镇兵站，首长客房 100 元 / 人，普通 4 人间 25 元 / 人。

特别提醒：

1. 注意高原地区氧气消耗量大，泡温泉时要注意不要做太剧烈的运动，以免上岸后体力不支。另外，如果在去纳木错的途中顺道到羊八井，最好选择回程时再去泡温泉，由于泡温泉时的体力消耗，可能会加重在纳木错的高山反应。
2. 二楼的露天泉最舒服。头顶是蓝天白云，远处是皑皑雪峰，景色绝佳，而且人也少。
3. 建议一天从拉萨往返羊八井，这样可以省时间还免去住宿的不便。

纳木错

【是闻名西藏的三大圣湖之一、我国的第二大咸水湖、世界上海拔最高的咸水湖】

纳木错藏语为“天湖”之意，蒙古语称“腾格里海”，位于藏北高原东南部，念青唐古拉山北麓，当雄县和班戈县境内。湖面海拔 4718 米，从湖东岸到西岸全长 70 多公里，由南岸到北岸宽 30 多公里，总面积为 1900 多平方公里，最深处 33 米以上。纳木错湖水靠念青唐古拉山的冰雪融化后补给，沿湖有不少大小溪流注入，湖水清澈透明，湖面呈天蓝色，水天相融、浑然一体。

纳木错中有 5 个岛屿兀立于万顷碧波之中，佛教徒们传说它们是五方佛的化身，凡去神湖朝佛敬香者，莫不虔诚顶礼膜拜，其中最大的是良多岛，面积为1.2平方公里。此外还有5个半岛从不同的方位突入水域，其中扎西半岛居5个半岛之冠。

扎西半岛位于湖的东侧，像是湖岸伸入湖中的一只拳头，远远望去，它是个小山包，因山包中间明显裂开，人们将其比喻为一个睡佛，短的一段是脑袋，长的一段是身子，腿则伸入湖中隐而不见。其实这是个由石灰岩构成的约10平方公里的半岛。因湖水侵蚀，分布着许多幽静的岩洞，形成了独特的喀斯特地貌。有的洞口呈圆形而洞浅短，有的溶洞狭长似地道，有的岩洞上面塌陷形成自然的天窗，有的洞里布满了钟乳石。岛上到处怪石嶙峋，峰林遍布，峰林之间还有自然连接的石桥，岛上地貌奇异多彩。

几百年来，无数佛教信徒虔诚地来到纳木错，不为游览，只为转经。羊年转湖、马年转山、猴年转森林是佛的旨意。纳木错是身、语、意之圣地，如果能绕湖而行，便能得到渊博的知识和无量功德，并舍去恶习及痛苦，最后获得正果。为此，吉祥法轮将转身之圣地冈底斯定为马年，转语之圣地纳木错列为羊年，转意之圣地杂日山定为猴年。每逢羊年的萨噶达娃节期间（藏历四月至五月），纳木错附近的恰催寺、扎西多切寺、谷穹寺和多加寺会变得香火缭绕、热闹异常，转经人群像一条流动的河，滔滔不息。由于湖面太大，湖边地形复杂，转一圈常要20～30天，最壮的小伙子也得跑10天，所以大家都用转扎西半岛来代替。据说，围着扎西半岛转7圈就等于转湖1周。

交通：1. 乘火车进藏可在当雄站下车，转车

纳木错

背包客推荐：纳木错转湖

马年转山，猴年转森林，羊年转湖。这是佛祖留给人间的旨意。纳木错是佛身、语、意之圣地，也是圣地中之最殊胜者。据说，如果在别处修行一百年才能成佛的话，在这里弹指间就能修成。修行者绕湖而行便能舍去自己的恶习和痛苦。而羊年转纳木错功力更是无边。转湖时，信众将各种供品投入湖中，祈求吉祥如意。转湖一圈一般要耗时半月左右。

背包客收藏：西藏三大圣湖——玛旁雍错、纳木错和羊卓雍错

纳木错

被誉为“天湖”。相传，纳木错的水源是天宫御厨里的琼浆玉液，是天宫神女的一面绝妙的宝镜。也有人说，从前，有一位勤劳美丽的牧女一夜在梦里得到神的旨意，便来到纳木错边，看见从湖边升起一漂亮女子并对她说：4月15日到普苏隆来领孩子。后来，果然灵验了。

相传这里是密宗本尊胜乐金刚的道场，信徒们尊其为四大威猛湖之一。

羊卓雍错

关于羊湖，还有一个美丽动人的传说：有人说，羊卓雍错是一个仙女下凡人间后变成的。也有人说，很久以前这里只是个泉眼，附近住着一家富人，家中的佣人叫达娃。一天达娃在泉边救了一条小金鱼，小金鱼变成一位美丽的姑娘并送给达娃一件宝贝。主人发现后，硬要达娃带他到泉边找宝贝和姑娘。没达到目的，富人将达娃推进泉眼淹死。此时姑娘出现了，并变成无边的波涛向富人袭来。富人得恶报，从此这里形成了一泓碧蓝清澈、妖娆无比的湖泊。

无论何时，羊湖的水都平静得如一面镜子。它是那么唯美与安详，真如下凡的仙女般那样神情自若。

玛旁雍错

玛旁雍错藏语意为“永恒不败的碧玉湖”，是世界上多个宗教认定的圣湖。这个海拔约4588米的淡水湖坐落于冈仁波齐东南30公里处，面积400多平方米。早期的本教徒称它为“玛垂错”，传说湖底聚集了众多的珍宝。佛教徒认为，玛旁雍错是最圣洁的湖，是胜乐大尊赐予人间的甘露，圣水可以清洗人心灵中的烦恼和孽障。

在信众看来，玛旁雍错是佛教、印度教、本教所有圣地中最古老、最神圣的地方，是这个宇宙中真正的天堂，万物之极乐世界。

前往纳木错，但价格稍贵。

拉萨—纳木错路况较好，乘车往返约7小时。拉萨到纳木错最简单的方式就是乘坐旅行社的车。在拉萨的八朗学和一些青年旅社，都有前往纳木错的车辆招徕散客。去往纳木错一日游的费用约220元，两日往返大约为320元。这只是来回的交通费，不包括食宿。每天早晨7点左右在布达拉宫东门白塔处集合发车。

门票：旺季5月1日～10月31日120元；淡季11月1日～次年4月30日60元。另外，进入扎西岛还得加收5元的管理费。

特别提醒：

1. 因为纳木错植被稀少，海拔较高容易产生高山反应，初上高原还没有适应高山反应的情况下，建议在拉萨休整后，再前往纳木错旅行。
2. 进入纳木错景区后会首先翻越那根拉山口，这里海拔在5000米以上，很多旅客在这里会有明显的高反现象。因为这里是风口，建议身体感到不适的旅客不要下车。下车拍照的旅客也不要久留。有不少山民牵着牦牛在此吸引游客拍照，不过这些都不是免费的。
3. 山上搭建帐篷要收费，坚持收费的话象征性地给点就行。
4. 纳木错的日落很漂亮，其时天边的云和星星都很美。
5. 纳木错紫外线很强，注意防晒。
6. 在纳木错湖边住宿藏包20元/床，较为舒适，但吃饭较贵，建议自带些食物。

直贡梯寺

【这里有着全藏最有名的天葬台】

是直贡噶举派的中心寺院，位于拉萨以东墨竹工卡县境内雪绒河边，1179年为直贡巴·仁钦白所建，立于悬崖峻岭之间，非常壮观。

直贡梯寺有着全藏最有名的天葬台。世界上最著名的两个天葬台：一个是印度的斯哇采天葬台，另一个就是直贡梯寺天葬台。直贡梯寺背侧的山上就是直贡坛城，传说，经过直贡梯寺活佛灌顶的人，死后灵魂可以出窍，进入三善趣境界，不会下地狱。因而，许多人不远千里送死者来此天葬。

直贡梯寺附近布满一座连着一座的直贡噶举派寺院，据说历史上曾经有30座之多，现存的至少有六七座。山涧深处有德忠寺，为著名的尼姑修行地。德忠温泉水量充足，热度适中，能医多种疾病，历史上享有盛誉，来此旅行、观瞻、洗浴的人也络绎不绝。雪绒河中下游，还有亚尔岗寺、宗则寺、扎雪寺、嘎泽寺等。

交通：1. 从拉萨至直贡梯寺有两种走法：直贡梯寺距离拉萨市区以东约150公里，如果包车前往可以选择拼车，费用200～300元。拉萨到直贡梯寺有直达班车，在大昭寺前面的广场乘坐，早6点左右发车，单程3个多小时。原车下午返回，来回车费60元。如果想早上到直贡梯寺看天葬，建议凌晨4点从拉萨出发，早上8点前可以赶到。不过，政府和寺庙都规定了游客不允许看天葬，所以要做好看不到天葬的准备。

2. 墨竹工卡也有一条徒步线路到直贡梯寺，沿线的景色也很漂亮，难度中等，全程要4天时间，第一天从墨竹工卡开始徒步到尼玛江热，第二天由尼玛江热到人多岗，第三天由人多岗到门巴，第四天到直贡梯寺。

门票：45元

特别提醒：

1. 按照藏族的葬俗，禁止外人观看天葬过程，所以游客应尊重当地习俗，以免引起不必要的麻烦。
2. 德忠沟的德忠泉水温适中，分男女两大池，条件比较简陋，切记带上泳衣。
3. 墨竹工卡县的塔巴乡出产的陶器很有名，

主要生产的陶制品有花盆、酥油茶壶、土锅、火柴盒等，制作工艺古朴、原始，很有趣味，可以顺带参观一下。

念青唐古拉冰川

【我国最大的海洋型冰川之一，神湖纳木错的“另一半”】

念青唐古拉山位于拉萨以北100公里处，雪山北沿是纳木错，山顶最高处海拔7162米，终年白雪皑皑。

念青唐古拉山和纳木错既是宗教传说中的神山圣湖，也是民间神话中的爱侣神仙。而念青唐古拉冰川位于班戈县境内，冰川面积7536平方公里，每年平均冰川融水149.43亿立方米。主脊南坡易贡八玉沟的卡钦冰川面积172平方公里，是我国最大的海洋型冰川。

聂唐寺

【聂唐寺虽然很小，但是对藏传佛教的传播曾起到过很重要的影响】

聂唐寺在贡嘎机场通往拉萨的路上，公路北面有一座朴素整洁的寺庙，这就是聂唐卓玛拉康度母神庙，也称聂唐寺。

11世纪西藏刚刚经历灭佛活动和动荡，佛教的传播受到很大影响。1046年，藏传佛教后弘期著名祖师阿底峡，由弟子仲敦巴等迎请到聂唐，在这里收徒传法整整9年，1054年圆寂于此处。门徒专门修了聂唐寺，供奉阿底峡大师尊奉的能言度母神像，附近的佛塔安葬着阿底峡大师的部分骨殖。聂唐寺建立至今将近千年，遗址香火旺盛，朝佛瞻仰者络绎不绝，其中还有来自阿底峡故乡孟加拉国的信徒香客。

交通：距离拉萨市区大约20公里，一般游客在包车路上顺便停下参观即可，没有必要特意参观。

特别提醒：度母神庙往东不远，有著名的摩崖石刻聂唐寺大佛，就在路边，前面有一片很静的水域，这是中外观光者进入拉萨前的一大景观，很多游客路经此地都会下车在聂唐寺大佛前留影。

念青唐古拉山脉

背景资料：噶举派（白教）

“噶举”其意为“口头传授”，因为该教派注重密法，而师父传法又多以口头传授，要求耳听心会。该派曾有两个高僧大德玛尔巴和米拉日巴，相传他们与弟子修法时习惯穿白色的僧衣，故此后人又称此教派为“白教”。

噶举派形成后又繁衍出很多支系教派，最早就有两个传承体系：香巴噶举和达波噶举。达波噶举又分出噶玛噶举、蔡巴噶举、跋绒噶举、帕竹噶举。其中帕竹噶举还分出了直贡噶举、达珑嘎噶、耶巴噶举等，在这里只介绍一下噶玛噶举派。

噶玛噶举的派名因创始人都松钦巴在昌都类乌齐噶玛沟所建的噶玛寺所得名。噶玛噶举派是藏传佛教中运用活佛转世体系相传承最早的一个教派。曾先后建立过几个活佛转世的体系，最为著名的是黑帽系和红帽系。黑帽系转世活佛在明永乐年间受封为“大宝法王”。其位在当时明朝册封的萨迦派“大乘法王”和格鲁派“大慈法王”之上。因为得到了大宝法王的称号，在政治和宗教上在一段历史时期内都具有相当的统治力量。

热振寺

【是西藏著名古寺之一，为噶当派的第一座寺院】

寺址位于山腰，古柏苍翠、群鸟飞鸣，周围泉水淙淙，为佛教徒理想的修行之地。寺庙于北宋嘉祐元年（1056）由阿底峡弟子、噶当派创始人仲敦巴创建。

15世纪初叶，热振寺改宗格鲁派，属色拉寺结巴扎仓。主要建筑有措钦大殿、热振拉让等。阿底峡大师的银铸灵塔也在此寺。清乾隆年间，七世达赖的经师阿旺曲登任寺堪布，即为热振一系之祖。二世洛桑盖敦巴受封为“诺门军”。三世阿旺益西粗赤坚赞曾两度任摄政。五世热振呼图克图丹绛巴·益西丹巴坚赞在十三世达赖逝世后，任摄政和十四世达赖丹增嘉措的经师及摄政王。后来寺庙被毁，现仅存遗址。

交通：位于拉萨东北林周县，拉萨到林周县的路况很好，拉萨东郊汽车站有车前往林周，和司机说好路上停一下即可。包出租车前往要50元左右，但要和司机协商。因为寺庙在半山，需要下车步行一段距离。

门票：30元

扎耶巴寺

【吐蕃时代的四大静修地之一】

扎耶巴寺，始建于7世纪，距今已有1500年的历史，位于拉萨市之达孜县境内，帮堆乡耶巴村的耶巴山麓，海拔4000米。扎耶巴寺，亦称“扎耶巴神殿”、“比玛尔色神殿”、“扎耶巴玛尼拉康殿”。

扎耶巴寺圣迹较多，神殿内供有一块“六字真言”嘛呢石；还供有松赞干布、尺尊公主、文成公主、王妃芒萨墀姜及王子贡日贡赞雕像。寺内有很多洞窟都是高僧曾修行过的地方，留有不少传说故事。

从扎耶巴寺往东沿拉萨河北岸可至帮堆，这里有达玛扎修道的宁衮浦岩洞。洞内供有极为威灵的四面明王像。四面明王即四面摩诃哥罗法，系大黑天神，最初由宁译师从印度迎来，又称“衮布协”，汉译为“四面明王”，为萨迦派的本尊神。

交通：位于达孜县境内，东郊车站有直达班车。

实用资讯

交通

从前，通往拉萨的路被称为“天路”。如今，这条“天路”并不遥远。相比于自驾进藏过于辛苦，飞机进藏容易高反的情况，首次进藏的旅客选择乘坐火车到拉萨是最保险，也最经济的方式。“火车进，飞机出”是不少游客的首选方式。而对于多次进藏的游客来说，尝试从几条进藏线路一直开到圣城则是最有风景的走法。

航空

拉萨贡嘎机场是西藏最繁忙的机场，目前国内北京、上海、广州、香港、重庆、成都、西安、西宁、昌都、昆明、香格里拉等少数几个城市和地区有航班直飞拉萨。并开通有前往尼泊尔加德满都的国际航班。

交通：从拉萨市区前往机场可随个人情况选择交通工具。

机场大巴

乘坐地点是民航局门口，位于布达拉宫东门。前往机场的大巴收费 25 元 / 人，民航大巴的费用较为低廉，而且发车和到达时间都比较准确。

出租车

乘坐出租车前往机场最好先和司机商量好价格，一般司机开价 160 ~ 200 元。

铁路

目前，游客可以选择从北京、成都、重庆、兰州、西宁等地搭乘火车到拉萨。

北京到拉萨的青藏铁路专线，这趟表面上看与普通列车区别不大的高原列车，车厢内配有供氧装置，还有电器充电设备。整个旅途都很舒适，也不会错过沿途景观。

购票

在拉萨购票一共有两个地点，一是在火车站；二是在西藏自治区旅游局，在德吉南路，离罗布林卡很近，这里是目前拉萨市内的唯一售票点，进入大门后有指示牌指引。

交通：1. 去火车站，出租车可能会漫天要价，一定要在上车前和出租车司机商量好价格。2. 还可以乘坐 91 路、302 路公交车，1 元，非常方便。总站是在江苏东路环岛旁的公交总站，终点是火车站往东边一点的公交站，距离火车站有 3 分钟的路程，非常近。刚到拉萨的朋友可以先乘坐这路车到市区再换乘别的交通工具。

公路

拉萨市内有大约 7 个长途汽车客运站，但一般旅行者乘车最多的是柳梧汽车站和东郊的客运站，有到达各地主要城镇的直达班车。比如日喀则、泽当、八一镇等。

柳梧汽车站

位于拉萨火车站旁边。

交通：1. 长途汽车站内还有许多私营的长途客运，以中华轿车为主要车型，比普通的长途大巴的车费大约贵一倍，但更为舒适、快捷。2. 西藏的长途汽车大多数情况是客满才走，如果是旅游淡季，乘坐长途汽车要有足够的耐心，同时当地人往往不对号入座，所以就算是买了前面的座位，如果想坐到靠前的位置也最好提前一些到。

拉萨西郊长途客运站

地址：拉萨市民族路 1 号（两路通车纪念碑旁）

电话：0891-6824469、6824268

拉萨北郊长途客运站

电话：0891-6922104

散客旅游客运

地址：拉萨市扎基路 11 号，赛马场对面，可以乘坐 601 路、602 路公交车到拉萨北郊客运站下车，也可以乘坐 111 路公交车到公安医院下车，向西走 200 米即到，还可打的到拉萨北郊客运站下车。

电话：0891-6876165、13989907805

拉萨东郊长途客运站

电话：0891-6837033

包车

在西藏旅行，交通是最大的问题，因为景点之间的距离都相对较远，所以包车就成了西藏旅行中较重要的一个信息。

包车跑长途一般用越野车，如丰田 62、丰田 4500，可以到八郎学旅馆、藏游人驴友接待处、东措青年旅舍等地找到司机车辆的信息，车况一般都有保证，价格也比较合理。如果没有旅行经验的话，他们还可以帮你制订旅行计划和包车合同。“驴友”比较集中的亚宾馆、吉日旅馆，也都能找到一些车辆出租的信息，但车况、价格都需要用经验判断和砍价。

在拉萨租车，一般以丰田 4500 和金杯最普遍。拉萨到纳木错、山南地区以及林芝地区都是柏油路，路况很好，不必担心有太大风险，金杯车甚至普通商务车、的士皆可。价格方面，以去纳木错为例：包一辆金杯车 1200 ~ 1800 元，按一车坐 9 个人算，平摊下来每个人 130 ~ 200 元。而包越野车价格则在 2000 元左右。

拉萨也可包车去阿里的狮泉河镇，珠峰等地。从拉萨到珠峰，往返 3 ~ 4 天，费用 4000 元左右；而去往阿里则要规

色拉寺辩经

划路上停留哪些地方，总共计划多少天来商定价格。

特别提醒：在西藏旅游，车辆都必须要有西藏旅游局颁发的专门证件，同时，在西藏租车，淡季（11月～次年4月）和旺季（5～10月）价格会有很大的变化。建议不要过分追求低价位，关键是车况和司机的技术。最好在出发前，能够和司机谈妥计划，并签订包车合同。

市内交通

拉萨市内交通非常便捷，可供游客选择的交通工具也很多，游客可根据个人情况选择交通工具。

自行车

如果你有时间，也有较好的体力，不妨租上一辆自行车逛拉萨。在拉萨老城区的很多青年旅舍都有租赁自行车的业务，北京中路上也有几家专门经营自行车的店铺有此类业务，如泰山单车，就专门为游客提供租赁业务。根据车型的不同自行车的租赁价格为10～50元/天。

拉萨市丢车的情况比较严重，租赁店铺一般提供的都是简易车锁，出去游玩时要存好自己的车。万一丢失一辆在内地几百元的，车店主也许向你索赔超过数倍的价格。

三轮车

拉萨有很多人力三轮车，短途游览三轮车是最好的交通工具，不但可以观赏风景，价格也比较合适。1～3公里内的参考价格为5元左右。

拉萨的三轮车夫经常会看人要价，尤其是游客，所以最好事先谈好价格，即使路途中车夫要求加钱也要坚持不加。

八廓街转经的老人

小公共汽车

是拉萨市内除公交车外的另一种常见交通工具，大多数市区的旅游景点都有小公共汽车到达，车费约2元，招手即停，比公交车更方便一些。

公交车

拉萨市区面积较小，公交车基本可以到达人们想去的地方，车票1元/人，上车前最好先看看站牌。

拉萨的公交车虽然便宜实惠，但其实并不很符合游客的需求。而且大多数的游客指南中也很少将公交车的线路写得很清楚。另外，如果乘坐公交车一定要看管好自己的财物。

出租车

拉萨市出租车是游客选择最多的交通工具，如果三四个人外出同乘一辆出租其成本费用与乘坐公交车和小公共车差不多，而且较便捷。

出租车(桑塔纳),起步价10元(含5公里)，每超出1公里加2元。拉萨的出租车已经实行打表计费，由于拉萨市区范围较小，一般起步价内都能到达。但去市郊的哲蚌寺、色拉寺等都会超过起步价。

住宿

拉萨的住宿条件已经相当完善，从交流氛围较好，价格便宜的青年旅舍，到星级宾馆，游客可以根据自己的条件和需求选择。但拉萨的星级宾馆住宿标准依淡旺季调整幅度很大，5～10月算是旺季，其他时间为淡季。三星级的宾馆淡季价格为100～200元，旺季为200～400元。

不过，以内地的三星级与西藏的三星级酒店比，最好是降低一个级别来比较。

如果在拉萨考虑待上一周以上的朋友，建议可以住到拉萨河附近的仙足岛。这里是“拉漂”和驴友的聚集地。居住也随客人的需求有多种方式可供选择。仙足岛濒临拉萨河，是拉萨最有名的别墅区之一。这些改造出来的藏式风格的客栈，庭院里可以晒太阳，喝甜茶，伴着格桑花的微笑醒来，伴着星星的声音入眠，实属不错的选择。

布达拉宫—大昭寺周边

对于喜欢交通便利、娱乐购物两不误的游人来说，这一带是最适合的。这里是拉萨老城区，有着独特的风韵。而且集中了大量的特色餐馆、酒吧，无论是拼车出行，还是寻找旅伴，抑或是交流信息都很方便。

吉日旅馆

位于北京东路105号，是著名旅馆之一。价格低廉，处于众多著名景点

拉萨的特色客栈相当有情调

的包围之中，为散客集中之地。大门处告示牌有相当多的旅游资讯。标准间80～180元/间；通铺30～60元/床。外宾入住吉日价格略高。特色服务：提供洗衣、自行车出租、送邮、订票等。

地址：城关区北京路105号

电话：0891-6323462

唐卡酒店

地理位置极佳，也是性价比非常高的一家酒店。离大昭寺、八廓街只有几百米，步行到布达拉宫也只需要20分钟左右。最棒的是酒店楼顶的天台，可以看到布达拉宫，尤其是夜色中华灯点缀下的布达拉宫，美轮美奂。藏式大床房约350元/间。

地址：城关区宇拓路38号

电话：0891-6308866

扎西曲塔酒店

精美的藏式装修风格，服务也很贴心。一进门，就有人送上香浓的酥油茶。房间里摆设的都是藏式家具，非常精美。距大昭寺500米，步行约5分钟即到。标准间约150元/间（淡季）。

地址：城关区冲赛康吉日一巷31号

电话：0891-6333028

雪域宾馆

在拉萨中心的大昭寺前面一条街里，站在旅馆房顶，可观赏美丽壮观的布达拉宫和拉萨全景，而且更重要的是各种规格的旅游长途车、出租车、三轮车就停在旅馆门前面的广场，交通十分便利。这是离大昭寺最近的一家旅馆，如果你喜欢大昭寺，一定不要错过这里。

地址：藏医院路4号

电话：0891-6323687

八郎学旅馆

是典型的藏式旅馆，创办于1984年，为拉萨市资历最老、名声最大的旅馆之一。曾入选国外媒体评出的世界十大山地旅馆之一。院内有两块信息板，贴了无数的小纸片，全是自助旅游者们的启事：有约人组团出游的，有出售多

纳木错

余物资的，中文、英文、日文……什么都有。老的藏式楼设有106间客房和109张左右客床。后来新建的一幢有22间标准房的藏式楼房和18间标准房的汉式楼房。客房配备了彩电、地毯、浴室、卫生间，价格在100元上下不等。普通间均为公用卫生间和淋浴室。

特色服务：24小时公共浴室、行李寄存、免费洗衣、自行车出租，八郎学旅馆还附有藏餐馆、自行车维修点以及尼玛甜茶馆。

地址：北京东路74号

电话：0891-6338040

亚宾馆

是家享有盛誉的老牌藏式旅馆，以大门门楣中央的牦牛头为标志。国内外散客入住较多。告示牌处自助旅游信息丰富。作为拉萨最早的涉外宾馆之一，宾馆管理人员和部门经理能用流利的外语同来自四面八方的游客自如对话，为游客提供优质的服务。亚宾馆标间门市价450元/间起。

特色服务：停车场较大，有汽车、自行车出租，商务中心可办理打字、复印、传真及上网服务。配备有专职导游人员，可根据客人需要提供服务。藏式餐厅装修豪华，以经营藏餐、中餐和西餐为主。餐厅里边附设酒吧。

地址：北京东路100号

电话：0891-6323496

东措国际青年旅舍

这里可以说是国际背包客的集散地，来自世界各地的驴友都把这里当作拉萨的大本营。这里也是自助游资讯最集中的地方。留言板上密密麻麻地贴着各种最新信息。旅舍内还有摄影俱乐部、自行车俱乐部、攀岩俱乐部、户外装备俱乐部等，在这里可以交到与你爱好相同的旅伴，设有自助厨房、免费洗衣、网吧、旅行社、书吧等。单人间150～180元/间，多人间30元/床。

地址：北京东路10号（城关区政府对面）

电话：0891-6273388转8888，13638900552

交通：机场大巴在终点站下车，在公交站台乘坐任意公交车在冲赛康站下，或者从西郊汽车站（纪念碑旁）乘坐109路公交车在冲赛康站下，然后东行50米即到。

特别提醒：

1. 东措的206房间是一个超级大的多人间，能同时容纳28位旅人。有一本《逃出拉萨也逃不出爱情》讲述的就是发生在这里的爱情故事。
2. 这里还可以免费为客人洗5件衣服。
3. 旅舍旁边的“驴窝餐厅”很不错。

平措康桑青年旅舍

传统藏式四合院，地处繁华市中心，离市内主要景点大昭寺、布达拉宫、小昭寺都比较近，环境也还不错。可以在它的“懒咖啡”咖啡馆一边用餐一边欣赏布达拉宫。这里是自助驴友的天堂，布满了各种风格的涂鸦和驴友提供的照片。五楼还有一个叫“5238”的小酒吧。酒吧虽小却high到极点。旅舍还提供24小时公共浴室、行李寄存、自助洗衣机、楼顶茶馆（附带上网）等，有多人间和双人间两种住宿标准，双人间约120元/间，多人间30元/床。但自驾车的旅行者会苦于没有地方停车。

地址：朵森格北路（青年路）48号

电话：0891-6929789

特别提醒：平措康桑还有一家“新楼”，在老楼的街对面，设施、价位、联系方式都和老楼一样。

廓尔喀饭店

这是一处位于八廓街深处，按二星

布达拉宫前的祈祷者

级标准装修的藏式饭店，原来的建筑为尼泊尔驻西藏的领事馆，现在完全按藏式风格装修。院内古树森森，环境幽雅，房间的布置也充分体现了藏文化的要义，站在饭店的楼顶可以远眺大昭寺和布达拉宫。标准间折扣价：240元/间起。

地址：林廓南路45号

电话：0891-6272222、6271991

林仓精品酒店

八廓街内的一个独立的藏式民居院落，曾是林仁波切的旧居，安静、温馨。客栈的每个细节都体现了主人对藏文化的热爱和用心，客房里更是处处运用藏文化元素，让入住者既觉得融入了藏式人家的亲切，又能充分享受到现代化生活的方便和舒适。标准间挂牌价分为三个档次：480元/间、280元/间和180元/间。

地址：鲁固一巷38号（八廓街内）

电话：0891-6899991

特别提醒：八廓街内的小巷里有许多新开的家庭式客栈，不喜欢千篇一律的宾馆标准间的旅行者会十分中意这样的住处。只要有耐心，多走走，多看看，总能找到一处你喜欢的客栈，但要提醒旅行者，尤其是单独出行的女性，入住八廓街内的小客栈，最好不要在天黑后单独外出，如果不得已外出的情况下，可以事先与客栈服务生打好招呼，请他们接送。因为八廓街晚上没有路灯，单独出入比较危险。

仙足岛

仙足岛是位于拉萨河中心的江心岛，也是新崛起的家庭客栈聚集地，约有70家客栈分布在岛上，其中尤以生态住宅小区最多。从拉萨城区乘109路公交车（票价1元）可到。从布达拉宫打车到这里也就10元。仙足岛的客栈相对拉萨老城区来说，价格相对便宜，成为很多“藏熬”、“拉漂”的集中地。

仙足岛假日庄园

纯藏式风格，服务员全部是淳朴、热情的藏族姑娘。房间宽敞，自助早餐也很不错。标准间约400元/间。

地址：市辖区生态路南段

电话：0891-6322773

拉姆拉措家庭客栈

店主是一位人称“栗哥”的中年帅哥，温文尔雅。这家客栈就在拉萨河边。下午的时候，可以去河边散步。客栈非常干净整洁，有住家的感觉。标准间约100元/间。

地址：仙足岛南一区19号

电话：0891-6904244

忘不了8号客栈

开在居民区的客栈，非常安静，不像老城区的旅店，晚上九、十点还很吵。标准间约200元/间。

地址：仙足岛生态小区1区1排8号

电话：13659506971

餐饮

拉萨的餐饮非常发达，各地风味都有，从川菜到淮扬菜、从藏餐到西餐厅，以及尼泊尔、印度菜肴，应有尽有。从八廓街北到北京中路一带有一些比较正宗的藏式餐厅。如北京东路吉日旅馆对面的意忘餐厅、民族风味餐厅、平措藏餐厅等。汉餐馆则主要集中在西郊德吉路，即牦牛雕像以西，离布达拉宫不到500米，其中以火锅最出名。还有就是布达拉宫广场往东，直到地矿局、计经委一带，主要是一些非常便宜的川菜馆，另外一处是北京中路吉日旅馆到八郎学旅馆一段。丹觉林路和北京路交界地带则有几家比较地道的印度菜和尼泊尔餐馆。如拉萨电影院楼上的娜玛瑟德，西餐和尼泊尔菜味道都很不错。而西餐厅大都集中在游客较多的北京路上。

藏餐以牛羊肉为主，不同的部位不同的吃法，即便是同一部位也能做出不同的花样。藏餐的特点是，肉类加工尽量保持其原味，当然，当地的牛羊肉品质也属上乘。手抓牦牛肉、炸羊排、生牦牛肉酱、烤羊头都是藏餐中肉类美食中的上品。另外，吃藏餐应该喝点青稞酒，但别多喝，后劲足。

甜茶馆

行走在拉萨老城的街巷时，高原干燥的气候总不免让人感到口干舌燥，这个时候最好选一家甜茶馆坐下来歇息一下。只要留意就会发现，老城区的街巷中几乎到处遍布着藏式茶馆和包子铺。刚来高原的人最好每日饮用几杯甜茶或者酥油茶，因为它们可以滋润你的嘴唇，以防干裂。在拉萨，每家藏式茶馆甜茶的味道虽大致相同，但也有不一样的地方。

光明甜茶馆

是拉萨最有名气的甜茶馆，这里的甜茶0.60元/杯，服务员穿梭在茶客之间不时地给人们添着茶水。

地址：藏医院路上

仓姑寺甜茶馆

就在仓姑寺里面，是地道的藏式餐馆。餐馆内的服务员都是寺里的尼姑。在这里还可领略当地百姓的市井民情。推荐甜茶、藏包、酥油茶等。

地址：城关区林廓北路

河坝林一带以及白岭社区的甜茶馆

这些茶馆不仅提供甜茶，同时还提供简易的藏餐，其中以藏面和咖喱饭为主。一碗藏面的价格2～3元，其中面条的分量并不多，主要以汤汁为主。面汤是用牦牛骨头添加各种辅料熬制而成，端上来时撒上少量葱花配上一碟可口的泡菜，味道极其鲜美。光明甜茶馆的牦牛肉面约5元一碗。

藏包子铺

拉萨有很多味道醇正的藏包子铺，初见藏包子时不禁让人想起常吃的饺子，因为藏包子的外形和做法与内地的饺子是一样的，从烹制方法上看更像是蒸饺。味道醇正的藏包子馅料以牛肉为主，再

西藏包子

加入西藏特有的小芹菜拌制后在蒸锅上蒸15分钟左右，即可食用。一般小店中的藏包子价格便宜，0.30～0.50元/个。稍有些档次的餐厅藏包子价格10～15元/盘，每盘中约有10个包子。

夏帕利（肉饼子）和炸马铃薯

比起藏包子和藏面，可以制作夏帕利的地方就少了些。夏帕利直接翻译成汉语意思就是“肉饼子”，制作方法是先将面烤制成碗状，然后再添进牛肉、牛筋再次烤制而成的食品。夏帕利是四川藏族聚居区和昌都地区藏族人喜欢的一种食物，如果想要品尝这道可口的小吃，就需要到拉萨的冲赛康一带打听，因为经营这种小吃的店铺大都比较隐蔽，没有明显标示。如果夏帕利不容易找到，那么不妨尝尝无处不在的炸马铃薯。原料马铃薯是选自日喀则地区特产的小圆马铃薯，炸制出的马铃薯可以配以椒盐和辣椒粉食用，很受藏族人的喜欢，尤其是小孩子。每个炸马铃薯的摊位1天中都可以售出几十至上百份。有人把这种食品戏称为“藏式炸薯条”，而且味道绝不逊色于肯德基和麦当劳的炸薯条。

传统藏餐厅

玛吉阿米

这是拉萨最有名的餐厅了，也是传说中仓央嘉措和情人约会的地方，已经成为人们去拉萨必逛的地方之一。这家处处透着艺术气息的餐厅，墙壁四周贴满了绘画、摄影作品、手工艺品，书架上摆着卡夫卡、里尔克、艾略特等作家的原版图书，还有悠远的民族音乐和精致的西式小点。玛吉阿米楼顶的平台还是俯瞰八廓街的绝佳地点。这里的藏餐、尼泊尔菜、印度菜都很地道。推荐烤羊排、酸萝卜炒牛肉、烤蘑菇、酸奶蛋糕、酥油茶等。

地址：八廓街东南角与东孜路的交会处（黄色两层小楼）

电话：0891-6328608

藏家宴餐厅

如果想品尝到真正传统的藏餐，这是一家不可不去的餐厅。这是一个家庭式的藏式餐厅，院子里有一棵很大的丁香树，每当拉萨春天来到的时候，丁香花盛开，花香四溢。餐厅老板霓炫的外公曾是西藏贵族的厨师，所以攒了一身

玛吉阿米

的烹调本领。老人将手艺传给下一代，后来由霓炫的舅舅在两年前开了这间藏餐厅。现在餐厅共有6个家庭式的包间，提供最传统和正宗的藏餐。餐厅的进料全是选自乡下无化肥种植的蔬菜，家传秘制的香料是保证菜品质量的关键所在。饭菜的味道使人难忘，是这里每日宾朋满座的原因。春季坐在丁香树下与亲朋好友边聊着天，边品尝着地道的藏餐，享受着高原阳光带来的轻松与自然。推荐这里的藏式手抓羊排、藏式海鲜火锅、蒸血肠、藏式窝窝头。

地址：幸福新村北口

太阳部落藏餐厅

藏家宴所在的地方离老城区较远，不过在八廓街老城区内也可以寻找到几家较为正宗的藏餐厅，比如太阳部落藏餐厅就是个不错的去处。这家餐厅的客人以藏族人为主，旅行者知道的较少。餐厅的老板是来自四川藏族聚居区的康巴人，餐厅内提供饮料、小吃到主菜、甜品味道都较为正宗，做工细腻、价格适中。如果在八廓街转累了，不妨寻到这间餐厅，坐在餐厅靠窗的座位俯瞰转街的人流，品尝一下餐厅拿手的小吃“推那”（人参果酥油饼），再喝上一杯奶茶，是件惬意的事情。推荐藏式小吃推嘎、推那、酸奶人参果、虫草牛排、高原土豆泥、牛肉粥。

地址：八廓东街39号

阿罗仓

这是很多旅行者最喜爱的藏餐厅，虽然是改良了的藏餐，却得到了当地百姓和旅行者的一致认同，而且价格也很便宜。

地址：城关区朵森格青年南路21号（大昭寺马路对面的南边）

电话：0891-6338826

雪域餐厅

环境很不错，就是人很多，很难找到空位。这里的尼泊尔菜和西餐都很地道，价格也不是很贵。推荐烤羊排、生肉酱、酸奶蛋糕。

地址：城关区藏医院路4号1楼（大昭寺旁边），丹觉林路雪域宾馆隔壁。

电话：0891-6337323

刚吉餐厅

雪域宾馆斜对面，餐厅二楼的平台正对着八廓街和大昭寺的正门，可以看到大昭寺广场的街景。这里的羊排小土豆、牦牛肉炒饭值得推荐。

地址：城关区藏医院路大昭寺旁（近八廓街）

电话：0891-6328263

雪神宫藏式餐厅

这里是拉萨最高档的藏式餐馆之一，环境很好，服务员都是热情的藏族姑娘，吃一顿正宗的藏餐要上百元。推荐烤牦牛舌、烤羊排、炒黄菇等。

地址：城关区北京中路布达拉宫广场对面（布达拉宫宫墙西侧）

电话：0891-6825866

汉餐厅

老鱼饭局（川菜）

窗外就是布达拉宫，楼上的观景台可以拍到布达拉宫的全景。餐厅的老板老鱼是个摄影师，餐馆里贴有很多老鱼拍摄的精美的西藏图片。推荐橘香牛肉、牦牛炖土豆、土豆丝等。

地址：城关区青年路48号平措康桑青年旅舍新楼5楼（近南亚大药房）

电话：0891-6616166

驴窝餐厅（粤菜）

老板娘是广东人，做得一手正宗的粤菜，这里的广州菜和粥都非常地道。

墙上布满各地驴友的留言。店内还摆放了很多精致的特色工艺品。推荐煲仔饭、酸汤肥牛、蜜汁叉烧等。

地址：北京东路刚坚饭店西侧（东措青年旅舍隔壁）

电话：0891-6335853

异域餐厅

娜玛瑟德餐厅

这里的西餐、尼泊尔菜都很地道，PIZZA也做得很好，而且价格不贵。推荐玛莎拉鸡配楠、奶酪蛋糕、甜茶、酸奶蛋糕、烤羊排等。

地址：城关区宇拓路30号珠峰伟业2楼（近朵森格南路）

电话：0891-6324669

拉萨夜市

拉萨西郊民族路的天海夜市集中了20多家来自新疆、青海、宁夏的羊肉大排档，深受驴友的喜爱。夜市约1公里长，以烧烤为主，还能喝到著名的拉萨啤酒，以及各种西部小吃。这里的自助火锅，30元/位，再加20元锅底，有近30种菜品供选择，可以吃到撑。砂锅也不错，一般6元/锅。烤羊肉串1元/串，要得多还能还价。

购物

在拉萨购物主要是以八廓街为核心，一切和藏文化有关的商品在这里都可以买到。如果想买到些更有特色的东西那就要看看你的运气了。这里只推荐性地列举几家店铺，仅供参考。

特色小店

卓番林手工业发展中心

这个深藏于八廓街的手工艺店，实质上是一个扶贫基金会支持的一项扶贫计划，已有7年历史的发展中心更多地是被写进了《Lonely Planet》这样的旅游书里，因为项目资金都来自国外。而这里所有的商品都是令人惊喜的纯手工制品，有30大类400个品种，比八廓街热闹的店铺里的手工艺品好不少。只是卓番林藏得太深，在这个迷宫似的八廓街上要找到它更是不容易，不过现在八廓街热闹的街市中也有它的店面了。

地址：八廓街恰采岗路11号

特别提醒：“卓番林”出售的藏地手工艺品十分齐全，就是价格显然比其他同类产品要高出不少。不过，买完了你会觉得物有所值。

巴扎童嘎

这家店铺主要经营与西藏文化旅游关系密切的商品，而且做工较为细致，但价格不菲。

古修那书屋

最早在藏医院路上就有一家，现搬到北京中路藏医院路口的一条巷子里，门口有很明显的标志牌。书店经营的全是和藏文化及旅游相关的书籍，遗憾的是购买书籍没有任何折扣，建议看好后回内地购买，价格会便宜很多。

卓么本唐卡店

八廓街上经营唐卡的商店和画廊不下几十家，这家店的特色之处就是店主是来自青海热贡艺术之乡的著名画师。店中的唐卡绘制得都不错。唐卡价格一般都不便宜，便宜的就不是好唐卡，这似乎已经成了定论，所以购买前最好先了解一下。

夏帽嘎布佛像商店

这是一个出售传统的尼泊尔手工制作的佛像商店，一走进商店就能感受到

八廓街

扑面而来的宗教气息。这里地处八廓街的转经道上，店铺也有相当的历史了。

特别提醒：这里离大昭寺不远，买了佛像进去寺里开光，十分方便。而且向大昭寺门口的僧侣说明是进去开光的，可以免门票。

敏竹梅芭藏香

藏香是藏传佛教中不可缺少的一个元素，所以，藏香也成了不少旅行者买回来自己使用或送给朋友的礼物。西藏最有名的藏香是由山南敏竹林寺制作的，但据说，制作的配方寺外的人并不知道。“敏竹梅芭”这家专营藏香的店，从店名和藏香的品牌名都能看出与敏竹林寺有些渊源，这大概也是这家的藏香很受欢迎的原因之一。

地址：藏医院路

手工艺品

西藏的首饰有珍珠、玛瑙、金、银制品等，不同的藏饰有不同的寓意，而且同一种藏饰的不同款式寓意也不同，但基本上都意味着祝福。例如较为名贵的西藏天珠，单眼天珠代表智慧，双眼天珠保佑夫妻和睦，三眼天珠能带来财运。

藏刀

是藏族群众随身必备之物，既有实用功能还能防身。藏刀也分男女款，男式粗犷、锋利；女式秀气、小巧。银饰刀鞘是藏刀的工艺所在，刻工越好价格也就越贵。

特别提醒：只能通过邮局寄送，火车、飞机均不能携带刀具。

面具

藏语称面具为巴，一般分为跳神面具、悬挂面具和藏戏面具。跳神面具主要用于寺庙中逢重大节日的跳神仪式；悬挂面具则主要是各种神的具象，如护法神、吉祥天女、马头明王等；藏戏面具最常见，分蓝面具和白面具，多以藏戏剧情中的人物脸谱为主。

唐卡

一种带有浓郁西藏风情的卷轴画，以佛像、菩萨像、坛城为主要图案，也有一些花鸟、山水和医学、天文学方面的挂图。样式有布面彩绘的，有织锦、刺绣、缂丝和贴花的。

氆氇

氆氇是藏语音译，为手工织成的毛呢布料，有黑、红、绿等多种颜色，主要是用于妇女胸前的装饰。

藏毯

藏毯是西藏的传统手工艺品，款式上有地毯、挂毯和卡垫。西藏地毯织法独特，色泽鲜艳和谐，毯面柔软细腻，洗涤不褪色，经久耐用，加之具有浓厚民族色彩的图案花纹，深受游客喜爱。

娱乐

到过拉萨的人，大多数会留恋这里的酒吧。北京中路是一条酒吧街。围绕着这条街，散落着大大小小二十几家酒吧、餐吧。店主人大都来自内地，他们努力将自己的酒吧赋予独特的个性以招揽生意。

旅行者吧

这是著名的“驻藏小二”邹军、林雪夫妇开的酒吧，曾是“藏漂”的聚会窝点。它还有一个名字——“小二那儿”。资深的藏漂都知道。这里的青稞酒、牛肉咖喱饭和藏餐都比较有名。

地址：藏医院路（靠近大昭寺和北京路）

电话：0891-63609090

矮房子

矮房子有两家，位于北京东路的矮房子是一个门脸相当不起眼的小酒吧，一不留神就会错过。但是这里却收藏了数百张来自印度、尼泊尔和西藏的音乐专辑。如果喜欢音乐，一定要来这里，一边品美酒，一边品音乐大餐。

地址：北京东路 68 号（老店）；北京东路（八郎学旅馆旁）（新店）

电话：0891-6334953（新店、老店电话一样）

冈拉梅朵

酒吧四周墙上挂满了西藏题材的油画、水彩画。如果看中其中一幅作品，可以跟老板谈价格。这里环境很好，充满文艺范儿，非常适合喝着咖啡静静发呆。

地址：北京东路 127 号

电话：0891-6333657

DUNYA 酒吧

几乎每个来拉萨的外国人都知道这里。酒吧的主人 Fred 夫妇和他们的朋友克瑞斯走遍世界，最后选择在拉萨停留，并开了这家名为“整个世界”的酒吧。这里的服务员、厨师、老板全都是老外，西餐做得很正宗。

罗布林卡藏戏

地址：措美林路亚宾馆旁

电话：0891-6333374

藏地歌舞

现在，《喜马拉雅》和《幸福在路上》是两台颇具吸引力的晚会，类似于《印象·丽江》、《印象·海南岛》那样的表演，集中表现了西藏的民族歌舞和民俗风情，但两台晚会也有些区别。《喜马拉雅》更偏重于藏地文化的传递，更接近《云南映象》；《幸福在路上》则是集结了西藏众多的原生态演员，都是在各种大型演出活动中得到过极高肯定的演员，内容也多是西藏的歌舞。

《喜马拉雅》演出是在太阳岛，门票门市价约580元/张；《幸福在路上》在拉萨西郊的藏戏艺术中心演出，门市价280元/张。

藏戏

“雪巴拉姆”是西藏较有声望的藏戏团，他们常在西藏各地巡演，在拉萨喜马拉雅饭店的演出是不定期的，但他们是纯正的也是绝无仅有的藏戏剧团了。

特别提醒：需预约，门票100元，如需在饭店里吃藏餐，另加60元。

SHIGATSE
日喀则地区

亚东

走遍中国 · **西藏**

SHIGATSE
日喀则地区

日光、雪山、寺庙，还有那大片大片盛开于雅鲁藏布江畔的油菜花。江孜宗山城堡上可以触摸到的历史，夏鲁寺内精美绝伦的壁画，每日下午卷着沙尘掠过雅鲁藏布江的风，日光下灿烂辉煌如同金字塔般的珠穆朗玛峰，夜间抬头满眼皆是令人眼花缭乱的繁星。日喀则留给人们的印象不再只是西藏第二大城市，以及城中那些没有创意的半现代化半乡土化建筑。抛弃水泥填补的视野，回到歌声中唱颂的日喀则，这里是我们美丽的家乡，我们每个人美丽的家乡。

日喀则是历代班禅驻锡之地，位于青藏高原南部、喜马拉雅山北麓、雅鲁藏布江与年楚河交汇的冲积平原。藏语称“溪卡孜”，意思是土地肥美的庄园。在过去，这一地区被称为后藏，日喀则就是后藏的首府。地形复杂，地貌多样，雅鲁藏布江由西向东流经辖区 115 公里，年楚河、湘曲河汇入雅鲁藏布江，另有纵横交织的季节性河流 37 条。境内海拔 3840 ~ 6646 米。气候温凉寒冷，具有明显的季风和干旱、半干旱等高原性气候，是夏季避暑旅游胜地。

日喀则地区旅行交通示意图

前世今生

日喀则是中国历史文化名城，迄今已有 600 多年历史，是历代班禅驻锡地。

最早的时候,这里曾被叫作“年麦”，意为“年楚河的下游平原”。14 世纪初，大司徒绛曲坚赞战胜萨迦王朝建立了帕竹王朝，设立了 13 个大宗（宗，即县），最后一个“宗”叫“溪卡桑珠孜”,意为“如愿以偿”，即日喀则市保留至今的藏语发音，表示大司徒统治全藏的雄心已如愿以偿。大司徒在日喀则古城北侧的山上修建日喀则宗，这便是最早的日喀则城镇的建设。

1447 年，宗喀巴的弟子根敦朱巴（一世达赖喇嘛）主持修建了扎什伦布寺。17 世纪，噶玛噶举派的辛霞次旦多吉统一后藏的 6 个宗，建立了藏巴地方政权。他将溪卡桑珠孜改名为“颇章桑珠孜”，并对日喀则进行了大规模的扩建，使其成为西藏当时的政治、经济中心，被誉为首城。

日喀则之所以能发展成为后藏的政教中心，还有一个重要原因是拜莲花生大师所赐。据说，莲花生在此修行讲经时曾预言：雪域的中心在拉萨，其次在日喀则。14 世纪中叶，宗喀巴在西藏创立格鲁派，收徒传教，其中的两个徒弟，他们的转世就是后来统治西藏的达赖和班禅。五世达赖之后，西藏加强政教合一，达赖和班禅逐步形成了前后藏势力范围的划分。日喀则地区逐渐成为班禅的管辖区。

旅行与季节

日喀则的夏秋两季最适宜旅行。此时的日喀则地区，阳光充沛，气候也是一年最温和的时候。每年的 5 ~ 7 月，是日喀则最美丽的时节，以晴天居多，如同歌词中唱颂的一般，天上白云翻滚，在一大片金黄的油菜花和绿色的青稞上投下缓慢移动的深黑的影子，在阴云中隐藏了大半年之久的珠穆朗玛峰顶也会偶露峥嵘，给前来瞻仰的人们带来吉祥和幸运。在南部的亚热带地区，虽然不时有大雨或暴雨天气，但全区几乎所有地区都可到达。过了 7 月，便进入日喀则的雨季。无论你是否还在留恋当地美景，都请尽快回到前藏地区，因为很有可能因为大雨滞留在那里。

焦点

■ 扎什伦布寺

这里是四世之后历代班禅的驻锡之地，也是历代班禅举行宗教和政治活动的主要场所。并与哲蚌寺、色拉寺、甘丹寺、塔尔寺、拉卜楞寺合称为格鲁派六大寺。这里金顶红墙、重楼叠宇，后藏至尊。每年的藏历八月，这里的僧人都会表演格鲁派的宗教舞蹈——羌姆，非常值得一看。

■ 珠穆朗玛

有人说，它的神采只能仰望，它的魅力无限迷人，它如圣洁的女神屹立在世界之巅，成为登山爱好者的标的物，它还有被誉为“世界上最美丽的山谷”——嘎玛沟，是世界十大经典徒步线路之一，有变化莫测的旗云、有巨大的绒布冰川，还有炫目的日照金山景观。

■ 白居寺

关于日喀则，很多经典的照片都来源于这座西藏唯一藏传佛教的萨迦派、噶当派、格鲁派共存的寺庙，庞大的建筑群中寺中有塔、塔中有寺，寺塔浑然天成，有“西藏塔王”之称。尤其是菩提塔，这座由近百间佛堂依次重叠建起的寺塔更是白居寺的标志。

■ 萨迦寺

作为藏传佛教萨迦派的主寺，其浩瀚的艺术珍品、珍贵的文化典籍、总面积达 1 万平方米的壁画和精美的唐卡，还有世界上保存最多的贝叶经，被誉为“第二个敦煌”。漫步在宁静祥和的寺庙，细细品味保存了数百年的精美壁画，感受来自佛祖的庇护。

行程推荐

■ 假如你有 1 天时间

必游景点：扎什伦布寺

可以尝试：沿着扎什伦布寺转经

8:00 从拉萨出发，12:00 左右到达日喀则，游览扎什伦布寺，17:00 返回拉萨。

特别提醒：一日游针对时间较为紧张的游客而设定。

■ 假如你有 2 天时间

必游景点：扎什伦布寺、夏鲁寺

可以尝试：扎寺转经，夏鲁寺观四大寺宝

D1 8：00 从拉萨出发，12：00 左右到达日喀则，游览扎什伦布寺，宿日喀则。

D2 上午游览夏鲁寺，中午返回日喀则，然后返回拉萨。

■ 假如你有 3 天时间

必游景点：扎什伦布寺、白居寺、江孜古城、古堡

可以尝试：转经、逛江孜古城，拜谒白居寺，瞻仰宗山古堡

D1 8：00 从拉萨出发，12：00 左右到达日喀则，游览扎什伦布寺，宿日喀则。

D2 从日喀则出发到江孜，游览江孜古城、白居寺、宗山城堡等。宿江孜。

D3 从江孜出发经夏鲁寺，然后从日喀则返回拉萨。

■ 假如你有 7 天时间

必游景点：扎什伦布寺、萨迦寺、珠峰大本营、樟木口岸

可以尝试：扎寺转经、拜谒萨迦派圣地

珠穆朗玛峰

萨迦寺、朝拜珠峰、樟木口岸观边境贸易

D1 8：00 从拉萨出发，12：00 左右到达日喀则，游览扎什伦布寺，宿日喀则。

D2 从日喀则出发到萨迦，游览萨迦寺。宿萨迦。

D3 从萨迦到拉孜、定日，沿途可购买拉孜藏刀。

D4 到达珠峰大本营或观景台，返回定日。

D5 从定日出发，到聂拉木、樟木，在樟木边境口岸游览，沿途景色变化较大，可以看到 4 座 8000 米以上的雪山。宿樟木。

D6 从樟木出发，返程的时间比较紧张，但有沿途风景可以欣赏，宿日喀则。

D7 从日喀则返回拉萨。

■ 红河谷 7 日游

必游景点：扎什伦布寺、白居寺、宗山城堡、亚东

可以尝试：扎寺转经，拜谒白居寺，游览江孜古城和亚东

D1 8：00 从拉萨出发，12：00 左右到达日喀则，游览扎什伦布寺，宿日喀则。

D2 从日喀则出发到江孜，游览江孜古城、白居寺、宗山城堡等。宿江孜。

D3 从江孜出发，到亚东，宿亚东。

D4 在亚东游览康布温泉、东嘎寺等，宿亚东。

D5 在亚东游览中印边境、卓木拉日雪山，宿亚东。

D6 从亚东返回江孜，宿江孜。

D7 从江孜经日喀则返回拉萨。

■ 假如你有 10 天时间

必游景点：扎什伦布寺、白居寺、宗山古堡、萨迦、定日、珠峰大本营、樟木、拉孜

可以尝试：扎寺转经，白居寺拜佛，梦想登上珠峰，游览樟木口岸

D1 从拉萨出发，经日喀则到江孜，游宗山城堡、白居寺，宿江孜。

D2 从江孜出发到日喀则，上午游江孜，下午游览日喀则扎什伦布寺。

D3 从日喀则到萨迦，游览萨迦寺，宿萨迦。

白居寺

D4 从萨迦出发到定日，宿定日。

D5 到达珠峰大本营，观珠峰。

D6 返回定日，到达樟木，游览边境口岸。宿樟木。

D7 在樟木游览，并休整。

D8 从樟木返回拉孜。

D9 从拉孜出发，经南木林、谢通门，到日喀则，沿途可选择性游览一些寺庙或是景点。宿日喀则。

D10 从日喀则返回拉萨。

预算

从拉萨到日喀则可以在八郎学和吉日宾馆附近乘坐长途汽车，车费从 50 元起。也可乘坐私营小车，100 元 / 人。如果想要去珠峰大本营，交通成本是最大的开销。相对于日喀则，从拉萨到珠峰更容易包车。车型多为丰田 4500 越野车，包车费用约为 6000 元，可乘坐 4 人，平均每人花销 1500 元。日喀则地区包车多选择在日喀则饭店附近的中国旅行社，前往珠峰、绒布寺三天费用约为 3500 元。

除此，日喀则地区的门票费用也是不一笔不小的开支，所有景点下来，需要 800~1000 元。食宿相对而言开销较小。在日喀则，一般人均 100 元就能住到条件较好的宾馆。

日喀则

扎什伦布寺

【为后藏格鲁派最大寺院，也是我国格鲁派六大寺之一】

扎什伦布寺，全名为“扎什伦布白吉德钦曲唐结勒南巴杰瓦林”，意为“吉祥须弥聚福殊胜诸方洲”，简称扎什伦布寺，位于日喀则城西北的尼玛日山南坡上，依山而筑，宫殿毗连错落，雄伟壮观，是由格鲁派的祖师宗喀巴的大弟子根敦朱巴（一世达赖喇嘛）主持兴建的。1600 年，四世班禅罗桑确吉坚赞任扎什伦布住持时，对该寺进行了大规模扩建。它是西藏最大的寺庙之一，与拉萨的哲蚌寺、色拉寺和甘丹寺，再加上青海的塔尔寺、甘南的拉卜楞寺并称为格鲁派的六大寺。

扎什伦布寺主要由大经堂（措钦大殿）、甲纳拉康佛堂、强巴佛殿、灵塔殿等构成。寺中的措钦大殿可容纳 2000 人诵经。大殿两侧为弥勒殿和度母殿。寺庙的西侧是大弥勒殿。扎什伦布寺藏有价值连城的佛像、佛塔、唐卡等外，有手写的贝叶经和用金粉抄写的《甘珠尔》、《丹珠尔》。此外还有明清时期的各种瓷器、珐琅器、玻璃器等。所有这些都是研究西藏各个历史时期政教和社会发展的无价之宝。

日喀则城区示意图

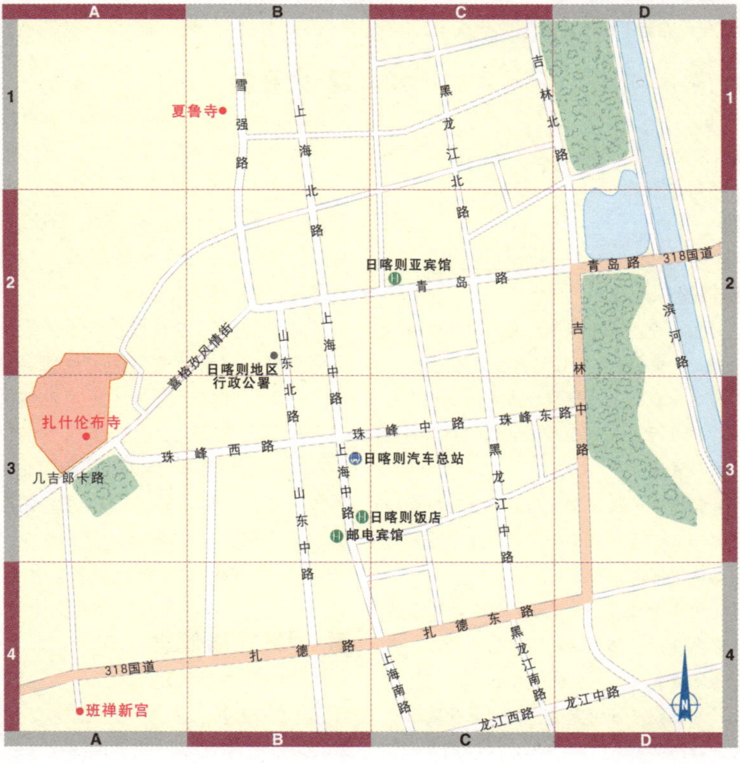

扎什伦布寺平面示意图

时间：9：00 ~ 17：00，12：00 ~ 14：00 佛殿不开放。

交通：乘坐市内的出租车，车费通常在 5 ~ 10 元，主要看你如何与司机讨价还价。

门票：80 元

特别提醒：

1. 扎什伦布寺不同于布达拉宫，游览时间不分上下午，中午也可以在里面游览。

2. 经常可以在扎寺看到喇嘛集体学习经文的场面，而且对游人开放，但注意不要在喇嘛学习时拍照。

3. 扎什伦布寺的展佛台可俯瞰扎什伦布寺和日喀则市貌。每年展佛节期间，这里将举行盛大的展佛仪式。

4. 扎什伦布寺还有一大景观，就是有很多流浪狗聚集于此。据说这些都是放生狗。它们悠闲地晒着太阳，与人和平相处。

5. 观看和拍摄扎什伦布寺夕阳的最佳地点是寺院身后的嘛呢山。

大经堂

【也就是措钦大殿，扎什伦布寺最早的建筑，是全寺法事活动的中心】

是扎什伦布寺最早的建筑，历时 12 年建成。大经堂前，有个 600 多平方米的讲经场，这个场是班禅对全寺僧人讲经及僧人辩经的场所。

殿北净室内供有根敦朱巴为纪念其经师喜饶僧格塑造的释迦牟尼佛像，正中供宗喀巴师徒三尊像。净室右侧为强巴佛殿，内供高 11 米的强巴佛像，两旁有一世达赖亲手塑的观世音和文殊菩萨像。左侧为度母殿，内供镀金白度母像。殿西部为护法神殿，有大威德、六臂怙主、白依怙及吉祥天女等。

甲纳拉康佛堂

【藏地罕见的汉佛堂】

甲纳拉康，意为“汉佛堂”，是西藏其他寺院不曾多见的佛堂。

强巴佛殿

【扎什伦布寺最引人注目的一个殿】

扎什伦布寺西侧的一座宏大殿宇就是强巴佛殿,藏文叫作强巴康。1914 年,九世班禅却吉尼玛主持兴建了强巴大佛殿。殿高 30 米,建筑面积 862 平方米。大殿分莲花座殿、腰部殿、胸部殿、面部殿及冠部殿 5 层,经木梯拾级而上。用去黄金 8928 两,紫铜 231450 余斤。殿内供奉的强巴佛高达 26.7 米,强巴佛就是汉地佛教的弥勒佛。在藏传佛教中,强巴佛是掌管未来的未来佛,所以很受信徒的重视。其脸部宽 4.2 米,耳长 2.8 米,手宽 1.6 米、长 3.6 米,足长 4.2 米,肩宽 11.5 米。仅镶嵌在佛像眉间的白毫就用了直径 3 厘米的特大钻石 1 颗、直径 1 厘米的钻石 32 颗,大珍珠 300 余颗,琥珀、珊瑚、松耳石等 1400 余颗,可见其造价及工艺水平。

释颂南捷

【十世班禅灵塔殿】

扎什伦布寺的灵塔是历代班禅的舍利塔。扎什伦布寺里修建的班禅灵塔共

扎什伦布寺

背包客推荐:扎什伦布寺旅行线路

每天清晨和傍晚,扎什伦布寺后山便拥满了转经的人。沿着扎什伦布寺的围墙便是后山的转经道。每转一次,需要 2 ~ 3 小时。如果不熟悉,不妨跟着转经的人群走。

进入扎什伦布寺寺庙大门直走,左转上行便是强巴佛殿。强巴佛殿往东就是十世班禅灵塔殿。在它的东边是一幢白色宫殿,即班禅宫殿。班禅宫殿不对外开放。再往东的高大建筑是著名的为觉干夏殿,殿中存有四世班禅的灵塔。

有8座，“十年动乱”中，五世至九世班禅灵塔祀殿被毁。

十世班禅大师在完成合葬五世至九世班禅的遗骨后，悄然圆寂在自己的驻锡地扎什伦布寺。1989年1月30日，时任国务院总理李鹏签署了《在日喀则扎什伦布寺修建第十世班禅额尔德尼·确吉坚赞灵塔和祀殿的决定》。1990年9月20日，灵塔祀殿正式奠基动工，历时3年，于1993年8月竣工。整个建筑以西藏古代寺院建筑风格为主，采用现代工艺和古代风格相结合的方式建造。这是20世纪50年代以来，国家投资最多、建筑规模最大的一座寺院灵塔。

殿外有一面墙上绘有《六道轮回图》，这是整个扎寺的重要参观对象之一。壁画内容表现的是藏传佛教中关于“上三届、下三届”，轮回转世的内容，是藏传佛教的精髓所在。最好在有导游讲解时，仔细旁听，会有很大收获。

■ 四大扎仓

【夏孜扎仓、吉康扎仓、托桑林扎仓、阿巴扎仓为扎什伦布寺的四大扎仓】

四大扎仓之一的夏孜扎仓，主供宗喀巴之壁画像及镀金释迦牟尼铜像、六臂怙主等。吉康扎仓的大殿经堂共有24根柱子，主供佛祖释迦牟尼及其八大弟子、扎日玛尊者、姊妹护法神等。托桑林扎仓的大殿经堂共有24根大柱，分东西两侧净室。西侧净室内供释迦牟尼佛像、十一面观音、手持金刚等；东侧净室内供释迦牟尼主眷三尊像及天女护法神等。阿巴扎仓为全寺的密宗学院，是由四世班禅罗桑确吉坚赞于1615年兴建，经堂有16柱之多，内绘有众多有关本尊上师的壁画，供金刚上师宝座及贡觉坚赞大师之银质灵塔。

■ 班禅拉章

【历世班禅在扎寺的行宫】

寺内有行宫4座以及诸多寝宫。1660年第四世班禅罗桑确吉坚赞接任该寺第16任法台，并对该寺进行大规模扩建。1645年固始汗赠罗桑确吉坚赞“班禅博克多”称号；1713年，清廷册封第五世班禅罗桑意西“班禅额尔德尼”。至此班禅地位得到确定，该寺也成为历世班禅大师驻锡之地。

班禅新宫

【十世班禅建于20世纪的夏宫】

班禅新宫是十世班禅在1954年建造的夏宫，位于扎什伦布寺以南。新宫建筑富丽堂皇，十分优雅，是避暑的好地方。宫内存放有很多西藏历史文物及

背包客收藏：扎什伦布寺的节日

除在藏历每月的八日、十五日、三十日等吉日举行法事外，还在正月十五的“神变节”、四月的“萨噶达娃节”、九月二十二的“降神节”、十月二十五的宗喀巴圆寂纪念日举行法事活动，祈求佛法昌隆、众生平安。扎什伦布寺最有特色的节日是“司莫钦莫”，类似于拉萨地区的“雪顿节”，也是僧俗同庆的节日。

扎寺的展佛节十分有名，仅次于哲蚌寺，时间为藏历五月十五日前后三天。届时，扎寺会将过去佛（无量光佛）、现在佛（释迦牟尼佛）、未来佛（强巴佛）这三幅巨大的刺绣佛像挂在寺庙东北部高32米、台底宽42.5米的展佛台向阳的面壁上，僧众和信众要顶礼膜拜，敬上哈达。扎什伦布寺的展佛台建于1468年，是西藏格鲁派各大寺院中绝无仅有的。

夏鲁寺佛像

艺术精品，其中以一幅《八思巴会见忽必烈》的壁画最为精美。

时间：9：00～18：00

交通：由扎什伦布寺南行20分钟或租三轮车前往（通常车费2元）。

门票：30元

夏鲁寺

【目前西藏唯一保留了元代汉族风格的汉藏结构寺庙】

夏鲁，藏语意为“新生嫩叶”。在环绕寺庙的村庄入口附近，十多棵枝干异常粗壮、形态怪异的柳树向人们昭示着这里悠久的历史和饱经沧桑的过往。

夏鲁寺始建于宋代，由喇嘛吉尊西绕琼乃创建并在此传播佛经，从此寺庙的香火便开始兴旺起来。1333年，夏鲁寺进行了大规模重建与扩建，许多从内地来的汉族工匠参加了这一工程，因此整个建筑呈现为藏式殿堂、汉式殿顶。寺内主要建筑为夏鲁拉康（大殿）和卡瓦、康清、热巴、安宗四个扎仓（经院）。拉康内供有木质及泥塑佛像，一层是藏式内院大经堂，二层为四座汉式殿堂，分别为前殿、正殿和左右配殿，皆为绿色琉璃重檐歇山顶。这是目前西藏唯一的保留了元代汉族风格的汉藏结构寺庙，最显著的特点就在于绿色琉璃瓦覆盖的汉式结构屋顶，这种风格的建筑在国内其他地区也是极少见的。

夏鲁寺内藏有丰富精美的壁画、石板雕刻画和八思巴的文告等文献多件。壁画主要集中在大殿周围的回廊两壁上，这些壁画既吸取了印度、尼泊尔传统壁画的笔法，又有宋代、元代与敦煌壁画的风格。夏鲁寺的一些浅雕石板画也相当精彩。

寺内有四件镇寺之宝：一是由108块小木板镶嵌而成的拼经板，约2尺见方。来此朝佛的人皆以能得到一张拼经板的拓片为幸。二是大殿内的一个装圣水的铜坛，平日用红布封口并加封条，每12年开封换水一次，若得一杯圣水，即可洗净108种污垢。三是大殿门口放的一块盆状巨石，据说曾是建寺喇嘛的洗脸盆，并传说此盆在雨天接满雨水后，雨水无法倒出来。四是一块刻有“六字真言”和四个小塔的石板，传说是在建寺破土时发现的，因此成了本寺的根基。

交通：位于日喀则市东南约20公里处，市区上海路上的长途汽车客运站有直达夏鲁寺的专线车，车费5元；或乘往江孜的班车，在路边的“夏鲁寺”路牌处下车，徒步三四公里即到；也可以从江孜返回日喀则时包车前往，费用在130元左右，不过通往夏鲁寺的路况不好，小车司机一般都不太愿意前往。

门票：40元

江孜

宗山城堡遗址

【这座“英雄城”的历史遗迹】

江孜宗山城堡遗址矗立在江孜古城中央的悬崖峭壁上，海拔 4020 米，相对高度 125 米，在年楚河平原中央显得非常雄峻。宗山面白居寺方向是一面绝壁。沿绝壁右侧的山脊往北，山势陡峭，但绝少植物，山岩皆裸露，呈麻纹，形似马背脊般光溜。往北 600 余米，山脊分东西两支，较长的西支山脊的环抱处即白居寺。而白居寺老城就散落在宗山的周围。

1904 年，英帝国主义侵略军占领岗巴宗，同时从亚东向北入侵江孜，在宗山受到江孜军民的拼死抵抗。江孜人民在宗山上筑起炮台，用土炮、土枪、“古朵”、刀剑、梭镖和弓箭与敌血战，持续 8 个月之久。1904 年 5 月千余军民偷袭英军将其全歼。6 月，英军派来了大炮狂轰宗山炮台，堡垒弹药库被英军炮火击中爆炸。江孜军仍用石头抵抗了 3 天 3 夜。最后所有勇士跳崖殉国，写下了光辉而悲壮的一页。宗山上至今还保留着当年抗英炮台和宗土崖殉国纪念碑。

时间：9：00 ~ 18：00

交通：位于江孜县中心，徒步即到。

门票：10 元

特别提醒： 江孜宗山城堡是观赏江孜古城的最佳地点，但攀登宗山城堡时要缓慢而上，不要太急。

宗山抗英城堡

白居寺

【一座“一寺容三派，塔中有塔”的藏传佛教寺院】

位于江孜县城东北隅，海拔3900米，藏称为“班廓德庆”，意为“吉祥轮乐寺”。白居寺由大殿、吉祥多门塔、扎仓和围墙四大建筑单元组成。白居寺有两大特色：一寺容三派，塔中有塔。

白居寺原属萨迦教派，后来噶当派和格鲁派的势力相继进入，一开始各派一度互相排斥，分庭抗礼，最后还是互谅互让。于是，白居寺便兼容萨迦、噶当、格鲁3个教派，因而寺内供奉及建筑风

白居寺

背包客收藏：白居寺壁画

白居寺壁画也是非常有名的，所表现的题材十分广泛，主要包括显密二宗、佛传故事和本生故事等，尤其是在绘画方法上较之西藏其他很多寺庙，独具特色。据说这批壁画，特别是坛城画，是后藏著名高僧布顿大师的手绘。

白居寺壁画人物整体显现出西藏艺术人体比例以及审美特点。除去几尊胁侍菩萨仍保留早期造像量度经典指导下纤细苗条的身躯外，大多数人物造型都明显藏化。尤其是高僧、罗汉和明王、护法神等，其特点是粗壮、结实，富有力量和张力。

同时，白居寺壁画注重表现人物的神情，注重内在气韵的表现：如佛陀强调空灵和静穆；菩萨强调慈悦和亲切；明王强调粗犷和沉毅等表现得淋漓尽致。线条和色彩的运用及其相互间有机的组合是白居寺壁画造型的主要语言。壁画运用色彩晕染来体现明暗向背和远近高下及人物骨骼的转折、肌肉的张弛，增强造型的体积感和画面的空间感，色彩明快炽烈，强调冷暖色调之间的和谐和对比，晕染层次丰富细腻，具有浓烈的装饰风格。

据白居寺壁画题记，壁画的创作主要得益于拉孜县、康马县、拉萨尼木县的艺术家。几大流派各自成一体又相互融合，逐渐形成了一种充满生机、自成一体的绘画风格，成为14~15世纪藏传佛教艺术日趋成熟的代表作。

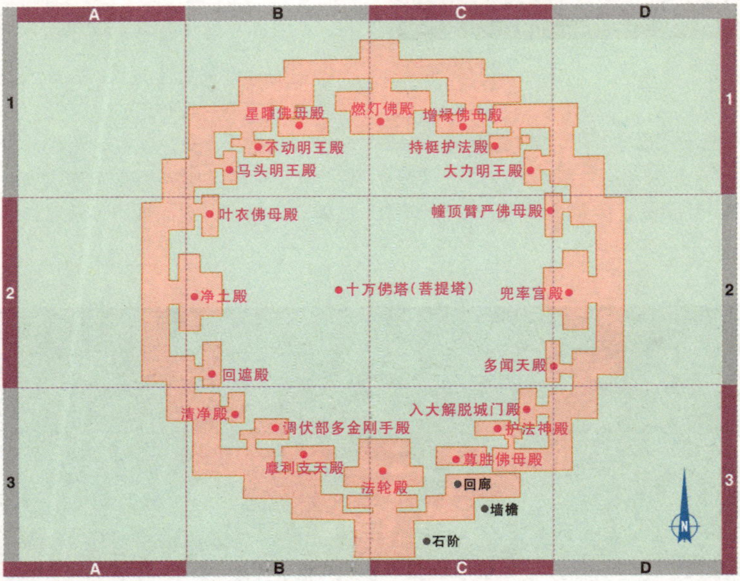

白居寺平面示意图

格也兼收并蓄、博采众长。特色之二的菩提塔，又名“十万佛塔”，是白居寺的标志，这座佛塔使得白居寺格外富有魅力。这可不是普通的佛塔，是由770间佛堂依次重叠建起的塔，为“吉祥多门塔”的塔式，并不多见，被称为“塔中有塔”的菩提塔，塔内佛堂、佛龛以及壁画上的佛像总计有10万个，因而得名“十万佛塔”，它的正名——菩提塔却不大被提起。除了赫赫有名的10万佛像的绘像，另有千余尊泥、铜、金塑佛像，是融合了印度、尼泊尔和中原地区艺术风格的产物，堪称佛像博物馆。

白居寺充分代表了13世纪末～15世纪中叶后藏地区寺院建筑的典型样式，也是其中唯一寺塔都完整保存，且具有纪念碑性质的大型建筑群。

时间：9：00～19：00

交通：位于江孜县城中，看见白塔或者白色围墙，沿着石头路走不远就是。

门票：60元

特别提醒：携带相机进入十万佛塔需另交费15元。佛塔内不要使用闪光灯，对壁画和雕塑都有影响，而且拍摄效果也不好，可以采用长时间曝光的方式拍摄。

帕拉庄园

【是目前西藏保存最完好的奴隶主庄园，位居十二大庄园之列】

帕拉庄园原建于江孜江嘎村，1904年英军入侵时被焚毁，抗英战争结束后，帕拉庄园重建于江孜城西南年楚河的另一侧，距离江孜4公里的班久伦布村，随着帕拉家族权势的增大，帕拉庄园的规模日益扩展。

西藏农奴社会的贵族分为赞普后裔、亚奚家族、第本家族，其余统称为格巴四支，帕觉拉康系第本家族，帕拉庄园属贵族庄园。庄园主帕拉原是不丹一个部落的酋长，因不丹内乱迁到西藏，并取得西藏地方政府官衔。其后代先后在西藏噶厦政府中任高官，家财雄厚。1959 年，帕拉旺久参与叛乱并外逃。

庄园现存房屋 57 间，主体楼高 3 层，建筑配套完整，装修考究，房内雕梁画栋，经堂陈设考究，经书、佛龛保存完好；卧室中，金银玉器琳琅满目；还有帕拉贵族当年遗留下来的名贵食品、餐具、进口酒、进口白醋、珍贵裘皮服饰，极尽奢华之能事，生动再现了帕拉家族当年的豪华生活场景。

主体大楼中，陈列着皮鞭、脚镣等刑具，庄园中还保存着旧时的监狱，这是西藏贵族统治农奴的工具。至今仍保持原貌的朗生院 13 间，其朗生住房拥挤、低矮、阴暗，形同牢笼，与贵族的豪华住宅形成鲜明对比。帕拉庄园整体布局类似园林，平时非常安静。

时间：9：00 ~ 18：00

交通：从江孜市内乘出租车前往 10 元。因距离县城不远，徒步前往大约 1 小时到达，沿途风景不错。

门票：30 元

扎什伦布的僧人

背包客收藏：江孜，一块贵族的封地

江孜，藏语意为“胜利顶峰，法王府顶”。因年楚河流经这里，历史上人们又称江孜地区为“年”。清代为江孜宗，“宗”相当于县，江孜宗曾是西藏的大宗，属前藏噶厦地方政府管辖。江孜宗比一般的县要大一些，在历史上，江孜是古代苏毗部落的都城，松赞干布的父亲囊日松赞降伏了苏毗，江孜便成为贵族的封地。江孜建城已有 600 年，比日喀则稍早，由于地处萨迦、后藏经亚东通往锡金、不丹的路上，且地沃物丰，因此成为商旅往来的交通要道，发展成为沟通前后藏的重要通衢，为西藏一大重镇。

江孜位于前藏最西端，距离拉萨 254 公里。在镇上，黄土盖掩的石板路，藏汉共处的商店，不停转动佛珠和念经轮的藏族店主，来来往往的外地游人，构成典型的西藏城镇现代生活的景象。

格布希庄园、紫金寺

【与帕拉庄园一街之隔的、曾经十分重要的贵族庄园】

与著名的帕拉庄园仅一街之隔，现在格布希庄园所在的村庄叫格希村。

格布希庄园与帕拉庄园在过去都是江孜地区有着相当势力的贵族庄园，但格布希庄园不如帕拉庄园保存完好，只剩下一间家庙。这座家庙始建于 1721 年，过去家庙中供奉着很多精美的佛像和宝物。20 世纪 80 年代村人重新启用这个家庙，并在原处放置了几尊新的佛像，但看起来略显粗糙。

1991 年，格布希的家庙被移交给邻近的紫金村的紫金寺管理，紫金寺在英国人入侵西藏之前规模相当宏大，在抗英战争中是主要的战场之一，现在的紫金寺只有过去的 1/5 大。

交通：距江孜城 4 公里左右，乘出租车 10 元。

背包客推荐：谢通门县的卡嘎温泉与拉孜藏刀

谢通门藏语意为“一见则喜”。相传莲花生大师到此地后满意地笑了，因此而得名。谢通门县距日喀则市约 80 公里，距县城 1 公里有一个村子叫卡嘎村，村中有一眼神泉，据说过去班禅大师经常来这里沐浴，并且还保留着班禅沐浴的温泉池子。在这里有一个专门洗温泉的招待所，收费是 5 ~ 10 元 / 人。

拉孜是通往珠峰等地的重镇，拉孜藏刀以精雕细琢、工艺精美、外形美观、大方实用而久负盛名，是旅游者、收藏家梦寐以求的收藏品，供不应求。拉孜藏刀分为拉孜镇藏刀和拉孜龙藏刀。拉孜镇藏刀在西藏久负盛名，整套工艺全部由能工巧匠以手工制作的方式，精心雕刻、打磨而成，成品雕龙画凤，精致无比。

交通：建议包车的时候增加此景点。

拉孜藏刀

珠穆朗玛以及卓奥友峰

珠穆朗玛峰

【世上最高的山峰，同时也是世界上最雄伟的山峰之一】

海拔 8844.43 米，是喜马拉雅山脉的主峰，位于东经 86.9°，北纬 27.9°，地处中尼边界东段，北坡在中国西藏定日县境内，南坡在尼泊尔王国境内。

“珠穆朗玛”，藏语意为“神女第三”。它第一次出现在地图上是 1717 年，那时清政府编绘的《皇舆全览图》就精确地标出了珠峰的地理位置，并根据藏语名之为“朱母郎马阿林”（阿林系满语，意为“山峰”）。到了 1771 年，《乾隆内府舆图》以“珠穆朗玛”一名替代了“朱母郎马”，沿袭至今。

由联合国教科文组织认定并写入各国教科书中的珠峰海拔是 8848.13 米，此高度是 1975 年 5 月由中国国家测绘局及登山队联合测定的。2005 年 10 月 9 日上午，国务院新闻办公室举行新闻发布会，向全世界公布了最新的珠穆朗玛峰高程数据：8844.43 米，比原来公布的 8848.13 米低了 3.7 米。原 1975 年公布的珠峰高程数据停止使用。

发现、测定并攀登珠峰的历史，一直是短短几百年来人类与自然接触和认识过程中最值得激动的事件之一。珠穆朗玛峰不单是世上最高的山峰，同时也是世界上最雄伟的山峰之一。它整体呈金字塔形，北坡海拔 5800 ~ 6200 米，南坡海拔 5500 ~ 6100 米全为终年覆雪区域，其东北山脊、东南山脊和西山脊 3 条主山脊间形成三大陡壁，陡壁间冰川满布，达 548 条之多。在珠峰周围 20 公里的范围内，有 40 多座 7000 米以上的山峰，其他高度的雪峰更是多不胜数。在它们的拱卫与映衬下，无论在视觉还是精神影响力方面，都没有能与珠峰相比的山峰。

大体说来，每年 6 月初至 9 月中旬是珠穆朗玛的雨季，强烈的东南季风造成暴雨频繁、云雾弥漫、冰雪肆虐无常的恶劣气候。11月中旬至次年2月中旬，因受强劲的西北寒流控制，这里的气温可达 -60℃，平均气温在 -50℃～-40℃，最大风速可达90米/秒。所以一年中只有两段时间是登山的最佳季节。一是3月初至5月末，一是9月初至10月末，但是考虑到各种不确定因素，实际上的好天气总共加起来也不过20天的时间。在这两段时间里，海拔8000多米高处的风速较小，而且很少有雨雪。

珠峰山体在中国这边看，地形陡峭高峻，山峰上部终年为冰雪覆盖，呈令人震慑的金字塔状，而尼泊尔方面的景色稍逊，所以，如去西藏不观珠峰不能不说是一件遗憾的事。

交通：日喀则长途汽车站每天两班车发往定日县，票价85元。从定日可以拼车到绒布寺，500元/人。绒布寺到珠峰大本营必须乘坐环保车，车费为25元。从拉萨出发，4～5月租车价格在3800～4500元，6～9月则要5300～6500元。从拉萨租一辆越野车游珠峰，往返需5天左右。从日喀则包车3天时间约3500元。

门票：珠峰门票180元。在新定日路口的旅馆应办理进山手续，进入珠峰范围的车辆需按车轮数量缴纳公路建设费，每个轮子为100元。大车每个轮子150元。离珠峰40公里处只能下车坐环保车前往（80元/人），余下8公里的路程，如骑马进入30元/人。

住宿：珠峰大本营可提供食宿服务，床位费每位50～60元；珠峰大本营附近的绒布寺招待所30元/床。在登山旺季，通常爆满。旅店住宿条件较差，但在此住宿，便于观看珠峰早晚景色。绒布寺门口有家小餐馆，菜的价格极贵，因为所需的原材料都是日喀则运过来的。绒布寺门前还有一家旅馆，都是通铺或者简易板床，但床上用品还算干净。四人间，价格30～40元/床。从绒布寺到珠峰大本营还有大约8公里，也可以自己带野营装备，住在珠峰大本营里面，但是需要自带炉具做饭。在登山季节，大本营有西藏登山协会的联络官驻扎，那时候可以从联络官手上买到少量的食品和饮料，但价位可能高出拉萨3倍。

特别提醒：

1. 珠峰旅游的最佳季节是3月初～5月末和9月初～10月末，千万不要在冬天或者7～8月去，否则会遇到许多麻烦。

2. 早上观珠峰日出后前往绒布冰川。

3. 一般来说，如果身体没有什么问题，从大本营出发走3～4小时可以到达冰川末端，可以找大本营中唯一的蓝色帐篷的主人带路，向导费60～100元，也可以坐摩托车走20分钟左右，然后下车沿小路步行1.5～2小时可到达。从大本营到冰川末端是3.5～4公里路，但在冰川末端只能隔着河看，不能

背包客推荐：珠穆朗玛南坡

珠峰南峰的诱惑，源于攀登和征服的诱惑。登顶珠峰是无数登山爱好者的梦想。在珠峰南坡与北坡，各有一条主要登山线路。南坡的在尼泊尔境内，北坡的在中国境内。从技术角度上说，从北坡登顶是相对容易的一条线路，也是众多攀登者选择的线路。

南坡的最佳攀登时节是每年的5月中下旬。这是因为此时南坡少暴风雪，且赶在雨季到来之前。也有人选择在9、10月攀登，此时虽为旱季，但雨季积累的冰雪增加了攀登的难度。除了攀登珠峰，在南坡每年还会举行高山徒步活动等。要参加这样的活动，除了前期科学强大的体能训练外，还需准备好装备。另外，在珠峰南坡还有机会看到珠峰旗云，是拍摄蹲点的好地方。

珠峰大本营石碑

触摸到冰川。如果要和冰川零距离接触，必须继续上行大概2公里，越往上行冰川越壮观。一路上有5500米的C1营地和5800米的C2营地，C2营地到6300米的前进营地之间的路比较危险，C2营地以下的线路危险性不大，可以在C2营地以下近距离接触冰川。

■ 绒布冰川

【珠峰中最大的冰川，而且冰川类型齐全】

珠穆朗玛峰面积在10平方公里以上的山岳冰川就有15条，最大的绒布冰川长达26公里，平均厚度达120米，最厚处超过300米以上。这些冰川类型齐全，其上限一般在7260米。冰川的补给主要靠印度洋季风带两大降水带积雪变质形成。其中最大最为著名的是复式山谷冰川——绒布冰川。绒布冰川冰舌平均宽14公里，面积达86.89平方公里。

■ 绒布寺

【世界上海拔最高的寺庙，是观看珠峰的最佳位置】

绒布寺始建于1899年，由宁玛派喇嘛阿旺丹增罗布创建，海拔4980米。尽管称不上多么古老，但它是世界上海拔最高的寺庙，景观绝妙。整个绒布寺依山而建，一共5层，现在仍在使用的只有2层。据说当初之所以把寺庙建得这么高，主要是觉得这里清静，便于修习，曾住着500名僧侣。不过由于珠穆朗玛峰近些年来旅游越来越热，庙里的喇嘛们想清静也清静不起来，现在只剩下50名僧人与尼姑。

很多登山专家认为绒布寺所在地正是观看珠穆朗玛峰的最佳位置。从这里出发经过峡谷、悬崖与怪石到珠穆朗玛峰大本营，步行需2小时，坐车只要15分钟。

特别提醒：看珠穆朗玛峰最好是一大清早或者傍晚时分，此时景色最是宜人。

■ 雪山

【这里都是海拔在8000米以上的雪山】

离珠峰不远处便是登山检查站，经过这里要检查边境证或是护照。从检查站出来约30公里处就可见到一处飘满经幡的山口，这就是著名的遮古拉山口，从这里可以看到南方4座8000米以上的雪山，这4座雪山从左向右排成一列，景象极为壮观，分别是：

马卡鲁峰

海拔8463米，是世界上排名第五位的高峰，位于东经87.1°，北纬27.9°，地处喜马拉雅山脉中段，珠峰东南方向24公里处，沿西北山脊和东南山脊为界，其北侧在中国西藏自治区境内，南侧属尼泊尔王国。

马卡鲁峰有5条主要山脊，分别为西北山脊、西南山脊、东北山脊、东南山脊和北山脊。北山脊上的卫峰名叫珠穆隆索峰，海拔为7816米。西北山脊的卫峰为马卡鲁2峰，海拔7640

背包客推荐：珠穆朗玛峰东坡嘎玛沟徒步

嘎玛沟位于定日与定结两县的朋曲下游之流——噶玛藏布及其西侧谷底，即珠穆朗玛峰自然保护区朊垄沟核心保护区境内，北界为桑琼拉—结色拉—宗嘎拉—扎西若嘎，南界为中尼边界，东至定结县陈塘村，西到珠穆朗玛峰，被誉为“世界上最美丽的山谷”，其徒步线路也被称为“世界十大经典徒步线路之一”。

这个徒步线路虽然水平距离只有几十公里，自然景观却千差万别，从温暖湿润、郁郁葱葱的常绿阔叶林到挺拔耐寒的针叶林，再到低矮的灌木丛、高山草甸、高山寒漠带，直至高山积雪带，怒放的杜鹃、巨大的松柏、浓密的沙棘、高远的雪山、突显的瀑布、纯净的湖泊……一切如梦幻般美好。从山谷珠穆朗玛峰的东坡看过去，洛子峰河马卡鲁峰格外醒目，珠峰更显秀美。抬头是晶莹雪峰，低头是扑鼻花香。还有祖祖辈辈生活于此的夏尔巴人、门巴族、珞巴族等，更是徒步线路上一道亮丽的风景。

米。东南山脊的卫峰稍高，海拔 8010 米。这些峰体上都覆盖着厚厚的冰雪，坡谷中分布着巨大的冰川，冰川上多锯齿形的陡崖和裂缝，冰崩、雪崩也十分频繁。

洛子峰

海拔 8516 米，为世界第四高峰，藏语称之为“丁结协桑玛”，意思是“青色美貌的仙女”，位于东经 86.9°，北纬 27.9°，地处珠穆朗玛峰以南 3 公里处。以山峰的北山脊与东南山脊为界，其东侧在西藏自治区境内，西侧属尼泊尔。

珠穆朗玛峰

珠峰山体呈巨型金字塔状，威武雄壮直刺青天，峰顶数百条冰川，奔流而下，气势雄伟。山顶终年积雪，寒风凛冽，缕缕白云缭绕在山腰，积雪的峰巅似玉铸的岛屿浮现在纯蓝色的天际，每当旭日东升，雪峰闪耀着强烈的冰光。

卓奥友峰

【珠峰西部的又一座高峰】

“卓奥友”，藏语意为“首席尊师”。它以其魁伟的雄姿屹立在喜马拉雅山脉的中部，东距世界之巅珠穆朗玛峰的直线距离为 100 公里。卓奥友峰主要有西北、东北、西南、东南和西 5 条山脊，峰体被常年积雪和无数条冰川覆盖。北侧的加布拉冰川长十多公里。南侧的兰巴冰川长 14 公里，而格重巴冰川长达 20 余公里。冰川类型以山谷冰川为主，其次为平顶冰川、冰斗冰川等。

特别提醒： 嘎玛沟地质环境比较复杂，需要专业的高山协作人员和协作团队，千万不可独自前往。

萨迦寺

【海拔 4280 米的萨迦寺，其壁画堪称“西藏壁画集大成者”】

萨迦寺是藏传佛教萨迦派的主寺，“萨迦”在藏语里意为“灰白土”，由 1073 年吐蕃贵族昆氏家族的昆·贡却杰波在奔波山南侧出资修建。萨迦寺用象征文殊菩萨的红色，象征观世音菩萨的白色和象征金刚手菩萨的青色来涂抹寺墙，所以萨迦派又俗称为“花教”。

寺院建在仲曲河两岸，所以称萨迦南寺和萨迦北寺，曾是一座规模宏伟的寺院建筑群。初建的北寺规模很小，后经不断扩建形成了规模宏大的建筑群，后因八思巴被元中央政府封为“帝师”，萨迦北寺成为西藏地方政权机关所在地。萨迦南寺建于 1268 年，仿照汉地古代城池样式，其中，大经堂正殿由 40 根巨大的木柱支撑，最粗的木柱直径约 1.5 米，细的也有 1 米左右。前排中间有四大名柱——“元朝皇帝柱”（据传为忽必烈所赐）、猛虎柱（相传此柱由一猛虎负载而来）、野牛柱（相传此柱为一野牦牛用角顶载而来）、黑血柱（相传是海神送来的流血之柱）。整体来说，南寺融藏汉建筑风格为一体，是藏式平川式寺庙建筑的代表。欧东拉康是萨迦寺内较重要的一个部门，其中有灵塔、画像、壁画都反映了西藏和萨迦寺的一些重要历史片段。

此外，萨迦寺内还有很多重要的建筑，更为重要和丰富的是寺内众多的典藏，除大量古藏文抄本外，还有为数不少的梵文贝叶经、汉文经卷和历史档案。其中有的是珍本和孤本，这也使得萨迦寺的藏书和壁画可与敦煌媲美，被称为“第二敦煌”。元代中央政府给萨迦地方官员的封诰、印玺、冠戴、服饰；宋元以来的各种佛像、法器、刺绣、供品、瓷器以及法王遗物；元、明以来的铜佛都是萨迦寺的宝物，更有四件宝物——贡布古如（由竹青白瓦巴从印度请来的依怙神像）、朗结曲丹（由大译师帕白洛扎瓦修建的佛塔，塔里经常出水，被视为神水）、文殊菩萨像（系萨班的本尊像，据说在像前念七天《文殊经》就能打开智慧之门）、玉卡姆度母像（八思巴供奉的本尊佛像）；唐卡和壁画是西藏寺院绘画艺术的两大奇葩。

13世纪初期，成吉思汗统一了中原，1240年元朝进兵西藏，1244年萨班·公哥坚藏率侄子八思巴去凉州（今甘肃武威），1247年在凉州会见阔端，最终促成了忽必烈统一中国。元朝中央政府封八思巴为“帝师”，即管理全国佛教事务，并成为隶属元朝中央政府的西藏地方行政长官，萨迦派势力达到鼎盛时期。

交通：位于萨迦县城的仲曲河南岸，日喀则市西南方约160公里处。市区客运站有直达萨迦县城的班车。

门票：45元

住宿：镇中心的镇招待所，四人间20元/床，此处乘车较方便。另外，在萨迦南寺右侧有一家旅社，15元/床，没有淋浴设备和餐厅。

萨迦寺

背包客收藏：萨迦派（花教）

萨迦派是西藏佛教教派中有着较大影响的一支。

萨迦派不禁娶妻，以道果教授为主要修法。萨迦派协助元朝统领西藏时期，西藏结束了400多年的战乱局面，社会生产得到发展，文化艺术出现了繁荣局面，当时萨迦派的一些高僧在文学和史学方面都有不少的译著和作品流传下来，如萨班的《萨迦格言》、八思巴的《彰所知论》都是影响深远的名著。八思巴奉忽必烈之命创制的蒙古新字，亦称八思巴字，在中国文字史上占有重要地位。萨迦派采取血统和法统两种传承方式。贡却杰波卒后，其子贡噶宁布（1092～1158）住持萨迦寺。贡噶宁布学识渊博，使萨迦教法趋于完整，被尊称为“萨钦”（萨迦大师），为该派初祖。贡噶宁布的次子索南防摩为萨迦二祖。三子扎巴坚赞住持萨迦寺57年，为三祖。四子贝钦沃布的长子萨班·公哥坚藏（1182～1251）是萨迦派著名的人物，也简称萨班，或萨迦班智达，是为四祖。

特别提醒： 萨迦寺每年都举行许多大大小小的法事活动，其中，以夏冬两季的金刚神舞法会规模较大、最具特色。夏季会在每年藏历七月，冬季会在藏历十一月十九。神舞表演时，舞者都戴着萨迦寺护法神和各种灵兽面具，神舞多表现藏传佛教密宗神舞的灭杀魔鬼的内容，而祈祷神舞能给人间带来幸福和吉祥。

樟木

【西藏唯一的国家一级陆路通商开放口岸】

风格各异的高楼、林立的店铺、整洁的街道、熙熙攘攘的人流、色彩斑斓的 TATA 车，这个镶嵌于蓝天白云、绿树碧水间的小镇便是西藏唯一的国家一级陆路通商开放口岸——樟木。樟木地处中尼边境喜马拉雅山中段南麓沟谷坡地上，海拔 2300 米，是一座依山而建的小镇。周围自然环境很美，现代化建筑和一些古老的木结构房屋依山交替地散落在盘山而下的公路两侧。

樟木这一带属于亚热带，气候潮湿，风景宜人。其建筑以二三层的小楼房为主。由于樟木镇是依坡而建，街道拐弯很多，整个镇的房屋布置比较随意，高低错落明显，层层紧挨，全由街道和石级相沟通。作为一个繁忙的通商口岸，镇里车水马龙，常常水泄不通。公路两旁，商店密密麻麻有几百家，经营着各种各样的物品，能看到不少印度、尼泊尔等地的舶来品。街上常能见到五颜六色的尼泊尔 TATA 货车，除藏族和汉族外，还有很多印度人和尼泊尔人，各种肤色的游客、商人来来往往。

从海拔 4000 米左右的聂拉木镇沿波曲到樟木的 30 公里地段全为高山深谷，谷陡且窄，石木森然，植被葱郁，雨水极丰。其周围山体上常有流水飞瀑，有的立壁上竟达 11 道飞瀑之多。它们从高耸入云的山巅而下，经石壁和立松直达深谷，足有千米之高。车至樟木的途中，可以免费洗好几次车。

在去樟木的路上，见得最多的是瀑布、树和山。樟木境内有世界第 14 高峰——希夏邦马峰，有茂密的原始森林、雄伟的冰川和几十个大小不一的湖泊。喜马拉雅山在这一段展示它大异于常人心目中的一面。波曲峡谷曲乡段至中尼隧道一段，山峰壁立千米以上，高入云天，山面裸岩皆覆水，在阳光照射下像镜子一样光亮。附壁而生的松林直直往上，被道道飞瀑隔断，绝无攀爬的可能。这和绵绵雪峰的喜马拉雅景致完全不同。中尼隧道一段是观山景的最好位置。

交通： 樟木在冬季的时候，每周四有前往拉萨的大巴，第二周周二返回樟木。其他时间没有定期客车来往拉萨及其他地区，只可搭便车或租车。游客可在客运站或樟木宾馆查问。另外，尼泊尔常常有旅行团到拉萨，游客想坐便车，可以在宾馆联络导游或司机。日喀则每天都有到樟木的班车。

住宿： 樟木有樟木宾馆、财源宾馆、交通宾馆、虹桥宾馆、白玛饭店，标准间 100 元 / 间，也有很多小旅馆，只是不对外国人开放。

特别提醒：

1. 樟木口岸风光最好的地方是青布沟，可以非常清晰地感受到“一山有四季，十里不同天”。在海拔 4000 米左右的地方，生长着矮小的糙米桦，以及遍地的杜鹃。

2. 去樟木，无论是国内外游客均需办理边境证，国内游客如果有尼泊尔的旅游签证，可以不办理边境证。

3. 如果要前往尼泊尔一定要办理签证，否则是不能过境的。很多旅游指南上说可以携带身份证件过关游览某些地区，现在是不可能的。除了樟木宾馆的餐厅，镇上没有其他饭堂，最好自备干粮。

亚东

康布温泉

【据说可医治许多疾病的药用温泉】

温泉位于亚东县康布乡的上康布村一条狭窄的山沟里，沿着康亚公路蜿蜒北上，当你看到怪石嶙峋、云雾缭绕处时，就到了距帕里镇约27公里，距亚东县城47公里的康布温泉。温泉区域在山沟东侧山坡上，分布有14个泉眼，已经开发利用的有12个泉眼，各个泉眼水温疗效各不相同，可治疗风湿性关节炎、骨折、心脏病、头痛、麻风、妇科、水肿等30余种疾病。

“康布”在藏语中为“绵布隆”，汉语意为“药王沟”，康布有山、有水、有草、有树，还有丰富的矿石，土质肥沃，草原辽阔，加上上海援建的温泉康复理疗综合中心和康布电站的建成，为游客提供了更好的硬件服务设施。由于温泉的奇特疗效，这里建立了一个融理疗、休闲、保健、住宿、娱乐为一体的康复治疗中心。

交通：前往康布乡目前还没有班车，可以在亚东县包小车前往，价格要和司机商量。

多庆湖

【亚东县境内30多个大小湖泊中较大的一个】

西藏人中流传着一句话：来亚东有四件事，其中两件是泡温泉和吃亚东鱼，这里的亚东鱼就以多庆湖的为主。夏季的多庆湖倒映着卓木拉日雪山，是一道独特而美丽的风景，加之湖畔的奇花异草，是夏季旅游的好选择。

交通：位于亚东县堆纳乡多庆村，距县城80公里，行程约2小时。

卓木拉日雪山

【平均海拔7600米的喜马拉雅山第七座山峰】

又名神女峰，是古生代地层和喜马

拉雅山花岗岩所组成的断块山系。在西藏古老神话里，卓木拉日雪山和多庆湖被誉为神山圣湖，神女峰因多庆湖的依偎而更加妩媚动人。

交通：位于亚东县帕里镇，距亚东县城 50 公里。行程约 1 小时。

东嘎寺

【是亚东规模、影响最大的一座格鲁派寺庙】

建于 16 世纪初，至今有 500 多年的历史，是扎什伦布寺的分寺，是亚东规模、影响最大的一座格鲁派寺庙，而且是西藏现代史上一座具有重要意义的寺庙。

寺内现存有清末文物晒佛唐卡，寺内的壁画雕刻艺术也具有独特的观赏价值。1950 ~ 1951 年达赖喇嘛曾在此寺旅居 8 月余，其间（1951 年 7 月 16 日）他和中央代表张经武在此举行了具有深远历史意义的会谈，张经武转交了毛泽东主席给达赖喇嘛的亲笔信和和平解放西藏十七条协议的副本，为和平解放西藏奠定了基础，这次会谈被称为“亚东会谈”。寺内至今尚立有“会谈碑”。

该寺每年一度的藏历正月十五的展佛活动和酥油花会都吸引着东亚地区的群众，当地百姓带着青稞酒、酥油茶和水果在寺中、寺旁的旷地欢聚，此景又像二月后藏腹地人们才开始的春游逛林卡活动。

交通：位于上亚东乡西边山坡处，距县城 13 公里。

嘎居寺

【是一座独具风格的噶举派寺院】

寺庙东、西、南三面与锡金、不丹、尼泊尔、印度交界。寺内现存清代文物释迦唐卡、天王唐卡和第一次藏英战争期间驻藏大臣升泰所题赠的一块“大放光明”木匾。

交通：位于亚东县下亚东乡切玛村南部，在乃堆拉山北侧半山上，距县城约 10 公里。

多庆湖

实用资讯

交通

整个日喀则地区被318国道、中尼公路所贯穿。中尼公路是西藏最繁忙的公路线之一，往返于中尼两国的货运车辆穿梭于这条公路之上。这条公路沿线更是遍布着日喀则地区最著名的旅游景点及景区。每年的5～10月，许多国内外的旅行者都奔波于这条公路之上。

日喀则

日喀则是西藏交通中心，境内不仅有航班直达，公路也四通八达，318国道、日（喀则）亚（东）公路、拉（萨）普（兰）公路、中尼公路贯通东西南北。

飞机

日喀则和平机场位于日喀则江当乡境内，距离日喀则市区43公里，是西藏第五个民用机场。机场每周一、三、五有往返成都的航班。

交通：从机场乘出租车到市区大约1小时，费用在90元左右。

公路

日喀则市是西藏的交通中心，境内有318国道、日（喀则）亚（东）公路、拉（萨）普（兰）公路、中尼公路贯通东西南北。

拉萨到日喀则

每天7:00～12:00，在拉萨的青川藏公路纪念碑旁的西郊长途汽车站有长途汽车开往日喀则，客满即开，行车需4～5小时，票价50元左右。拉萨汽车站也有大巴前往，但行车时间较长，车票也较贵。私营的小车前往一般收费100元/人，满4人就可以走。

日喀则的安康客运旅馆对面的日喀则客运站有返回拉萨的班车。

日喀则往其他地区

开往各地的公营长途汽车比拉萨所

扎什伦布寺虔诚的信徒

发车辆少，只有开往拉萨及萨迦有定期班次。私营长途汽车有从日喀则到江孜、拉孜、拉萨等地的车。每日从清晨到15：00，汽车站外都有私营中型长途汽车开往江孜或拉孜，前往拉孜的乘客可在6：00～21：00在扎什伦布寺外的广场西侧等候。所有车辆均要坐满客才开出。在贡觉林路的工商局对面有到拉萨的车，或直接在街头等候，因为小客车会在街上拉客。

特别提醒： 日喀则到定日县有固定班车，车费为85元；日喀则已开通直达珠峰的班车，车费约为280元，车型为依维柯，正常情况下，行程为一天。但车次不固定，每周发车3～4班。

市内交通

日喀则城区不大，在市内步行就很方便。公交车票价1～1.5元，三轮车5元。出租车在市内运行一律收费11元。

江孜

目前，拉萨到江孜无固定班车。从日喀则到江孜一般是乘坐私人的桑塔纳拼车，35元/人，行程约1.5小时。

樟木

拉萨北郊客运站有直达樟木的客运班车，每周一班，周五11：00发车。全程771公里行程约15小时，票价220元。也有拉萨至拉孜（90元）、定日（139元）的中途班车可以搭乘。

亚东

拉萨到亚东

拉萨东郊客运站有前往亚东的班车，票价100元/人。也有小车前往，价格要和司机商量。

日喀则到亚东

城里的客运站有班车前往亚东，票价和拉萨发的车差不多。如果去江孜旅游可顺路前往亚东，可在加油站等日喀则发出的班车，一般中午有过路车。

住宿

日喀则地区除日喀则市区及中尼公路个别较大的县镇外，住宿条件较为落后。旅行者前往较为偏远的地区应当做好准备工作，睡袋和个人用品要准备齐全。如果只是前往日喀则市及周边旅游较为发达的景区、县镇等地基本不用为住宿担忧。

日喀则

在日喀则市选择住宿可以多考虑宾馆，很多宾馆的条件和设施都很不错，而且价格远远低于拉萨。

日喀则亚宾馆

是拉萨亚宾馆的连锁店，位于日喀则的青岛路上，从拉萨方向进入日喀则的旅行者很容易看到这家宾馆。住宿条件不错，但价格却低于拉萨的亚宾馆，而且不同于拉萨的亚宾馆，淡季可以讲价。标准间260元/间，淡季100元/间起。

地址： 青岛路22号

电话： 0892-8828333

日喀则饭店

相对比较老的酒店，但是房间采用藏式风格的装修，干净温馨，早餐也很丰富。24小时供应热水。标准间200～300元/间。

地址： 上海中路12号

电话： 0892-8822550

丹增旅舍

这是一家背包客聚集的老牌藏族家庭旅馆，类似于拉萨的八郎学。三层的艳丽小楼聚集着来自四面八方的客人。多人间 25 元 / 床，标准间 160 元 / 间。

地址：邦佳孔路 8 号，农贸市场对面

电话：0892–8822018，13648926889

日喀则定日县办事处招待所

这家招待所就在通往扎什伦布寺的步行街上，是一家离扎寺较近的小招待所。住宿环境不错，后面有停车场，有标准间、普通间和多人间，标准间 120 元 / 间，可以打折到 80 元 / 间。

地址：喜格孜风情街 6 号

电话：0892–8825700

桑珠孜饭店

环境舒适，早晚有热水供应。标准间 140 元 / 间起。

地址：贡觉林路 2 号

电话：0892–8822280

扎什伦布寺的六道轮回图

日喀则市第一招待所

属西藏住家式旅馆，通铺 15 元 / 床（3 ~ 4 人），厕所公用。

地址：位于扎什伦布寺的正前方

江孜

江孜的住宿比较方便，有舒适的宾馆，也有实惠的小旅馆和招待所。而且江孜人非常热情。

江孜饭店

是本地设备最齐全的涉外旅游饭店。中式、藏式标准间约 230 元 / 间。饭店的五楼还能看到江孜全景。甚至还可以骑上江孜代表吉祥的白色牦牛留影。饭店还可以租自行车。

地址：江孜镇英雄南路 4 号

电话：0892–8172222

江孜旅舍

双人间、三人间、通铺皆 20 元 / 床，没有洗浴设备。有自行车出租，2 元 / 小时。青稞酒 0.15 元 / 杯，馍馍 1 元 /6 个。

地址：江孜客运站朝拉萨方向走，过第一个与日喀则方向道路的交叉点后，就在路的左侧。

建藏饭店

涉外饭店，房间干净整洁，楼顶可观宗山城堡全景。标准间约 60 元 / 间。

地址：英雄南路 14 号

电话：0892–8173720，13908920205

定日

定日珠峰宾馆

进珠峰前最后一个条件比较好的宾馆，带卫生间的标准间约 330 元 / 间。不带卫生间的多人间 30 元 / 人。

地址：定日县协格尔镇珠峰东路 6 号

电话：0892–8262775

扎什伦布寺

餐饮

日喀则地区餐饮主要以川菜为主，在市区几条主要交通干道上都有不错的川菜饭馆和快餐店。桑孜宾馆后面的南大街上就有很多的餐馆“八瑞”瓷碗、藏式蒲团，以及灌肠、青稞酒、酥油茶、牛羊手抓肉等特色藏餐。解放中路汽车站附近的夜市气氛热闹，菜式也很丰富，以烧烤和火锅为主。而解放北路和珠穆朗玛路一带则是川菜馆和藏菜馆集中的地方。

购物

日喀则最有名气的是藏刀、地毯的制作。在市区的北部有一个集市，售卖各种日用品，是当地藏族百姓最常购物的地方值得去逛逛。此外，位于日喀则南部的扎西吉彩，以金银器加工出名，是西藏著名的手工艺之乡。在这里不仅可以买到各式腰刀、手镯、项链等，还能目睹手工艺的加工制作。

地毯

西藏地毯以江孜地毯最负盛名。江孜地毯也叫江孜卡垫，已有六百多年的历史。它以棉纱作经线，以毛线作纬线，纺织精密，经久耐用，颜色鲜艳夺目，不易褪色。地毯上的图案富有民族传统，有二龙戏珠、花草鸟兽、山水古画等花样。建议到日喀则青岛路上的桑珠孜商贸城购买。

拉孜刀

藏刀算是西藏最有名的手工艺品了。而其中以工布的“工布刀”和日喀则的“拉孜刀”最有名。男式藏刀粗犷锋利，女式藏刀秀气小巧，价格从几十元到数百元不等。

NYINGCHI 林芝地区

米林

墨脱

朗县

走遍中国 · **西藏**

NYINGCHI 林芝地区

“香巴拉”是藏族同胞心中深信的佛国乐土，一首歌词里这样描绘它“那里四季常青，那里鸟语花香，那里没有痛苦，那里没有忧伤，那里是神仙居住的地方”。林芝就如同诗词中描述的净土，鸟语花香，四季常青。有人这样描述西藏：阿里是沧桑的，山南与日喀则是凝重的，昌都、那曲是辽阔的，林芝是雅致恬静的。车轮旁奔跑的小黑猪、四周茂密的树林、云彩中偶露峥嵘的南迦巴瓦峰。身着工布服、头戴工布帽的藏族人等，都是这美丽画卷中美丽的细节。

林芝素有西藏江南之美称，山清水秀的林芝平均海拔3000米，气候湿润，景色宜人。其主要城镇和景区有尼洋河谷经济区、八一镇、帕龙藏布景区。其中首府八一镇位于尼洋河畔，是该地区政治、经济及文化中心。林芝东面及东北部与云南省、昌都地区相连，北面是那曲，西部和西南部分别与拉萨市、山南地区相邻，南部又与印度、缅甸两国接壤，边境线长达1006.5公里。林芝地区下辖林芝、米林、工布江达、墨脱、波密、察隅、朗县7个县，总面积约11.7万平方公里。

每年3～10月是入藏季节，也是前往林芝旅行的最佳时节，4、5月桃花正在盛开的时候。6～9月雨量较大，郊野景色显得特别翠绿，但大雨容易造成山路泥泞，影响交通。

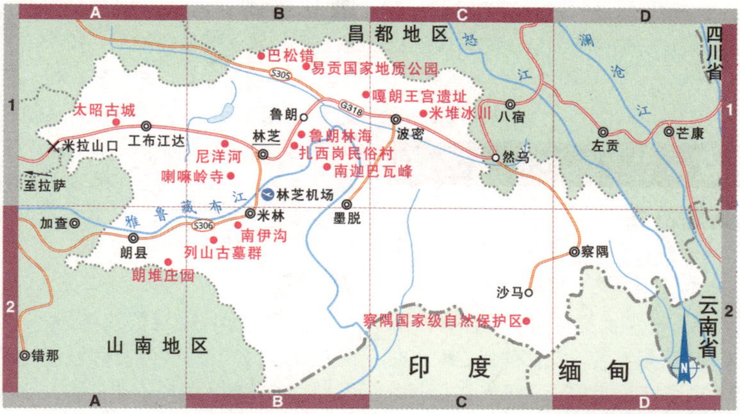

林芝地区旅游交通示意图

前世今生

林芝，藏语意为“娘氏家庭的宝座或太阳的宝座”，位于西藏东南部，平均海拔 3000 米，是西藏海拔比较低的地区。来自印度洋的雨水滋养着这个“西藏江南”，使这里气候湿润，景色宜人。

一批新石器时代的人类遗骨和墓葬群的出土表明，早在四五千年之前，林芝地区就已有人类从事刀耕火种的农业。这群最早生活在这里的先祖被称为“林芝人”。

林芝的历史最早被记录下来是在工布第穆摩崖石刻上：雅隆部落的第一代首领聂赤赞普，从波密来到工布的强妥神山。雅隆部落前后共经历七世，驻跸于藏南青瓦达孜宫。公元 1 世纪前后，因雅隆部落君臣之间发生权力争斗，第七代首领止贡赞普被杀，他的两位王子聂赤和夏赤逃回工布地区。后来弟弟夏赤从工布返回雅隆，成为雅隆部落的第八代首领布德功杰，而哥哥聂赤则留在工布地区成为工布人的首领，开始了工布土王的沿袭。

萨迦时期和帕竹时期（公元 13 ~ 16 世纪）的林芝，是藏传佛教噶玛噶举派的势力范围。随着 17 世纪甘丹颇章政权的成立，林芝地区被分封为阿沛、江中、甲拉等几家地方首领的领地，而现波密地方则长期处于割据状况。

1931 年，西藏地方政府将林芝波密地方划为波堆、波密两宗，墨脱地区改为墨脱宗。1951 年 5 月西藏和平解放。1960 年 2 月设林芝专区，专署驻林芝县。

旅行与季节

都说林芝的春天美，那是因为林芝有大片大片摄影师钟情的桃花。每年 3 月，林芝地区的桃花盛开，红遍尼洋河谷，而一年一度的桃花旅游节也在此时如期举行。如果想来赏桃花，一定要在 3 月中旬前赶到林芝。

桃花盛开转瞬即逝，所以，林芝最美的季节当数秋季。8 月一过，走出雨季的西藏便迎来了秋高气爽、云淡风轻的最佳时节。此时气温也刚好合适，一直到 10 月中旬以前，林芝地区都相当适合旅游。秋天的林芝是个色彩斑斓的世界。松林由绿变黄再变为金色，和远方的雪山相映成趣。秋季也是朝觐南迦巴瓦最佳时机。此时，天高云淡，只要虔诚守候，一定能有机会一睹南迦巴瓦的神貌。

焦点

■ 南迦巴瓦

终年云雾缭绕的南迦巴瓦从不轻易露出真容，据说只有有缘人才能看到它的真面目，也因此更增加了它的神秘感。只有当它展露真容，伟岸的身姿屹立在湛蓝的天幕下傲世群山，阳光在它纯白的峰顶光芒璀璨，你才能从中窥视它的遗世独立的风姿。

■ 尼洋河

静静流淌的尼洋河传说是山神悲伤的眼泪。然而，山神的泪水同时也是纯美无瑕的，清澈、翠绿，河岸桃之夭夭，四周绿树掩映，远处还有皑皑雪峰的点缀，尼洋河之春常常让来过这里的人无法忘怀，一直惦念。

■ 雅鲁藏布大峡谷

高山峻岭间的雅鲁藏布大峡谷不仅是世界第一大峡谷，也是《中国国家地理》评选出的中国最美峡谷之首，幽深的谷地、激荡的河水、从热带到寒带截然不同的自然景观，复杂恶劣的地质条件，让这里成为徒步者的梦想之地。

■ 鲁朗

有人说，这是一个“叫人不想家”的地方，水草丰美的草甸上开满各种小花，报春花、紫苑花、马先蒿花……如繁星点缀，还有溪流蜿蜒、清泉叮咚，质朴的木楞屋、木篱笆散落其间，远处青山环绕，白云悠悠，还有南迦巴瓦若隐若现。

■ 巴松错

巴松错是著名的神湖，如养在深闺的美人，虽然深藏，却盛名在外，碧绿的湖中镶嵌着宝石般的小岛，从湖岸到山岭是层林尽染的树木，远处还有雪山矗立，点缀着蓝天白云下的湖面，所以也被称为“小瑞士”。

■ 墨脱

墨脱这个“隐秘的莲花圣地”，隐藏在雅鲁藏布大峡谷的深处。有人说，在到过墨脱的人面前不要言路，可以说这世上没有比到墨脱更难走的路了。这里是我国最后一个通公路的县，也是一块充满了神秘色彩的净土。

行程推荐

■ 假如你有 2 天时间

必游景点：巴松错、尼洋河

可以尝试：观“绿宝石”巴松错，观尼洋河风光

D1 早上从八一镇出发中午到达巴松错景区，沿途可顺路游览松赞干布诞生地、米拉山口、阿沛庄园、千年古柏园等地。晚上宿巴松错度假村或八一镇。

D2 游览尼洋河沿岸风景，中午返回拉萨。

■ 假如你有 2 天时间

必游景点：巴松错、尼洋河、南迦巴瓦峰

可以尝试：游览巴松错，朝觐南迦巴瓦

D1 游览巴松错，宿景区或八一镇。

D2 前往中心码头乘船去派镇，或租车直接去派镇，游览苯日神山、南迦巴瓦峰及雅鲁藏布江一号拐弯处等。晚上宿码头或派镇或返回八一镇。

D3 返回拉萨

每年春天林芝满山的桃花开遍，别有“西藏江南”的味道

■ 假如你有 5 天时间

必游景点：尼洋河、鲁朗、南迦巴瓦、然乌湖、巴松错

可以尝试：观尼洋河风光，朝觐南迦巴瓦，观鲁朗田园风光，流连然乌美色，观巴松错美景

D1 上午从拉萨出发，经达孜、墨竹工卡，过 5013 米的米拉雪山，赴海拔仅 2500 米的西藏江南林芝。沿途欣赏尼洋河河谷风光。宿林芝八一镇。

D2 上午参观千年巨柏神树，驱车鲁朗镇，沿途有海拔 4700 米的色季拉雪山，海拔 7782 米的南迦巴瓦雪峰，然后到达鲁朗林场，在此品尝鲁朗石锅鸡。最后前往有“西藏的瑞士”之称的波密。宿波密。

D3 驱车 100 里赴波密然乌湖，沿途是雪山、经幡、牛羊牧歌，在湖边品尝然乌鱼、然乌野味，返回波密。宿波密。

D4 沿波密河谷行驶回林芝，再一次领略通麦天险、易贡大桥风姿。宿林芝。

D5 从林芝返回拉萨，途中观巴松错湖心小岛美景。

预算

外出旅行根据个人的经济状况决定支出多少，如果是时间充裕可选择搭乘长途车或与人合租车辆，住宿及饮食根据个人而定，以下预算仅作参考。

交通：林芝旅游交通费是一笔大的开销：林芝八一镇距离林芝各景点距离都比较远，最好的方式是自驾或者包车。从八一镇距巴松错 120 公里，租一台北京吉普往返约需 800 元；从八一镇到鲁朗林海往返价格为 800 ~ 1000 元；从八一镇到然乌湖价格较高，有的要价在 4000 元左右，途经波密和米堆冰川。

食宿：林芝地区的特色餐饮比较多，雅江鱼、巴河鱼、藏香猪、青冈菌及其他菌类，游客来到这里多喜欢食用这些具有特色的菜品，所以开销会比较大（提前看好价格）。在林芝还可以吃到新鲜松茸。一份的价格在 150 ~ 300 元。住宿方面，在主要城镇可根据自身条件选择住招待所及宾馆。

工布江达

米拉山口

【是拉萨与林芝地区的分界山口】

海拔5013米的米拉山天更蓝、云更白，氧气也更稀薄，这是拉萨与林芝地区的分界山口。米拉山因其高大雄奇而成为此地藏族同胞心目中的神山，山口上飘荡着许多祭山的经幡和印有经文的字条，但在山口的最高处，矗立着一座写有“雪域之舟”的西藏牦牛石雕像。

交通：位于川藏线拉萨至林芝的必经之路上，一般旅游车和包车的司机都会停下来让游客拍照。如果乘长途车，此地一般不作停留。

尼洋河

【有工布地区的“母亲河”之称】

尼洋河是雅鲁藏布江的五大支流之一，发源于米拉山侧古冰川作用的围谷，全长307.5公里，当地称“娘曲”，传说是神山悲伤的眼泪。尼洋河河水清澈而湍急，雅江水浊而流速缓慢，尼洋河水汇入雅江后，逆流而上，形成江水倒流奇观，有工布地区的“母亲河”之称。

米拉山是拉萨河与尼洋河的分水岭。尼洋河中游以下河面已渐宽，水流也渐渐平缓，此段的尼洋河风光已渐入佳境，有青藏高原“江南式田园风光”的美称。

尼洋河风光带景区，起始于达则村，止于米瑞德木寺，沿米瑞公路散布着无数的旖旎风光和历史遗迹。岸边青山绿树、大片大片的牧场草原，成群的牦牛绵羊在蓝天白云下漫步。

尼洋河主要景点有达则寺、两江交

背包客收藏：尼洋河中流砥柱

在尼洋河峡谷中，一块如四方印章的巨石矗立在尼洋河激流中心。河水冲击到这块巨石上，溅起一片浪花，翻滚激荡，夺路而去。人们将这块石头称为“中流砥柱”。这里是摄影人驻足的地方，景色优美，尤其春秋两季。

尼洋河春色

太昭古城

汇处、苯日神泉、第穆摩崖石刻、古藏医学院遗址等。米林县至派镇的雅鲁藏布江行船旅游线路开通后，可乘游船欣赏南迦巴瓦峰雄伟的景观和雅鲁藏布江峡谷风景。而尼洋河上的高原漂流则是亲近河流刺激而又美好的记忆。

地址：距新建林芝米林机场 15 公里

交通：乘拉萨到八一镇的班车，过米拉山山口后沿路即是尼洋河风光。

太昭古城

【唐蕃古道上的重要驿站，清末曾是西藏的重镇】

自古进藏有 4 条路——青藏西道、青藏中道、青藏东道、川藏驿道，除青藏西道以外的 3 条路都要经过太昭村。川藏古道及青藏古道中路、东路的交会点就在这里，所以这里又称为唐蕃古道驿站。唐代，这里已是西藏的重要城镇之一，相传唐朝文成公主进藏时，曾路经此地并小住。元朝即开始设立驿站，清朝慈禧太后曾派遣四川将军赵尔丰入藏驻守，后因镇压辛亥革命，慈禧太后下令赵尔丰回内地，于是赵尔丰奉“太后诏书”返回，由此得名“太昭村”。清末，清政府在此设立太昭宗，当时人口众多，市镇繁华，店铺林立，有著名的小八角街和 4 个香火鼎盛的庙宇，是清末西藏经济、文化、交通的重镇。

太昭古城保存完好，仍依稀可见当年规模，当年尼洋河上的大桥遗址还在，弯弯曲曲的唐蕃古道与川藏公路隔河相望。

交通：拉萨至林芝的路上，距拉萨 200 多公里。

布如沟温泉群

【林芝有名的温泉群，不仅分布多，且各具特色】

布如沟温泉是由岩石中渗出，泉口热气腾腾，雾气缭绕，岩壁凹凸不平，天然成趣。其中有一碗口大泉眼，旁边树木花草四季常绿，白雾环绕。温泉群水温在 40℃ ~ 50℃且含有多种微量元素，能治疗多种疾病。温泉群分别由“布如温泉”、“喇嘛温泉”、“尼姑温泉”组成，这里不仅有典型的高原温泉群，风景也十分迷人。

时间：8：00～19：00

交通：距工布江达县娘蒲乡8公里左右，不通汽车，山路蜿蜒曲折，需骑马进入，行程约1小时。

巨柏林

【雅鲁藏布江特有的柏树，有“世界巨柏王”之称】

柏林藏语称为“桂辛秀巴”，在巴结乡散布生长着数百棵千年古柏，塔形的树冠以及挺拔的树干十分惹眼，这就是西藏古树——巨柏。它们平均高度约30米，胸径为100厘米，其中有一株高达50多米，直径近6米，树冠投影面积达666.6平方米有余，几个人都合抱不过来。经过测算这株巨柏的年龄已有2000～2500年之久，被当地人视为“神树”。相传，本教开山祖师辛饶弥沃的生命树就是古柏，所以林中那些最大最古老的树身上总是缠挂着风马旗，树林中还到处是嘛呢堆，常有信徒远道前来朝拜。

交通：巨柏林位于林芝县城公路边，交通方便，搭乘林芝县城的长安面包车可以直接抵达。返回时需在路边等候林芝县城返回的面包车。也可以沿尼洋河徒步前往古柏林，约需1小时。

门票：15元

巴松错

【是宁玛派的一处著名神湖和圣地】

巴松错又名错高湖，藏语中是“绿色的水”的意思，湖面海拔3700多米，湖面面积达400多万平方米。

巴松错

巴松错湖水清澈见底，四周环绕的雪山倒映其中。黄鸭、沙鸥、白鹤等飞禽悄然浮游在水面，湖中则是游鱼如织往来穿梭，更显得一派宁静。距岸边大约 100 米处有座小岛名为扎西岛，传说这是一座“空心岛”，也就是说，此岛是漂浮在湖水上的，当然这只是传说，你可以实地去考察一番。扎西岛离湖边 50 余米，当地的老渡工手划渡船搭载游客前往，每人 2 元。湖西北还有一块 5 平方米大的巨石，大石中心有可供一人钻过的洞，据说钻此洞可消灾除病。

交通：从八一镇出发包车前往巴松错 800 元 / 天，一般可乘 6 人。从拉萨出发，4 小时可到巴松错，全程 360 多公里，皆为柏油路，需小心行驶的路段是海拔 5000 多米的米拉山口。从拉萨租车往返约需 2600 元，旅游班车往返约需 240 元。如果是从成都走川藏线过来，也可在林芝县政府所在地八一镇租车到巴松错（全程 128 公里左右），往返约需 320 元。

门票：成人 140 元，儿童 70 元。

住宿：巴松错湖边有几家招待所。其中最方便的就是巴松错度假村，有各种档次的房间和别墅，价格从 20 元至数百元不等。这里的优点是距离扎西岛很近。当然，以巴松错的环境，在湖边露营也完全不成问题。

特别提醒：

1. 每年藏历四月十五，是巴松错转湖节，各地信徒会来此朝圣转湖，非常热闹。巴松错有条很明显的徒步小路，不会迷路，徒步旅行一般需 2 天，可以自带帐篷。

2. 这里的食宿价格有点高，如果可能还是自己多带些吃的。

3. 巴松错最好的季节是秋天，天高气爽风轻云淡，从湖岸到山岭漫山遍野皆层林尽染，丰富的色彩、静逸的环境，是摄影的大好时机。想拍到扎西岛的全景需爬到巴松错度假村背后的山上。

4. 到湖心扎西岛需要乘坐摆渡木筏。木筏并不以桨摆渡，而是通过手拉一根贯通小岛和湖岸的钢缆“摆渡”。

错宗工巴寺

【一座充满传说的玲珑小庙】

这是岛上一座面积不足 200 平方米的寺庙，始建于吐蕃赞普时期，是宁玛派寺庙，距今已有 1500 多年的历史了。庙内主供莲花生，在一尊大威德金刚塑像脚下，两块天然鹅卵石上面有一凹进的圆窝，传说是格萨尔王征战此地时，战马留下的蹄印。

与错宗工巴寺一样，这座不大的小岛上还有着许多神奇传说：格萨尔王挥剑于石头上留下的剑痕、树叶上有自然形成的藏文字母的“字母树”、松赞干布在石上留下的足印、莲花生洗脸的神泉。

求子洞

【传说曾被莲花生大师加持过的求子处】

巴松错南岸一处小溪边，还有一个充满神奇传说的“求子洞”，在一块大石上有一宽 20 多厘米，深约 40 厘米的小洞，洞中有一圆形突出的石头，整个造型似女性生殖器。传说这个小洞曾被莲花生大师加持过，来此求子甚为灵验。离此不远的沙滩上，还有“莲花生修行洞”。湖西岸有“格萨尔王试剑处”，据说在每年的藏历四月十五那天，会在碧蓝湖水下面的湖底中心线长出一条长长的白色带子，当地人盛传那是献给格萨尔王的一条巨大的白色哈达。

背包客推荐：巴松错住宿

巴松错国吉农家乐

床位 50 元 / 人。

地址：林芝工布江达县巴松错景区内

电话：13658946216，13518947373

林芝

桃花沟

【一处天然野生桃林，春天景色迷人】

林芝县城东南方向约 5 公里处的一片天然野生桃林。此沟三面环山，高处有水源，四周林木葱茏，终年碧绿苍翠，涧有流水，清澈见底，每年春季桃花漫山遍野，景色迷人。

交通：在林芝县城乘出租车前往，车程 10 分钟。亦可步行前往，需 1 个多小时。

特别提醒：每到 3 月，桃花沟便聚集了大批摄影爱好者。一年一度的林芝桃花节也在此时拉开帷幕。为了方便拍摄，可以住到桃花沟藏族同胞家中，而八一镇的宾馆大多也在此时价格上浮。

秀巴古堡

【一处堪称奇迹的古建筑】

古堡也叫戎堡，也就是通常所说的烽火台，在林芝境内有多处古堡群，以秀巴古堡群规模最大、保存最为完整。经考证，秀巴古堡始建于唐朝后期，距今已有 1000 多年，如今已被荒废。古堡群由 5 个高低不同的堡垒组成，间距为 30 ~ 50 米，各个堡垒相互呼应，互为犄角。

相传，古堡是松赞干布在征战中，为方便军队之间的联络及屯兵和防御而修筑的，所以这些古堡具有统治标志性。古堡在西藏各地均有分布，其建筑风格根据各地的风情和建筑材料而定，有石片砌成的、泥垒的、木质的 3 种。

秀巴千年古堡属片石、木结构，整

秀巴古堡

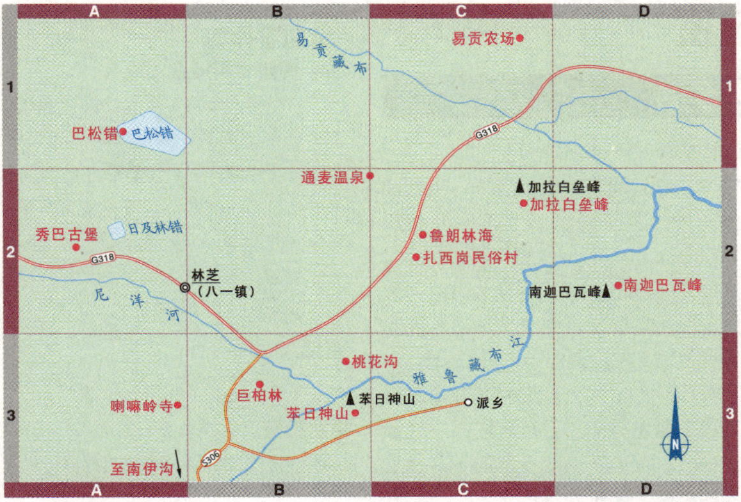

林芝平面示意图

个古堡是由片石和木板搭建而成，内部中空，上不封顶，外观呈现出十二面十二棱柱的几何体，内为规则的八角形。堡垒墙体厚约 2 米，非常坚固，内侧则嵌有木板，可供防守一方登顶攻击。古堡顶层设有瞭望孔，可随时观察方圆数十里敌军的一举一动；而防御时亦可向来犯敌人射箭，有效地射杀对方。堡顶还可燃放狼烟，向远处友军传递信号，请求支援。

另外，古堡周围也经过一番精心布置，以石砌房屋环绕，高低互为策应，形成了一个易守难攻的防守体系，可谓固若金汤。古堡历经千年风雨，依然雄伟挺拔，异常牢固，真实展现了 1000 多年前藏民族精湛的建筑工艺。一批现代建筑专家、军事专家实地考察古堡后，都啧啧称奇，认为在当时的条件下完成如此浩大工程，完全是一个奇迹。

交通：在从工布江达县到林芝县的路上。

门票：100 元

喇嘛岭寺

【属藏传佛教的宁玛派寺院】

寺院三面环山，面对尼洋河河口三角洲。寺院周边环境良好，寺内各色花草争奇斗艳、千姿百态。寺院内佛殿也别具一格，独具神韵，佛殿呈塔形，高约 20 米，内径约 10 米，上覆金顶，下映斑斓；彩珠环绕，檐角飞天；四壁分别为白、蓝、红、绿四色，外观和谐一致。佛塔内底层供奉莲花生大师，二层为观世音之像，三层是无量光佛。佛塔外底层和二三层分别为二十角和八角屋檐，整座殿为土木结构，融合了藏汉民族不同的建筑艺术风格。

交通：距八一镇约30公里的尼洋河下游右岸，八一镇长途汽车站每日有前往喇嘛岭寺的班车，建议提前一天到车站购票。

门票：30 元

波密

古乡湖

【藏东南著名的淡水湖之一】

古乡湖是波密的母亲河——帕龙藏布的一段，距县城35公里。古乡湖海拔2600米，长5公里，宽1～2公里，最深处20余米；成因是古乡后山的“雄陆给尼”冰川暴发，由卡贡弄巴形成巨大泥石流堵塞帕龙藏布而形成。

群山环抱中的古乡湖湖面开阔、碧波荡漾、景色秀丽。因其海拔低，气候好的缘故，古乡湖南北两岸均为四季常青的松杉林，风景秀丽迷人。另外，古乡湖也蕴藏着丰富的鱼类资源。这里生长着铲齿裂腹鱼、锥吻重唇鱼、“扎木鱼”等10余种名贵鱼种，沿岸都是垂钓的好去处。

交通：位于波密县城西部，前往古乡湖需在波密县城包车前往。县城中心广场有很多载客揽活的车辆，具体费用要和司机商量。

背包客推荐：

古乡国际青年旅舍

旅舍位于波密县古乡村（318国道边），距波密县30公里，为典型的藏式民居建筑。附近有古乡湖、嘎朗湖（天池）、岗乡自然保护区、易贡地质公园等景区。旅舍位于原始森林、雪山、湖泊之中，前100米是帕龙藏布，上面是众多雪山，后面是茂密的原始森林。

电话：13628946716

特别提醒：包车需看好车况再作决定，这一地区有很多运营车辆都没有牌照。

岗乡自然保护区

【以名贵的云杉为主要植被的自然保护区】

海拔2700米左右的保护区山水相连，古木参天，以名贵的云杉、华山松为主，这里的云杉不仅多，而且产量很高，是我国东北林区云杉产量的4～5

古乡湖

岗乡杉林自然保护区

倍，是北美、西欧等地的 3 ~ 4 倍。春秋两季是这里最美的季节，如果 3 月底 4 月初，在通往岗乡自然保护区的道路两旁野生桃花争奇斗艳；金秋十月前往，更是景色宜人。

交通：位于波密县城以西 22 公里处的帕龙藏布河畔南侧，前往只能包车或自驾车，要提前询问好路况。包车的话，来回费用约 200 元。

多东寺

【波密县城附近的一座佛教寺庙】

多东寺的金顶宝幢在阳光的照射下显得格外耀眼，大殿内雕梁画栋、油彩壁画五彩缤纷、供奉的佛像形态各异，显现出宗教场所特有的神秘与庄严。

交通：波密县城西南部，距县城约 3 公里。

噶瓦弄巴、噶弄天池

【为莲花生大师的修行地之一】

从多东寺沿扎墨公路向上，可达有着莲花圣地之称的——噶瓦弄巴和噶弄天池。汽车南行穿过云杉红松林沿途的悬崖上面，高高的雪山冰峰拖着长长的冰川。

作为圣地的噶瓦弄巴少不了许多古老的传说，这些传说给这里增添了神秘的色彩。相传，噶瓦弄巴是莲花生大师的修行地之一，所以它是莲花圣地，藏语“白马岗”的重要组成部分。还有一个传说是，开天辟地之时，南赡部洲为 18 个魔王所占领，波密地区的魔王伤害人畜。后来，“关公”出兵征讨，大败魔王于白马岗。噶瓦弄巴就是白马岗的斩魔台。

交通：没有长途车前往这两地，除去在波密县城包车前往外，也可以搭乘前往墨脱县运送货物的卡车，具体价格要和卡车司机商量，一般 50 元 / 人。

特别提醒：欣赏噶弄天池，最佳时间是 7 月底～ 9 月上旬。

宋东巴热神山、盔甲山

【波密境内两座遥遥相望的雪山】

从波密县城出发，沿川藏公路东行40公里，就到了松宗镇格尼村。向东望去，在松宗镇政府后面耸立着高高的雪山，左边的雪山是宋东巴热神山，右边的雪山是盔甲山，两座雪山犹如一对亲兄弟耸立在云间。

民间传说，绕宋东巴热神山转一圈，即可成佛。盔甲山是宋东巴热神山的主峰之一，原名宁波查日，其接近山顶部分全由石板岩层构成，经风化形成金字塔一样的形状。每年夏秋季，积雪在石板岩上化掉一部分后，远远望去，显出与布达拉宫一样的城堡图案，也像古代兵勇所披盔甲上的花纹，所以叫盔甲山。

交通：可以从波密包车前往游览，班车一般在此地不停留。

米堆冰川

【被《中国国家地理》杂志评选为中国最美的六大冰川之一】

米堆冰川发育于察隅县，东起雅弄冰川，西止贡生恶勒。波密南山东端处主峰海拔6800米，雪线海拔只有4600米，朝向西南，长20公里左右，末端海拔2400米，由两条世界级冰瀑布汇流而成。米堆冰川位于北纬29°，但冰川末端却比近北纬44°的天山博格多山的冰川还要低，也是世界上海拔最低的冰川，这是我国现代冰川的非常特殊的现象。

米堆冰川的冰瀑布之间分布着一片郁郁葱葱的原始森林。周边山花烂漫，林海葱茏舞银蛇。米堆冰川高处随处可见晶莹闪烁的冰盆绝壁，动人心魄；低处的冰川末端却可以一直延伸到亚热带常绿阔叶林中，如入仙境，曾被《中国国家地理》杂志评选为中国最美的六大冰川之一。

交通：位于玉普乡米美、米堆两村，不通班车，建议包车或自驾车前往。可从波密或者然乌包车，约2小时到达米堆村。从景区门口到冰川还有约7公里的路程，可以选择步行30

背包客收藏：关于波密县和波密王

波密县位于西藏东部喜马拉雅山脉与念青唐古拉山脉交会地带，在川藏公路83道班与103道班之间。

波密藏语为“波窝”，意为“祖父”。这里属山地丘陵，四周为山地，中部为河谷区。全县平均海拔4200米，河谷地带海拔2000米左右。主要河流有帕龙藏布、易贡藏布河，两条河相汇于通麦后，流进世界第一大峡谷雅鲁藏布大峡谷的大拐弯处。从波密县城往西行，通过卡达桥后朝西北方向，翻一座小山，合计行程约30公里，就进入了古乡嘎朗村。地势平坦的嘎朗村下面，便是碧波如镜的嘎朗湖。站在岸上俯瞰湖水，四面的雪山、森林、村庄、田园尽收眼底，周围的景色更显秀丽神奇，令人心旷神怡。在这里可以听到许多富有神奇色彩的民间传说。

嘎朗是人杰地灵的圣地，1717年以前这里是嘎朗部落首府驻地。茂密的森林之中，宽阔的平台屯驻千军万马，是任何外来之敌难以预料的；易守难攻的地理优势很容易使人联想到“一夫当关，万夫莫开”的成语典故，也难怪历史上的波密王能够与势力雄厚的西藏地方政府对峙多时。站在嘎朗王宫的遗址上，不难领略当年波密王不可一世的雄才和霸气。

察隅

分钟左右到观景台观赏冰川，也可以选择步行约3小时去攀爬冰川。乘车的话，20分钟左右能到冰川脚下。

门票：90元，向导10元/人。

易贡国家地质公园

【在青藏高原上看到的、典型的亚热带风光，被遗忘的“香巴拉”】

易贡藏语意为“美丽”，以世界罕见的特大山崩灾害遗迹和中国最大的海洋性现代冰川群为主体，包括易贡藏布-易贡湖、巴玉、古乡和许木四大景区，是一个拥有面积达2160.6平方公里的露天“地质灾害博物馆”。易贡河谷海拔最低1900米，最高2300米，年均气温11.4℃，年降水量960～1100毫米。由于受雅鲁藏布江水汽通道的影响，易贡的风光具有典型的亚热带味道，森林密布，山清水秀，四季如春。

进入易贡藏布可以欣赏到曾经闻名百年，而今被冲毁的易贡湖遗址；从易贡公堆村上去10公里，可以观赏山高谷深，悬崖峭壁的八盖谷“天险”。这里的山像刀切的一样整齐，这里的水如从天而泻。当地人称之为“莲花生浴水”的瀑布，可赞为诗与画的节拍——水流妩媚秀丽，水声动听悦耳。

交通：位于波密县易贡乡。只能包车前往。

嘎朗王宫遗址

【嘎朗王朝在100多年前留下的遗址】

它依山而建，伴着嘎朗湖，一年四季“静看闲云野鹤，闲听花开花落”。相传100多年前由吐蕃王朝第十七代赞普止贡赞普的儿子夏赤建立的嘎朗王朝，历经53代之久，最后王朝覆灭，王室之人纷纷逃难，留下行宫遗址，直至今日。

交通：位于波密县城西南，距县城15公里左右，建议包车或自驾车前往。

察隅自然保护区

【一个保持了原始森林和珍稀动物的自然保护区】

保护区由慈巴沟自然保护区、天朱村自然保护点、拉木弄巴沟自然保护点三部分组成。保护区内无人居住。

慈巴沟自然保护区以保护自然生态系统为目的；天朱村自然保护点以保护亚热带原始针叶高产林为目的，这里的云南松林原始景观完整；拉木弄巴沟是亚热带常绿阔叶林自然保护点。在整个保护区内，除森林原始景观外，珍稀野生动物也是一个重要的组成部分，其中有孟加拉虎、熊、豹、穿山甲、金雕、绯胸鹦鹉、蟒等。在未建保护区之前曾有少数猎人入沟狩猎，使珍稀野生动物数量有所下降；建立保护区后，狩猎现象基本被杜绝，区内野生动物数量大量增加。

交通：前往察隅县没有长途车前往，只能在邻近的波密或是八宿包车，或是自驾车前往。

米林

南迦巴瓦峰

【位列世界第十五位的高峰，有“冰山之父”的美誉】

南迦巴瓦峰藏语意为“直刺蓝天的战矛”，主峰高 7782 米，高度位列世界第十五位，此前 14 座的海拔均在 8000 米以上。因其整体落差大，周边动植物多样，曾被评为中国最美的雪山。南迦巴瓦峰山脚处温泉众多，植物异常繁密，是理想的探险登山及疗养胜地。从林芝八一镇到米林，行程 75 公里，再沿雅鲁藏布江东行 91 公里，继续北上至格嘎，然后步行到当嘎，这里就是南迦巴瓦登山大本营。

交通：观看南迦巴瓦峰有两个地点：一是川藏线波密到八一镇的路上；一是直白村和直白观景台：先从林芝乘班车到八一镇。每天早上 8：00 左右在八一镇桥头有中巴车前往，票价约 60 元，行程 4 小时左右。然后从派乡包当地的车或是徒步前往直白，包车费用为 200 元左右。直白村距离南迦巴瓦 5 公里，沿路风光壮美，在距直白村约 10 公里的路上有观景台可以看到整座南迦巴瓦峰。也可以

南迦巴瓦峰

背包客推荐：南迦巴瓦徒步线路

在南迦巴瓦附近，有多条比较好的徒步线路，难度不大而又风景绝美，其中两条比较知名：一条是去南迦巴瓦大本营和那拉错；另一条是“转加拉”，也就是当地藏族群众转山看南迦巴瓦和加拉白垒的线路。当然，也可以将两条线路连在一起，需要 5 ~ 6 天的时间。

D1 派镇码头—吞白村—索松村—达林村—赤白村

D2 赤白村—赤必供—江久住—落目沟桥—普巴住—加拉村对岸摆渡口

D3 加拉—直白大草甸—直白大拐弯—直白—格嘎大桥—南峰第一大本营

D4 南峰第一大本营—那拉错宿营地

背包客推荐：南迦巴瓦周边住宿

大峡谷客栈

房间干净整洁，床位 40 元 / 人，可与店主一起搭伙吃饭，人均 30 元。

地址：米林县派镇直白村

电话：西洛 13889043677

土登次仁 13648942995

巴青农庄

农庄坐落在南迦巴瓦脚下一个宁静的小山坳里。这里群山环绕，绿树成荫。两层小楼充满浓郁的藏族风情。二楼有几间视野开阔的观景房，躺在床上就可以看到南迦巴瓦峰。床位 50 元 / 床，观景房 300 元 / 间。

地址：米林县派镇直白村

电话：0894-5998882，13618948568

请向导带路，徒步前往南迦巴瓦峰大本营，约 3 小时能到。

门票：进入派镇后需购买门票，一种是徒步票，150 元 / 人，一种是徒步 + 游览车 + 一顿饭，260 元 / 人。

特别提醒：1. 朝觐南迦巴瓦峰最佳时间段为 10 月～次年 4 月。这一时节降雨不多，空气干爽，能见度高，能够远观南迦巴瓦的最美风采。色季拉山口 7：00 是观看南迦巴瓦峰的最佳时间。从八一镇 6：00 出发，经 75 公里即抵达。

加拉白垒峰

【一座传说中的无头之山，与南迦巴瓦峰遥相对望】

加拉白垒峰海拔为 7294 米，与世界第十五高峰南迦巴瓦峰遥相对望。

关于南迦巴瓦峰和加拉白垒峰有一个广为人知的传说。相传很久以前，上天派南迦巴瓦和加拉白垒镇守东南。弟弟加拉白垒勤奋好学，武功高强，个子也是越长越高，哥哥南迦巴瓦十分嫉妒。于是在一个月黑风高之夜将弟弟杀害，将他的头颅丢到米林县境内，化成了德拉山。上天为惩罚南迦巴瓦的罪过，于是罚它永远驻守在雅鲁藏布江边，永远陪伴着被他杀害的弟弟加拉白垒。这个传说，很生动地解释了加拉白垒峰的特点：我们现在所看到的加拉白垒峰峰顶呈圆形，因为它是一座无头山。南迦巴瓦则大概自知罪孽深重，所以常年云山雾罩不让外人探窥。

色季拉山

【观赏著名的南迦巴瓦峰的绝佳位置】

色季拉山，位于林芝县以东，属念青唐古拉山脉，是尼洋河流域与帕龙藏布的分水岭，为川藏公路所跨越。

色季拉山上建有观景台，这里是观赏著名的南迦巴瓦峰的绝佳位置，观赏最佳时间在每年的 9 ～ 10 月。从色季拉山的观景台，运气好的话，可以观赏到南迦巴瓦的山腰。再登临海拔 4728 米处的山口，还可观日出、云海和无际的鲁朗林海。

色季拉山最负盛名的是它的杜鹃花。每年的 4 月中旬到 6 月底，杜鹃花自山脚至山顶依次开放。尤其是进入 6 月份，整座山上的杜鹃花全部绽放，黄色、白色、紫色、大红、浅红、粉红等，形成花的海洋，气势极为浩瀚壮观。色季拉山的杜鹃花面积大，品种多。全世界的杜鹃花约有 850 种，我国约有 460 种，其中西藏 170 种，占世界杜鹃花品种的五分之一。林芝县色季拉山区域里，海拔 2900 ～ 5300 米范围内密布杜鹃花，以直线距离测算，面积达 1000 多平方公里，品种达 25 个之多。

交通：除了自驾和包车，从八一镇每天有到

南伊沟风景区，珞巴族部落山庄

鲁朗的班车和面包车，路过色季拉山口，可随时停车。

特别提醒： 最佳游览季：观杜鹃最佳季节在每年4～6月，观南迦巴瓦最佳时节在9月。

扎西岗民俗村

【风景美如画的民俗村】

扎西岗民俗村是近年来开发的一个旅游景点，距离八一镇约70公里。这里民风古朴、风景如画，有“东方瑞士风光”、“奥地利田园风光”的美誉。

很久很久以前，扎西岗村是一个名不见经传的小村，当时人们都称它为“坡上的村庄”。这个意为“吉祥坡”的名字相传是文成公主所取。

传说文成公主途经此地休息时，被鲁朗犹如仙境般的风光所吸引。文成公主不由得赞叹：真是个吉祥宝地啊！这里才是人间天堂！是我们心中的“香巴拉”！随行的官员听到文成公主的赞叹，便建议把这个村庄起名为“扎西岗”（藏语意为“吉祥坡”）。

交通： 扎西岗民俗村距离八一镇不远，可以从八一镇包车前往。八一镇每天早晨都有唯一的一班车到波密，中途可以在鲁朗或扎西岗下。

住宿： 扎西岗村有很多家庭旅馆，充满了浓郁的藏式风情。这些民居掩映在蓝天白云下，十分漂亮。这些家庭旅馆的环境不错，每人每天30～50元，除了住宿，还出售一些当地的特产，比如藏香猪肉等。

特别提醒： 最佳旅游季：每年4～10月

南伊沟

【地球上最高的绿色秘境】

南伊沟，位于西藏米林县南部的南伊乡境内，距县城5公里，有“藏地药王谷”之称，又有“小江南”之称，是藏医药文化的重要发源地，也被誉为“中国绿色峰级的森林浴场”。

南伊沟的景色是独一无二的。沟内生态保护完好，气候湿润，平均海拔仅为2500米，动植物资源十分丰富，这里有保护完好的天然原始森林和植被，既有高大的针阔叶混交林，又有牧草丰盛的草甸。群山环抱，云雾缭绕，春天有满山的桃花杜鹃，秋天有满山的红叶。

景区内著名的景点包括珞巴民俗

村、藏药观赏园、千年云杉王、扎贡原始森林、甘露洞（藏医药鼻祖玉妥·云丹贡布大师行医授徒之地）等。

交通：可从林芝八一镇包车或者搭车直达。景区内的交通线路为：游客服务中心停车场—（南伊沟：珞巴民俗体验、家访—珞巴吊桥—沙棘岛—董龙吊桥—南伊河观景台—天边牧场—原生态森林浴游步观景栈道—阴阳树—扎贡沟（可选行程）：野生黄牡丹园—珞巴民俗鼓舞表演活动广场—平安塔—千年云杉王）—返游客服务中心停车场，全程约 4 小时。

门票：200 元

特别提醒：最佳旅游季：每年的 4 ~ 10 月

热嘎贡布王庄园遗址

【一座建于 1380 年前的吐蕃时期的庄园】

热嘎藏语意为“风水宝地”。据说，热嘎是贡布王阿吉杰布的庄园，距今已有 1380 年的历史，即出现于吐蕃王朝统一前后，主体建筑位于被称为萝卜坝的地方。2000 年 7 月，由西藏文物局邀请四川博物馆的专家和四川大学历史系教授前来米林考察鉴定，初步论证是贡布王的庄园遗址。经测量，遗址占地面积为 3 万平方米。如今走进萝卜坝可以看到历史遗留下的残垣断壁，楼台依稀可见。

交通：306 省道 60 公里处，距米林县城 12 公里，距新建林芝米林机场 2 公里。

鲁朗林海

【雪山、林海、田园勾画的一幅恬静、优美的“山居图”】

这是一片典型的高原山地草甸狭长地带，两侧青山由低往高分别由灌木丛和茂密的云杉、松树组成鲁朗林海，中间是整齐划一的草甸。草甸中，溪流蜿蜒，成千上万种野花竞相开放。木篱笆、木板屋和农牧民的村落星罗棋布，山间的云雾时聚时散。

鲁朗林海很美，鲁朗石锅也不得不提。石锅原产地在墨脱，纯手工用整块石头凿成。石锅里放入藏鸡和手掌参等药材一起炖，就是石锅鸡。石锅含有丰富的微量元素，用它做锅炖出来的汤味道鲜美。小小的鲁朗镇街道两侧大大小小地开了二三十家石锅店，价格基本相同，吃前可以和老板砍砍价。近些年石锅和手掌参的名气越来越大，价格也就跟着水涨船高，小的石锅涨到了千元以上，而大锅则要几千元，手掌参每斤价格比原先也贵了三四倍。建议多看看再买。

交通：距八一镇 80 公里左右的川藏路上。

餐饮：小镇上没有旅游公司，只有一家挨一家的石锅店，如果在这里吃饭可向饭馆老板打听并帮忙联系马夫和马匹，费用是每人每天 100 元。从林场的家属区向北进入龙王谷，这条线路到目前为止还未经开发，所以没有门票，但也要注意自身安全，山谷中的村落和高处林中草甸上生活着久居这里的门巴族人，他们热情好客，当有外来客人时总是拿出家中最好的食物招待。

特别提醒：在这一地段设置了多个观景台，游客可以下车游览拍照。

鲁朗五寨

【春天杜鹃烂漫，夏日清凉无限，秋天层林尽染，冬季银装素裹】

鲁朗，藏语意为“龙王谷”，就是“叫人不想家”的地方。鲁朗五寨距鲁朗镇 20 多公里，距 318 国道 5 公里，位于一条宽 10 公里，长 20 多公里的沟内，包括草场和山地。沟内沿着德木冷泉河分布着工布、波密、门巴、珞巴、僜人

鲁朗林海

5个充满了不同部落风情的村寨，因此名为“五寨”。

鲁朗五寨风景优美，春天能赏漫山杜鹃，秋天层林尽染，颜色十分丰富。再加上这里是5个部落的群居地，因此风情各异。寨子里每个部落都有家庭旅馆，游客们可以轮流住上几天。

交通：如果是自驾车的话，从八一镇出发，沿着318国道行驶，翻越色季拉山，大约行驶70公里到达鲁朗五寨景区大门口；从八一镇也有面包车到鲁朗镇，包车比较贵，旺季的时候费用在500元左右。

门票：200元

特别提醒：最佳旅游季：每年4～10月，尤其是4月和9月中下旬。

格嘎温泉

【桃花盛开时节，泡温泉的好去处】

泉口有4处之多，水温在40℃～55℃，4、5月桃花盛开时，是在此沐浴温泉的好时节。

交通：米林县派乡格嘎村旁的陡坡上。

雅鲁藏布大峡谷

【一处依然处于强烈地壳运动中的世界第一大峡谷】

林芝是雅致恬静的，而它的风韵又在雅鲁藏布流域体现得更加淋漓尽致。因为地理与历史的原因，让它在环抱的群山中保持着一种原始状态，关于它的一切更像是传说，是神话。

大峡谷位于雅鲁藏布江大拐弯处的南迦巴瓦峰附近，全长496公里，深度超过了曾号称世界之最的美国科罗拉多峡谷，是世界上最深的大峡谷。雅鲁藏布大峡谷绝对是川藏线上一个非去不可的地方，对于未来者，它是令人向往的净土；对于停留者，它是让时间凝固的天堂；对于离去者，它是走到哪儿都挥抹不去的思念。对于很多从川藏线进藏旅游的人来说，这条美丽的峡谷至今还很少有人涉足。

现在林芝县已在南迦巴瓦峰下及雅鲁藏布大峡谷处开设了旅游线路。

交通：1. 在八一客运站乘前往米林县派镇的班车，票价65元，行程3～4小时。进景区要乘景区的中巴。每辆车上有一名导游。

2. 如果走川藏线进藏可以从八一镇乘车或自驾车前往雅鲁藏布大峡谷中心码头，沿途可

雅鲁藏布大峡谷

背包客推荐：雅鲁藏布大峡谷徒步

米林县派区—多雄拉—拿格—汗密—马尼翁—背崩。

这是一条传统的大道，也是一条从喜马拉雅山北坡高原上到大峡谷下游河谷的道路。在派镇，在专业向导的带领下进入大峡谷深处（约40公里），近观南迦巴瓦峰的雄姿、雅鲁藏布江的跌水和瀑布，膜拜藏传佛教圣迹“洞不弄”，领略神秘的“转加拉”宗教朝圣之路。或者由派镇翻越多雄拉山徒步进入神秘的墨脱。

帕龙藏布峡谷：世界第三大峡谷，由北向南汹涌而下，在门中村和扎曲河之间注入雅鲁藏布大峡谷。

门巴吊桥：排龙到扎曲的4座吊桥。在陡峭的山势之间，惊心动魄的旅程。

绒扎瀑布群：距帕龙藏布汇入口约6公里的干流河床上，瀑布群共有7处。

藤网桥：雅江进入墨脱段江水湍急，居住在此的珞巴族、门巴族和藏族同胞，用藤条编织成的藤网桥。

红豆杉林：分布在雅鲁藏布大峡谷海拔2500～3200米的广大地区，是珍贵的木材。

最佳时间：6月初～10月中旬是能够徒步雅鲁藏布江大峡谷的时间，10月以后由于大雪，墨脱会封山至来年6月，无法进出。4月和10月是进入墨脱的最好季节，这两个月里在大峡谷一带雨水较少，无塌方、泥石流的危险。而6～8月的雨季中，进出墨脱的一些小路却是危机四伏。

注意事项：如果徒步大峡谷应注意：大峡谷地区路况极差，需雇用背夫及马匹；气候多变且常遇突发灾难，需有相关经验的人士带领；沿途无住宿地，需要自备帐篷并准备食物及饮用水；许多地方属亚热带或热带气候，蚊虫及蚂蟥十分厉害，应对此有所准备。

以欣赏到苯日神泉、尼洋河观景台以及两江交汇处的迷人景色。

3. 在中心码头乘坐专门为水路到派镇的雅江游艇，顺江而下，行至派镇。在这里不仅可以欣赏到美丽的雅鲁藏布峡谷景色，壮观的叠水，雄伟的雪山，还可以欣赏到曲角吾寺、佛掌沙丘、迎客松等自然人文奇观。然后驱车前往直白，沿途可以游览到嘎那珠布寺、大渡卡古堡遗址，还可以去格嘎村自费沐浴温泉（5 元 / 人），洗去一身的疲惫，在直白最近距离地欣赏中国十大名山之首的南迦巴瓦峰，观赏闻名于世的雅鲁藏布江一号和二号大拐弯，然后返回八一镇。（八一镇—码头为土路，长 40 公里，约需 1 小时。峡谷游览 110 公里，往返约需 2 小时。派乡—直白为土路，往返 80 公里。游船及派镇乘越野车的费用 200 元 / 人）

门票：270 元（包括门票、景区环保车、导游讲解、自助餐），雅江水上游船票 580 元 / 人。

特别提醒：

1. 除去徒步的旅行者，一般旅行者到达直白或是达林就要返回了，所以一般行程安排是 1 ～ 2 天时间。

2. 往返中心码头及派镇最好是包车或参团前往，可以节省不少时间。

3. 最佳旅行季节：最适宜的旅行摄影时间为每年的 4 ～ 10 月，其他时间往往都大雪封山，无法徒步进出。而 6 ～ 8 月是雨季，大峡谷里多处地段存在着塌方和泥石流的危险。所以，一年当中最合适进出雅鲁藏布大峡谷的时间只有 4 ~ 5 月和 9 ~ 10 月。在这几个月里，大峡谷地带雨水相对较小，遭遇塌方、洪水和泥石流的概率较小。春季（4 ～ 6 月）：粉色缤纷的古树桃花、盛开在冰川间的高原杜鹃、再到满山披金光的油菜花，是西藏最佳的寻花季节；夏季（7 ～ 9 月）：南迦巴瓦被巨大的烟云笼罩，虽然见到南峰全貌的概率较小，但有种神秘莫测的美。

苯日神山

【一座与本教传说有关的神山】

苯日神山位于林芝县驻地普拢的东南方，雅鲁藏布江的北侧。苯日神山之所以吸引人是因为有一个故事：传说，莲花生大师到达雅江与尼洋河交汇处时，调集狂风试图将沿江的村庄和树木一扫而光，阿穷杰博情急之中以巨石压着这些树才不至于被吹起，如今这一带的树梢都是歪的，即此次斗法所致。接着两人又在苯日神山山脚的古鲁（意为莲花生）村斗法，莲花生欲摧毁苯日神山和以山堵尼洋河都未成功。由此，工布地区的本教得以保存。而今苯日神山上还有大石崇拜、神鸟崇拜、天梯以及神水等传说中的遗迹。

交通：可在林芝县城租马匹或牦牛前往，只能从苯日神山东坡上山。

特别提醒：徒步绕神山 1 周需要 3 ～ 7 天，可在山上的寺庙借宿和用餐，亦可露营。转苯日神山需以逆时针方向行走。传说神山上有棵通天大树，有树葬奇观。

背包客收藏：尼洋河与雅江交汇处

尼洋河是雅江三大支流之一，在尼洋河与雅江交汇处，水面平静广阔，鱼类繁多，野禽栖息。尼洋河水清澈而湍急，雅江水浊而缓慢，尼洋河水汇入后逆流而上，一清一浊，对比鲜明。

墨脱

墨脱

【户外运动爱好者称，没有到过墨脱就等于没到过西藏】

墨脱，藏语意为“花地”，又名白马岗，是西藏最神秘的地方之一。西藏著名的宗教经典称：“佛之净土白马岗，圣地之中最殊胜。”这些受到信徒顶礼膜拜的圣地，在众多西藏人的心里播下无限的向往，墨脱的门巴人、珞巴人说他们居住的地方叫“白隅欠布白马岗”，意思是“隐藏着的像莲花那样的圣地”。在佛教的观念里，莲花是吉祥的象征。

墨脱公路已于2013年建成通车。墨脱县是雅鲁藏布江进入印度阿萨姆平原前流经的我国境内最后的一个县，也是西藏东南部最为偏远的一个县，位于喜马拉雅山脉东端南麓，面积为1万多平方公里，境内居住门巴、珞巴等少数民族。

“没有到过墨脱，就等于没到过西藏。”独特的地形使墨脱拥有从高山寒带到热带的植物，能观赏到从原始热带雨林到冰川雪坡的不同自然美景。“眼睛在天堂，身体在地狱。”是人们对徒步墨脱的感慨。这条路况极其复杂，对身体体能要求极其高的线路有着让人痴迷的美景，也有着让人胆战的危险。然而，即使这样，在群山环抱中徒步，超脱出尘世的纷扰，获得一种心灵上的宁静，仍然让墨脱成为徒步爱好者向往的莲花盛开的地方。

特别提醒：

1. 在所在城市或八一镇办理好边境通行证，墨脱、米林边境通行边防支队有专门的办证处。
2. 进入墨脱的最佳时间是每年的11月～次年6月初，其他时间不宜去墨脱。5月中旬以后才可勉强进去，但过雪山时比较危险，而且回程在80公里处不会有车去波密，要翻雪山和全程徒步。最好避开7～9月的雨季，因为雨季蚂蟥多，路更难走，10月中旬走最好，

墨脱

墨脱

这时看喜马拉雅山脉会更加漂亮。

3. 若在雨季，过江边的塌方地带一定要保持好平衡，注意路上塌方和泥石流。休息时尽量不要坐在地上或木头上，容易招来蚂蟥，站着用杖支地，站在路面的流水里或弯腰休息。

4. 在鞋上和绑腿上用杀虫剂或在皮肤上抹盐来预防蚂蟥，并没有什么效果，因为雨水和泥巴会很快使这些东西失去效力。对付蚂蟥就是要多停下来相互前后检查，不要让它轻易钻进衣服里，发现后用打火机或烟头能把它们烧死，也可以打击蚂蟥咬住的附近的部位，把肌肉打热了，蚂蟥就掉下来，千万不要用力硬扯，万一把它的头螯拉断在肉里面，容易导致发炎。

5. 尽量少靠近珞巴人的村庄或食用他们的东西。

■ 进出墨脱的线路

【有人形容这是一条线路："眼睛看到天堂，身体接近地狱"】

因气候条件，墨脱每年有八九个月都与世隔绝。如今，虽然墨脱公路已通车，进出墨脱相对以前方便了很多，但这里依然是徒步者的天堂。徒步墨脱的路主要有两条：一条是从米林县派乡翻越喜马拉雅山脉的多雄拉山口，沿多雄拉到墨脱的背崩乡后，逆雅鲁藏布江北上至墨脱县城，全程约 115 公里，步行需 4 天时间。这条路在每年的 6 ~ 10 月可以通行。另一条是从波密县沿扎墨公路行走，全程 141 公里。由于嘎龙山的阻挡，这条路只能在每年的 8 ~ 10 月初山上的冰雪融化后才能通行到 80 公里处，然后步行两天到墨脱县城，其他时间只能翻越海拔 4640 米的嘎龙山口，正常情况下步行约需 5 天。

从派乡翻多雄拉雪山，经汗密、拉格、背崩，3 ~ 4 天就可以到墨脱。目前这条路是去墨脱的主要通道。

行程

米林—派乡

途中可在墨脱驻八一办事处或林芝军区找车，路上车辆很少，也可以搭车兼徒步 45 公里。

转运站—拉格

转运站距派乡 5 公里，是一个小集

贸市场，有食宿。到松林口3小时，汽车盘山道90分钟到多雄拉山口，5小时到拉格，可以住宿。

拉格—汗密

2个半小时到大岩洞,5小时到汗密，那里有一个兵站和几个接待站，可住宿。

汗密—背崩乡

到阿尼桥4小时再行7小时到背崩，住乡政府招待所。在八一镇武警边防大队办理边境证，因为过解放大桥检查站时要接受盘查。还有，不要拍摄大桥，过桥前把相机收好。

背崩乡—墨脱

从背崩乡以北10小时到墨脱，这段小道较平缓，墨脱县城建在一个小山丘上，可住县政府招待所，15元/床，也可住川菜馆楼上，20元/床，但是没有厕所。

墨脱—波密

墨脱—波密108公里，9小时的行程,在行至80公里处有一个物资转运站，可住宿。

派镇转运站

【一个进出墨脱的中转地】

派镇转运站是世界第一大峡谷——雅鲁藏布大峡谷的入口处，也是墨脱县与外界主要出入口。北临雅鲁藏布江，岗派路沿江横穿而过，水陆交通极其便利。每到夏季，外界与墨脱人员往来频繁，商人旅者从四面八方会聚于此，热闹异常，这里已经成为集人流、物流、商贸、民俗、娱乐于一身的极具特色的重要集镇。

派镇转运站一面临江，三面环山，风光秀美，景色宜人，是进入大峡谷或是墨脱前难得的休憩地。

背崩瀑布

【因飞起的水雾而隐约了周边的群山，更加神秘】

冬天水小时，轻轻下泻，深沉悠扬；夏天水量增大，瀑布恰似巨龙出山，气势磅礴，惊心动魄。瀑布激起的水沫雾气，高达数百米，漫天浮游，周边的山峰也随之忽隐忽现，更增添了一分神秘。

交通：位于墨脱县背崩乡附近，参考汗密瀑布的交通。

汗密瀑布

【三叠相连，一泻千里的高原瀑布】

瀑布三层相叠，落差高达400米，又名“三叠泉”。第一层是从高入云端的雪峰中直泻而下，激起满谷的水雾和轰鸣；第二层是从高处的绿树丛中缓缓流出，然后又急速而下；面宽水急的第三层瀑布斜冲到一巨石上，曲折而泻，一直到多雄河，形成一个个深潭。

交通：位于墨脱县背崩乡汗密站。背崩瀑布与汗密瀑布所在地都不通公路，只有从派镇转运站翻越多雄拉山口后沿路徒步前行才能看到，或从墨脱县城出发前往派镇沿路徒步观看。徒步需要2～5天的时间。

朗县

朗堆庄园

【一处被修复的十三世达赖家族居所】

是十三世达赖家族居所，总面积为800平方米，系土木结构。庄园的建造形式异常奇特，别具一格，内设客房、卧室等宽敞明亮，而且有一庄园林卡（花园）。林卡内栽种着十三世达赖时期的苹果、桃、梨等果树。该庄园虽然保存完整，但因年代久远，失去了原貌。1997年，经维修朗堆庄园又重现原貌。

地址：朗县县城内

交通：八一镇有长途公交车直达朗县县城

列山古墓群

【是朗县最大而又古老的墓群】

古墓群依山而建，墓穴建筑奇特，古墓群共分东区和西区，中间被深沟和山梁隔开。

古墓群整体排列呈扇形，分别由长形、方形、圆形和“亚”字形等类型的墓组成，共有184座（东区163座，西区21座）。墓平均高7米，最高14米；古墓平均面积27.25平方米，最小的面积约7平方米。据考证古墓建于吐蕃或更早时期，距今已有1300年左右历史。从考证古墓结构和造型上看，列山古墓群不失为西藏古文化的一大历史遗迹。

墨脱马帮

地址：朗县金东乡列山村东北1.5公里外的列山南坡上。

交通：先从八一镇乘长途公交车到朗县，然后包车前往。

实用资讯

交通

林芝地区一直是科考、探险的圣地，目前到林芝旅行，汽车已经不是唯一的交通工具，林芝支线机场已经建成并运营，是我国最美丽的支线机场之一。已于2012年建成的墨脱公路已于2013年10月31日全面通车。

航空

林芝米林机场是西藏境内海拔最低的一个机场。“林芝进，拉萨出”已经成为很多进藏游客的选择。目前，成都到林芝的航班由每周2班增加到每周5班，具体起飞时间为早上7：30从成都起飞，9：15到达林芝；10：00从林芝机场起飞，11：30回到成都。另外，林芝还开通拉萨、重庆航班。

公路

林芝地区汽车长途客运站有发往成都、拉萨、昌都、山南方向的班车，但车次较少。

拉萨到林芝的公路全程柏油路，限速比较严格。拉萨到林芝的班车首发时间为上午8：00，票价155元，途经墨竹工卡、工布江达。另外，从拉萨到林芝也可包面包车或越野车。租金需和车主商议。

另外，与林芝相连的公路路段有：林芝—然乌，里程345公里，途经通麦、波密；泽当—林芝，里程475公里，途经加查、米林。米林距八一74公里，行车约2小时左右。

特别提醒：林芝地区的大部分景区和游览景点都不通公共交通（川藏沿线景区除外），游客到达林芝后前往的大多数地点需要包车，因前往林芝旅游的人较多，价格淡旺季不同，租车旅游前需多询问最近一段时间的租车价格。因林芝旅游景区景点较多，如从川藏线自驾车或包车进藏途经林芝，可按个人行程选择景区游览。从拉萨出发可参团，费用还较为合理。

林芝地区汽车长途客运站

地址：八一镇建设路

出租车

林芝出租车多是桑塔纳，起步价10元，一般不打表。

人力车

人力车是林芝市内主要的交通工具之一，一般上车3元。

林芝鲁朗郊区

住宿

林芝地区的旅馆、招待所一般集中在交通比较发达的城镇（如八一镇），此地的宾馆有林芝地区招待所、农牧学院招待所、林芝宾馆等。到了巴松错，可以住度假村，也可以自己扎营。若在大峡谷地区旅行，可选择住在当地居民家中，但谨记入乡随俗、入境问忌，尊重当地的传统和生活习惯，也可以自带帐篷。另外，也可选择入住雅鲁藏布大峡谷酒店。

八一镇

林芝宾馆

林芝地区标准和规格都很高的宾馆，宾馆内有藏式特色餐厅，标准间折后460元/间起。旺季价格上浮，且需提前预订。

地址：八一镇双拥路25号

电话：0894-5888668

迎宾馆

为自治区旅游定点单位。标准间120元/间。

地址：八一镇珠海路12号

电话：0894-5822410

渡口客栈

林芝知名度最高的一家国际青年旅舍，拥有标准间、套房、多人间。标准间150元/间起。多人间30元/床（非会员35元）。另外，还有大床房、家庭房、藏式房间等供驴友选择，提供热水。非常适合自助游驴友入住。另外，这里几乎成了去墨脱的“驴友”聚集地之一，是八一镇唯一能约到人的背包客集散地。旺季选择入住渡口客栈需提前预订，这里长期客满。

地址：八一镇八一大街人民保险公司对面。从客运站出来，步行5分钟就到了。

电话：0894-5831567、13659591010

悠游道国际青年旅舍

老板是广东人，热情好客。房间宽敞明亮，干净舒适。标准间120元/间。

地址：八一镇迎宾大道46号，尚城花园斜对面，君悦大酒店隔壁。

电话：0894-5822868，13659590770

藏泊酒店

这是林芝首家藏式别墅型酒店，有着浓郁的藏族风情，房间宽敞明亮。尤为特别的是，酒店有属于自己的小菜地，蔬菜都是即摘即做。不过，受气候的影

有“西藏江南”之称的林芝

雅鲁藏布江

响，酒店在 11 月到次年 3 月中旬停业。标准间约 200 元 / 间。

地址：八一镇白玛岗路，新区体育场对面

电话：0894-5876999

波密

干警招待所

是波密县内驴友入住率较高的一家招待所，价格、设施条件和安全性都较好。

电话：0894-5422998

明珠宾馆

当地性价比较高的旅馆。房间干净，24 小时热水。标准间 150 元 / 间。

地址：318 国道边，靠近八一方向的波密汽车站附近

电话：0894-5424688

朗县

朗泉宾馆

是福建省泉州市为朗县援建的自治区旅游定点宾馆。

地址：朗县泉州路

电话：0894-5462353

餐饮

林芝地区的口味除沿袭西藏的传统风味，如青稞酒、糌粑、酥油和酥油茶等，还有一些少数民族的特色食品。例如珞巴族，他们的酒分为白酒和黄酒，用玉米、鸡爪谷等煮好拌酒曲后，装在大葫芦内酿封，酿成后放在漏斗形的竹筐或竹筒内加水滤出即为黄酒，是人们常喝的；酿好的酒经过蒸馏后可制成白酒。他们的饭是大米和玉米做的米饭，还有瓜菜、烤肉、辣椒……按珞巴人的风俗，饭菜由女主人按人头平均分成相等的几份，放在半边竹筒内，用手抓着吃。另外，珞巴族最有特色的食物为烤老鼠，一般是用来招待贵客的。

林芝地区旅游发展的速度较快，为了迎合旅游者，在川藏沿线的主要城镇可以看到不少经营地区特色及野味的餐厅。但很多菜品价格不菲，尤其是以藏香猪、雅江鱼、巴河鱼、青冈菌等烹饪而成的菜肴。建议在进餐前看好价格，仔细询问。

特色美食

鲁朗石锅鸡

到了林芝，有一道菜不得不尝，那便是鲁朗石锅鸡。石锅鸡，顾名思义即用石锅炖出来的鸡。石锅可不是普通的石锅，而是世界上稀有的天然皂石；鸡则是选用天然无公害的藏香鸡。做石锅鸡时，先将鸡肉切成小块，放入清水中约煮 10 分钟，捞出后沥干水分，再倒入鸡油中炒香。香味炒出来后将鸡肉倒入高压锅压上 20 分钟，之后再将汤料和鸡肉同时倒入石锅中，辅以手掌参、苡仁、党参、红枣等食材，慢火熬制 3 小时，香气四溢的石锅鸡便出炉了。

藏香猪

藏香猪是一种西藏独有的小猪，又黑又瘦，像牛羊一样散养在草原上。这种小猪口感极佳，肥而不腻。八一镇上的一些当地餐馆有时会用藏香猪做菜，但并不是任何时候都有的。

特色餐馆

鲁朗石锅鸡

鲁朗镇上人气最旺的餐馆。石锅鸡分大锅和小锅。大锅有一整只鸡，可选择放松茸、手掌参等配菜。一定要先喝汤，味道特别鲜美。

地址：林芝县鲁朗镇鲁朗街 8 号

电话：0894-5892518，13908495555

特别提醒：要注意由于高原上的气压关系，开水的沸点在 100℃以下，游人要注意饮水卫生，最好自带饮用水等。

老字号酒家

门面很大，招牌也很醒目。一楼是小吃，有面食、点心，二楼是炒菜，川味、藏味都不错。

地址：林芝县八一镇深圳大道

电话：0894-5883080

购物

林芝有丰富的森林自然资源，其中包括大量的经济植物与药用植物。所以，木耳、蘑菇、竹笋、花椒、八角等是较为常见的山货，而药用植物更是达上千种之多，常见的有治疗心脏病的五眼果，抗癌药源的海南粗榧，预防疟疾的三台花，延年益寿的延龄草，清嗓润喉的黑节草等。近几年，进藏的游客还热衷于在林芝购买西藏雪菊、金耳、松茸、雪莲花等产品。

对于旅行者来说，林芝特有的少数民族手工艺品才是最有吸引力的，比如门巴木碗、竹编、珞巴石锅和陶器。另外，八一镇的绿松石也卖得相当好，天珠也受到广大游客的热捧。八一镇作为重要的藏东南物资交易集散中心，周围地县的手工艺品及各种生资物资都通过它流向全区全国。另外，娘布苏拉节期间，有林芝物资交易会，是最佳的购物场所。

娱乐

波密锅庄是林芝最普遍的歌伴舞活动，逢年过节、婚嫁喜庆等场合都能看到波密锅庄。波密锅庄的舞步、唱腔与昌都锅庄基本相同，男女各成一队，围着圆圈沿顺时针方向旋转。舞步节奏感很强，可以称为运动的“踢踏舞”，一般为 16 步变换一组动作。歌伴舞为男声一段、女声一段交替进行，男声与女声都密切配合领唱领舞者的节奏。

察隅

A'LI
阿里地区

噶尔

日土

走遍中国·**西藏**

A'LI
阿里地区

“西藏以西的西藏，高原以上的高原，神秘中的神秘，遥远之后的遥远，现代人的灵魂避难所，城市忧郁症的疗养院……”

阿里地处西藏西部，平均海拔 4500 米以上，西藏被称为“世界屋脊”，而阿里则是“屋脊”上的“屋脊”。因为高原缺氧，气候条件恶劣，交通极为不便，这里是祖国最地广人稀的地区之一，因此成为野生动物的天堂，奔腾在阿里草原上的野驴、藏羚羊和其他动物维系了高原生命禁区的勃勃生机。

这里有狮泉河、马泉河、象泉河和孔雀河，有神山——冈仁波齐，圣湖——玛旁雍错，这里雪山围绕普兰，土林围绕札达，湖泊围绕日土。无数信徒年复一年从四面八方或徒步或三步一拜地磕着长头徐徐而来，他们有被阳光、风雪摧残如石雕的脸庞，也有无邪笃定的目光。这里有日土岩画、古格王国遗址，石窟壁画辉映着阿里源远流长而又独一无二的文化传承；连绵不绝的雪峰、众多宽阔无垠的高原湖泊以及草场、牛羊，构造了阿里最壮阔的画卷。当地淳朴的原住民依然保持着游牧生活，他们对外来者的质朴笑容则是最原生态的藏西风情。

从拉萨到阿里地区首府狮泉河 1655 公里，从狮泉河到新疆叶城 1100 公里，能够体会这条跨越世界屋脊的坎坷道路是所有热爱旅行的人的终极向往。那里的天空湛蓝、草地宽广、雪山巍峨、湖泊清澈。走过阿里，是对灵魂的神圣洗涤。

阿里地区旅行交通示意图

前世今生

阿里是个历史文化雄厚的地方。在这里，曾经出了两个著名的王朝，它们是——象雄王国和古格王国。

在公元初的漫长岁月里，阿里地区都被象雄王国统治着。"象雄"，在象雄语中意思是"大鹏鸟所居之地"，一般认为在今藏北阿里地区。在阿里悠久的文明中，象雄文化一直是最神秘的部分。直到今天，我们依然不是很清楚其内部区划结构如何。而对于其历史真貌，更有待于对象泉河谷和孔雀河谷数百座先民遗留的洞窟的发掘和研究。

公元9世纪，朗达玛灭佛后，吐蕃末代赞普的儿子逃到阿里，娶了当地头人的女儿为妻，生下的三个儿子被分封到阿里的三个地区，历史上称为阿里三围。其中较为强盛的一围后来发展成古格王国，并创立了灿烂的佛教文化。

古格王国在公元13世纪随西藏一起归属元朝政府。元朝设立"乌斯藏纳里速古鲁孙等三路宣慰使司都元帅府"，阿里地区的具体事务交由萨迦地方政权处理。

五世达赖建立甘丹颇章政权之后，在清中央政府的扶持下，阿里地区逐步归入西藏噶厦地方政府，后又设立宗（相当于县）和管理阿里地区的总管——"阿里基巧"。1959年，西藏民主改革，中央政府设立西藏阿里地区。如今，在阿里历史上辉煌一时的古格王朝遗址已成为很多游客憧憬之地。

旅行与季节

相对于前藏地区，阿里牧区气候更恶劣，条件更艰苦。选择何时去阿里非常关键。一般来说，冬天大雪封山，路上人烟稀少，在气温极低的情况下柴油车还不易发动，所以，每年的11月～次年3月不适宜于游客进阿里。

到了4月，天气渐渐好转，路上的积雪融化得差不多的时候，可以考虑向阿里挺进。到了5月下旬、6月，格桑花开遍山野，树木开始变得郁郁葱葱，此时的阿里看起来没有往常的荒凉与萧条。进入7月，就进入了后藏地区的雨季，道路十分难行。所以在此之前，一定要抓紧时间赶回前藏。千万不要抱有侥幸的心理，因为西藏地区的气候变化十分准确，说变天就会变天！

9月雨季一过，进入秋高气爽的短暂黄金季。10月的中上旬还是比较适宜去阿里旅游的，不过大雪很快就来，欣赏完秋天的美景后一定要抓紧离开，不宜久留。

特别提醒： 阿里平均海拔4500米，空气稀薄，含氧量比重小，对于内地游客来说，第一次来阿里，容易缺氧，产生高山反应。从拉萨出发前往阿里，为了安全起见可做好吸氧准备，但尽量不吸氧，让身体自己适应，否则，吸氧后肌体容易产生依赖性。阿里属高原季风气候，11月～次年5月为大风季节；最高温度为26℃，最低为-30℃以下；阿里旅游季节为4月底～9月底，气温平均在10℃左右。

冈仁波齐

焦点

冈仁波齐转山

这是中国最美的、最令人震撼的十大名山之一。巍峨挺拔的神山既有气势雄峻之处，又有幽静肃穆之所。峰顶终年积雪，威凛万峰之上，经常被白云缭绕，很难目睹其真容。来到阿里，去冈仁波齐转山，虽然艰苦，却能洗净尘世的纷扰。

古格王国遗址观壁画

虽然战火摧毁了城堡，黄沙淹没了辉煌，古格王国依然在沧桑中透出厚重的历史。这座一夜之间消失的王国在留下千年谜团之外，也给我们留下了浩大的建筑遗址，色彩绚丽、精美夺目的壁画，以及散落各处的文物。

玛旁雍错转湖

浩瀚、宁静、清澈的玛旁雍错自古以来都被佛教信徒和本教徒看作圣地“世界中心”，这里是中国湖水透明度最高的淡水湖，藏族所称三大圣湖之一。朝圣者都以到过此湖转经洗浴为人生最大之幸事。

札达土林看日落

都说阿里札达的晚霞最美丽。柔光中的象泉河蜿蜒在土林的峡谷中，静静地折射出波光璀璨，参差嵯峨、仪态万千的土林在晚霞稍瞬即逝的光影变幻中，呈现出生命的灵光，将土林衬托得如梦似幻，宛如神话世界。

行程推荐

■ 假如你有 4 天时间

必游景点：羊卓雍错、羌塘大草原

可以尝试：在时间并不是特别充裕的情况下，遇到美好的风景可以稍作停留，拍拍照片。羌塘草原不要错过。

D1 拉萨—日喀则，中尼国际公路约 275 公里，路况较好，5 小时能到。日喀则—拉孜，约 157 公里，路况一般，多为土石路，行车需要 4 ~ 5 小时，宿拉孜。如果时间和条件允许，可以走老路游览羊卓雍错及冰川风光，安排在日喀则住宿一晚，并游览扎什伦布寺，约 3 小时。

D2 拉孜—22 道班—措勤，途经桑桑。行程中段道路泥泞，进入羌塘大草原，路面就相对平坦了，住宿措勤，也可以视路况和车况适当选择途中村镇借宿。

D3 措勤—改则，途经扎日南木错，可住宿改则，也可根据实际情况调整。如果包车则可听从藏族司机安排，当地司机大多经验丰富且热情坦荡。

D4 改则—革吉—噶尔，如路途顺利可抵达阿里首府狮泉河镇休整补给。狮泉河镇为阿里全线最好的补给点之一。到此阿里北线与南线交接。

■ 假如你有 10 天时间

必游景点：江孜古城、老仲巴、萨嘎老城、玛旁雍错、普兰边境市场、札达土林、古格王国遗址、班公错

可以尝试：10 天时间足够从拉萨一路奔到狮泉河。路过的神山、圣湖皆不可错过。而途经的江孜、萨嘎老城也可稍作停留。到了仲巴，不妨住到老仲巴的汽车旅店，别具特色。普兰是阿里的绿洲，在这里可以稍作休息，逛逛边境贸易市场。去札达土林和古格遗址会比较辛苦，建议单独安排一至两天。

D1 拉萨—日喀则—江孜，这段路程自由度较大，可以选择的内容也比较丰富，如果时间宽裕，可以安排从江孜南下前往珠峰大本营和樟木口岸游览，但需另行安排 3 天时间。

D2 江孜—22 道班—萨嘎，宿萨嘎。

D3 萨嘎—仲巴—帕羊，进入阿里地区，道路较差，可根据实际路况条件安排住宿。

D4 帕羊—大金寺，途经玛旁雍错，宿神山脚下大金寺，准备转山食品和水，如需要可聘请背夫。玛旁雍错的旁边就是“鬼湖”拉昂错。两者有很大的区别。

D5 神山转山活动，体力中等且没有高山反应的普通旅行者可以 2 天转山完毕。

D6 转山后较为辛苦，如时间允许建议赶往普兰住宿，条件比大金寺好。

D7 在普兰休整，并逛中尼边境市场。

D8 普兰—札达，宿札达，拍摄札达土林落日。参观札达县城的托林寺。

D9 札达—狮泉河，先游览古格王朝遗址，而后前往狮泉河镇，与阿里北线交接。

D10 狮泉河—日土—狮泉河，路况较好，行车 3 ~ 4 小时，游览班公错、岩画，晚上返回狮泉河。也可以经日土、界山达坂前往 1100 公里以外的新疆叶城，从而实现新藏线全线穿越。

■ 穿越阿里

即阿里南线北线环线包车或自驾车行驶，全程预计 15 天左右，全程人迹罕至，天气恶劣、道路毁坏、汽车抛锚等情况时有发生。对车况、驾驶员要求非常高，务必结队前往。

玛旁雍错

预算

从拉萨到狮泉河最大的开销应该是交通费。从拉萨到狮泉河镇有往返客运班车，发车时间不固定，旺季每两天发一班车，车程约为 2 晚 3 天，票价在 650 ~ 750 元。

拉萨到阿里最流行 4500 越野车，价格约 1000 元/人。这些车一般拉散客，发车时间相对不固定。最好先打电话或直接到地区客运站问清楚发车的情况，同时留下司机电话。

在拉萨包车到阿里价格比较贵。一辆东风车大约 1 万元，吉普车价格在 1.5 万元。(旅游提示:南线帕羊的桥已修好，不用再走渡口了。)

如果是自驾，油费是最大的开销。越往里走，油费越贵。过了萨嘎之后，几乎都是一些小型的私人加油站，如果有条件，建议在车上自备油。

而全程住宿餐饮的费用不会很贵，加上路上准备的补给食品全程预计 1000 元左右。阿里地区很多县城的一般宾馆普通间价格在 100 元以内就能拿下。另外重要景点的门票、布施香火钱、购买纪念品费用，零星开支 1000 元。如果节省开支，可以考虑走阿里北线全程搭乘货车、过路车，费用将会节省很多。不过不确定因素同样增加，需根据自己的实际情况、天气状况作详细预算并灵活掌握。

普兰

冈仁波齐

【印度教徒心目中的世界中心】

冈仁波齐峰是冈底斯山的主峰，海拔6638米，被称为神山，它在藏语中意为“神灵之山”，在梵文中意为“湿婆的天堂”（湿婆为印度教主神），本教便发源于此。每年来自印度、尼泊尔、不丹以及我国各大藏族地区的朝圣队伍络绎不绝。冈仁波齐因其在宗教意义上的神圣地位，至今是一座无人登顶的处女峰。

冈仁波齐是世界公认的神山，同时被印度教、藏传佛教、西藏原生宗教本教以及古耆那教认定为世界的中心。印度创世史诗《罗摩衍那》以及藏族史籍《往世书》、《冈底斯山海志》等著述中均提及此山。从这些记载推测，人们对于冈仁波齐峰的崇拜可上溯至公元前1000年左右。

冈仁波齐的顶峰常年被积雪覆盖，在阳光照耀下闪耀着神圣的光芒。该峰四壁分布极为鲜明对称，形似圆冠金字塔（藏族同胞称像“石磨的把手”），特殊的山形与周围的山峰迥然不同，冈仁波齐峰经常是白云缭绕，信徒认为如果能看到峰顶是很有福气的。由南面可见冈仁波齐峰著名的标志——由峰顶垂直而下的巨大冰槽与横向岩层构成的佛教“万”字格。

交通：新藏线南下，从新疆叶城需3天左右到达西藏噶尔（狮泉河），再转车前往冈仁波齐，狮泉河距离冈仁波齐480公里，顺利的话一天可到。拉萨西行，经日喀则、拉孜，走阿里南线，经萨嘎、仲巴进入阿里境内，全程约1400公里，约4天时间，路况极差，通常只有当地旅行社的越野车和组队自驾车前往，途中没有修车补给地点，恶劣的生存条件甚至会夺走旅行者的生命，一定不要贸然前往。阿里北线至噶尔南下可搭乘过路车，同样是艰苦旅程。

门票：门票300元+景区车390元

住宿：冈底斯宾馆60元/床，存放行李10元。自带帐篷可于院内露营，15～20元/床。大金宾馆与冈底斯宾馆同价，晚上自设发电机供电。两家宾馆均无餐厅。另外可在周围的帐篷餐馆打听住宿，一般20元/床。

背包客收藏：冈仁波齐的传说

相传佛教的高僧米拉日巴与本教的纳若奔琼以法力的高下来决定谁有权住在冈仁波齐和玛旁雍错。

先在圣湖比试，纳若奔琼一步就跨过了圣湖，米拉日巴则用身体盖住了整个湖面。又比转山，两人从相反的方向开始，结果在卓玛拉山口相遇。接下来的法力比试仍然不分高下，纳若奔琼提议在十五月圆那天首先到达冈仁波齐峰顶者为胜利者。太阳升起以前，纳若奔琼站在一面鼓上飞向顶峰，他四下张望看不到米拉日巴，心存狐疑，没有全力前行，而是到处寻找米拉日巴的踪迹。

当第一缕阳光照在冈仁波齐峰上时，米拉日巴乘着光线一下子到达峰顶，纳若奔琼惊得从鼓上摔了下来。神山的正面有一道沟，即为纳若奔琼滑下山时留下的痕迹，无论多大的雪都不会被覆盖。纳若奔琼不无嫉妒地说：“你赢了，你有权拥有这片圣地，我只请求这儿有我居住的权利。”米拉日巴答：“看在佛面上，就让你住这儿吧。”说罢，抓一把雪撒在东面的山上。从此那山便成了本教的神山——苯日山。

背包客推荐：冈仁波齐朝圣线路

1. 阿里南线：最壮美的朝圣线路

拉萨—日喀则—拉孜—萨嘎—仲巴—巴噶—塔钦

阿里南线是去冈仁波齐朝圣最壮美的一条风景线，也是去神山最直接的一条路，更是很多人首选的线路。从地形上看，这条线路蜿蜒于喜马拉雅与冈底斯两大山脉之间，沿着雅鲁藏布江蜿蜒而上。风光壮美，气势恢宏。

现在，阿里南线已经是全程柏油路，路况很好。日喀则过后，开始进入苍茫的阿里时间。天更高，云更浓烈。经过拉孜绿地，再到萨嘎老城，进入仲巴荒漠，直抵圣湖玛旁雍错。在这里，可以远观冈仁波齐的雄美。如果要亲近神山，需南下到普兰，由此向西北去朝拜神山冈仁波齐。

2. 阿里北线：最雄浑的朝拜线路

拉萨—日喀则—拉孜—措勤—改则—革吉—狮泉河—塔钦

阿里北线是一条雄浑的线路。在之前，只有很少的人敢闯大北线。这条线几乎没有风景可言，除了无边的荒原还是荒原。很久很久也不会见到人烟。这条路还会翻越海拔6000米的桑木大坂。这条线上最让人激动的就是成群的野驴和藏羚羊。很少有朝圣者会选择这条线去冈仁波齐。即便有，也需要成群结队的车辆进去。

3. 新藏线：最具挑战的朝拜线路

界山达坂—日土—霍尔—巴嘎—霍尔—帕羊—塔钦

从新疆过来的朝圣者必须翻越界山达坂才能真正走向通往神山的道路。这是一条极其挑战生命极限的路。甚至有很多人倒在了这条路上。从平均海拔不到1000米的地方陡然到了平均海拔5000米以上的高原，是对身体素质极大的考验。

从日土到帕羊，一路风光不错。从帕羊转道去冈仁波齐。

4. 尼泊尔、印度信众的朝圣线

冈仁波齐是佛教里的神山，在印度人、尼泊尔人心中也有着很高的地位。每年有很多人来这里转山，包括从尼泊尔和印度来的香客。

尼泊尔入境到冈仁波齐的香客一般经道樟木口岸。

樟木口岸：位于喜马拉雅山南麓的中尼边境樟木镇，是西藏唯一的国家一类陆路通商口岸。西藏境内的1000多夏尔巴人，主要聚居在这里。樟木镇常住人口3000多人，外贸、边贸公司20余家，日流动人口平均1000人左右，年商品交易额已突破2亿元，对内辐射西藏及相邻省区，对外辐射尼泊尔及毗邻国家和地区，是西藏目前最大的边贸中心口岸。

印度入境到冈仁波齐的香客可以经道西藏普兰县、萨嘎县。

通常情况下，尼泊尔、印度远道而来的信众会从当地乘机先抵拉萨，再从拉萨包车前往神山。而在老仲巴的汽车旅馆聚集了大批前往神山的印度、尼泊尔香客。

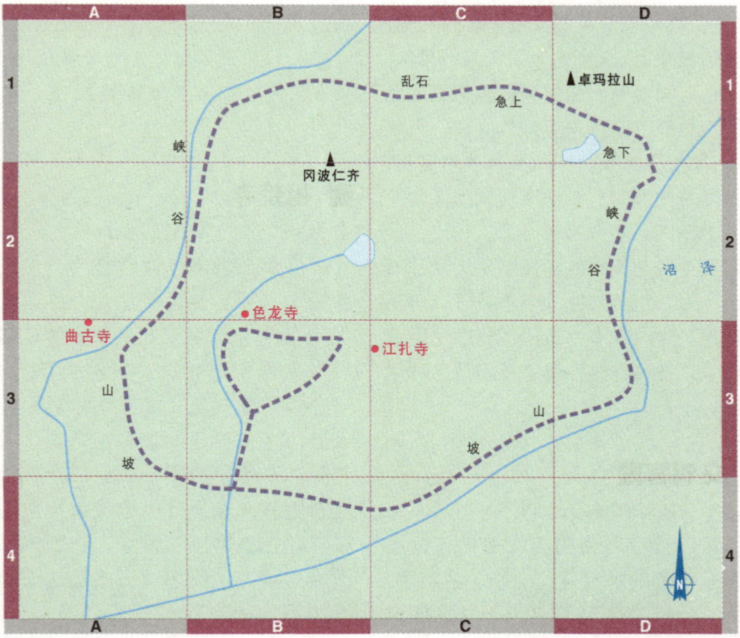

神山转山平面示意图

特别提醒：

1. 沿途寺庙附近可提供住宿和餐饮，但条件不好，如有条件和体力可自带帐篷等野营用品，借宿寺庙也建议使用自己的睡袋。

2. 海拔较高，气温低，山口风大，衣物注意防风保暖。水和食物可根据自身条件携带，当地购买价高而且不一定符合口味。

3. 感冒发烧类药、抗高山反应类药、葡萄糖粉等药物必备，高原上最忌讳感冒，大体力徒步后身体需要得到很好的休息，一定要注意保重身体。另外，当地藏族人爱喝的甜茶是最好的抗高山反应的食品。

4. 如有需要，可以在当地雇用脚夫或牦牛，但只限于驮运行李，转山一定要自己徒步。脚夫价格 60 ~ 100 元 / 天，视淡旺季和物品多少不定，可通过借宿的旅店联系介绍。

5. 目前神山的管理处于无序状态，所以旅行者要多加注意。

6. 山下供选择的吃的东西不多，最好自备干粮。大金宾馆附近有一家阿里高原茶馆，甜茶味道还行，也是补充能量的佳品。

7. 去神山一定要办边境通行证，在巴噶会有检查站查边境证，从阿里南线到塔钦到普兰都会经过，有些时候还有流动的检查哨。

止热寺

【观看神山背面的最佳位置】

止热寺位于神山的北边，也读作哲日普寺，海拔 5210 米。白龙河、仲龙曲和卓玛拉曲 3 条河流在此汇流而下。

相传，当年古仓巴为探寻神山转经道，到此地时一头野母牦牛突然出现在他面前，大师惊恐之余突然悟到，此野母牦牛乃狮面空行母(藏语称“森多玛”，系狮子头的女性护法神)的化身。此刻，这头体态硕大的野母牦牛步履稳健地向东前行，刚走到一块颇为显眼的磐石旁便无影无踪了。古仓巴大师四处探寻，最终在一处洞顶巨石上发现了野母牦牛隐没处有清晰足迹，故称此洞为“哲日普”（母牦牛隐没足迹洞）。大师将此洞作为修行净室。大师在圣洞内修行多年，其间他以狮面空行母提供的天然细泥土充饥。然而，此地毕竟地势太高，天气奇寒，非久居之所。于是，大师决意离洞，当他离开此洞时，头部顶住洞顶留下了神奇的帽印，至今清晰可见。传说，洞口巨石上凹凸不平的印迹便是大师的脚印。“十年动乱”期间寺庙被毁，1986年重建。寺内供有古仓巴、释迦牟尼等的佛像，各种经籍，佛塔及四臂吉祥怙主等。

■ 乌鸦宫殿

【一块有着神奇传说的磐石】

哲日普寺后面的山峰被信徒们视为密宗事部的观世音、文殊、金刚手，称为“日松贡布”；东边有一块形状奇特的磐石，称为“乌鸦宫殿”。据传，古仓巴大师给当地主神供奉的酬谢施食被一只乌鸦叼走，古仓巴紧追其后，突然乌鸦隐没在此块磐石上，故得此名。

■ 祖楚寺

【系转山路上的第三座寺庙】

祖楚寺也读作仲哲普寺，位于冈底斯山东面。仲哲普意为“神通幻术洞”。相传，米拉日巴和纳若奔琼转山时在宗曲南岸相遇，突然天下大雨，米拉日巴建议造一间避雨小屋，问纳若奔琼是负责建围墙呢还是盖顶？纳若奔琼表示愿建围墙，随即用神力将巨石劈开，米拉日巴见状用神力使纳若奔琼无法将巨石背走，直到米拉日巴放弃神力，他才背石围墙。米拉日巴用神力劈开巨石盖顶，因为太低，就用手和头往上顶，于是便留下了手

背包客推荐：冈仁波齐转山

冈仁波齐周围共有5座寺庙，楚古寺为转山第一站，以后依次为止热寺、祖楚寺、江札寺和色瓦隆寺（后两座寺位于内线）。流传在信徒们中间关于佛教尊者米拉日巴与本教徒纳若奔琼于冈仁波齐斗法时的若干遗迹，也都是转山途中的必经地点。

转山道分两条：外线是以冈底斯山为核心的大环山线路，外线总长32公里，徒步需3天工夫，磕长头则需15～20天。信徒们一般都是在转足13圈外线之后再转内线。内线是以冈底斯山南侧的因揭陀山为核心的小环山线路。每逢藏历马年，转山的朝圣者最多。据说佛祖释迦牟尼的生肖属马，马年转山一圈相当于其他年份转山13圈，且最为灵验和积累功德，上一次藏历马年是2002年。旅行者通常是围绕神山外线徒步一周，沿途风景较为荒凉，食宿都很艰苦。

徒步线路从大金（海拔4675米）出发，途经楚古寺、哲日普寺，最后回到起点。环绕冈仁波齐转山，需要2～3天时间。

D1：大金寺—进入拉曲峡谷—双腿佛塔（一座由柱子架起来的红白相间的佛塔）—经幡广场—曲登拉约—止热寺，全程26公里，约10小时。止热寺可提供简陋住宿，日出后是观赏神山背影的最佳时机，第一天行程不艰苦，主要是适应高原缺氧。

D2：止热寺—乌鸦宫殿—“死亡之地”（天葬台）—“检验石”—卓玛拉山口（海拔5700米）—托吉错（大慈悲湖）—补给站—嘛呢堆群（抛件旧衣服代表重生）—祖楚寺，全程22公里，10小时，第二天翻越卓玛拉山口为全天最高海拔路段，而后则会不断攀上攀下，较为辛苦。

D3：祖楚寺—6公里出口收费站—3公里返回起点大金，约5小时。包车前往当地司机可在出口收费站等候，不用返回大金。

印和头印。如今也能见到脚印、劈石碎片、纳若奔琼未背动的巨石等遗迹。后世佛教信徒在此修建了仲哲普寺。

特别提醒：从寺庙往南行有一泉眼，被称为圣泉，信徒们能饮上此泉水，被视为终生的福分。

江札寺

【直贡噶举派的根据地】

江札寺是冈底斯山一带较大的寺院，位于冈仁波齐神山内转山道的一条山脊上。相传是修行者古亚岗巴修建，迄今已有800多年的历史，大部分文物被毁。寺院山后即是直贡噶举

冈仁波齐

背包客收藏：冈仁波齐——佛教世界的中心

据说佛教中最著名的须弥山就是冈仁波齐。前佛教时代的象雄本教时期，冈仁波齐被称为"九重（万）字山"，相传有本教的360位神灵居住在此。本教祖师敦巴辛饶从天而降，此山为降落之处。在公元前6～前5世纪兴起的耆那教中，冈仁波齐被称作"阿什塔婆达"，即最高之山，是耆那教创始人筏驮摩那获得解脱的地方。

据本教经典描述：一条从冈仁波齐而下的河，注入"永恒不败的碧玉湖"——玛旁雍错。有4条大河由此发源，流向东、南、西、北四方。流向东方的是达确藏布——马泉河（下游为布拉马普特拉河），绿宝石丰富，饮此水的人们如良驹一般强壮；流向南方的是马甲藏布——孔雀河（下游为恒河），银沙丰富，饮此水的人们如孔雀一般可爱；流向西方的是朗钦藏布——象泉河（下游为萨特莱杰河），金矿丰富，饮此水的人们壮如大象；流向北方的是森格藏布——狮泉河（下游为印度河），钻石矿藏丰富，饮此水的人们勇似雄狮。

印度教信徒也认为这里是世界的中心。印度教里三位主神中法力最大、地位最高的湿婆，就住在这里。而印度的印度河、恒河的上游都在此发源，大量的印度朝圣者也不远万里来此朝圣。

派17座金灵塔，现在的寺院为1986年重建。

特别提醒： 止热大金宾馆背后有一家山东水饺店，味道和价格都还不错。水饺店对面的阿里高原茶馆，甜茶味道还行。转山前喝些甜茶，也是补充能量的好办法。

玛旁雍错

【与神山齐名的圣洁之湖】

玛旁雍错位于冈仁波齐峰东南20公里处，纳木那尼雪峰北侧，海拔近4588米，面积412平方公里，湖水最深达70米，是世界上海拔最高的淡水湖。玛旁雍错在宗教上的地位与神山冈仁波齐齐名，许多宗教典籍和传说中都曾记载描述过玛旁雍错。印度传说中称，这里是湿婆大神和他的妻子——喜马拉雅山的女儿乌玛女神沐浴的地方，而西藏的古代传说认为这里是广财龙神居住的地方。

交通： 包车或者自驾车旅客可从219国道南行至东岸霍尔地区，或沿普兰方向至西岸即乌寺。即乌寺山脚的小村，有旅店，住宿收费20元/床。饭菜较贵且糙，最好自备食品。

门票： 150元

餐饮： 靠在即乌寺山脚的小村，有两间由藏人经营的无名字旅店，住宿每位收费20元/人。南面的旅店提供素菜白饭，每顿10元，最好带方便面或干粮，店内有火炉和燃烧用的牛粪，可自行煮食。也可住边防武警部队营房，卫生条件较好，用水缸里的水，每位20元/床。可以在部队伙房用餐，但价格较贵，一碗面条10元。

背包客推荐：
即乌寺：拍摄玛旁雍错的胜景

即乌寺的小山坡，是拍摄玛旁雍错的日出和日落的最佳地点。玛旁雍错的湖水与远方冈仁波齐的日照金山形成强烈对比。除了拍摄湖景，从这个位置还可以拍摄到即乌村。而纳木那尼峰的雪峰、冈仁波齐的面孔也在此呈现。

背包客推荐：玛旁雍错转湖

对于信徒而言，在玛旁雍错转湖是和在冈仁波齐转山一样神圣的修行之旅。转湖全程60公里，约3天行程。但是环湖的景色较为雷同，而且耗时较长，所以旅行者通常是抵达湖边的某一点拍照逗留后随即离开。提供一条在此转湖的参考线路。

D1：从西岸即乌寺到东岸霍尔，行程8小时。即乌寺到霍尔有一段路要离开湖岸线在山上走。途经几个朝圣者修行的山洞和北岸的朗纳寺。从朗纳寺到霍尔要沿北边沼泽边缘行走。霍尔是附近一带的中心集镇，有几家商店可以买到生活用品。可住宿招待所或到当地武警兵营借宿，20元/床，条件不好。

D2：东岸霍尔南行至色瓦隆寺，行程3小时。从色瓦隆寺到楚古寺，行程7小时。

霍尔往南走，沼泽路上走2小时后过桥为色瓦隆寺。离开色瓦隆寺有一段路是可以通汽车的简易公路。从色瓦隆寺到楚古寺有23公里，沿途多是湖边的细沙滩，走起来比较费力，可提供住宿。

D3：从南岸楚古寺到西岸即乌寺，行程9小时。从楚古寺到果祖寺还有5小时的路，途中需过几条河流，雨季河水暴涨无法跋涉。西南岸果祖寺较小，寺顶的平台是欣赏圣湖美景的绝佳场所。继续前行可回首眺望雄伟的纳木那尼峰（海拔7694米）。

即乌寺

【是游览圣湖的重要停留地之一】

坐落在圣湖玛旁雍错西岸的即乌寺，殿宇巍峨，气势壮观，可俯瞰湖面远眺雪山。寺庙建在椭圆形颇陡的山丘上，被信徒们称为桑朵拜日山（铜色山），据传莲花生大师在此降魔伏妖时逗留过7天，并在岩石上留下其脚印多处。在山丘洞的西南面至今保留着莲花生大师的修行洞。“十年动乱”时曾毁，于1985年重修，现在其内的主供为莲花生大师的塑像。

玛旁雍错和纳木那尼峰

背包客收藏：“永恒不败的碧玉湖”——玛旁雍错

玛旁雍错又称玛法雍错，藏语意为“永恒不败的碧玉湖”，据说这是为纪念佛教战胜本教所取的名字，缘起于11世纪在湖畔进行的一场宗教大战。唐朝高僧玄奘在其所著《大唐西域记》中将玛旁雍错称为“西天瑶池”；佛教经典中称其为“世界江河之母”。过去湖周围有9座寺庙，它们分别是位于东面直贡噶举的修习地色瓦隆寺，位于东南面的萨迦派聂果寺，南面的格鲁派的楚古寺，西南面的帕竹噶举派大师古仓巴的修习地果祖寺，西面的莲花生大师的修习地切马寺，西北面的高僧修习洞，北面的帕竹噶举派的朗纳寺和东北面的格鲁派的日苯寺。

历来的朝圣者都以到过此湖转经洗浴为人生最大幸事。信徒们认为，这里的圣水能洗掉人们心灵上的“五毒”（贪、嗔、痴、怠、嫉），清除人肌肤上的污秽。印度人对玛旁雍错的敬仰之情还由于印度著名的领袖圣雄甘地的骨灰曾撒入玛旁雍错。所以每年夏季，印度、尼泊尔和西藏的香客纷纷到此朝圣沐浴以求功德，并将圣湖的水千里迢迢带回家供奉。

圣湖有四大浴门：东为莲花浴门，南为香甜浴门，西为去污浴门，北为信仰浴门。楚古寺周围被尊为圣洁的浴场。圣湖承载神山融雪成为四水之源：东面是马泉河，北面是狮泉河，西面是象泉河，南面是孔雀河。以天国中的马、狮、象、孔雀四种神物命名的这四条河，分别又是南亚著名的恒河、印度河、萨特莱杰河和布拉马普特拉河的源头。

拉昂错

特别提醒： 即乌寺小村旁有一个天然温泉，当地人把它加工成一个露天小浴室，供人洗浴，是圣湖旅行的首选停留地之一。

色瓦隆寺

【曾有众多僧舍寺院，是圣湖周边著名寺院之一】

坐落在圣湖玛旁雍错的东岸，由直贡噶举派著名的成道大师贡觉久赞，按其恩师直贡共确赤列桑布之托，在其恩师逝世十周年之际，即藏历阳土猴年（1728）正式建筑。此处景色秀丽，环境清幽，寺院在“十年动乱”时遭破坏，从1984年起修复。

朗纳寺

【为噶举派名僧创建的寺院】

坐落在玛旁雍错的北岸，建筑在一个形似大象鼻的山坡上。朗纳寺由帕竹噶举派名僧，诞生在前藏尼木地方的桑丹平措大师创建。于1986年重修。

聂果寺

【为萨迦派大师欧钦贡噶伦珠所建】

坐落在玛旁雍错的东南岸，当年阿底峡大师前往古格的托林寺，路过此地时，在此处建筑了一座供佛坛。后来萨迦派大师欧钦贡噶伦珠依照莲花生大师的意愿，在此筑庙。

楚古寺

【从楚古寺可眺望圣湖和神山交相辉映】

位于玛旁雍错南岸，属于格鲁派的寺院，因为它是举行沐浴仪式的重要场所而得名，楚古意为“洗头”。每年八月月圆之日，许多尼泊尔的婆罗门教徒从尼泊尔出发，沿古道穿越喜马拉雅山来到这里念经、祈祷，然后赤身冲入冰冷的水中。

果祖寺

【帕竹噶举派的重要场所】

坐落在圣湖玛旁雍错的西南岸。据

史载，当年阿底峡大师朝拜圣湖时，在此地的一处圣洞内逗留了7天，并留下圣迹。13世纪初，诞生在山南罗扎宗朵布鲁琼地方的上帕竹噶举派著名大师古仓巴前来圣湖，探寻转神山、圣湖道时，在此寺所处的古老岩洞内修行了3个多月。当他离开圣湖、前往神山之际，称此地为帕竹噶举派诞生之地（果祖意为“诞生”或“开创”，因此，寺庙所在的地方称果祖），从此以后成了帕竹噶举派的修行、念经、成道的重要场所。“十年动乱”时被毁，1987年修复一新。

拉昂错

【与圣湖相邻的宁静之湖】

拉昂错亦称“拉阿措”、“兰夏措”、“郎噶池”、“拉噶池”、“兰加克湖”，意为“五座山深的湖”。

拉昂错海拔4573米，面积268平方公里。拉昂错，人称鬼湖，与圣湖玛旁雍错一堤之隔，两湖之间的地带是进出普兰县的必经之路。鬼湖周边只有一些红色的低矮草丛，没有人烟，所以显得空旷寂寞，天气多变，较圣湖多风。卵石滩像一条白亮亮的银带，镶在湖边。湖里还有一座小岛，呈暗红色。

据说玛旁雍错与拉昂错湖底相通，一边是淡水的圣湖，另一边却是咸水的鬼湖。

交通：位于普兰县驻地东北，在从神山或圣湖去普兰的时候会有很长的一段路是在鬼湖旁边，道路距离湖边很近，视野非常开阔。

纳木那尼峰

【与神山相对的雄伟雪峰】

藏族同胞称之为“圣母之山”或“神女峰”。海拔7694米，位于喜马拉雅山西段，与海拔6638米的神山冈仁波齐遥遥相对。纳木那尼峰约200平方公里，主要山脊有6条。山脊线上有数十座6000米以上的山头，高低错落。西面的山脊呈扇状由北向南排列，东面唯一的山脊被侵蚀成刃脊，十分陡峭，形成了高差近2000米的峭壁。相比较而言，西面的坡度则较为和缓，峡谷间倾泻着五条巨大的冰川，冰面上布满了冰裂缝和冰陡崖。1985年，中日联合登山队攀登纳木那尼峰成功。

尼泊尔大厦

【勤俭的国际边贸者的早期住地】

普兰县城过东风桥到孔河北岸吉让乡，路边50米高的山坡上有些天然洞穴，远看像高楼大厦的窗户，这大概是世界上绝无仅有的被称作“大厦”，但又最不像大厦的一处建筑。前些年不少尼泊尔和印度人越过边境到普兰做买卖，曾经为了节约费用就在这些洞穴中居住，久而久之这里就成了他们的聚居地，这个山坡被称为“尼泊尔大厦”。现在大多数人从山洞中搬到附近的房屋中居住。

交通：从普兰新县城往北步行约15分钟。

特别提醒：目前尼泊尔大厦内已没有居住者，但作为一个景观仍然存在。

普兰“国际贸易市场”

【充满异国情调的小商品市场】

普兰自古以来就是高原西部的重要对外贸易通道，现为国家二类口岸。每年夏季，尼泊尔商人携带如香水、手表等商品从这里入境，在普兰的国际市场做买卖；在冬季前，再将收购的羊毛和羊运回尼泊尔。这里曾经是旅行者淘宝的好去处，近年市场在治理整顿，陆续搬迁到新的大市场中，不如原来兴旺。在普兰可以购买尼泊尔人制作的木碗，做工精美的要几百上千元一个，看个人喜好了。

交通：从原尼泊尔大厦向西行 10 分钟翻过一个山丘就可抵达。

住宿：普兰是西藏边境很有名气的一个县城。因为坐落在孔雀河谷，这里的宾馆、餐馆甚至加油站都用“孔雀”来命名。住宿条件比较好的还有县政府招待所、武警招待所等。双人间在 80 ~ 100 元，很多时候不提供热水。因为蔬菜等要从狮泉河等地运输而来，这里菜价普遍较高。

特别提醒：普兰“国际贸易市场”门票免费。去普兰前要在拉萨或者狮泉河镇办好边检证。

西柏林寺

【仅余断壁残垣的寺院遗址】

西柏林寺（当地人称为孔雀王朝）废墟紧挨着尼泊尔大厦，也在尼泊尔大厦所处的那达拉喀山上，藏名叫古宫拉康。该寺建于 17 世纪初五世达赖喇嘛时期，由哲蚌寺管辖，属格鲁派，是当年阿里地区最大的寺院。这里也是旧时普兰政府的冬日驻地。原有僧侣 300 多人，房屋 250 多间，最大的房间有 315 根柱子。“十年动乱”时被毁，在县城能远眺山上的寺院废墟，遗址上重新建起了规模不大的寺院。

交通：可由尼泊尔大厦和国际贸易市场之间的小路上山，步行约 15 分钟就到。

科迦寺

【阿里远近闻名、紧邻尼泊尔的山间小寺】

科迦寺兴建年份已难以考据，其来历据说是源于噶尔一带擅长铸造佛像的居民，一天把一尊观音像以马车送运，走到孔雀河边。马车突然被石头卡住，不论怎么办也无法继续前行，于是人们就在车停之处建一座庙，取名科迦寺。

科迦寺虽然规模不大，但在阿里远近闻名，寺里供奉的文殊菩萨曾得高僧仁钦桑布加持。科迦寺与尼泊尔近在咫尺，地处喜马拉雅山南坡，气候暖和，风光宜人，是从尼泊尔进入西藏的一条民间通道，经常有印度、尼泊尔的信徒香客进藏朝拜途经这里，颇具异域风情。

交通：距普兰东南 19 公里，邻近中尼边境。

门票：50 元

特别提醒：附近的科迦村是个具有田园风光的小村庄，需要包车前往，道路崎岖。

贡不日寺

【藏传佛教里唯一的悬空寺式的寺庙建筑】

贡不日寺亦称“故宫”。民间传说“故宫”曾为八大藏戏之一勇猛善战的“洛桑王子”的宫殿，仙女影超拉姆与王子相爱，遭巫师嫉恨，巫师假称北方有敌，诱使洛桑王子出征，影超拉姆在危难时刻从这里飞升天宫。待王子凯旋，与影超拉姆相会于天庭，惩处恶人，最终幸福团圆。藏戏《洛桑王子》描写的就是这段传说。

贡不日寺依山凿洞，洞前搭设栈桥的寺庙形式，高出河岸台地约 30 米，因而被称为“悬空寺”。沿山坡辟有阶梯可登临寺庙。寺庙的住持由直贡寺委派。洞窟全长 24.3 米，高 1.6 ~ 1.8 米，洞内有壁画及佛像供奉。

交通：位于普兰县城边马甲藏布河的北岸。

札达

札达土林

【阿里地区最具震撼力的自然风光之一】

土林地貌是阿里的一大自然奇观。据科学家考证，这里曾经是一个方圆500公里的大湖，是喜马拉雅造山运动使湖盆升高，水位递减，露出水面的山岩经洪水冲刷、风化剥蚀而形成。札达县有著名的土林地貌风光区，札达县城外围的山坡上，土林到处都是。行车到札达时，途中就能看到大峡谷般的土林景色。

其中又以毛刺沟的土林最为壮观。蜿蜒的象泉河水在土林的峡谷中静静流淌，宛若置身仙境中，梦游一个奇幻无比的世界。

交通：从狮泉河沿日阿公路往南，行255公里进入象泉河谷，便抵阿里札达县。狮泉河到札达县城已经是柏油路。包车往返需2000～3000元。如果从拉萨西行走阿里南线，可在距离狮泉河136公里的那木如下国道西行至札达。

托林寺

【阿里历史上第一座佛教寺庙，也是藏传佛教后弘期“上路弘法”之发源地】

托林寺为11世纪建国的古格王朝第二代国王益西沃所建，距今有900多年的历史。11世纪中叶，著名的印度僧人阿底峡大师进藏后，便居住在托林寺。现为阿里地区最古老的藏传佛教寺院，古格王朝覆灭后托林寺属格鲁派。

它的主要建筑布局仿照吐蕃赞普松赞干布统治时期建造的桑耶寺，其形制依然以中央须弥山为中心，四周分布象征佛教四大护法金刚的佛塔，中央大殿之中供奉着镏金佛像，并藏有大量珍贵的佛教壁画。托林寺由殿堂、僧居、塔林三部分组成，均为土木结构或者土构建筑。主要殿堂（朗布朗则拉康）毁于

札达土林

"十年动乱"，但墙体尚存。现存建筑有白殿（嘎波拉康）和集会殿（杜康），分别建于15世纪和16世纪，殿内壁画保存完好。寺院周围还有众多的古塔和遗迹。

古格王国从建国伊始，定佛教为国教，大力兴佛，使得托林寺成为阿里地区藏传佛教的中心，由于古格盛产金银，佛像多为金银所造，其中，以通体金黄无接缝，镀银眼球锃亮的三眼"古格银眼"佛像最为有名，据说，"古格银眼"佛像的铸造工艺，只有古格的鲁巴可以制作。在托林寺还发现了古格王朝时期用金银汁书写的大量佛教经文，可见当时古格王朝的富足与强大。

托林寺的壁画虽历经战乱与动荡，但仍保存完整，它多以佛教题材为主，宣扬佛教教义。其中，不乏反映古格当时社会生活的壁画，气势宏大，受印度文化影响，带有明显的异域艺术风格；而壁画中的女性人物，用笔简练，丰满而富有动感，因而，在托林寺壁画中颇具代表性。

交通：坐落于札达县城西北，西距古格王国遗址约60公里，北距狮泉河150多公里，距普兰350公里，东距日喀则约1000公里，在札达县城徒步即可到达。

门票：80元

特别提醒：

1. 每年藏历一月十八、十九，这里都要举行"姆朗钦姆"（大法会）宗教仪式活动，其间喇嘛表演的大型宗教舞蹈——羌姆，为期两天，每天表演的服装道具都不尽相同。
2. 在藏族历史上，著名的益西沃、阿底峡、仁钦桑布等人物的故事都以托林寺为背景展开，托林寺凝结了印度、尼泊尔和拉达克的工匠的心血，也是三地的建筑和佛像风格的集大成者。
3. 建议带上手电筒，殿内光线暗淡。

桑丹达吉寺

【札达地区重要寺庙之一】

桑丹达吉寺为一窑洞式殿堂，面阔7.4米，洞高2米。洞内壁画完整，绘有冈底斯神山的守护神加巴米林、四臂护法神、二臂护法神、释迦牟尼佛、金

背包客收藏：古格王国与"上路弘法"

吐蕃王朝末代赞普朗达玛时期，灭佛毁寺，不少避难僧人远遁阿里。843年朗达玛被一位僧人刺杀，内战纷起，吐蕃王朝崩溃。朗达玛的两个儿子奥松与云丹也为争夺王位相互斗争，奥松之子贝考赞为奴隶起义军所杀，贝考赞的儿子吉德尼玛衮见大势已去，便带着3个大臣和100多人，投奔阿里，并娶了当地头人的女儿。后来吉德尼玛衮将阿里一分为三，分封给他的3个儿子，古格王国即第三子德祖衮的封地。古格王国的统治中心在札达象泉河流域，北抵日土，最北界可达今克什米尔境内的斯诺乌山，南界印度，西临拉达克，最东面其势力范围一度到达冈底斯山麓。古格王国延续了700多年。

据《西藏臣记》记载，古格王国世袭了16个国王。17世纪中，古格王国发生内乱，国王之弟借拉达克军队攻打王宫，最终古格王朝覆灭。

古格王国十分重视佛教，多次派人到克什米尔学经，翻译佛经108部。1042年，印度高僧阿底峡到阿里地区弘法，使阿里成为佛教复兴之地，佛教史称"上路弘法"。遗址中还有6座庙、殿，即红庙、白庙、轮回庙、枕布觉庙和王宫殿、集会议事殿。古格遗迹最令人叹为观止的是其大量保存完整的精美壁画。

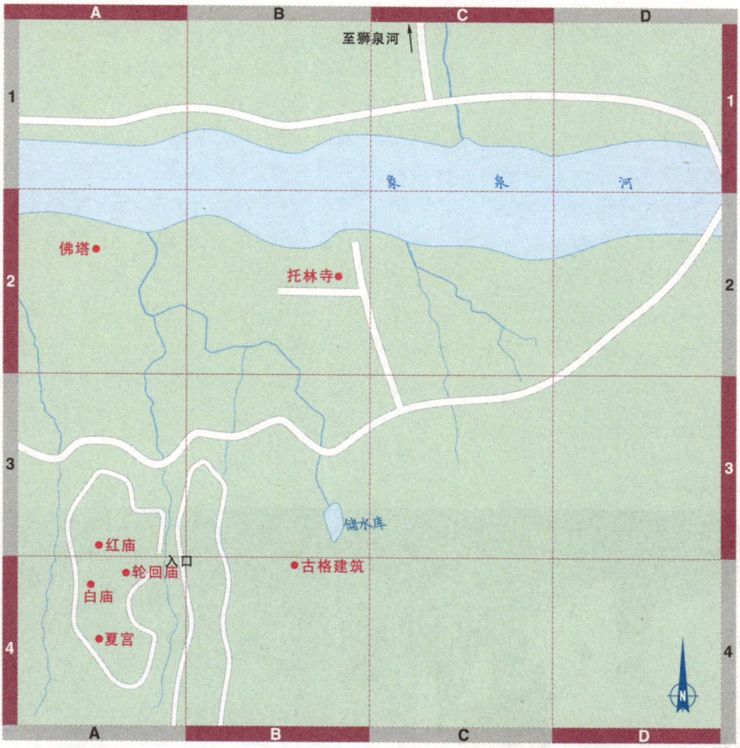

古格遗址平面示意图

刚佛母、米拉日巴及传记、无量寿佛等。此寺是托林寺的属寺，为札达县西北部边境地带的重要宗教活动场所。

交通：在札达县境内，位于香孜乡江当村北约 5 公里处。

古格王国遗址

【阿里地区最负盛名的历史遗迹】

古格王国遗址处于一座高 300 多米的黄土山上，占地约 183 万平方米。这里曾经是古格王朝的宫堡，从 10 世纪至 16 世纪经 16 代古格王不断扩建，形成了一座规模庞大、地势险峻、雄壮巍峨的宫堡，由王宫、庙宇、碉楼、佛塔、洞窟组成。堡内有四通八达的地道，外有坚实的城墙，犹如铜墙铁壁。它偏居此地 700 余年，传承 20 余代国王，距今有 1300 年的历史。

古格王国的王室建筑主要集中在山顶，是当时古格王朝王室居住地，有房屋 40 余间，均为土木建筑结构。上到王宫的路不好走，需弯腰在一个个小洞子里穿行。中间层还有一些供官人或者贵人居住的住所。王室主要建在山顶，居高临下可以看到中层的住所，以及一些储存粮食的地方。山顶北部有一洞口，通向 20 米深的国王“冬宫”，即密室。冬宫为地道式建筑，盘旋通往山下，室内套室，洞中有洞，颇为复杂。只有一条暗道通往当年国王的密室。站在这里，能看到远处成片的土林。

在古格王国建筑群遗址中，最为显眼的建筑多数是佛教建筑。寺庙位于古格遗址的中层。现存仅有6座：山顶上突兀而出的坛城殿、山坡台上的红庙和白庙、高低错落的大威德殿和度母殿、山坡西北侧的佛塔。在寺庙中，保留着大量完好的壁画。古格壁画风格独特、气势宏大，色彩艳丽，较全面地反映了当时社会生活各层面。不过，古格壁画一般不对外开放参观。民居是古格遗址中底层建筑。也是当时古格王朝老百姓的住所。保留较为完善，基本以石窟建筑为主。

遗址还有3个古代防御工事，一个扼守在河口，一个雄踞在一座100多米高的小山上，还有一座则屹立于象泉河床附近，三座防御工事呈犄角状互相呼应。1630年，古格王国近邻的拉达克人攻占了古格都城。1680年，清政府派兵收复古格。由于这里地势险要，而且是通往古格的必经之路，所以成为当时的战略要地。

神秘的古格王朝300多年前一夜之间在历史上消失，留下了这座记录着古格灿烂辉煌的文化艺术成就的遗址。1985年一次考古工作才让这个消亡了

古格王朝遗址

背包客推荐：古格王朝遗址旅行线路

从山脚的如楼沿着小径走，首先经过的就是红庙、白庙、度母殿和轮回庙4座古殿。山顶有一座坛城殿，要参观的话，需要找工作人员打开门锁。寺内保存着很多精美的壁画，光彩夺目。

山腰有两条隧道连接，直通山顶。北面悬崖边上的通道堆放着不少鹅卵石，残留着当年抗敌的痕迹。走过崖边通道，是一个大院子，这是古格王国当年的歌舞娱乐场所。再往北行，有一面积约200平方米的建筑残迹，是王室建筑中最大的建筑物，估计这是王国用来议事的大厅堂,现仅存围墙。山顶的护法神殿有着很多精美的壁画。遗址的顶端有一扇小门，沿着台阶的陡峭通道可以到达“冬宫”。

折回到山腰，有三间寺庙。古格王国旁边就是看门人的住所。往山脚下步行约10分钟就到了干尸洞。

古格王朝遗址

350年的王国又重新回到人们的视野里，随后不断发掘出的雕刻、造像及壁画等揭开了古格王朝的神秘面纱。

时间：8：00～19：00

交通：位于象泉河南岸，距县城19公里，从札达县城很少有车辆可搭乘前往，建议包车或自驾车前往。

门票：联票200元（包括古格王国遗址、托林寺、土林、东嘎皮央、曲龙银城等六个景点，不能单独售票）。门票在县文化旅游局购买。

■ 古格壁画

【大量保存完整的精美壁画是整个遗迹中最令人叹为观止的】

古格王国崇尚佛教，雕塑题材也多为金银佛教造像，其中以古格银眼造像为最高成就。但遗存数量最多、最为完整的还是古格壁画。

古格壁画气势宏大、风格独特，全面地反映了当时社会生活。壁画中的人物用笔洗练，其中，丰满动感的女性人物尤具代表性。因为古格所处的地理位置，使其受到了多种外来文化的影响，古格壁画及其他艺术作品带有明显的克什米尔及犍陀罗艺术特点。

目前红庙、白庙、轮回庙内古格王国遗址平面示意图尚遗存的壁画主要内容是：释迦牟尼和其父净饭王的画像以及众多佛像，最为珍贵的就是“吐蕃历代赞普和古格国王世系”壁画。在山顶的护法神殿壁画主体部分大多为密宗男女双修佛，画风强烈泼辣。壁画下方淋漓尽致地展现了地狱之苦，各式刑罚惨不忍睹。边饰则是一长排数十位裸空行母，无一雷同。

■ 出土文物

【大量用金银汁写就的经书反映了古格王朝曾经的富足与奢华】

古格王朝盛产黄金白银，在托林寺、札不让、东嘎、皮央都发现过一种用金银汁书写的经书，而且出土数量极大。这种经书书写在一种略呈青蓝色的黑色纸面上，一排用金汁、一排用银汁书写，奢华程度无以复加。围绕古格都城周围的重要遗址还有东嘎、达巴、皮央、香孜等，都有大量文物遗存。

■ 干尸洞

【发现过许多干尸残骸的洞窟】

沿古人修筑的人工河道仔细搜索可以发现古格著名的干尸洞，洞位于干枯的河道上约一人高的一座小洞窟内，内有众多无头干尸残骸，可能为当年遇难的守城兵民。干尸洞没有任何保护措施，除极少数残骸外大多已很难辨别。

东嘎壁画

东嘎皮央石窟

【西藏迄今为止发现的最大一处佛教石窟遗址】

这是一处1992年才被发现的石窟壁画遗址，考古工作者所发掘的东嘎洞窟和皮央洞窟就在东嘎村和相邻的皮央村附近的土石山崖上，故名“东嘎皮央”石窟。初步考证，东嘎遗址属于古格王朝仁钦桑布时期所建的八大寺之一，建于10世纪，一度是古格王国重要的文化中心。

东嘎是札达县的一个靠山临水，只有十几户人家的小村庄，在古格王国遗址西北约40公里。东嘎石窟散布在东嘎村北面断崖上，路上能看到山上密密麻麻的洞窟。现存洞穴接近200个，绵延2公里，俨如蜂巢。其中绘有精美壁画的几个窟洞，集中在东面一片呈“U”字形的山崖上。它的形成及其年代，目前在众多的西藏历史、宗教、文化档案中都没有记载，是一个尚待破解的文化之谜。壁画历史久远，内容丰富，画中还有些异国的人物、图案、造型。壁画采用特殊的矿物颜料绘制，历久弥新，毫无褪色。壁画题材主要有佛像、菩萨像、佛传故事、说法图等，还有各种装饰图案纹样及密教曼荼罗等。各种天女图案最多，造型生动，变化丰富。

“皮央”汉语中亦译为“培阳”、“皮旺”、“其旺”等，系一处由寺院建筑、城堡遗址与石窟群组成的规模宏大的佛教遗迹。山上散布数百个洞窟，其中一些虽已塌毁，但总的规模比东嘎还要大。

交通：札达县以北40公里东嘎村北断崖之上，需驱车前往。

特别提醒：目前保护整理工作正在进行中，东嘎皮央洞窟尚未对外开放，可向札达文化局联系了解具体情况。

象泉河

【是西藏西部最为重要的古代文明发祥地】

象泉河以其源头的山谷形似象鼻而得名，藏语称为“朗钦藏布”，它发源于噶尔县门土乡，往西经札达县流出国境进入印度，在印度境内的一段称之为萨特莱杰河（又译为萨特累季河），在巴基斯坦境内同奇纳布河汇合成潘杰纳得河后注入印度河，是印度河上游的主要支流，全长1450公里，流域面积达40万平方公里。

噶尔

直达布日寺

【噶举派著名寺院，供奉象征十万空行母宫的紫色岩石】

直达布日寺由宁玛派高僧多扎喇嘛·曲尼桑布始建。寺内主供莲花生大师、无量光佛塑像及释迦牟尼佛、空行母益西措杰（莲花生之夫人）、多吉帕姆（胜乐金刚之明妃）8岁时的脚印等。寺内有莲花生、古仓巴、多吉帕姆的3处修行地。

寺前有一温泉，泉周围形成大理石般的泉华地貌，香客们在这里可捡到叫作“岗提”的石灰石，据说可以祛病消灾。寺庙周围有许多风化的石林，象征大黑天、天鹏鸟、胜乐父母、药王宫、古如八尊等。直达布日寺西面河流对岸有一紫色岩石象征十万空行母宫，其下方平地为空行母舞台，江畔的红白相间的岩石为空行秘道，相邻的黄色、蓝色岩石分别象征财神和狮面空行母宫。

直达布日寺在“十年动乱”期间被毁，1983年重建。寺院规模不大，但周边排列着众多的嘛呢墙颇为壮观，寺院外有几间民房供香客住宿，登上山顶可远眺冈仁波齐主峰。

交通：位于噶尔县境内，距冈仁波齐60公里。

古如甲寺

【阿里地区唯一的本教寺庙】

古如甲寺是1936年由本教大师琼钦活佛·晋美朗嘎多杰创建。主要建筑有卡洞拉康、祖拉康、藏康、噶丹居拉康等。寺内主供珍巴南卡石雕像、金铜佛母强玛、铜质敦巴赤祖甲瓦、塘玛美珍像、琼钦仁波且泥塑像等及本教始祖善业唐卡12幅。此外，还有佛塔、本教经典、法器等。“十年动乱”期间被毁，1983年重建。现有喇嘛10人。现任住持革龙单增旺扎是阿里地区著名的藏医专家。

狮泉河寺院

交通：位于噶尔县境内，距直达布日寺 10 公里。

噶尔藏布

【狮泉河镇外必经河流】

噶尔藏布亦称“噶尔曲”、“噶尔塘曲”，意为“营盘江”。源于冈底斯山南坡、革吉县境内，为森格藏布的最大支流。河长 196 公里，流域面积 6060 平方公里。从狮泉河镇去普兰有两条路，一条先沿森格藏布（狮泉河）向西走到与噶尔藏布的汇合处，那里有一座鲁玛桥，从鲁玛桥过噶尔藏布，再折向东南，沿噶尔藏布西岸前行。另一条出狮泉河镇直接南行，噶尔昆沙附近涉水过河，再沿噶尔藏布西岸前行，可以少走 40 多公里路，但路况不熟的人不要尝试。

交通：噶尔县境内，位于县驻地西南。

扎西岗寺

【一座颇具军事意义的寺院】

扎西岗寺建在一个高几十米的山坡上，极有特色，远远望去就像是一座坚固的城池。寺庙有夯土防护墙，四周建有护城河，宽约 2 米，河床内现已无水，长满了红柳。护城河外建有两座圆形碉堡，其中的一座尚保存完好。这种寺庙格局在西藏极为少见。

据史料记载，扎西岗寺创建人为达格章，原系拉达克赫米寺系统，15 世纪后改宗格鲁派，是西藏西部的一座早期寺庙。17 世纪后期，拉达克势力被五世达赖派遣的军队驱逐出境，此寺收归拉萨色拉寺，并由阿里托林寺代管，堪布由色拉寺直接委派，每 3 年轮换一次。扎西岗寺的建筑布局带有浓厚的军事色彩，这种现象的出现，与其地理位置关系很大。百余年前，英帝国主义曾从这里入侵西藏，遭到阿里人民的顽强抵抗，扎西岗寺距边境直线距离仅百余公里，自然首当其冲。

扎西岗寺“十年动乱”期间被毁，1985 年重建，主要建筑有措康、普那贡康、嘎居康、4 座扎仓及茶馆等附属设施。

日土

伦珠曲丁寺

【日土本地重要寺院之一】

由日土旺巴资助，不丹喇嘛贡列和格鲁派喇嘛元旦嘉措共同创建，主供强巴佛、宗喀巴师徒三尊、释迦牟尼和胜乐金刚等。寺内原有东殿、西殿、热丹寺、卡噶寺和拉康 5 座建筑，属格鲁派。1986 年重修。

日土岩画

【古朴抽象的精美岩画和山洞壁画相得益彰】

日土的岩画分布在日姆栋、鲁日朗卡和恰克桑三地，题材丰富而多样，以动物为主，其次是日、月、山、植物等自然景物，还有狩猎、放牧、舞蹈、乘骑等社会图景和反映生殖崇拜的内容等。岩画人物和动物形体特殊，是研究西藏早期社会绘画艺术的珍贵资料。

在日土县班公错东北乌江河谷山沟内有山洞壁画，山洞名“顶琼拉康”，高和宽各有 4 米左右，顶部和四周石墙经过粉刷，其上画满各种佛像和舞蹈人物。壁画以坛城画为主，分佛教和本教两种，形状不同。洞门两侧是菩萨佛像，左侧墙上画有地狱饿鬼图、变形裸体像，以及生殖器外露的男女人像。从壁画内容来看应属早期藏族民间绘画风格，与吐蕃以后的藏传佛教寺院壁画风格完全不同。此外，在山洞附近，还发现有大量形体特殊的岩画群。据说，日土县多数岩画应在本教盛行时期，也就是在藏传佛教之前。

交通：1. 比较容易看到的岩画有两组，距离噶尔约 75 公里处，请注意公路东边的里程标志牌，在 965 ～ 970 公里之间，在公路的右手边，巨大的岩石很容易辨认。

2. 去看山洞壁画最好找个当地的向导，自己去很难找到。

班公错

【最富活力的狭长的湖泊】

班公错是高原上的内陆湖，班公错藏语称“哥木克哥那喇令错”，意为“明媚而狭长的湖”或“长脖子天鹅”。它东西长 150 多公里，南北窄，最宽处有 15 公里，最窄处只有 40 米，水深 57 米，面积 604 平方公里，海拔 4242 米。湖心有一个著名的“鸟岛”，夏季是观鸟的最佳季节，但鸟岛上的鸟蛋是受保护的，绝不能带走。

班公错大部分位于阿里日土县，小部分在克什米尔地区境内。湖水由东向西依次为淡水、半咸水、咸水，颇为奇特。盛产美味的高原鲤科裂腹裸鲤。

交通：位于狮泉河镇西北方向，新藏公路的沿线，从镇上驱车前往需 3 ～ 4 小时，路况十分不好，特别是在雨季。

门票：30 元，租船 80 元

餐饮：在班公错石碑对面有一家渔庄专门烹饪湖鱼，散客 20 ～ 30 元随便吃，团队有 200 ～ 400 元不同档次的全鱼宴。

特别提醒：每年春夏之际的 5 ～ 7 月，班公错湖心的鸟岛便栖息有数万只斑头雁、棕头鸥、凤头麻鸭等二十多种水鸟。从班公错登船可以绕着鸟岛欣赏。从湖边到鸟岛行程为 30 ～ 40 分钟。一般情况下，游人是不允许登岛的。

实用资讯

交通

阿里地区被称为世界屋脊的屋脊，地广人稀，全境平均海拔都在 4000 米，年平均气温 19℃。阿里地区海拔 5000 米以上的地方，日均温差很大，8 月白天气温为 10℃以上，而夜间气温降至 0℃以下。全年降水量极少，且季节性强，雨量集中在 7 ~ 9 月，冬季很多山口大雪封路。每年仅有 5 ~ 7 月初以及 9 ~ 10 月适合游客前往，即便在这短短的几个月内道路也是坑洼泥泞异常。

航空

阿里昆莎机场位于阿里地区狮泉河镇西南，是西藏第四个民用机场。但有限的载客量使得机票也较贵。拉萨到阿里，每周三、五、日起飞，票价 2500 元。成都经拉萨飞阿里每周二、五起飞，票价更是达 4000 元。机场距离狮泉河镇约 50 公里，有民航大巴直达。

公路

坐汽车进入阿里有两条线路，从新疆叶城沿新藏线进入，或者从拉萨到狮泉河。这也是普通旅行者最常用，也是最经济的方式。

叶城到阿里

从叶城往返阿里狮泉河镇大约需要 40 小时。在叶城的阿里办事处乘坐，平均四五天一趟，旺季会有加班车，票价 450 ~ 500 元。具体的车次、发车时间和票价最好事先询问叶城客运站。电话：0998-7282818。叶城也有卡车和越野车去阿里。所以也可以搭车前往。搭车的价格，卡车约 200 元，越野车约 400 元。搭车的地方在阿里办事处、附近停车场或修理厂。也可以乘三轮摩托车到城东 5 公里处的新藏线零公里处找去阿里的车。这个三岔路口就像一个小集镇，往东去和田、往南去阿里。

从拉萨到阿里

拉萨到阿里狮泉河的公路——219 国道，经拉孜以西过桑桑后，在得穷道班（又称 22 道班）分为南线、北线。北线 1760 公里，南线 1190 公里。

拉萨到阿里的长途班车，淡季两天一班，旺季一天一班，如果人多的话，还会随时加车，车费有 750 元、700 元、650 元三种，行程两天。

如果从拉萨租车往返阿里，南北环线全程通常 20 天左右，全程参考价格 15000 元左右，可搭乘 5 人左右，通常两辆车以上发车，当地越野车以丰田陆地巡洋舰为主，建议和正规旅行社签订完善的合同。

还有从藏北沿黑阿公路的一条线路，但沿途基本上是无人区，而且很多地段都是沼泽地带，只有冬季上冻之后才能行车。因此，几乎很少有车辆走这条路。

北线

桑桑以西得穷道班（22 道班）往北为阿里北线，北线全长 1760 公里，北线为 206 省道、301 省道，从拉萨经日喀则、拉孜、措勤、改则、革吉到狮泉河。由于北线途经的县城较南线繁华，所以是进出阿里的商业车队、访问者、当地货车首选路段，但沿线景观较单一。北线的海拔高，要经过海拔 6000 米的桑墓达坂，且基本没有什么风景可看。

措勤—改则：268 公里，路况一般，改则可提供食宿，条件尚可。

改则—雄巴：180 公里，经过盐湖乡，路况一般，可解决食宿。如时间允

狮泉河

许也可前行至革吉住宿。

雄巴—革吉：105 公里，路况稍好，革吉为县府所在地，食宿条件略好，如果时间早可以继续前进至狮泉河镇住宿。

革吉—狮泉河镇：革吉到阿里 112 公里，狮泉河是地区首府，条件是整个阿里地区最好的，这里也是汽车维修的重要地点，几乎所有跑到这里的汽车都要修理一遍。

南线

南线为 219 国道（新藏线），全长 1190 公里。途经普兰、札达至噶尔与北线相交，而后经过日土翻越界山达坂进入新疆地界。现在，从拉萨到狮泉河已全程柏油路，两天就可以到狮泉河镇。大多数旅行者都走南线。这条线路基本上是沿雅鲁藏布江而上，经日喀则、拉孜、萨嘎、仲巴到达圣湖玛旁雍错，再南下到普兰，由此向西北去朝拜神山冈仁波齐，之后到札达，最后进入狮泉河镇。

22 道班以南—萨嘎：从 22 道班岔口走 60 公里至萨嘎，可提供食宿，条件尚可，由岔口南下可至中尼边境吉隆。

萨嘎—仲巴—帕羊：从萨嘎到仲巴，145 公里，道路不错，食宿一般，可以住到老仲巴的汽车旅馆，有很多前往神山朝圣的印度人。

仲巴到帕羊 110 公里，食宿条件一般。

帕羊—大金寺：帕羊到大金寺 300 公里，途中多涉水路面，须谨慎行驶。近年已经修好了几座桥梁，道路比原来好了许多。大金寺位于冈仁波齐峰脚下，是转山的前站，住宿餐饮稍好。由巴嘎岔路南下可经 207 省道抵达普兰，全程 110 公里，途经圣湖和鬼湖。普兰食宿是沿途中条件较好的一站。

内部交通

狮泉河镇不大，花二三十分钟就能把整个镇从头到尾逛个遍。在这里，出租车是主要的交通工具，市内一律 5 元。如果出城的话，价格另议。也有很多面的，市内 2 元。

狮泉河到普兰有班车，每天早上一班。旺季随时会有加班车，6 ~ 8 小时路程，车费 180 元左右，在客运站乘车。

狮泉河往返札达，包车的话，需2000 ~ 3000元。有两条路，老路从那不如路口进入，大约205公里，新路从巴尔兵站进入，大约350公里。新路的路况比较好，越野车大约4小时可到。狮泉河也有往返札达的班车，票价220 ~ 260元，每天中午发车。但是如果人少的话，可能会取消。

住宿

因为阿里南线路况的好转，前往阿里地区的自驾游客和包车游客越来越多。沿线大的县城都有条件较好的宾馆，能提供热水。不过，阿里地区毕竟是人烟荒芜之地，食宿不及前藏地区，这里是“眼睛上的享受，肉体上的折磨”。强烈建议携带睡袋，即便住宿招待所宾馆也最好注意个人卫生条件。一旦乘坐车辆出现故障坏在半路等待救援，也可以使用睡袋御寒。

狮泉河镇

镇上的宾馆基本上都没有浴室，只能去旁边的澡堂洗澡。狮泉河宾馆在拉孜过来的公路的右边，80元/人。宾馆对面是粮食局澡堂，10元/人。沿着路直走，绕过花坛，经过军分区，旁边是邮电宾馆，40 ~ 60元/人，宾馆旁边的澡堂条件还不错。如果在花坛左转，就会看到一个小餐馆，餐馆楼上是农牧商招待所，30元/人。还有一家蓝天招待所，40 ~ 50元/人。

普兰县

普兰县可住县政府招待所、武警招待所，有开水供应，费用25元/床。

冈仁波齐

塔钦的冈底斯宾馆，标准间约100元/间。也有便宜的，如志愿者之家，30 ~ 50元/人。公共浴室15 ~ 25元/人。

札达

札达有两三家宾馆，如重庆宾馆，标准间在百元左右。也有便宜的招待所，札达宾馆、人武部招待所，30元/人左右，但是无法洗澡。街上的公共浴室，15元/人。

如果要住在古格附近的话，只有札不让村有几家家庭旅馆可提供食宿，50元/人，厕所是露天的，有时候还得自己动手做饭。

纳木那尼与玛旁雍错

玛旁雍错

在玛旁雍错住边防武警部队营房，卫生条件较好，住宿费用15元/床。可以在部队伙房用餐，但是价格较贵，一碗面条10元。神湖和鬼湖之间有一些家庭旅馆，如白马山庄，30元/人，不能洗澡。不过附近有温泉。

餐饮

阿里地区地广人稀，条件艰苦，只有沿途少数县城和地区有饭馆，而且，除狮泉河镇以外沿线供给较差。狮泉河镇每天都有从新疆运蔬菜的货车长途跋涉而来，是补充给养的重要地点，这里新疆风味餐厅较多。普兰和札达靠近尼泊尔边境，海拔较低，出产青菜，补给条件较好，在这里能吃到较多的青菜，也可以品尝到尼泊尔、印度风味餐饮。

从拉萨直抵狮泉河镇已经是柏油路，很好走。但如果要拐道去往其他的景点，就需要备足饮用水、方便食品等。

购物

阿里地区没有太多的旅游纪念品，最有名的就是普兰的木碗了。且因为靠近中尼边境的普兰有边境市场，以印度、尼泊尔饰品、日用品为主，可以买些带有异国情调的小摆设以做纪念。阿里大多数地区，连日常生活用品的购买都不能满足。所以行前要做好物资方面的充分准备。

普兰木碗

普兰县城有很多手工作坊制作木碗，一般的木碗七八元，但如果是成色非常好的，价格可达千元。除了普兰县城，冈仁波齐脚下的塔钦的市场上也有木碗卖。但是狮泉河镇很少见到。

娱乐

在阿里的行程离不开汽车，通常包车两星期的旅行几乎整天都在车里几个人插科打诨。风景确实无处不在，不过日复一日的缺氧和单调的行程让所有的人都会产生审美疲劳，至于司机更是辛苦异常，这个时候唯一的娱乐就是听听音乐。所以多准备一些自己喜欢的磁带（道路颠簸，多为卡带机）也就成了阿里最经常的娱乐活动，最好找些耳熟能详的老歌和藏文歌曲，老少咸宜。

特别提醒：牧区的狗是相当凶猛的，阿里出了不少可以和狮子搏斗的藏獒，所以在牧区行走要注意安全，避免贸然闯入牧场和牧民家中。一般寺院和村镇中闲荡的野狗对人没有敌意，不过最好避免亲近，小心虱子。

阿里旅行相关电话

阿里公安外事：0897-2821542

阿里旅游投诉：0897-2821486

阿里地区外事旅游局：0897-2821828

阿里地区旅游公司：0897-2821846

拉萨市旅游投诉：0891-6650808、6324691

西藏旅游投诉：0891-6834193

SHANNAN
山南地区

错那

浪卡子

隆子

走遍中国·**西藏**

SHANNAN
山南地区

山南作为解读藏族文化、探寻藏族历史的源流，是每一位旅行者的必游之地。

山南指的是位于青藏高原冈底斯山和念青唐古拉山脉以南的雅鲁藏布江中下游，横阔418公里，纵长317公里，总面积约7.9万平方公里的地域。这一地区分别与拉萨、日喀则、林芝地区相邻，与印度和不丹接壤，史称“雅砻”。

山南地区在西藏属于海拔相对较低的地区，这里拥有西藏历史上许多个第一：西藏的第一块农田；西藏第一位国王——聂赤赞普；第一座宫殿——雍布拉康；第一个奴隶制政权——吐蕃王朝；第一座佛堂——昌珠寺；第一座佛、法、僧俱全的寺庙——桑耶寺；第一部藏戏——巴嘎布，因此，山南又被称为“藏民族的发祥地”，是西藏自治区最富庶、历史文化渊源最深厚的地区。

除了拥有众多历史遗迹和独特的人文景观，山南壮丽的自然风光也在西藏地区独树一帜，四大神山中有3座神山位于山南，分别是贡嘎县的甲桑秋布日、桑日的海布日和泽当地区的贡布日，浪卡子县境内的圣湖——羊卓雍错是三大圣湖之一，而拉姆拉错既可预示历代达赖喇嘛转世灵童，又能为普通人昭示过去未来的命运。雅砻河流域则是西藏自治区第一个国家级风景名胜区，错那不仅是西藏漫长边境线上的一个地区，还是门巴族的主要聚居地区，门巴风情和勒布沟的自然风景正在被越来越多的旅行者所向往。

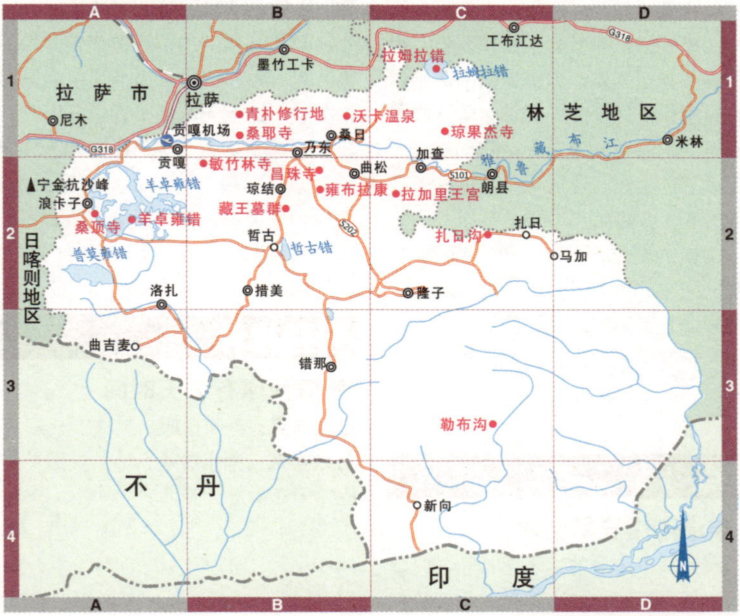

山南地区旅行交通示意图

前世今生

有人说："如果把西藏看作一本厚厚的大书，那么拉萨一定是它的封面，山南也正是它的开篇序言。"山南，地处冈底斯山至念青唐古拉山南部的大片广阔地区，距拉萨不足200公里，是西藏历史和文化的摇篮。

约在公元前2世纪初叶，居住在雅砻一带的人们逐渐形成部落，悉补野部落的首领第一代赞普聂赤统一牦牛部落，建立联盟政权，并确立了子孙世袭赞普制度。第三十一代赞普囊日松赞时期，雅砻部落成为西藏最强大的部落。唐代，吐蕃初期将全境划为五茹（后为六茹，增加象雄茹），即卫茹、约茹、叶茹、拉茹、苏毗茹，今山南地区由约茹管辖。8世纪初，赞普赤松德赞在哈布日山下建了西藏第一座佛、法、僧三宝俱全的寺院——桑耶寺，为佛教在西藏的传播奠定了基础。

1322年，降曲坚赞就任帕竹万户长之职。在他任职期间，雅砻河谷呈现繁荣景象。帕竹政权共传12代，统治西藏262年，被第悉藏巴政权取代。明崇祯十五年（1642），五世达赖推翻第悉藏巴政权，建立"甘丹颇章"地方政权。七世达赖格桑嘉措执政时期，乃东、琼结、贡嘎由驻藏大臣直接监管。1912年，西藏地方政府在山南设立基巧，又称洛基，驻地泽当，辖13个宗。西藏和平解放后，中共西藏工委财委派驻山南采购站。1952年，中共江孜分工委成立，山南属中共江孜分工委管辖。

旅行与季节

山南地区气候温和，四季分明，冬暖夏凉。这里的平均海拔在3500米左右，和拉萨差不多。因此，一年中大部分时间都适合旅行。

山南地区，有壮丽的山川河流，也有神秘的神山圣湖，风景如画的原始森林在这里生长，令人心旷神怡的辽阔草原和雄壮的雅江大瀑布……它们组成了山南多姿的美景。这里最美丽的季节在每年的 6 ~ 8 月。

山南的夏季，平均气温只有 20℃。温婉的河谷凉风习习，十分凉爽。这个时候很适宜游客前来观光度假。不过山南地区早晚温差较大，也需做好御寒的准备。

焦点

■ 羊卓雍错洗尽尘埃

看过羊卓雍错的湖水后，你会发现世间的蓝都不过如此。那种随着光影变化而呈现出的不同层次的色泽，是羊卓雍错赐予众生的震撼。活佛会在这里看到神湖的显影，寻找到转世的灵通，我们可以在这里洗涤尽尘世的烦扰，寻找到前行的力量。

■ 桑耶寺寻找灵魂的归处

这是西藏的第一座正规寺庙，据说是人死后升天的必经之地。这里象征着寂静、自在、愤怒和广大的佛塔，仿佛也代表着桑耶寺的遗世独立和出尘清韵，如同尘世间历经纷扰的灵魂的归处，让人能重新回归宁静与祥和。

■ 去青朴修行

这个夏无酷暑、冬无严寒的地方，山上溪流潺潺，植被茂密。传说中，青朴修行地是许多高僧大德修行过的地方，所以留下了许多圣迹，还有不少伏藏。青朴的修行者闭关诵经、净心苦行，每个月只能下山一次。也许，去过青朴的人，会对人生有不同的感悟。

■ 感受拉姆拉错的传奇

群山环抱中的拉姆拉错美得梦幻迷离。夏天解冻以后，时而风平浪静，水清如镜；时而无风起浪，彤云密布。景象万千的湖景是无法用照相机记录的，只有亲自前往，才能感受到它的传奇。而且，传说中，在拉姆拉错能看到人的前世和今生。

行程推荐

■ 假如你有 2 天时间

必游景点：雍布拉康、昌珠寺、藏王墓

可以尝试：雍布拉康，体验文成公主和松赞干布的动人爱情。

山南首府泽当距拉萨 191 公里，车程约 4 小时，沿途以柏油路为主，路况很好。

D1 上午乘长途车由拉萨至泽当，下午包车或乘公交车游览藏王墓、昌珠寺和雍布拉康。宿泽当。

D2 上午包车游览贡布日神山，下午返回拉萨。

■ 假如你有 3 天时间拜谒青朴圣地

必游景点：青朴、桑耶寺

可以尝试：青朴修行地，体验隐修、远离世俗纷扰的生活。

可将泽当中心之旅与朝圣青朴修行两条线路合并。拉萨、泽当、桑耶寺一线有长途班车往返，车次多，价格便宜。

D1 上午乘长途车由拉萨至桑耶寺，车程约 4 小时，拉萨至泽当大桥路段路况良好，经过泽当大桥到达雅鲁藏布江北岸后，是近 40 公里的沙石路，颠簸且灰尘大。中午时分到达桑耶寺，晚上就住在桑耶寺旅馆。

D2 上午乘卡车或拖拉机前往青朴修行地游览，下午返回桑耶寺，乘车至泽当，

雍布拉康

顺道游览雍布拉康、昌珠寺，宿泽当。

D3 乘车返回拉萨。

假如你有 4 天时间

必游景点： 敏竹林寺、羊卓雍错、宁金抗沙峰等

可以尝试： 做一回藏族牧民，体验羊湖的静与美。

这条线路适合由泽当返程回拉萨时绕道羊卓雍错，全程包车，价格不菲。沿途观赏名山大川和湖光山色。

D1 从泽当镇起程，第一天由泽当至扎囊，沿途游览敏竹林寺、朗赛岭庄园等景点，住宿在扎囊县城。

D2 由扎囊县经贡嘎县，翻越甘巴拉山口，当晚住宿在浪卡子县城。

D3 游览羊卓雍错、桑丁寺，远眺宁金抗沙峰。

D4 返回拉萨。

假如你有 7 天时间

必游景点： 羊卓雍错、拉姆拉错

可以尝试： 徒步羊湖，拜谒可观“前世”的拉姆拉错。

这是一条经典徒步线路，沿途风光无限，在峡谷和密林中穿行，观雪山日出，朝拜圣湖。其中 3 天的高海拔地区徒步露营，除了需要携带帐篷、睡袋等装备外，对个人的体力、毅力也是考验。

D1 上午由泽当乘长途车至桑日县城，下午换乘客运班车至沃卡村。找向导，安排马匹，准备行装，晚上可以在沃卡洗温泉。

D2 沃卡至达波奴村，行程 26 公里，海拔由3800米上升至3900米，需徒步7 ~ 9小时。途经曲龙寺，当晚在达波奴村露营。

D3 达波奴村至聂喀村，行程 28 公里，海拔上升至4100米，需徒步8 ~ 10小时。

羊卓雍错

沿途观赏结罗拉雪山和聂喀瀑布，当晚在聂喀村露营。

D4 聂喀村至达波间雪村，行程23公里，沿山脊行走，需徒步7～9小时。沿途欣赏那玉河谷风光，当晚在达波间雪村宿营。

D5 达波间雪村至拉姆拉错，行程19公里。当晚在琼果杰寺借宿。

D6 徒步线路结束，可以乘车从琼果杰寺返回加查县城。

D7 由加查返回泽当。

预算

山南地区的旅行线路不同，整个行程的预算也会有很大的差异，所以这里以不同线路为例，分别作出了不同的预算方案。

泽当中心之旅2日游：拉萨至泽当长途车票单程40元，住宿费用约为每晚100元；景点门票约200元，包车费用200～300元。

朝拜青朴圣地之旅3日游：拉萨至泽当长途车票单程40元，可以在桑耶渡口下车。也可从泽当镇坐车到桑耶渡口，票价为27元/人，渡口距泽当约30公里。下车后乘机动船横渡雅鲁藏布江，游客10元/位。上岸后可坐货车到桑耶寺门口，收费3元/人。桑耶寺至青朴车费10元，桑耶寺住宿15～40元/人不等。

羊湖之旅4日游：包车费用视车辆情况而定，600～800元/天；住宿费因淡旺季不同有很大区别。

徒步圣湖之旅7日游：泽当至桑日长途车15元，桑日至沃卡班车15元，沃卡住宿30元，向导与马匹100元/天，加查至泽当长途车40元。

乃东

雍布拉康

【是西藏历史上的第一座宫殿，也是西藏最早的建筑之一】

“雍布”在藏语中是“母鹿”的意思，指的是扎西次日山形似一只静卧的母鹿，“拉”是后腿，“康”是宫殿，合在一起，雍布拉康就是建在“母鹿后腿上的宫殿”。形似母鹿的扎西次日山并不算高大，但由于周围是一片广阔的平原和农田，城堡矗立在山巅，显得格外险峻和气势不凡。

雍布拉康据传说建于公元前 2 世纪，是本教教徒为第一代藏王聂赤赞普建造的宫殿，是西藏历史上的第一座宫殿，也是西藏最早的建筑之一。之后成为历代吐蕃赞普的王宫，直到松赞干布统一高原后，将王都迁往拉萨。雍布拉康作为松赞干布在山南的夏宫，文成公主远嫁到西藏后的第一个夏天就是在这里度过的。从五世达赖时期开始，雍布拉康改为格鲁派寺院。

雍布拉康另一个神奇之处是自第一代聂赤赞普以来，历代赞普皆以本教为护国教，直到第二十八代赞普拉妥妥日年赞时期。传说有一日天降“神物”于雍布拉康的顶上，内有经书、法器和咒语若干，可是当时谁也不识这些东西的奇妙，只知是些好东西，于是将之供奉起来，还取了一名叫“宁波桑哇”，意思是“密室”。直到许多年以后，才有后人识出密室中的《诸佛菩萨名称经》等珍贵经卷，方悟出其实佛教早在松赞干布时期以前就进入西藏了，只是因当时的本教势力太盛，才只好先“空投”，再“埋伏”，以待后日。该宫殿随之成为佛教圣地，成为许多高僧大德修行之地，也成为许多“伏藏”的发现和埋藏之地。

交通：位于山南地区首府泽当镇向南约 10 公里、雅砻河东岸的扎西次日山上。在格桑路与乃东路交接的十字路口有直达雍布拉康的公交车，票价 3 元。最方便的是包三轮车前往。包一辆中巴车往返约 100 元。可以事先跟司机商量好，回程时可顺便在昌珠寺、藏王墓停车，以免司机临时加价。如果体力尚好，租辆自行车也可以，柏油路面，路况很好。

门票：60 元

泽当镇景点示意图

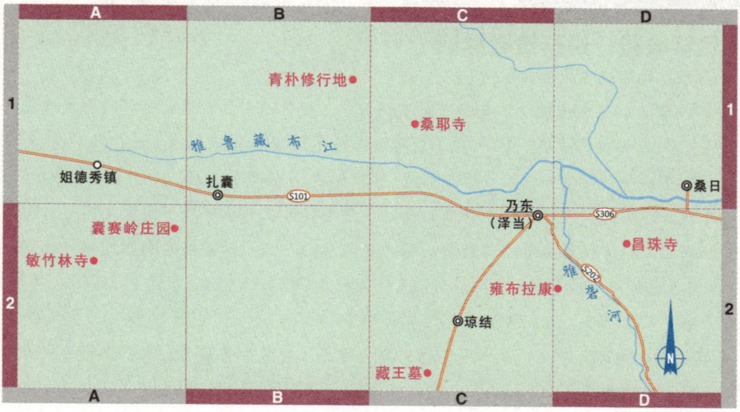

特别提醒：

1. 停车场在山脚下，有马匹出租供体力不佳的游人乘坐上山，上山 20 元，下山 10 元，如果自己爬上去也就 10 分钟左右。

2. 在雍布拉康山脚下，离停车场 300 多米远的一个山坡上，有一个终年不断的泉眼，名为“噶尔泉”，传说是松赞干布的重臣噶尔东赞首先发掘出来的。朝圣的藏族人下山后都会在这里洗漱、喝水，因为传说这眼泉水可治百病。

昌珠寺

【由松赞干布主持修建的、西藏最古老的寺庙之一】

是吐蕃时期西藏第一座佛堂，由松赞干布主持修建，也是西藏最古老的寺庙之一，距今已有 1300 多年的历史。

昌珠在藏语中意为“鹰鸣如龙吼”。传说，文成公主初入藏时，夜观天象，日察地形，发现吐蕃全域的地形极似一仰卧的罗刹女，极不利于吐蕃王朝立国，

乃东雍布拉康

背包客收藏：雍布拉康建筑

雍布拉康建筑可分为 3 部分：

第一部分碉楼式建筑位于整个建筑东端正中，即传说中聂赤赞普所建的最早建筑。外观似为 5 层，内部实为 3 层。第一、第二层有通道与大殿相连，第三层为五世达赖时所加金顶。

第二部分主体殿堂传为松赞干布所建，原有 3 层，现修复为 2 层。一层前半部分为门厅，大门外有带遮檐的小平台。后半部分为佛堂，东半部沿三面墙筑有平面呈“凹”形的须弥座，供奉佛像和历代藏王像。二层法王殿也分前后两部分，原前部为南北两间，北间为空房，南间为楼梯间。后半部大小同底层佛堂，墙上绘有精美的壁画，表现了拉妥妥日年赞时，从天上降下来的经书、塔等佛物的故事题材。

第三部分僧房及附属建筑。殿房的南侧为僧房，其中紧靠殿堂的二层楼为历代达赖礼拜时所居住的卧室。

须在罗刹女的心脏和四肢建庙以镇之。于是在拉萨建了大昭寺，位于其心脏上；昌珠寺便屹立在了罗刹女的左臂上，昌珠寺由大殿、转经围廊、廓院三部分组成，共两层，砖木结构。主要建筑是措钦大殿，底层供奉松赞干布、释迦牟尼、观世音的塑像。二层殿名“乃定学”，传为昌珠寺中最古老的殿堂，主供红教祖师莲花生大师的8岁等身像和他的遗物。主殿里供奉着一幅当年文成公主亲手绣制的珍珠唐卡，虽历经千年仍精美绝伦，为镇寺之宝，所画的是坚期木厄额松像（观世音菩萨憩息图）。整个唐卡长2米，宽1.2米，共耗珍珠26两（计29026颗），镶嵌钻石一颗，红宝石两颗，蓝宝石一颗，紫宝石0.55两，绿松石0.91两（计185粒），珊瑚4.1两（计1997颗），黄金15.5克。

另外，昌珠寺内至今仍保存着一个土灶，上面还放有据说是当年松赞干布和文成公主曾使用过的一个铜锅。

时间：9：00～16：00

交通：位于泽当镇南约2公里处。乃东路有直达公交车，票价2元；出租车费约10元。从泽当镇包车前往雍布拉康、藏王墓和昌珠寺，中巴车来回100元左右，可坐4人。

门票：70元

特别提醒：

1. 保存珍珠唐卡的房间在大殿楼顶二层最靠后的一间房里，游客稀少时那间房是锁着的，需要去找管钥匙的人将门打开。
2. 可与雍布拉康合为一线游，在离开雍布拉康后，途经昌珠寺。

藏王墓

【是西藏保存下来的最大规模的王陵】

是吐蕃王朝时期第二十九代赞普至第四十代（末代）赞普、大臣及王妃的墓葬群，是西藏保存下来的最大规模的王陵，松赞干布和文成公主都长眠于此。

墓群背靠丕惹山，前临雅砻河，背山面水。整个陵墓群面积约1万平方米，各墓封土高大，高出地表10余米。墓顶呈平顶形，这和内地馒头形的封土明显不同，封土层由黄土、原木、石板、石粒、白玛草组成，经夯实，层次清晰，

藏王墓

桑耶寺

每层厚度 20 ~ 40 厘米。由于藏王墓群在 9 世纪中后期爆发的奴隶大起义中被毁，再加之长年水土流失，位于山坡的几座陵墓已很难辨认，从现在看到的封土堆来辨估，大致有 9 座。

靠近琼结河的大墓就是松赞干布的王陵，原来封土顶上建有一座古庙“钟木赞拉康”，供有松赞干布、文成公主、尺尊公主等人的塑像，“十年动乱”中寺庙被拆除，现已重修。

根据晋美林巴所著的《当木错》和其他藏史资料记载，松赞干布墓内分设 5 间神殿。墓长一箭之地，宽有一闻距（一箭、一闻距都是藏族古代长度单位，约 100 米）。大门朝西南方，中间神殿放置着松赞干布、文成公主、尺尊公主的遗体，还有大量的金银器。围绕正中的其余四神殿有门道互通，藏有松赞干布生前所用铠甲、武器和生活用品以及唐皇帝、尼泊尔国王和邻国赠送的珍贵礼物。其中南殿主要还存放用鹿皮包裹的珍珠（约 56 斤），北殿为串串宝石及用纯金制作的骑士和战马，意为松赞干布的侍从。

交通：位于距泽当镇 28 公里处的琼结县，泽当长途汽车站每天有多趟开往琼结县的班车，票价 5 元，从泽当镇包车前往雍布拉康、藏王墓和昌珠寺，中巴车来回 100 元左右，可坐 4 人。

门票：40 元

特别提醒：可以把藏王墓、雍布拉康和昌珠寺安排在一天参观，如果是包车，半天时间就够了，在返程时参观后两个景点。

桑耶寺

【是藏传佛教史上第一座佛、法、僧俱全的寺庙】

有“西藏第一座寺庙”之称的桑耶寺，始建于 762 年，寺基由宁玛派的创始人莲花生大师测定，整个寺院的建筑由寂护设计，唐朝金城公主之子，吐蕃王朝第五代赞普墀松德赞主持奠基，历经 17 年建成。

桑耶寺有许多名字，古称“乌登勃来”，藏文寺名为“吉祥永固天成桑耶

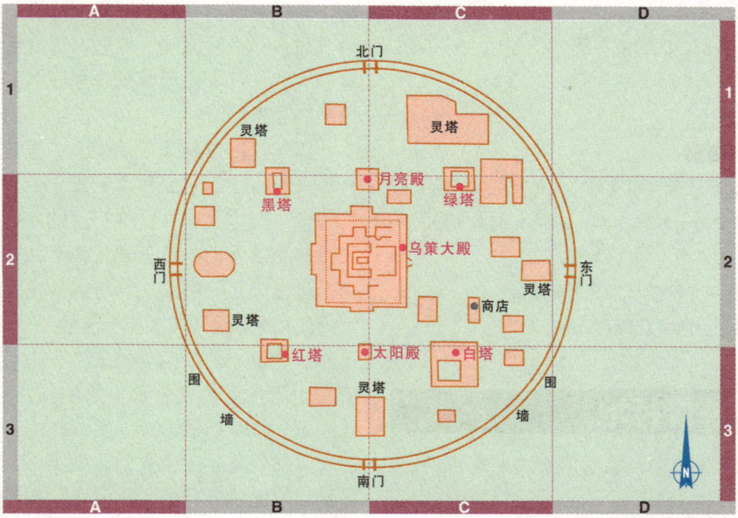

桑耶寺平面示意图

大伽蓝”，或者“乌策钦莫寺”，还有“无边寺”、“存想寺”、“三祥寺”等名称，但一般总称为“桑耶寺”。这个名字的由来据传说是为了满足一下藏王墀松德赞急于想见到寺庙建好后景象的迫切之心，莲花生大师施展神功，在自己的手心上变幻出寺院的幻影，墀松德赞惊呼一声：“桑耶”（藏语“出乎意料”的意思），由此得名：桑耶寺。

桑耶寺建成后，墀松德赞从内地、印度、于阗等地邀请高僧驻寺传经、译经，鼓励贵族子弟出家到桑耶寺修行，并宣布吐蕃全民一律尊信佛教，从此奠定了桑耶寺的崇高地位。

桑耶寺是藏传佛教史上第一座佛、法、僧俱全的寺庙，整个建筑群完全按照佛经中的大千世界布局：宏伟的乌策大殿代表世界中心须弥山；太阳、月亮两殿象征宇宙中的日、月两轮；乌策大殿四角的四座佛塔代表四大天王；大殿周围均匀分布的四大殿、八小殿表示四咸海中的四大部洲和八小洲；环绕寺庙的圆形围墙象征世界外围的铁围山。凝聚藏、汉、古印度3种建筑风格的乌策大殿门口有一兴佛盟誓碑。多吉德殿大门外右侧有一吐蕃石碑，碑文为古藏文。主殿门前左右有石狮一对，石座为方形，雕有方形莲花纹。寺内还有一对汉白玉石像，有唐代雕刻之风，是桑耶寺现存石雕艺术的珍品。寺内还有一口大铜钟，钟上铸有古藏文，十分罕见。据《贤者喜宴》载，此铜钟是西藏地区所铸的第一口钟。寺内还有大量珍贵的泥塑、石雕、壁画等艺术品，其中《桑耶寺史记》、《莲花生传记》以及反映当地风土人情的壁画都是其他寺庙所见不到的。

交通：1. 在拉萨的西郊客运站坐往山南的班车到桑耶渡口下，需时3小时，票价27元。坐渡船到对岸，游客10元。再搭卡车或拖拉机或客车去到桑耶寺院内，一般3元。

2. 拉萨及泽当每天早上都有班车直接经过泽当的大桥开到桑耶寺大院内。拉萨直接到桑耶寺的班车，每天早上8点前在大昭寺广场坐，6点左右开班，票价50元。

门票：45元

住宿：桑耶寺外有宾馆，标准间120元/间，还有各类多人间，20元/床，均为公共浴室和卫生间，因为就在桑耶寺旁边，所以乘车或者参观寺院都很方便。

特别提醒：

1. 拉萨到泽当的道路路况很好，但从泽当往桑耶寺那一段是土路，颠簸且尘土飞扬，建议戴上口罩。

2. 桑耶寺殿塔林立，尤其是藏、汉、印三种风格并存的建筑模式更令人眼前一亮。

青朴修行地

【藏族地区流传着，“不到青朴就不算到过桑耶”的说法】

青朴海拔4300米，“青”指当时这里的青氏家族，“朴”是山沟上部的意思。

青朴三面环山，两侧的大山就像佛的手臂将青朴紧紧环抱，南面正对着雅鲁藏布江宽广的河谷，站在高处，网状的江河道和金色沙洲尽收眼底。由于深居大山之中，山上溪流潺潺，植被茂密，常年气候温和，冬无严寒夏无酷暑，是一个风景、气候皆佳的地方，因此历代高僧大德和凡夫俗子都把这里作为修身悟法的理想场所。

据传说，青朴修行地的大山里曾有108座修行山洞、108座天葬台和108处神泉，历史上曾在此修行过的寂护大师、莲花生大师、藏王墀松德赞和“桑耶七觉士”之一后来成为著名的金刚乘大师的白若扎那等，也在此处留下了数不胜数的圣迹，最主要的是位于山顶的莲花生修行洞格乌仓和下面的错杰洞、法王洞、鲁堆琼钦洞等。另外，由于朗达玛灭佛而导致的佛教前弘期结束，许多受到迫害的寺庙僧人将许多宗教经卷和文物都埋藏在此山中，后弘期以来许多高僧大德和寻常修行者在此发掘出许多珍贵典籍，称之为“伏藏”。据说现在还有许多的“伏藏”埋在大山深处，在等待着有缘有德之人的发掘。

青朴山上下，还密布着许许多多的石雕像，造型古朴典雅，传说这些雕像都是从石头上自然显现出来的，因此又叫“然炯”，意为天然形成。

青朴修行地

交通：位于桑耶寺东北方向12公里处纳瑞山的山腰。桑耶寺乌策大殿东侧的广场上每天早上五六点都有东风大卡车搭载朝山的人去青朴，往返15元。山路崎岖陡峭，要开上一个多小时才能到半山腰。剩下的路就要自己爬了，从停车地点到达青朴最高点莲花生大师的修行洞再返回需要半天时间，司机会在原地等待来时的一车人都到齐后一同返回桑耶寺。

选择徒步要对自己的体力有足够信心，从桑耶寺东门出发，一直向东，沿途会经过桑耶派出所、乡政府。经过贡布日神山后，前方300米处有一座公路桥，过桥后离开一直在走的公路，向左下到一条简易公路上，顺着这条简易公路一直往东北方向走，用五六小时就可以抵达青朴修行地。

住宿：山腰上的温扎寺旁的招待所只有6张床，小卖部里可以买到方便面和饼干。山上没有餐厅和旅馆，在山上留宿要自己带帐篷和睡袋，也可以同修行者一起住在山洞或小屋里，但山洞和屋子都非常狭小，容不下太多人。

特别提醒：去青朴朝山的藏族同胞都会带上布施，酥油、青稞面、蜡烛、火柴等，旅行者可以多准备一些零钱，面额不限。

朗赛岭庄园

【昔日的西藏贵族豪宅，是西藏最古老的高层庄园建筑之一】

朗赛岭庄园又名“囊色林”，意为“财神之地”。庄园与著名的桑耶寺隔雅鲁藏布江相望，处于临江的谷地，平坦的地形为庄园提供了广阔的农耕土地。

从雅鲁藏布江边的公路向南眺望就可以看到高达7层的庄园主楼，它是西藏最古老的高层庄园建筑之一。朗赛岭庄园是在扎西若丹庄园的基础上发展起来的。扎西若丹庄园建在现朗赛岭乡拉巴村，主楼为4层，由疆·扎西若丹创建。随着封建庄园势力的壮大，奢侈欲望的无穷，扎西若丹庄园的规模已满足不了贵族对理想乐园的期望。于是，经那曲杰又在扎西若丹庄园以北的开阔地方重建了一座主楼为7层的庄园，即朗赛岭庄园。其时间大约在帕竹王朝时期。据说庄园自开始修建到最后完工，花费了几十年时间，有些人原来还是十几岁的孩子，到庄园建成时已是白发苍苍的老人了。这个传说虽有点夸大，但它却反映了庄园的巨大规模及不断扩建的历史过程。到1959年，原西藏地方政府中的一部分上层反动分子发动叛乱时，朗赛岭庄园就是其中的一个叛乱据点。该庄园经过这次叛乱，特别是经历十年“文革”后被毁，庄园所藏文物荡然无存，庄园附属建筑和花园也全被拆毁，现还能见到的主楼及内、外围墙也残缺不全，岌岌可危。主楼从外观看似保存较好，但内部倒塌严重，危险至极。朗赛岭庄园已被多个国际组织列为濒危古迹。

交通：距泽当镇30公里，泽当长途汽车站每天都有发往扎囊、拉萨、贡嘎的班车，乘坐以上班车在朗赛岭乡下车，然后步行或者乘拖拉机前往。拉萨—朗赛岭庄园车费25元，

藏式家具

山南（泽当）至朗赛岭庄园车费 10 元。从泽当镇包车前往费用为 50 元 / 车。

门票： 免费

敏竹林寺

【藏传佛教宁玛派的六大寺院之一】

10 世纪末僧人卢梅·楚臣西绕，在敏竹林村修建了一座规模不大的佛教寺庙。1676 年，五世达赖的经师宁玛派的伏藏大师仁增·吉美多吉在原来的基础上进行了重修和扩建，形成这座著名的红教寺院。

敏竹林寺于 18 世纪毁于战火，后再度重建，现面积 10 万余平方米，规模较大，围墙为多边形。寺内主要建筑为祖拉康佛殿，坐西向东，高 3 层。主殿墙壁上绘有多头多臂、面目狰狞的佛像，这是宁玛派寺院的一大特点。按藏传佛教的解释，这些威赫愤怒的护法神灵，是寺院防御敌人和恶魔的守卫者，被称为“护法神”。这种造型粗放、夸张的神灵形象，是西藏密宗艺术的代表，与原始本教艺术有着密切关系。

敏竹林寺注重研习天文、历算、医学，并以文字书法优美而著称。按以往惯例，由敏竹林寺选派精通历史、佛学、藏文和医药、历算的高僧，担任设在布达拉宫内的僧官教师，另一部分人则到门孜康负责研究历算和编写修订《藏历年表》。

敏竹林寺的僧人可以娶妻生子，在寺主的继承上以父子或翁婿传承，并不完全取决于父子血缘关系。

交通： 位于扎囊县城东南 15 公里处，泽当长途汽车站每天都有发往扎囊、拉萨、贡嘎的班车，乘坐以上班车在敏竹林寺下车，然后步行或者乘拖拉机前往。从扎囊县城也可以租三轮车前往，费用约 30 元。

门票： 20 元

特别提醒： 敏竹林寺出品的藏香非常有名，配方讲究，原材料为 30 多种中草药，配方至今不外传。香味怡人，具有多重药用功效，但产量十分有限。

拉加里王宫

【罕见的、不同时期的藏式王宫建筑】

宫殿现存建筑遗存根据其始建年代大致可分为三期：早期建筑旧宫“扎西群宗”，始建于 13 ~ 14 世纪；中期建筑新宫“甘丹拉孜”，亦称拉加里颇章，主体部分始建于 15 ~ 18 世纪；晚期建筑夏宫，始建于 15 世纪末。

王宫建筑是西藏古代建筑中的一个重要门类，拉加里王宫建筑基本保持了原有的平面布局和建筑结构，在西藏古代王宫这样一个独特的门类中更是极为珍贵的，如拉加里王宫一样完整地保存至今的已十分罕见。

交通： 位于距泽当镇 57 公里的曲松县，泽当长途汽车站每天都有班车前往曲松，车费 20 元。

门票： 20 元

贡布日神山

【“猴子变人”的传说发生地，西藏四大神山之一】

贡布日山海拔 4000 多米，贡布日山有 3 座山峰，第一座央嘎乌孜，第二座森本乌孜，“猴子变人”的故事就发生在这里。第三座山峰最高，叫竹康孜，是普贤菩萨修行的地方。

传说远古时期，在荒无人烟的雪域高原，一只神猴秉承观世音菩萨之命来到贡布日山上修行，森本乌孜的罗刹女爱上了神猴，要与它结为夫妻，神猴拒绝罗刹女的诱惑，但罗刹女说，如果神猴不能与她结为夫妇，她只能与魔鬼为

背包客收藏：西藏历史上的拉加里王系

拉加里王系是西藏历史上一支独立的地方割据势力，其先祖为吐蕃王室后裔鄂松的嫡系。10世纪后，该王系在山南曲松一带逐渐形成并发展起来，历经萨迦王朝（约1255～1353）和帕竹王朝（1354～1617）统治时期，仍保持着相对独立的地方统治特权。直至1959年西藏进行民主改革之前，拉加里王系还统辖有拉加里、桑日、加查、隆子四个宗，方圆百里的广大地区。

伴，还会生下无数魔子魔孙，残害生灵。神猴本着“与人为善，普度众生”的教义，在征得观世音菩萨许可后破戒与罗刹女成亲并生下6只小猴，后来繁衍成了西藏人类社会。贡布日山前有一大片坝子，传说是群猴玩耍嬉戏的地方，因而该地得名泽当，即“玩耍的坝子”。神猴与罗刹女结合，繁衍后代的神圣地点“猴子洞”至今仍然存在，就位于贡布日山腰上。

猴子洞是自然形成的岩洞，洞高25米，宽6.95米，沿洞口方向进深125米处有一条向上的斜道。在洞口处有一裂缝，裂缝处有一猴子头形，传说是最早与罗刹女结合的神猴。岩洞东南石壁上有神猴手捧“曼扎”坐在莲花上的彩绘壁画及小猴画像。

贡布日山另一神奇之处在于它预知未来的灵异，登上这座山可以遍知一切。传说贡布日山是由4位神灵合力托着，东面马王，西面神象，北面孔雀，南面灵龟，它们把山托在空中，离天一大截，离地一大截，因此，只有诚心与有福气的人才能登上此山，看到仙境，从中预料自己人生的顺逆福祸。

交通：前往贡布日山可在泽当长途车站乘坐私人中巴，车费20元，车程40分钟。也可包车。

门票：30元

特别提醒：需当天返回，当地没有旅馆。

桑日

沃卡温泉

【位于海拔 3700 米以上的、各具特色的高原温泉】

宗喀巴大师的传记上说：他从青海到西藏云游时，得到了观世音菩萨的启示，说只要他到一个人们喜爱的沃德贡杰神山，就能成为伟大的佛教弘扬者。当他来到沃德贡杰神山下时，看到了这里的人们十分崇敬、喜爱沃德贡杰神山，于是和弟子们在这里修行，并开始了格鲁派的创立。据说，“沃卡”这个名字就是他起的，就是“喜爱沃德贡杰山”的意思。

沃卡有两条流水和 7 处温泉，当地人根据水温和水色把它们分为白水、黑水、热水、温水和冷水。白水是从曾期河流来的雪水，在夏季，曾期河水像流过的牛奶，黑水是白金沟里流来的，人们称它德日木河，这两条河加上遇龙河当地人称它们是“三神河”，分别代表观世音菩萨、金刚持护法神和文殊菩萨。沃卡的 7 处温泉，以 4 个不同的泉为主，其中两处的温泉足以把鸡蛋烫熟，全部分布在沃卡宗以北的草原上，平均海拔 3700 米以上。

交通：距桑日县 36 公里，可乘坐客运班车到达，车费 15 元。

住宿：在当地有家庭旅馆可供住宿，费用为 25 ~ 50 元 / 床。

■ 卓罗卡温泉

【以达赖喇嘛的御用温泉而闻名】

位于草原中部曾期河南岸，在泉眼边建有一个面积为 364 平方米的浴室，它是专供历代达赖喇嘛御用的，浴室坐西向东，进门后南面是会客室，北面是石砌浴池和更衣室。

浴池从地下水渠引入温泉水和曾期河水，并分别建有小水闸，以便随时调节水温，池水有出口，使得浴池中的水保持清洁。浴池面积近 16 平方米，在池内有一方石座位，池边有洗头池，据说每当达赖喇嘛去圣湖朝拜路经这里，都要在此沐浴、休息。这眼温泉是沃卡水温最高的温泉，据说可以医治百病。

■ 觉琼邦卡温泉

【当年宗喀巴大师发现并常来沐浴的地方】

觉琼邦卡温泉在卓罗卡北面曾期河的山坡上，水温 45℃ ~ 50℃，传说是当年宗喀巴大师发现并常来沐浴的地方，这眼泉水从山坡的裂缝中流出，水流不大。据当地群众说，此水可以治胃病。过去卓罗卡温泉和觉琼邦卡温泉两处被视为圣泉，不允许妇女洗澡。

■ 帕布温泉

【是当地群众最喜爱的一处温泉】

从沃卡遗址向北跨过一座小桥有一处温泉，帕布温泉的泉水从巨石缝中流出来，在泉眼前有一个近 20 平方米的水池，这是当地群众最喜爱的一处温泉。每年春夏之交，人们在这里为家畜洗澡，洗去一冬在圈里染上的寄生虫和身上的灰尘，经过温泉水的洗礼后，这些牲畜就走向了夏季丰美的牧场。除此之外，每当人们结束一天的农活后，或是年轻人放牧归来，总是成群结队来到这里痛快地洗个澡，除去一身的汗水，洗掉一天的疲劳。人们说这眼泉水还可以治关节炎和皮肤病。

特别提醒：距这眼泉水以西不远的另一温泉民玛卡可以治各种眼病和鼻窦炎，现在，民玛卡泉由于修建水电站而受到了破坏。

邦嘎卡温泉

【是当地年轻人谈情说爱的爱情泉】

位于帕布泉以东，觉琼邦卡泉以西，泉水从草坪下流出，水温在 38℃左右，这眼泉水边常有恋爱中的青年来此洗澡。每当夜幕降临，他们双双对对，躺在泉中谈情说爱，别有一番浪漫。这眼泉水是医治皮肤病的良药。

曲龙寺

【是格鲁派的早期寺院之一】

曲龙寺依山而立，背靠雄伟的沃德贡杰神山，面向辽阔的沃卡草原。

曲龙寺是格鲁派的早期寺院之一，1393 年，36 岁的格鲁派创始人宗喀巴大师师徒共 9 人赴沃卡却隆静修，并宣传格鲁派教法。当时沃卡宗的宗本扎西伦珠因信奉佛教，自愿做了这师徒 9 人的施主。宗本极力要求为这 9 名在岩洞中修行的师徒修建一座道场。于是在宗喀巴大师的旨意下修了一座经堂，这是曲龙寺最初的规模。从此以后宗喀巴大师以曲龙寺为落脚点，在沃卡一带传授格鲁派教法。在格鲁派教义日趋完善的同时，决定在此修建格鲁派的住持寺院——甘丹寺。

交通：位于沃卡乡政府所在地，从县城包车前往。

特别提醒：至今寺院中还供奉着宗喀巴修行中使用过的两块石头，石上有手足和头部印迹，是曲龙寺的镇寺之宝。

酥油灯

加查

拉姆拉错

【西藏最富传奇色彩的湖泊】

“拉姆”意为“仙女、女神”，“拉”意为“湖面”。“拉姆拉错”相传是西藏人民十分敬仰的班丹拉姆女神（吉祥天母）寄魂湖。

拉姆拉错为一高山淡水湖，湖面积约1平方公里，湖面海拔5000多米，形似椭圆，犹如群山环抱的一面镜子，湖面结冰期约7个月。夏天解冻以后，时而风平浪静，水清如镜；时而无风起浪，彤云密布，还不时发出奇特的声响，出现各种奇妙景象。

拉姆拉错在藏语中意为“天女之魂湖”，湖水面积不大，但它在藏传佛教转世制度中有着特殊地位。每当寻访达赖喇嘛、班禅等大活佛的转世灵童前，都要到此观湖下象，以为神示，通过观圣湖所现的异象以确定寻访的方向和原则。而且每世达赖喇嘛都要到“神湖”朝拜一次。

每年藏历四月至六月，有善男信女纷纷来此朝圣，据称不同的人看到的是不同的景象。传说，圣湖有预测前、今、后“三世”的神力，能呈现每一个去朝拜神湖的人未来的命运，只要虔诚地向湖中凝望，圣湖就能为朝圣者显示出未来的各种景象。

交通：泽当镇客运站每天8：00均有发往加查县的班车，然后从加查县乘班车到崔九乡，票价60元。经过琼果杰寺后，还有15公里的路程才能到拉姆拉错，徒步需约5小时。在每年春夏挖虫草的季节，从加查有班

拉姆拉错

背包客收藏："班丹拉姆"与"拉姆拉错"

"班丹拉姆"在藏传佛教中是一位著名的护法神，汉语的意思就是"吉祥天母"。拉姆拉错的形状恰恰似一块颅骨的形状，因此藏族人称此湖是吉祥天母头颅所化，而且是天母灵魂所凭依之所，很多藏人也叫它"卓玛湖"。

拉姆拉错是藏族地区最神圣的观象圣湖，它的地位在几百年的纷争中始终没有被动摇过，凡是达赖、班禅圆寂了，在寻找转世灵童之前，必须到圣湖拉姆拉错进行观湖，以求得最直接、最真实的景象。譬如灵童出生地的山川风貌、村落房屋，甚至灵童玩耍时的相貌动作……而凡人转湖投宝后在山顶静坐则能看到自己的前生来世……

车到拉姆拉错；其他时节只能从加查包车前往，可一直到拉姆拉错的山口脚下。从山脚到山口的石板台阶路还需步行 20 ~ 30 分钟。从加查县城包车到崔久乡的琼果杰寺，费用 700 ~ 1000 元 / 辆。

门票：50 元

住宿：可在加查县政府招待所住宿，费用 60 元 / 床，邮电宾馆也不错。

特别提醒：

1. 琼果杰寺海拔 4500 米，观湖的山顶海拔 5200 米，有高山反应的人慎行。

2. 从崔久乡到拉姆拉错有两条路，一条是去观湖山顶的路，大概 13 公里，然后要爬三四千级台阶。还有一条是去湖边的道路，大概 27 公里，然后到圣湖边上还有半小时的路程，可以走到湖边。

琼果杰寺

【达赖喇嘛夏季行宫之一，有"第二宫殿"之誉】

由二世达赖喇嘛根敦嘉措于 1509 年主持修建，至五世达赖时，摄政王第巴·桑结嘉措对该寺曾予以扩建，形成面积 4000 平方米的庞大建筑群。

琼果杰寺大门外，立有《琼果杰寺志》石碑，是三世达赖时所立。在寺后山坡的嘛呢石佛龛中，供有三世达赖的脚印石。寺后门外的草地上，埋有一块石板，据说凝望此石板可以看到使自己如愿的影像。

交通：位于加查县崔久乡，琼果杰寺是朝拜拉姆拉错圣湖的必经之处。可住宿。

错那

勒布沟

【门巴风情和优美的自然环境构成了勒布沟吸引旅行者的两大要素】

勒布，藏语意为“好的地方”，也是门巴族主要的居住地。

相传这里曾是莲花生大师的修行之处，气候宜人、物种丰富、山川秀美、鸟语花香，公路沿原始森林蜿蜒穿行，峭壁悬崖和飞流直下的瀑布随处可见。因为是门巴族的主要聚居地，所以这里独特的门巴民族风情、民居建筑都很吸引人。

交通：距错那县城 55 公里，泽当长途汽车站有至错那的班车，车费 50 元，再从错那县城包车前往，100 ~ 150 元 / 辆。错那县城每天有两班车往返勒布沟。

住宿：错那县温泉宾馆：位于县城，住宿条件好，还有温泉洗浴。参考价格 60 元 / 床。勒布门巴度假村条件也不错，参考价格 60 元 / 床。或自带装备，宿营。勒布沟有勒布办事处的旅馆，参考价格 50 元 / 床。

特别提醒：

1. 每年 5、6 月是杜鹃花盛开的季节，也是旅行的最佳季节。
2. 勒布沟属边境地区，须在泽当边防大队办理边境证。
3. 最好安排两天以上的行程。
4. 每天 10：00、15：00 至太阳落山这几个时间段是拍勒布沟最好的时间。
5. 翻越雪山时切记不要发声，否则容易导致雪崩。

■ 拿日雍错

【勒布沟景区内的一个美丽湖泊】

海拔 4300 米左右，翻越香加拉雪山就能看到。湖水碧蓝，微波荡漾，在高原阳光的照射下它是那样美丽，那样与世无争，养育着周边的牛羊和百姓。碧蓝清澈的湖水中倒映着四面山峰的倩影，湖光山色，相映成趣，湖边牛羊成群，驴马结队。

■ 沙棘林

【一片罕见的古沙棘林】

位于错那县曲卓木乡沿娘姆江河谷一带，有一片古沙棘林颇为壮观。据说，这片沙棘林已有 700 ~ 1000 年的历史。沙棘林属于柳叶沙棘，果实为黄色球形、酸甜味，金秋黄果累累。

■ 门巴民居与门巴戏

【门巴风情以其独特的魅力而令人难忘】

勒布沟是门巴族人的主要聚居地，这是一个有自己的方言、建筑风格、服饰的民族。在勒布沟游览期间可以到门巴人家家访，喝青稞酒、吃荞麦饼、跳门巴舞，是此行最令人陶醉的内容之一。

特别提醒：门巴戏是属于一种亟待保护的剧种，如果想看门巴戏需要提前与当地旅游部门或文化部门联系。

浪卡子

羊卓雍错

【与纳木错和玛旁雍错并称西藏高原上的"三大圣湖"】

在藏文里，"羊"指"上部"；"卓"指"牧场"；"雍"指"碧玉"；"错"指"湖"。连起来便是"上部牧场的碧玉湖"。

羊卓雍错湖面海拔4441米，东西长130公里，南北宽70公里，湖水面积678平方公里，湖岸线长250多公里，湖水深度30～40米，最深处在湖的东部及湖中帕多岛的南部一带，近60米，原为外流湖，与雅鲁藏布江相通。大约100万年以前，巨大的泥石流在白地以西20公里处的羊舍附近堵塞了墨曲上游河谷，于是该湖成为雨水、雪水、冰川混合补给的内流湖。

羊卓雍错像一面铺开的纸扇，由西北向东南方向延伸，南宽北窄。湖沿有许多湖汊，蜿蜒伸进群山之中。湖中有20余个小岛，各自独立水面，最大的湖岛面积达8平方公里，最小的也有3000平方米。岛上生活着多种水鸟，每年冬季还会有大批的候鸟迁徙至此，是西藏

圣湖羊卓雍错

背包客收藏：羊卓雍错的传说

关于羊卓雍错有不同版本的传说，一则为：羊湖是由一个仙女下凡后变成的；另一则为：很久以前这里只是个泉眼，附近住着一家富人，家中的佣人叫达娃。一天达娃在泉边救了一条小金鱼，小金鱼变成一位美丽的姑娘并送给达娃一件宝贝。主人发现后，硬要达娃带他到泉边找宝贝和姑娘。没达到目的，富人将达娃推进泉眼淹死。此时姑娘出现了，并变成无边的波涛向富人袭来。富人得恶报，从此这里形成了一泓碧蓝清澈、妖娆无比的湖泊。

而事实上，藏族崇奉羊卓雍错是因为它被奉为羊卓雍错达钦姆，是藏族地区的女护法神。因此，羊卓雍错既是龙女的化身，又是女护法神的驻锡地，兼具多重功能和神力，它与藏北的纳木错和阿里的玛旁雍错齐名，被称为西藏高原上的"三大圣湖"。

地区最大的水鸟栖息地。春末夏初，当地的牧民用牛皮船将牲畜送到岛上放牧，一直到初冬才运回陆地。羊卓雍错还建有西藏最大的人工养殖渔场，以养殖高原裂腹鱼和高原裸鲤为主。

交通： 从地理上来说，羊卓雍错属于山南地区的浪卡子县，但是很多旅行者都选择包车去日喀则旅游时取道这里。但是现在拉萨到日喀则的班车不再经过羊湖，所以只能包车前往。吉普车 1500 ~ 2000 元 / 天。另外，拉萨浪卡子办事处有发往浪卡子的班车，车费 50 元。从拉萨出发，过雅鲁藏布江曲水大桥，往右转就是去羊卓雍错的道路，路的右边可以看到羊湖电站。这条路一直要在盘山公路上往上爬，路况良好。在到达羊卓雍错之前需要翻越 5030 米的岗巴拉山口，一过山口就可以见到羊卓雍错和远处峻峭的宁金抗沙峰。

门票： 40 元（岗巴拉山顶收取）

住宿： 可在湖边露营，需要自己携带帐篷、睡袋。

特别提醒： 羊卓雍错属低浓度咸水湖，每年 11 月中旬开始封冻，最佳旅游季节在夏季的 7、8、9 月，但要注意避开雨天，否则什么都看不到。

桑丁寺

【是西藏唯一由女活佛住持的寺庙】

这是一座具有 300 多年历史的、属噶玛噶举派香巴噶举支派（白教）的寺庙，是西藏唯一由女活佛住持的寺庙，其活佛转世传承制度已延续 12 世。桑丁寺就位于羊卓雍错的西南岸。

在藏传佛教的几个主要教派中，多吉帕姆是一位重要的女性神，这位起源于古印度教婆罗门的女神，是护法神，被视为女性本尊神之首，又称金刚亥母。所以，多吉帕姆被认为是印度金刚亥母的肉身再现，备受信徒敬仰。寺内主修金刚亥母密法，修炼印度瑜伽密宗，并供有历辈多吉帕姆的肉身。

十二世女活佛多吉帕姆·德庆曲珍的人生具有传奇色彩，现已还俗，虽然，这在多吉帕姆活佛转世系统中，并无先例，但因一些历史原因，还是被当地信众所理解。德庆曲珍现任西藏自治区政协副主席、全国政协委员、全国人大代表，桑丁寺的复建就是由她一手推动的。

交通： 位于羊卓雍错西南岸险要的陡崖之上，距浪卡子县城十多公里，如果抄小路 30 分钟左右的车程即到。

特别提醒： 每逢藏历六月，十二世多吉帕姆活佛会回到桑丁寺主持岗甲萨大法会，这是她一年中唯一回到桑丁寺的时候。

宁金抗沙峰

【冰川、雪山都是户外运动爱好者向往之地】

地处日喀则地区江孜县和山南地区浪卡子县交界处，海拔 7191 米，卡若拉冰川是因宁金抗沙峰向南漂移时形成的悬冰川，十分著名。

宁金抗沙峰是山南对外开放可供攀登的五座山峰之一，每年 4、5、9、10 月是登山的最佳时节。

交通： 从浪卡子和江孜都可包车到达，路况良好。

隆子

扎日沟

【扎日神山是本教、印度教、藏传佛教、耆那教四大教派公认的三大朝圣地之一】

扎日沟平均海拔 2600 米，景区内雪山、草甸、森林、溪流，保留着原生态的风景。扎日沟深处，中印边界邻近麦克马洪线附近更是一派世外桃源的景象。

相传沟内有 108 种树木、108 眼圣泉、108 种名贵药材、108 座修行洞。景区内海拔 5722 米的达瓜西热神山是本教、印度教、藏传佛教、耆那教四大教派公认的三大朝圣地之一，每到藏历猴年，是 12 年一度的“扎日巡礼节”，来此转山的信众络绎不绝。

交通：位于隆子县东南部，距隆子县城 220 公里，可在泽当乘坐开往隆子县的客运班车，票价 35 元，再从隆子县城包车前往扎日沟，包车费用 200 ~ 300 元。

住宿：扎日乡政府招待所 20 元 / 床，但住宿条件一般。也可与边防站联系食宿，或自带帐篷、睡袋宿营。

特别提醒：到扎日沟旅游，路途较远，而且路况较差，需要有充分的准备。

藏式民居

实用资讯

交通

山南是西藏地区藏文化的发祥地，有着十分丰富的人文资源，山南地区的进出，以及地区内的交通方式只限于公路交通，总体来说，路况良好。

乃东县的泽当镇是山南地区的首府所在地，是全区以及与其他地区的交通枢纽。泽当镇的长途汽车站内有着到达区内各县的长途班车，以及通往林芝八一镇的长途班车。到达拉萨的长途汽车班次更多，还有一些小型的私营轿车作为补充。

泽当镇内的交通工具，以小型公共汽车为主，镇内及周边的景点都可以在镇中心的乃东路上(有飞马标志的附近)乘坐公交车。还有人力三轮车作为交通方面的补充，一般两三元乘坐一次。

住宿

相对来说，山南的住宿条件和价格是整个西藏地区比较好的，尤其是乃东的泽当镇。一般来讲，100元左右就能在泽当住到带热水，甚至有网络的标间。但是离开泽当镇以后，住宿条件相对就差一些，建议在山南的旅行都尽可能以泽当为中心，如果距离不远，尽可能住在泽当，因为在西藏的旅行，休息得充分是十分重要的。

泽当

龙马宾馆

就在萨热路上，有着巨大的广告牌，十分醒目。宾馆的住宿条件和卫生情况都不错。标准间参考价150元/间。

地址：萨热路28号

电话：0893-7835388、7835399

山南宾馆

是一家星级宾馆，在乃东路上，很容易找到。条件和设施都不错，标准间挂牌价260元/间起。

地址：乃东路与湖南路的三岔路口处

电话：0893-7826168

浪卡子

到羊湖旅行，如果不是顺道前往的，通常都会在浪卡子住宿。浪卡子县城不大，宾馆和饭店基本都集中在一条街上，但与泽当镇相比，条件就差一些。

雪域宾馆

这是全县条件最好的宾馆，在浪卡子县政府的旁边，标准间100～120元/间，三人间40元/床，四人间30元/床，卫生间和浴室是公用的。房费随旅游淡旺季略有波动。县政府对面有家川渝酒楼的烤鱼味道不错。

餐饮

与西藏其他地区一样，除了本地的藏餐以外，山南的所有县城里，最常见的就是四川饭馆，所以实在对藏餐没有兴趣的，川菜随处可以寻觅得到，完全不用为吃饭发愁。

泽当镇的格桑路上有家尼泊尔餐馆，那里有着十分地道的尼泊尔风味餐和藏餐，兼有西餐的风格，装修虽然谈不上讲究，但墙上那些西藏的老照片却是给这里添了不少情趣的。

特别提醒：羊湖的鱼以鲜美出名，所以到了浪卡子县别忘了尝一尝这里的鱼。但是，每年只有7、8、9月可以吃到羊湖的鱼，其他时间为封湖期，即便能吃到，那也不是羊湖里的。

羊卓雍错湖边悠闲的牛羊

购物

作为藏民族的摇篮和藏文化的发祥地，山南有着丰富的人文资源的同时，还有着丰富的旅游纪念品，比如敏竹林寺的藏香，乃东的挂毯，扎囊的氆氇，加查的木碗和琼结的水晶，不过，这些东西在拉萨都能找到。多数都不便于携带，价格也不比拉萨便宜多少。除了扎囊县敏竹林寺著名的藏香和加查核桃以外，其余的东西建议到八廓街去淘吧。

NAQU
那曲地区

安多

那曲

申扎

尼玛

走遍中国 · **西藏**

NAQU
那曲地区

没有去过西藏的人对西藏的感觉似乎就是蓝蓝的天空、绿色大草原、雪山、湖泊……其实西藏非常辽阔，而且东西南北差别很大，西部阿里地区人烟荒芜，东部林芝、昌都则层峦叠翠，南部雪山巍峨，真正辽阔的雪山草地就是那曲的羌塘大草原和藏北无人区。

那曲俗称万里羌塘，这片面积达 40 多万平方公里的地区的黄金季节是每年的6 ~ 9月，这段时间风和日丽、牧草丰美、牛羊成群、景色宜人，而著名的赛马会也就是在这段时间举行的。那曲藏语的意思是“黑河”，这里是怒江的源头，因流淌出来的水呈黑色，因此得名。整个区域都在唐古拉山脉、念青唐古拉山脉和冈底斯山脉的环抱中，由东西两座雪山守护着。这片西高东低的土地，平坦辽阔，丘陵、盆地、湖泊、河流纵横交错。那曲高寒草原因其特有的风光而被《中国国家地理》杂志评为中国最美的六大草原之一。为草原争得这一美誉的还有神秘的藏北无人区，这里栖息着野牦牛、藏羚羊、野驴等国家一级保护动物。

青藏铁路翻越唐古拉山后最先进入的就是那曲境内，这里一直以来就是拉萨的北大门。那曲藏北高原的平均海拔在 4000 米以上，这里的藏族人民依然保持着传统的游牧生活方式。每年少数几次的节日，他们从各自的牧场迤逦而来聚集在一起搭起帐房尽情狂欢，对于旅行者来说，这是一场视觉的盛宴。

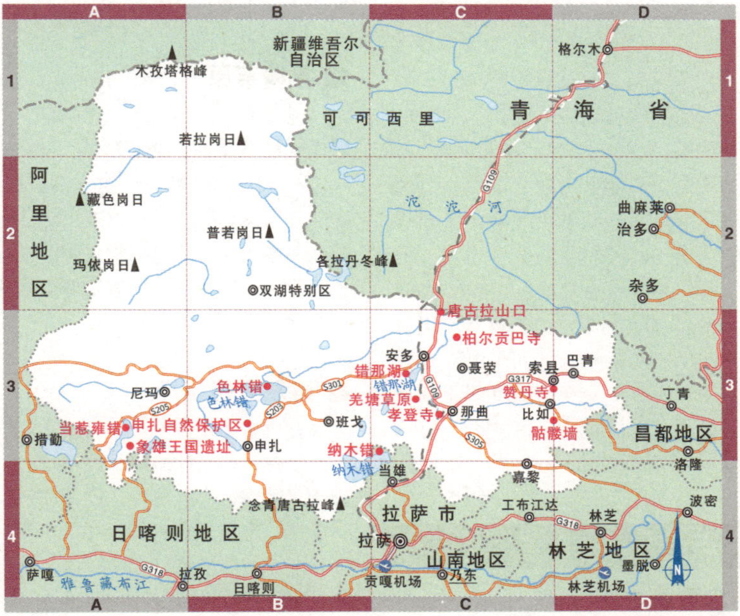

那曲地区旅行交通示意图

前世今生

那曲地区最早明确见于史料，便是古老的象雄政权，在汉文史籍中称之为羊同。在公元 7 世纪前后，这一地区的东部地域归属于苏毗部落统治。后来，吐蕃部落逐渐强盛，统一了全藏，建立了强大的吐蕃王朝，藏北也被纳入其统治之下。宋朝以后，那曲和羊八井、帮仓（今当惹湖和昂则湖一带）、朗如（今班戈县一带）被称作北方四部落。

1728 年，清廷在拉萨设驻藏大臣办事衙门。1751 年，清王朝派兵平息了珠尔默特那不扎勒事件。根据那曲所处的地理位置及其在历次平息藏乱中的重要战略地位，清王朝在那曲建立坎囊宗，归属于噶厦直接统治。

辛亥革命前后，中央王朝势力衰落，噶厦得以将历史上由驻藏大臣直管的达木及三十九族地区收归己有。第九世班禅被迫前往内地后，噶厦又强行接管了班禅属区。至此，藏北地区自吐蕃王朝崩溃以后，第一次全部置于西藏地方政府的直辖之下。

1950 年 10 月，昌都地区和那曲地区东部首先获得解放。1952 年 3 月，解放军护送班禅大师经藏北返回后藏，那曲原属班禅的领地，也返还班禅。1959 年 10 月，筹委会决定撤销各地基巧办事处，设立行政公署，次年 2 月，黑河专员行政公署成立，1965 年更名为那曲行署。1985 年国务院批准成立尼玛县，此后那曲地区 11 县的行政体制沿袭至今。

旅行与季节

那曲地区属亚寒带气候区，高寒缺氧，气候干燥，多大风天气，年平均气温为－3.3℃～－0.9℃。每年的 11 月至次年的3月间，是干旱的刮风期，这期间气候干燥，温度低下，缺氧风沙大，延续时间又长，不适合旅行；5～9月相对温暖，是草原的黄金季节，这期间气候温和，但也需带上冲锋衣御寒，绿色植物生长期全年约为100天，全部集中在这个季节，这时的草原一片青绿，万物茂盛，人欢畜旺。

每年的8月绝对是选择来到那曲的最佳时节。这一个月，不仅草木丰美，而且一年一度盛大的赛马节也在此时举行。彪悍的康巴汉子，美丽的藏北草原，游客纷至沓来，蓝蓝的天空下，会带给你前所未有的欢畅感受。

焦点

■ 念青唐古拉

“念青”是藏传佛教中对神山的最高的赞誉，唐古拉山藏语意为“高原上的山”，在蒙古语中意为“雄鹰飞不过去的高山”。它是藏地尽人皆知的具大法力的神灵，终年白雪皑皑，云雾缭绕，神秘莫测，如同英武之神，高高地矗立在雪山、草原和重重峡谷之上。

■ 羌塘草原

羌塘草原是我国五大牧场之一，一望无际的草原上，到处都是星星点点的牛羊和帐篷，岩画、嘛呢堆、经幡、古塔随处可见，牧民们在这里创造了色彩斑斓的游牧文化。它不仅是野生动植物的天堂，同时是一片有着丰厚藏文化沉积的文化沃土。

■ 当惹雍错

当惹雍错是西藏原始本教崇拜的最大的圣湖，也是西藏第三大湖。达尔果山一列七峰，山体黝黑，顶覆白雪，形状酷似7座整齐排列的金字塔，与当惹雍错一起被本教教徒奉为神山。千百年来，朝圣者沿湖踏出了一条圣洁小径，静静地环绕着清澈纯净的湖水。

行程推荐

■ 假如你有2天时间

必游景点：青藏线上的那曲景色、唐古

纳木错和念青唐古拉山

拉山口、那曲县城

可以尝试：路过那曲，随拍那曲草原风光

D1 格尔木—唐古拉山口—那曲安多

走青藏公路上高原，如果车况好、天气好都愿意继续赶路到那曲县住宿，那曲海拔较安多低，条件也好很多。不过唐古拉山口天气多变，很多车辆都只能夜间到安多住宿。安多是青藏线海拔最高的住宿点，初上高原第一夜非常难熬，缺氧、头痛、气喘折磨得人彻夜难眠是很正常的现象。

D2 安多—那曲—当雄

安多—那曲，138 公里。如果能赶上赛马会一定要去那曲，其他时间那曲就是草原上一个比较繁华的市镇，路过用餐住宿即可。也可以继续南行至当雄住宿，前往纳木错。

■ 假如你有 3 天时间

必游景点：丁青、索县

可以尝试：从国道 317 进那曲，感受丁青热巴舞，在索县浏览“小布达拉宫”

D1 四川—昌都

D2 昌都—珠角拉山—类乌齐—丁青—西耶拉山—巴青—索县—那曲

走 317 国道，全程 740 公里，视路况和车况以及沿途景点观光计划可安排两天行程，住宿丁青或巴青均可。

D3 那曲—当雄，进入青藏线路程。

■ 藏北无人区、阿里北线

由安多西行可沿无人区直达阿里北线，此线路自然风光幽美但变化较少，可于中途向南转向申扎黑颈鹤自然保护区或者北上至双湖特别区进入无人区腹地。无论向西、向北均路途遥远，开销和装备须详细计划。

特别提醒：双湖地区现还属于“探险游”的范围。一般情况下，只有国家科考队员允许进入。双湖地区是野生动物的乐园。现在，双湖地区的旅游开发已经启动，不久的将来，双湖地区的探险游一定会成为那曲旅游的一张王牌。

预算

那曲地域广阔，大多数人都是从青海或者四川入藏途经那曲，除了赛马会期间大多数旅行者都是那曲的过客。初上高原身体较难适应，而且无论从哪个方向来都是以拉萨为目的地，所以只是在安多、那曲、索县等地留宿一晚即可，除了那曲宾馆标准间参考价 200 多元 / 间，其他地方想花钱都难，餐费由于除了面食没什么选择，所以途经那曲花销最多 200 元。而包车前往双湖地区或者走阿里北线则须按实际情况单独计算。

安多

青藏公路唐古拉山口

【一座“高原上的山”，是青藏高原的中心支点】

唐古拉山藏语意为“高原上的山”，又叫当拉山或当拉岭，是长江和怒江的分水岭。山体宽 150 公里以上，海拔多在 5000 ~ 6000 米。主峰各拉丹冬是长江正源沱沱河的发源地。山口海拔 5231 米，是青藏公路的最高点，山口立有为青藏公路的修建而牺牲的人民解放军塑像纪念碑，有为纪念兰西拉通信光缆工程开通而竖立的纪念碑。

唐古拉山口为青海、西藏两省区天然分界线。唐古拉山口的景色乏善足陈，但旅行者都愿意与那块海拔 5231 米的标志牌和纪念碑合影留念。

特别提醒： 最佳旅行季：每年 7 ~ 9 月最美。唐古拉山口天气多变，气温较低，即便是盛夏季节这里通常也是雨雪交加。青藏公路是公路运输的大动脉，所以货车、客车往来不断，道路经常被压坏重建。

念青唐古拉山

青藏铁路唐古拉山口站

【青藏铁路海拔最高点，也是世界铁路的高海拔之最】

青藏铁路线与公路线几乎全程相伴，到了青海与西藏交界之处它们作了短暂的分别。公路从海拔与珠穆朗玛峰大本营等高的唐古拉山垭口 5230 米处通过，而铁路则从公路以西 50 多公里处海拔 5072 米处的唐古拉山跨越，这里既是青藏铁路的最高点，也是世界铁路的高海拔之最。在距铁路最高点不足 1 公里处就是世界最高的火车站——唐古拉山口车站（海拔 5068 米）。

为了方便乘客在唐古拉山口车站观赏或拍摄唐古拉山主峰的雄姿，建设者选择在能望见唐古拉山主峰的最佳处建设站台，使乘客可以更身临其境地感受唐古拉山的雄浑。

特别提醒： 通常火车会在唐古拉山口站台稍作停留，但不允许乘客下到站台上拍照留念。

扎木天葬台

【藏族人相信搭乘神鹰的脊背可以飞上天国】

位于安多县的扎木天葬台，是居住在当地方圆数十公里牧民唯一的传统天葬台。天葬是藏民族传统的丧葬习俗，不可围观。人们还将秃鹫视为“神鹰”。

特别提醒： 修建青藏铁路的时候，修建单位为了尊重民族习惯，不打扰天葬台的安宁，特意将其用栅栏围绕起来。

各拉丹冬雪山脚下的岗加曲巴冰川

各拉丹冬雪山

【中华民族的母亲河——长江的发源地】

各拉丹冬的藏语意为“高高尖尖的山峰”，主峰海拔 6621 米，是长江的源头。雪山东面山脚有一个面积约 800 平方公里的冰塔群，被称为岗加巧巴（意为“白雪圣灯”），靠近外沿的冰塔在阳光和温度的作用下不断融化变形，而雪山积雪又在不断凝聚成新的冰塔林。所以这片冰塔林如同大自然随心所欲创作的冰雕作品，每时每刻都在不断地变幻重生，而由此汇聚的点点冰水就此一路东去，穿越大陆奔流到海。

地址：位于安多县玛飞吉日乡。

柏尔贡巴寺

【藏北地区保存完好、具有相当规模的、唯一的大型帐篷寺庙】

“柏尔”是当地一个部落的名字，这个部落是在数百年前从青海玉树迁来安多地区定居的。由他们修建的这座帐篷寺庙，便取名“柏尔贡巴”。帐篷寺庙的特点是可以流动诵经传法，因此，也叫“柏尔嘎钦”。佛法传到藏北草原，牧民们最早把佛法佛像安置在帐篷里，久而久之，草原上便出现了众多的帐篷寺庙。其中最有代表性的是柏尔贡巴帐篷寺庙。

寺庙始建于 1654 年，已有 300 多

错那湖

年的历史，寺庙由措钦（大经堂）、拉康（佛殿）和扎夏（僧舍）等各种帐篷组成，与西藏其他地方的佛教寺庙一样。寺庙前部有僧众集会诵经的大经堂，后部是安奉佛、菩萨的佛殿堂，四周是帐篷僧舍。柏尔贡巴全盛时期，僧人曾有200多名，僧舍帐篷大小有上百个。

交通：位于安多县以东50公里的丹堆乡。

错那湖

【世界海拔最高的淡水湖，青藏铁路沿线最美丽的自然风光之一】

在安多，夏季的错那湖，湖水碧绿清漪，鱼儿跳跃；湖边青丘着意，远眺，卓格神峰山水相映。错那湖是怒江的源头湖，海拔4800米，面积约300平方公里，是世界海拔最高的淡水湖，唐古拉山脉南部河溪均汇入错那湖流入怒江。

错那湖是当地藏族群众心目中的“神湖”。每到藏历龙年有成千上万的信徒前来朝拜，是安多及青藏铁路沿线最美丽的自然风光之一。

交通：错那湖车站观景台距错那湖只有20米，可惜通常火车只是放慢车速一带而过，在火车与神湖擦肩而过的十几分钟里，别忘了拍照留念。

沱沱河气象站

【世界上海拔最高的气象观测基本站】

沱沱河气象站坐落在海拔4700多米处，是世界上海拔最高的气象观测基本站。气象站成立于1956年，是中国国家气象站网中重要的测报、研究站和全球资料交换站。这里空气稀薄，全年冰冻期为331天。对地球的第三极——青藏高原的气候监测，是对中国和亚洲乃至全世界的气象活动的独一无二的观测视角。沱沱河气象站积累了50年完整的高原气象资料，为青藏铁路解决冻土问题发挥了关键作用。

交通：沱沱河气象站地处唐古拉乡，严格意义上属青海格尔木地区，但它却是青藏线将至唐古拉山口一段的重要标志性建筑。

那曲

孝登寺

【那曲地区主要寺院之一】

孝登寺由活佛洛桑尊珠·丹白嘉措始建，距今已近200年的历史。此寺共任7代活佛，第七代活佛名洛桑萨职权土登格珠，当地人称他为“主康仁布钦”。1908年十三世达赖喇嘛从北京返回西藏途中曾在这里停留一个多月。孝登寺在“十年动乱”期间受到破坏，近年开始重修扩建，是那曲地区主要寺院之一。

孝登寺除按宗教仪轨定期举行传召法会外，在每年的藏历八月举行大型的宗教舞蹈活动“羌姆”。

地址：那曲镇中心

桑丹康桑雪山与跋绒寺

【西藏境内25座最高的山峰之一和跋绒噶举派的发祥地】

在藏北高原众多山峰中，桑丹康桑雪山较为著名，它是西藏25座最高的山峰之一，在宗教上被相应尊为“二十五位仙境居士”之一，依附于此山的神叫“夜叉岗布桑布”，是法力无边的佛法保护神，周围的众多峰峦和湖泊都是它的侍从。

背包客收藏：羌姆

“羌姆”也称“杰羌姆”或“久松羌姆钦”。“杰”意为“八”，“羌姆”意为“跳”或“舞”，因是八月表演的一种羌姆，故称“杰羌姆”。“久松”意为“十三”，“钦”意为“大型”或“正式”，因是十三日正式表演的一种大型宗教舞蹈，当地人称“久松羌姆钦”。每年藏历八月十三日，孝登寺举行“久松羌姆钦”，届时附近群众到寺观看。羌姆表演结束后举行隆重的驱鬼仪式。

山脚下的跋绒谷中的跋绒寺，是藏传佛教噶举四大派之一的跋绒噶举主寺，跋绒寺由塔布拉杰弟子跋绒巴·达玛旺久于12世纪中叶始建。原寺被毁，现已修复。在寺内藏有大量的佛像、佛经。寺庙的左前方有一岩洞叫“琼学扎孜”，据传是塔布拉杰指给达玛旺久的修行洞。每年都有不少信徒前来朝拜进香。

特别提醒：青藏公路那曲至当雄之间的谷露大桥即可眺望桑丹康桑雪山。

卡尔托拉姆错

【一处充满田园风光和神奇传说的“神湖”】

由20眼低温温泉组成，后称“八音七星泉”。这里可听到牛叫声、鸡鸣声、流水声、扬场声……故称“八音”。在紧挨的两座山丘上有7处小泉，不枯不溢，犹如7颗星星。

据说活佛热振被害后，卡尔托活佛亦受牵连，后圆寂时此地神奇地出现了7处小泉，被当地人称为“神湖”。

交通：109国道3512公里里程碑处，距那曲镇52公里。

草原八塔

【漫无人迹的大草原上醒目的英雄之塔】

据传当年格萨尔王曾在这里率兵征战，格萨尔王手下的一名骁勇大将夏巴战死于此地，为表彰夏巴的功勋，格萨尔王修筑八塔将夏巴葬于其中。草原上的牧民经常至此转经朝拜，祝愿英雄在天之灵，也祈祷英雄保佑自己好运。

交通：青藏公路当雄至那曲约1/3段路旁的高原草场上，距公路不到百米，通常路过的人都会停车朝拜。

背包客收藏：那曲赛马节

那曲赛马节，藏语叫“达穷”，是藏北规模最盛大的传统节日，每年8月1日举行，为期5至15天不等。节日期间，牧民们身着盛装，带上青稞酒、酸奶子等各类食品及图案美丽的帐篷、卡热，骑马从四面八方拥向赛场，载歌载舞，一片欢腾。除赛马、射箭和马术表演等传统项目外，近年来赛马节还增加了举重、抱石、拔河、说唱《格萨尔》等活动。

对于热情的康巴汉子来说，赛马节就是一次恋爱的盛会。赛马节的夜晚，繁星点点。草原的帐篷也如繁星点缀在平日空旷的地方。男男女女欢聚在一起，围着篝火跳起“锅庄”。情窦初开的姑娘也许早已在赛马会上认准了心仪的情郎，便借着微醺的酒意，在“锅庄舞会”上与心仪的男子邂逅。如果彼此合意，就会双双到远离人群的僻静地方互吐衷肠。

每年，大批的游客从拉萨转道而来，只为一睹那曲赛马会的盛况。在这场盛大的节日中，不仅有好看的竞技游戏，还有藏族特色的美食、美酒。经过白天的喧嚣，夜晚的那曲草原有着城市人早已见不到的星空，伴随熊熊篝火，整夜也无法入睡。

羌塘草原

【中国五大牧场之一，野生动植物的天堂，嘛呢堆、经幡、古塔随处可见】

羌塘在藏语中的意思是“北方高地”，特指藏北高原，平均海拔5000米以上，是我国地势最高的一级台阶，被称为“世界屋脊的屋脊”。在广袤的羌塘草原上，还有星罗棋布的大小湖泊，是羌塘最美丽的一道风景线。

羌塘是中国五大牧场之一，位于昆仑山脉、唐古拉山脉和冈底斯山脉之间，是野生动植物的天堂。野牦牛、藏羚羊、藏野驴、盘羊、藏原羚、高原兔、黑颈鹤等多种珍稀野生动物在这里栖息；这里有远古的岩画，也有许多古象雄国的遗址，英雄格萨尔王的足迹及故事遍布藏北，嘛呢堆、经幡、古塔随处可见……

那曲是最能代表羌塘的地区，这里有数不尽的神山圣湖，有浩瀚的草原和冰川，星星点点的牦牛和羊群点缀在一望无际的草原上，牧民们的帐篷就搭在草原的前方。

交通：出拉萨沿青藏公路向北走99公里，过了羊八井地热电站，就可以看到念青唐古拉山，它的北面就是辽阔的羌塘草原。羌塘草原适合自驾旅行。

特别提醒：最佳旅行季：夏秋季节

卓玛峡谷

【藏北草原上难得一见的深谷幽林】

海拔4700米的峡谷地带却有一条绿树成荫的峡谷幽径，这在连低矮灌木都难以生存的藏北大草原上堪称奇迹。卓玛峡谷全长约15公里，峡谷内有雪山、溪流、湖泊、寺院，仿佛人间仙境。

这里远离人世间的纷纷扰扰，碧水蓝天与雪山民居组成一幅美丽画卷。峡谷内，一侧是皑皑雪山，一侧是葱浓灌木。雪峰之顶有雄鹰翱翔，东侧山坡有成群野羊。

交通：古格乡境内，距109国道11公里处，距拉萨230公里。租一辆桑塔纳前往，费用60～100元。

达摩寺和骷髅墙

【因骷髅墙而闻名的比如最富神秘色彩的寺院】

达摩寺主要由经堂、佛塔、天葬台等建筑组成。寺院位于怒江边上，依山而建，规模并不算大。寺院每年都要举行多种大型的宗教活动，藏历元月一日举行的羌姆最为隆重。达摩寺之所以成为那曲乃至整个西藏都颇为有名的寺院，与寺院东侧的多多卡天葬台院内的骷髅墙有关。

多多卡天葬台以及怒江对岸的日丹寺（热登寺）的天葬台保留死者的头骨，然后砌成骷髅墙。多多卡骷髅墙镶嵌了1000多个人的头颅骨，据说只有比较有宗教地位的人，才可以把头骨放在上面。这面面积约30平方米、世界罕见的墙壁是研究人类丧葬文化的内容之一。

比如县茶曲乡境内有寺庙13座，还有西藏最著名的五大经塔之一——帕拉经塔。多多卡骷髅墙沿途寺庙的建筑、绘画、雕塑、唐卡等风格独特，这里的丁卡热巴舞是藏民族歌舞的精华。服饰、面具的制作技能更是令人叹为观止。

交通：位于比如县茶曲乡，距县城以西33公里，车程约1小时。

门票：参观10元，如要拍摄，需另交100～120元。

特别提醒 天葬是藏族群众的一种风俗传统，旅行者应当尊重民族习惯，天葬台通常不对

远眺那曲索县赞丹寺

公众开放，而且当地以藏语为主，语言沟通也存在问题。目前政府已下令不许擅自参观。

赞丹寺

【藏北的“小布达拉宫”】

赞丹寺全名是索雪噶丹培杰林，位于那曲索县亚拉镇4村。相传，赞丹寺所处的雅拉多山西面的雅拉乡是格萨尔王的爱妃森江·珠牧的故乡。赞丹寺依山而筑，建筑雄伟壮观，因外形酷似拉萨布达拉宫而被称为“小布达拉宫”。始建于1668年五世达赖时期，是拉萨哲蚌寺的属寺。传说当时计划按照布达拉宫样式修建，但因部分图纸遗失，所以建筑形式与布达拉宫有所差别。

时间：9：00 ~ 18：00

交通：出索县1公里

特别提醒：每年藏历十二月、五月、七月分别举行古多法会、吉任、崩松法会。

背包客收藏：藏族的丧葬方式

藏族的丧葬方式主要为天葬、水葬、火葬和土葬4种。此外，塔葬也是在藏区较为普遍的一种葬俗。

天葬：通行于牧区，也是藏区最为普遍的一种丧葬方式。

火葬：在藏区具有悠久的历史，在葬仪中也是最为考究的葬法。它的主要对象是活佛、大堪布以及高贵的著名人士，一般平民不得使用。但在农区一带，对患传染病死亡、凶死、上吊等非正常死亡的人也实行火葬。火葬需要将逝者火化到尸骨成灰，如火趁风威，越燃越旺，尸体化净被认为吉兆；若火忽明忽暗，时间拖长则认为不吉利。在实行火葬的地区，人们认为火葬后有一种邪气，第二天会落雨。

塔葬：塔一般用于大活佛圆寂。是将火化后的大活佛之骨灰，装在精制的罐或木箱里，建造塔阁，深藏塔中；有的地方待大活佛圆寂后，使其尸体盘坐，并用药粉、香料等涂在接受净洗的尸体上，让尸体风干，保存下来放于灵塔内，作为供奉和永久纪念。

塔葬分金灵塔（塔外金箔包裹）、银灵塔、铜灵塔、木灵塔、泥石灵塔及现代的三合混泥土建造的灵塔。灵塔的规模是根据活佛的地位高低而定，现较常见的是那种大小不一，四棱或六棱形的水石泥结构的灵塔。

水葬：主要为居住在江河边的藏族群众所实行，一般藏区只有儿童死后才实行，还有一些乞丐及经济地位十分低下者也使用水葬。水葬时，将尸曲膝圈身装入木匣，抬到江河急流处，打碎木匣将尸投入。有的将尸节节肢解，投入洪流中，还有的用白布裹尸，将整尸抛进江中，这是较为省事的葬法。水葬毕，要在岸边插一杆印有经文的幡旗，以示对死者的祭奠。

申扎

申扎自然保护区

【我国面积最大、海拔最高的黑颈鹤自然保护区】

申扎自然保护区建立于1993年。这里聚居的鸟类有120多种，景象异常壮观，是我国现有7个黑颈鹤保护区和繁殖地中海拔最高、最大的。

申扎自然保护区正处于羌塘内流区南部大湖密集的宽广湖盆地带，众多湖泊均为发育于冈底斯山北麓断陷带内的构造湖；面积近4万平方公里，区内的格仁错水域面积476平方公里，水面海拔4650米。海拔稍低于羌塘高原中北部，气温稍高，适于水生生物与水禽生长和繁衍，尤其是低洼湖区内广泛分布着大蒿草等组成的沼泽草甸滩地，成为国家一级保护动物黑颈鹤的理想栖息环境。

交通：申扎县城外不远靠近格仁错的沼泽即有黑颈鹤出没，203省道经日喀则过申扎与301省道相交。

色林错

【西藏面积第二大湖泊】

藏语意为“威光映复的魔鬼湖”，当地人也称其为奇林湖。面积1640平方公里，湖面海拔4530米，为西藏第二大湖，是西藏流域面积最大的内陆湖泊。

有7条主要河流注入色林错与湖泊互相串通，组成了一个封闭内陆湖泊群，除色林错外，还有格仁错、吴如错、错鄂湖等，滨湖平原开阔，连同两岸草滩、草场，形成一派藏北优美草原风光。相传格萨尔王征战魔王阿炯，阿炯战败，口渴难忍，恳求让他死后能喝上足够的水，格萨尔王砍下了阿炯的头，把它扔进了色林错让其继续喝水，从此湖水纵有几条大河的汇入而永远不满。色林错的周围有23个卫星湖，据说几百万年前这里曾是一个整体的巨大湖面。其中，错鄂湖鸟岛是候鸟迁徙的根据地，每年的春夏季，都可以看到数以万计的地中海棕头鸥欢聚在此繁衍生息。

交通：位于班戈县与申扎县交界处，203省道和301省道分别从色林错的南北两岸经过，包车或自驾车可从日喀则北上经申扎或安多西行，路况较差。

普若岗日冰原

【除南北极以外世界最大的冰川】

1999年中美科学家在西藏中部发现了一处巨大的冰川——普若岗日冰原，它被确认为世界上除南极、北极以外最大的冰川。冰原外围还极为罕见地分布着许多湖泊和沙漠，参加科考的科学家在披露这个消息时说，“这不仅是在西藏，而且在世界上也是一处极为罕见的自然景观”。我国境内发现冰原的事实表明，在极地附近以外的地区，也存在着规模仅次于南北极冰盖的巨大冰川。

交通：双湖特别区内

背包客收藏：黑颈鹤

黑颈鹤藏语称“宗宗”，藏族人视为吉祥鸟，是世界上15种鹤中被最后发现的唯一的一种稀少的高原鹤。每年的夏季来藏北筑巢产卵，冬天到藏南或云贵高原越冬。在申扎县城西部十几公里的格仁错一带的沼泽地，每年5～10月，会有大量的鹤群聚集。

尼玛

当惹雍错

【当惹雍错与达尔果山被本教教徒奉为神山圣湖】

当惹雍错位于一个深陷的湖盆底部，它与当穹错毗邻，两湖相隔 5 公里。实际上当穹错与当惹雍错是在同一个湖盆之内，湖水未枯以前本是同一湖泊。这正是当穹错名字的来历，藏语里当穹错即“小的当惹雍错”之意。据说此湖在一天之中能变幻三种颜色。湖东岸是连绵不断、屏风般矗立的赭红色山壁。被湖水冲刷而成的阶梯从湖畔山顶一圈又一圈地一直环绕到湖滨。

当惹雍错为南北走向，形如鞋底的大湖泊，三面环山。唯南岸达尔果山东侧有一缺口。达尔果山一列七峰，山体黝黑，顶覆白雪，形状酷似 7 座整齐排列的金字塔。它和当惹雍错一起被本教教徒奉为神的圣地。

每年都有不少的信徒来此转山转湖。湖边现在还保存有一座建于悬崖山洞中的寺庙——玉本寺，相传为本教最古老的寺庙，玉本寺供奉的是狼面女神，香火依旧旺盛。湖的四边有四个泉池，据说在此沐浴能洗去罪孽与疾病。不过，水冰凉无比。行走 15 余公里，道路为一巨大山壁所阻。此山壁横亘东西，东端没入湖水之中，一条小路沿一斜坡向山壁顶端延伸，那应该就是象雄王国所在地——穷宗。当惹雍错湖边，由一个在可可西里无人区边缘的部落坚守，这个部落就是文布，被人称为最后的本教部落。

交通：当惹雍错是本教教徒心目中的神湖，并没有班车到达，如果要去需先乘车沿阿里大北线到达尼玛县，再从尼玛县转向西南，大约 8 公里后转入向左的岔口，再向南约 80 公里，翻过一个 5000 多米的山口，到达文布，便可以进入当惹雍错湖盆。

当惹雍错

环绕着当惹雍错的达尔果雪山

达尔果雪山

【传说中古象雄诸神聚集地，西藏四大雪山之一】

达尔果雪山是古象雄部落的神山之一，也是藏族聚居区四大雪山之一。四面有 7 座山峰拱卫于主峰周围，被称为“勇士七军”。此外，在达尔果雪山的周围还有 8 座雪山，叫作“噶聂日巴切杰”，统称达尔果七峰八岭。

据说，这几座山为古象雄诸神的聚集处，也是象雄地区 360 座山峰的主脉。达尔果和当惹雍错都系象雄语，被奉为神山圣湖，当地人相信其法力灵验，常以“上部的冈底斯山和玛旁雍错，中部的达尔果山和当惹雍错，下部的念青唐古拉山和纳木错”相称，并列为西藏的三大神山圣湖，每年到这里转山转湖的香客信徒络绎不绝。

地址：尼玛县境内

象雄王国遗址

【如过眼云烟的神秘古王国】

象雄的地域，分为里、中、外三部分。《世界地理概说》中提到“里象雄就该是冈底斯山西面三个月踟之外的波斯，巴达先和巴拉一带。在这块土地上有大小三十二个部族。中象雄在冈底斯山西面一天的路程之外。这里是象雄王国的都城，这片土地曾经为象雄十八王国统治。外象雄是以穷保六峰山为中心的一块土地，包括三十几个部族，北嘉二十五族，这是现在安多上部地区”。按照此说法，藏北、安多、康区则属于“外象雄”。而今天的克什米尔、拉达克等地为“里象雄”；阿里地区为“中象雄”，是统治中心。

古往今来，根据传说和现代科学考证一直存在“象雄都城”的争议：一说象雄的都城据传是在阿里札达境内，札达土林中确实有不少早期的人类洞窟遗址和岩画；一说在那曲尼玛县文部乡办事处不远的穷宗有大片遗址，也被称为象雄都城之所在。上述两个地方究竟谁是象雄之都，见仁见智。无论如何它们都同处在象雄的势力范围内。

穷宗是本教的一座神山，绕山一圈据说会福泽无量，但要注意本教转山为逆时针方向。穷宗附近的当惹雍错是本

背包客收藏：象雄史话

象雄崛起于青藏高原西部的年代至少先于吐蕃六部结盟两个世纪，按同一时期的本教经典描述，今那曲、拉达克（克什米尔一带）等地是“内象雄”；卫藏（拉萨、日喀则、山南、林芝）等地为“中象雄”；多康（那曲、安多、昌都）等地为“外象雄”。势力范围几乎囊括整个青藏高原，又跨青海、四川的部分地区。象雄是古代青藏高原的大国，也是雍仲本教的发祥地，对于这一史实，汉藏两地的史料中都有记载，并且关于象雄古国的区域的记述也十分相似，与吐蕃相邻无疑。象雄和吐蕃同种同族，但拥有各自的语言。象雄为本教的发源地，象雄人笃信本教，象雄盛世即象雄文化被称为西藏的根基文化，是佛教传入西藏以前的先期文明。象雄早于吐蕃与唐朝建立关系，据史料记载，早在2、3世纪时，今天的阿里地区札达县、普兰县即为象雄国中心辖区。其后，苏毗、吐蕃先后兴起于藏北与山南，逐步削弱了象雄的势力。三大部落彼此互有战事，呈三足鼎立之势。象雄的最后一代国王李迷秀是被墀松德赞串通其王后，在他祭湖的时候将其暗杀，象雄王国从此灭亡。

教所尊崇的圣湖。

象雄信奉本教，史载本教的缔造者辛饶弥沃是象雄第一代王。穷宗位于达尔果山脉中段以西，规模可观的遗址群背靠达尔果雪山，西临当惹雍错，地势雄奇。遗址总面积1平方公里，已无建筑或城堡遗址，山壁两侧可见城墙残体以及坍塌的暗道遗迹。

交通：尼玛县至文部乡约100公里，穷宗距文部乡约20公里，可由尼玛驱车到达，最后一段路程须徒步前往。

特别提醒：上述两地是否象雄之都尚需考证，但它们有一共同点，那就是都曾处于象雄强势范围之内。

玉珠桑登林寺

【尼玛地区著名的本教寺院】

属本教寺院，系南木林县著名本教寺院热拉雍仲林寺管辖的一个分寺，主尊佛为顿巴喜饶，护法神为斯巴杰姆。分新寺和旧寺：旧寺由索巴坚赞创建，新寺由玉珠平措创建，有悠久的历史和独特的建筑风格。

每年举行多种宗教仪式活动，但最隆重的是“古多羌姆”。每年藏历十一月初开始，僧人们集中在寺院里念经并举行法事活动，最后4天在寺院内表演宗教舞蹈羌姆。

地址：尼玛县境内的文部乡

绒玛岩画和温泉

【藏北无人区内一处远古岩画和温泉资源并存的地区】

尼玛县北部的绒玛乡往北，是玛依国家级野生动物保护区的核心部分，也是藏北无人区的一部分。绒玛在藏语里是“红色峡谷”的意思，离绒玛乡约5公里，两边的山体都呈绛红色。绒玛乡一带的山上，有很多远古时期留存下来的岩画，尤以加林山的岩画最为著名，画风简朴稚拙。此地还有一数百平方米的温泉，热气终年蒸发不息。

绒玛温泉目前还处于纯天然状态，除了那两座石塔和经幡外，没有任何人工痕迹。

交通：尼玛县绒玛乡清水河谷，距绒玛乡约10公里。

实用资讯

交通

那曲地区是拉萨的北方门户，也是内地与高原连接的交通枢纽，青藏铁路、青藏公路、川藏北线在那曲汇集，从安多则有前往阿里北线的公路连接。

拉萨至那曲全程 326 公里，沿途经过堆龙德庆县、当雄县等，这是青藏公路的主要路段，平均海拔 4000 米以上。青藏公路是西藏出省的主要公路，也是西藏运输最繁忙的公路，完全可以称得上“西藏的生命线”。

从拉萨出发到羊八井整个路段路况良好。羊八井是一个节点，从此进入开阔的草原地带，海拔也逐渐升高，但路面平坦，景色也更加开阔。到念青唐古拉山后，眼前便是辽阔高远的藏北草原。纳木错当属那曲地区，到达当雄县后有一条左向的岔路，从这里通往纳木错，60 多公里的路程全是碎石路面。但对于旅行者而言，往往只去那曲的纳木错，放弃更多藏北草原的风光，因为整个行程时间较长。

铁路

青藏铁路如飞虹般跨越唐古拉山口飞架青海西藏，这是一条被称为“天路”的高原铁路。而进入藏族地区以后两个大站就是安多站、那曲站。

安多站

安多火车站是青藏铁路进入西藏的第一大客货两用车站，位于海拔 4700 米的西藏那曲地区安多县城南部，全长 1601 米。青藏铁路西藏境内首次铺轨仪式就是在安多火车站举行的。

那曲站

那曲车站是青藏线上风景最佳的车站之一，车站建于县城外羌塘大草原上，放眼望去都是蓝天绿草和擦着头顶飘荡的白云，海拔 4513 米。那曲县城是那

色林错

青藏线

曲地区的首府，规模较安多站要大。

途经车辆如 K917/918、T21/22/23/24、T221/222/223/224、T27 等车次均在那曲站停靠 6 分钟左右。

公路

拉萨有到那曲的各种班车，根据不同的车型，票价 60 ~ 100 元，但是要想真正体验藏北的风光，建议最好包车旅游。

那曲地区有 40 多万平方公里，是西藏面积最广阔的地区。由于地广人稀，自然人文景观分散，加之大部分地区路况不好，特别是藏北无人区几乎没有公路，所以前往那曲偏远地区旅行一定要有周密的计划，充分了解气候和路况。凡是偏远的地方，都没有定期的公共交通工具，只能包车前往。

前往藏北无人区一定要请熟悉道路的藏族司机带路，因为偶然遇到的当地居民基本都听不懂普通话，所以需要藏族司机翻译沟通。夏秋季是最理想的游览时间。如去藏北无人区，一定要车况好的越野吉普组队行驶，陷车、坏车、迷路在这里是很正常的事情，补给品、油料、药物必不可少。

那曲属于青藏高寒气候，其特点是气温低、空气稀薄、大气干洁、日照强、日温差大。按季节可分为：干季（1 月 ~ 次年 4 月，平均气温 0℃左右，应穿冬衣）和温季（5 ~ 9 月，平均气温 10℃左右，应备毛衣）。墨镜、防晒霜、围巾、遮阳帽等为必备品。

从那曲出发至各个主要市镇的公里数如下：至当雄 164 公里，青藏路，路况好；至羊八井 239 公里，青藏路；至拉萨 328 公里，青藏路；至安多 138 公里，青藏路；至格尔木 838 公里，青藏路；至班戈湖 262 公里，老路，路况不好；至尼玛 558 公里，黑阿路，路况不好；至申扎（色林错黑颈鹤保护区）494 公里，老路，路况不好；至双湖特别区（可至可可西里无人区）570 公里，黑阿路转至文部办事处（可至当惹雍错）660 公里，黑阿路经尼玛转至，路况较差。

那曲北向为青藏公路、铁路，东向为川藏北线，南向为自治区首府拉萨，交通方便，过往车辆较多。所以两条道路沿线的那曲、安多、索县、巴青、比如、嘉黎均是公路沿线的补给点。

住宿

那曲地区最好的住宿点就是那曲县城，其他县城大都只有一条小街道，川藏北线的几座城镇海拔较低、比较潮湿，生活条件好于藏北草原地区，公路沿线城镇均有住宿店，不过条件一般，最好自带睡袋备用。那曲县城有星级宾馆，标间参考价在200元以上；其他一般宾馆标间参考价在100元左右。安多地区住宿比较简陋，一般几十元一间房，有暖气。

那曲

那曲饭店

那曲条件最好的酒店，旅游旺季最好预订，有独立卫生间、暖气，24小时热水。普通标准间参考价240元/间，豪华双人套房参考价480元/间，豪华标准间参考价360元/间。

地址：色尼东路262号

电话：0896-3821898

那曲粮贸西苑宾馆

有公共浴室和厕所，24小时热水。条件一般，参考价15～30元/床。标准间188元/间，三人间128元/间。

地址：那曲县招待所

尼玛

尼玛县办事处宾馆

价格较贵。标准间参考价300元/间，普通房参考价280元/间。

餐饮

那曲部分餐厅以汉族、清真居多，高海拔地区气压低米饭不容易做熟，所以以面食为主。

安多西向的301省道穿越藏北大草原，连通阿里北线，直达阿里首府狮泉河，多为货车行驶，所以道路破坏严重，沿途有补给点，餐饮条件较差，同方向的班戈、申扎、尼玛类同。而深入藏北无人区的双湖特别区，除当地机关、科考团队外人迹罕至，须事先准备食物和饮水。

那曲县城有很多四川人开的川菜馆，味道不错，但蔬菜价格偏贵。

购物

那曲县名土特产品主要有酥油、风干肉、羊绒、虫草、贝母、雪莲花等，还有许多民族手工艺品。在那曲县城的浙江中路上的羌塘市场、那曲市场、人民商场，以及高原路上的那曲农畜产品市场等，都能买到那曲的各类特产。

藏北雪莲花

雪莲花为菊科凤毛菊雪莲亚属草木药用植物，生长于海拔4800～6000米永久性积雪区岩缝间。有除寒、壮阳、暖宫等功能，主治风湿性关节炎、腰酸背痛、肾虚阳痿、妇女崩带、月经不调、子宫寒冷及外伤出血等症。为雪域高原名贵药材之一。

娱乐

羌塘大草原是游牧人的天堂，藏族同胞游牧在草原的各个角落，逐水草而居，除了每年几个盛大的节日很少有机会相聚。所以草原藏族同胞特别重视这种聚会的日子，聚会的时候可以交换物资、亲朋欢聚，也是年轻男女相识相知的重要时节，而那曲最著名的节日就是那曲赛马会。

羌塘草原

那曲赛马会

每年8月1日举行，为期5～10天，在那曲镇外的草原上举办盛大的赛马会。藏语叫“达穷”，是比藏历新年更热闹的民间节日。是时成百上千散落在草原上的帐篷汇集在一起，进行贸易、交流、竞技。除赛马外，还有表演性质的马上竞技、短途的高速冲刺、跑马射箭、在狂奔的马上俯身捡哈达、骑射（用藏式叉子枪打靶）等。拔河、摔跤、举石头则是牧民们显示力量的壮举。赛马会期间的娱乐活动主要是跳锅庄和打藏牌。入夜，赛马场上篝火片片，男男女女围成一个个圆圈，且歌且舞，场面极其热烈。

CHANGDU 昌都地区

阿里
那曲
昌都
拉萨
日喀则
林芝
山南

走遍中国 · **西藏**

CHANGDU
昌都地区

昌都被称为“西藏的东大门”，金沙江、澜沧江、怒江组成的地球大褶皱就是从这里开始隆起，川藏线和滇藏线就是在这些褶皱上盘上盘下，汽车行驶于落差几百上千米的大峡谷之上，虽然碎石、滑坡、断路是这条路上的家常便饭，但川藏南北线、滇藏线是进藏公路中风光最美的，也是南北线进入西藏以后最先抵达的地区。

昌都是康巴文化的发祥地，是康巴地区的中心，我们熟知的“康巴人”、“康巴汉子”就是对这一地区的人和男人的称呼。由于地理关系，这里的人们较西藏其他地区的人更早地接受了黄河文化、巴蜀文化和滇西地区的民族文化的影响，在文化不断融合的过程中，形成了康巴文化中区别于藏地其他文化独特的一面，在康区的语言、服饰、民居建筑、歌舞和唐卡壁画的艺术风格等方面都有所体现。康巴汉子更以豪放粗犷、热情坚毅、忠诚信义而成为一种男性美的标志。

昌都县是地区首府所在地，享有“藏东门户”的盛誉，是四川、云南与西藏公路交通的中心枢纽城镇。

每年都有无数的旅行者为这无限风光长途奔袭而来，他们穿行于这心旷神怡而心惊胆战的大自然中，看到了然乌湖的宁静、邦达草原的壮阔，拜谒了查杰玛大殿的辉煌、孜珠寺的气魄以及盐井人世代不变的辛劳、康巴人乐天豪迈的风采。

昌都地区旅行交通示意图

前世今生

昌都地区古称康或客木，以区别于卫、藏、阿里等地区。自古以来，昌都都是康区的中心。现今的昌都地区也是康巴人的主要分布区。昌都在藏语中有两河交汇之意，古称“康”或“察木多”，唐代为吐蕃王朝的一部分。元、明时期，西藏昌都和四川甘孜一带叫“朵甘思”地区，由中央王朝委任的大小部族头人与寺庙的大喇嘛进行管理，这种格局一直持续到清朝。清末，四川总督赵尔丰在昌都地区的一些地方实行改土归流，一度将昌都划归川边。民国时，昌都地区是西康省的一部分。昌都的大半部历史就是土司与大呼图克图（大活佛）相交织而成的历史。

1950 年 10 月 19 日后，成立了昌都地区人民解放委员会。1955 年西藏自治区筹备委员会成立后，昌都地区则划规其管辖，1960 年年初设昌都地区行署。地区行署驻昌都镇。

旅行与季节

昌都地区地形复杂，山高谷深，气候多样，素有“一山有四季，十里不同天”之说。昌都的雨季主要集中在每年 5 ~ 9 月，在雨季，进藏的路不好走，特别是通往昌都的国道 317 线，应尽量避免在此期间选择此条路到昌都。尤其是每年的 7、8 两月，是泥石流频发时段，引发的塌方也较多。从 10 月开始，西藏大部分地区逐步进入冬季。所以，5、6、9 月是选择到昌都旅游的黄金季节。

焦点

■ 强巴林寺

这是康区最大的格鲁派寺庙，传说

为宗喀巴的弟子主持建造。经堂内塑有数以百计的各类佛像和高僧塑像，上千平方米的壁画以及众多的唐卡，代表着昌都一带的最高水平。这里的“古庆”跳神素以狰狞逼真的面具、整齐典雅的动作造型、宏大的场面而闻名雪域高原。

■ 然乌湖

然乌湖的静和蓝是远近闻名的，湖中极少看到枯枝杂物，湖周景色各不相同。然乌湖的色彩非常丰富，草地、森林、秋叶以及白色的水禽和湖岸浅滩五颜六色的卵石，清新如镜面反映。这里是摄影发烧友魂牵梦萦的地方，也是自驾西藏走川藏线的旅行者不容错过的景点。

■ 业拉山怒江沟 72 拐

这是川藏线上最有气势的一段，堪称中国公路上的奇迹，被誉为“天路”。业拉山是川藏线上以公路曲折而闻名的山。从 4120 米的邦达镇过了垭口之后，便是著名的“怒江 72 拐”。这些拐又急又陡不说，大多数是 U 形弯，被戏称“凡走过必成勇士”。

行程推荐

■ 假如你有 4 天时间

必游景点：德格印经院、孜珠寺

可以尝试：国道 317 是一条大险兼具大美的路。这一条路上，有德格印经院、类乌齐寺、本教寺院孜珠寺等。

D1 四川德格—江达—波罗吉荣大峡谷—波罗古泽，宿江达。德格印经院是藏族地区三大印经院之首（另两处是布达拉宫、拉卜楞寺），走川藏北线必游景点，出德格过金沙江后进入江达境内，可游览波罗吉荣大峡谷和波罗古泽。

D2 江达—昌都，宿昌都。路程 200 多公里，需要翻越 4 个山口，可游览强巴林寺，这是康区格鲁派寺院中创立最早、规模最大的寺庙。

D3 昌都—类乌齐—丁青，全程近 300 公里，住宿丁青。从昌都出发，翻越朱角山（海拔 4688 米），途经类乌齐抵达丁青。可游览噶举派著名寺院类乌齐寺，而后抵达丁青。

D4 丁青孜珠寺、布托二神湖，孜珠寺为本教著名寺院，山路较陡，从孜珠寺

然乌湖

邦达大草原

可眺望布托二神湖。而后返回丁青开始那曲地区行程。

■ 假如你有 4 天时间

必游景点：芒康、然乌湖

可以尝试：国道 318 被誉为“中国最美的景观大道”。从这条路到昌都，可以欣赏澜沧江、怒江的壮美，还可以一睹然乌湖的风采。

D1 四川理塘或云南德钦—芒康，住芒康。金沙江是四川和西藏的分界线，江两岸的路况不好。滇藏公路则需沿澜沧江行进从云南进入西藏，在芒康与川藏南线会合。沿江可看到盐井地区古老的晒盐方式，在江边泡温泉也是不错的享受。

D2 芒康—左贡，宿左贡。从芒康出发跨越澜沧江，翻越川藏南线最高山口——东达山（海拔 5008 米）。左贡县经邦达可北上至昌都进入川藏北线，西行至八宿，继续川藏南线。

D3 左贡—八宿，宿八宿。经过海拔约 4200 米的邦达草原，翻越怒江山口（海拔 4839 米），往下走九十九道拐进入怒江谷地八宿。

D4 八宿前往然乌湖，川藏南线著名的雪山、湖泊、乡土人文风光。而后可继续西行进入林芝地区。

预算

昌都地区东部以横断山脉山峦、江河分割，可选择的线路非常有限，多数情况就是坐在车里在一面是山崖一面是大江的公路上转圈。所以除了吃住花销其他开支就是行程了。如果是搭长途车前往，便宜的 200 ~ 300 元车费即可从四川或者云南马不停蹄地奔袭到昌都，但沿途风景也就一带而过。如果是自驾车或者包车，则对驾驶员的技术和车况有很高的要求，所以这部分花费因人而异。

昌都有不少川菜馆，还有快餐。在昌都县，一般的宾馆标间在 150 元左右，吃住丰俭由人。其他购物门票 50 元即可，无论选择南线北线 4 天均可出昌都地界，所以抛开交通费以外 600 元足矣。

昌都

强巴林寺

【康区最大的格鲁派寺庙，寺内的唐卡是昌都一带的最高水平】

强巴林寺是宗喀巴的弟子喜饶桑布于 1444 年创建的，大约是明朝年间。按格鲁教派规定，昌都寺可拥有僧人 2500 人。宗喀巴 1373 年入藏途经昌都时曾预言，将来在此地定能兴寺弘佛。果然，明正统二年（1437）在这昂曲和杂曲两水间雄鹰落地似的岩岛上，喜饶桑布去当地千户家讲经化缘，他说服了这里的千户将自己家的草场奉献了出来作建寺之址。据说现在寺庙五大扎仓之一的桑堆扎仓的位置，就是当年千户搭牦牛帐篷的地方。寺内主佛为强巴佛（弥勒佛），所以该寺起名为强巴林寺。

强巴林寺与内地王朝的关系历来极为密切。从清康熙帝开始，寺院主要活佛受历代皇帝的册封，寺内至今保存有康熙五十八年（1719）颁发给帕巴拉活佛的铜印。乾隆五十六年（1791），乾隆帝为昌都强巴林寺书赠“祝厘寺”的匾额。

强巴林寺有五大活佛世系，12 个扎仓，数千僧侣，并辖周围小寺 70 座。现任全国政协副主席、西藏自治区政协主席的帕巴拉·格列朗杰为该寺第一大活佛，现已转世至十一世。强巴林寺过去是昌都地区的宗教和政治中心，康熙五十八年（1719 年）赐封帕巴拉为“阐讲黄教额尔德尼诺门汗”，赐发印信，成为康区四大呼图克图之一。

该寺主要建筑保存完好，经堂内塑有数以百计的各类佛像和高僧塑像，上千平方米的壁画以及众多的唐卡，可以说是汇集了昌都能工巧匠的聪明才智，代表了昌都一带最高水平。

交通：位于昌都城关镇境内，从昌都县老区昌庆街广场，沿坡度极陡的盘山公路往马拉山上爬，步行约 20 分钟。乘出租车的话，10 元以内即可到。

强巴林寺

特别提醒：

1. 强巴林寺建在县城地势最高的台地上，所以站在大门口可以俯瞰昌都镇的全貌。

2. 每年的酥油花节期间（时间藏历新年，即公历新年后一个月左右），强巴林寺会表演的一种神舞，这种表演动作大气、场面恢宏，由舞蹈者都戴着狰狞逼真面具表演的“古庆”神舞和服饰华丽、舞姿古朴的钺舞组成。这种舞蹈在西藏高原享有盛名。

卡若遗址

【是藏学界公认的西藏三大原始文化遗址之一】

1977年在卡若遗址发现了大量的石斧、石锛和陶罐等原始文物和工具。1979年正式发掘，发掘面积1800平方米，发现房屋遗迹31处，出土石器、骨器和陶片等共计上万件的文物以及大量的动物骨骼和粟米，经测定这些物品均出自5000～4000年前的“新石器时期”。

卡若遗址是西藏20多处文物保护单位中唯一的新石器遗址。遗址面积大，保存情况好，文物堆积层丰富，文物分类繁多。卡若遗址文化与黄河上游甘、青地区的古文化以及云南境内的元谋文化有着千丝万缕的联系，对研究西藏早期历史和汉藏关系史有重要价值。卡若遗址位于澜沧江畔，为川、滇、藏三地的枢纽，又是古代南北民族的交通要道之一。

交通：位于离昌都县以西约12公里的加卡区卡若村昌都水泥厂附近，要从昌都搭便车或打出租车，出租车约收费100元，也可包车前往“大脚印”时，中途下车走访。

门票：25元

“大脚印”奇观

【远古圣迹与古生物遗迹的共同体】

处于昌都镇至邦达机场的公路边，有一处被当地人称为“大脚印”的奇观。在路旁一处近乎陡直矗立的石壁之上，有几个模糊不清的状如人脚印的痕迹高悬在峭壁上，每个“脚印”都巨大如斗。石壁有相关部门用红油漆写的一行字——“侏罗纪早中期距今一亿五千万年前古脊椎动物活动遗迹”，当地人则认为这是神佛遗留的圣迹，石壁下供奉着哈达和风马旗。

交通：由昌都地区前往机场公路40公里左

背包客收藏：格萨尔王在昌都

相传，格萨尔王是莲花生大师的化身，他一生戎马，弘善抑恶，弘扬佛法，传播文化，是藏族人民引以为豪的旷世英雄。在昌都的很多地方都能看到与格萨尔王有关的遗迹和传说，说唱《格萨尔王传》是昌都农牧民最喜爱的文化活动之一。

比如，江达县波罗吉荣峡谷中格萨尔王与王妃珠姆下棋的四方形巨石骰子，丁青县格萨尔王射穿山峰的2个大窟窿，贡觉县格萨尔手下巴拉大将的宫堡遗址，芒康县江岭之战的城堡遗迹，类乌齐县传之为格萨尔的铁质雕龙马鞍等。其次，昌都地区是西藏自治区说唱《格萨尔王传》艺人最多的地区之一。1986年，西藏全区共发现39名说唱艺人，其中19人在昌都。被称为“国宝”级说唱艺人的扎巴，其祖籍就在昌都边坝。

昌都地区还是格萨尔王版本流传最多和《格萨尔王传》壁画较多的地区之一。强巴林寺第二大活佛谢瓦拉的夏季别墅里有一幅大型彩色壁画《格萨尔凯旋归宴图》；江达县瓦拉寺也有长达几十米的反映格萨尔及其部将征战的大型壁画。

右，路面为平整的柏油马路，是昌都地区最好的道路。车程大概半小时即到。可以搭乘过往车辆，昌都包车，桑塔纳往返一般120元左右。

噶玛乡

【被称为画匠之乡，“噶学噶志”是西藏唐卡的重要画派】

噶玛乡位于扎西河上游，据考证，建于1185年的噶玛寺地基是由当地画匠推团仓设计的。由此可见，这一带的绘画历史至少可追溯到七百年前。16世纪中叶，扎西三氏在原“美林”、“美萨”画派的基础上吸收了内地风景画的作画方法，在噶学创立了独特的“噶志”画法，名曰“噶学噶志”。从那时起，“噶学噶志”就成为西藏唐卡一个重要流派，在昌都和四川德格一带广为流传。

交通：距昌都县城110公里左右

噶玛寺

【著名的噶玛噶举派祖寺，是康区著名的古刹之一】

噶玛寺由噶举派高僧都松钦巴于1185年创建，噶玛噶举也因该寺而得名。

噶玛寺大殿为单檐歇山形式，屋面覆盖琉璃瓦，屋檐正中是藏族工匠设计建造的狮爪形飞檐，左边为汉族工匠建筑的龙须形飞檐，右边为纳西族工匠建造的象鼻形飞檐。大殿内释迦牟尼佛像为镏金铜造，高17米，为第七世噶玛

嘛呢石

背包客收藏：昌都的艺术门类与三大画派

昌都所辖的11个县都有人从事雕刻和雕塑艺术，在石刻艺术方面，察雅、昌都、芒康、江达、丁青等地的技艺最高，尤以昌都县妥坝乡的嘛呢石刻、察雅宗沙乡一带的建塔和雕刻，昌都县的才维、边坝、察雅、贡觉的泥塑，类乌齐、边坝、察雅、洛隆等县的金属雕刻，江达县波罗古泽的木刻都分别代表了昌都的最高水平，有的甚至代表了整个藏族地区的艺术造诣。

昌都一带有三大画派：“美宁”画派，主要流传在丁青、察雅、贡觉等地；“美萨”画派，主要分布在昌都县才维一带；“噶学噶志”画派，主要流传在昌都县的噶玛乡和四川的德格等地。噶玛乡素有“画匠之乡”的美誉，噶学噶志画派是在“美宁”、“美萨”画派的基础上，吸收了内地风景画的技法而创立的一个门类。其特点是画面整洁、线条流畅细腻、人物神态生动，擅画花草树木、山石瀑布、神佛画像。

巴·却扎嘉措所建；左侧泥塑强巴佛，为二世噶玛巴·拔希却吉塑造，为西藏地区保存时间最长最大的泥塑佛像之一；右侧是喇嘛拉康，内供历代噶玛巴活佛像。正中主供噶玛噶举的创始人噶玛巴·都松钦巴的合金像，两侧为二世至十五世噶玛巴活佛的镏金铜像；四周壁画为达波噶举的祖师达波拉杰和噶玛噶举黑、红帽系的活佛画像。措钦大殿二层右侧为历代司徒活佛的净室和小佛堂。措钦大殿三层顶部为藏式平房，正中饰以镏金铜法轮，左右两侧配以镏金铜孔雀，据说是大明皇帝所赐。三层后面是观音堂，内供大悲观世音塑像。殿堂四周绘有释迦牟尼生平精美彩绘壁画。

噶玛寺建有灵塔殿3座。第一座灵塔殿有灵塔3座，塔身饰以白色，高约10米，主供第一世噶玛巴·都松钦巴活佛和司徒仁钦活佛、克巴旺结多杰活佛；第二座灵塔殿有灵塔1座，内供结色班登活佛。现寺藏文物有“皇帝万岁”牌，是明成祖所赐的木质精雕的盘龙牌位；“大宝法王”印，为明永乐五年（1407）明成祖赐给第五世噶玛巴·德银协巴（1384～1415）“领天下释教”的最高宗教地位的印信，双龙盘钮光洁质白，为玉印中的上品。此外，寺内还藏有大量明、清时期中央皇帝所赐的瓷器和100多尊镏金铜像以及藏经《甘珠尔》（佛说经典）、《丹珠尔》（佛经注疏）、大藏经。

交通：位于距昌都县城100公里左右的噶玛乡，由噶玛乡到噶玛寺还有十多公里，包车250～300元/天。回程可以绕行如意乡穷卡村以北的谷布神山和谷布溶洞。

特别提醒：大殿内一尊17米高的弥勒佛（强巴佛）是目前昌都地区最大的泥塑佛像。

谷布神山

【是康区18座神山之首，并有一个巨型溶洞】

谷布神山是昌都附近最高的山峰之一，海拔5400米左右，谷布称之为“集如谷富琼普”。传说在很久以前，有一只巨型大鹏鸟从远方飞来，在此栖息时，在山顶啄穿一个大洞，故称之为琼普，意为“大鹏穿透的溶洞”。

谷布山势雄伟，异峰突起，山顶是裸露的石灰岩。由于海拔高，故处处显露出高原历经几千万年日晒雨淋所形成的石芽、石柱、溶洞。位于谷布半山腰的乃宁洞，是山上规模最大、知名度最高的一个洞，传说莲花生大师在此修行过。洞口处建有不少佛塔和塑像，洞口虽小，洞内却是巨型的，可容纳两三千人，堪称全区第一大洞。

在神山东面半山腰处还有一个小湖泊，被当地人称为昌都三大圣水之一。

交通：日通乡与如意乡交界处，距县城40公里。

背包客收藏：都松钦巴与噶玛寺

都松钦巴生于康区哲雪地方（今四川省甘孜藏族自治州新龙县境内），16岁出家，先后师从多位僧人学习佛法数十年，而后到各地云游达30年之久。据说他练就穿行岩石的神功，因此信众称其为喇嘛扎巴（岩上师）。

他先后在拉萨附近修建楚布寺，在昌都噶玛地方兴建噶玛寺，噶玛寺与楚布寺并称康、藏地区的两大祖寺。都松钦巴在各地弘扬佛法，声誉遍及全藏，信徒们尊称他为噶玛巴，后世传人转世亦依次排列为噶玛巴活佛，并传衍至今。

江达

果普白宗神山

【康区著名神山之一，翻越神山的生死山梁有翻越死亡的寓意】

康区著名的神山果普白宗是山南地区扎日神山的子山。相传江达县字嘎寺第四世活佛多吉扎波，在一日修行时，感知莲花生大师托付他为神山开光，多吉扎波活佛用法力为神山开光。从此这座山成了当地有名的神山，距今已有1200多年的历史。

上神山需翻一座相传为生死山的山梁，翻越过去就象征翻越了死亡，翻越之后，人可转世轮回。半山腰有两座山洞，一名老虎洞，一名罪孽洞，罪孽洞前有一尊观世音菩萨像，栩栩如生，雕刻技艺甚是精湛，罪孽洞由大小两洞构成，此处道路险峻，相传罪孽大者难过此洞，罪孽洞的称呼由此而来。山间古木、丛林、瀑布环绕，高山草甸生机盎然，相传每隔12年山间的一扇大门就会打开，走入其中的人们能听到世间所有的声音。

在当地有种说法，神山脚下无孝子。果普白宗神山上，有两个小小相邻的石孔，看起来很近，据说谁要把拇指和中指伸进去握住，就表明你是孝子，已经报答了父母的恩情，但是没有一个人能成功，事实上也不可能完成，因为父母之恩永远报答不完。

交通：江达县岗达村境内，距县城5公里。

郎绕神山

【是康区25座佛教神山之一】

郎绕神山上建有宁玛派寺庙郎绕寺，距今已有数百年历史，神山规模较大，骑马转一圈需要一天的时间，此山处于金沙江沿岸地区，是茶马古道的必经之路。

交通：沿金沙江岗托大桥南行15公里

神山嘛呢堆

经书

生钦朗扎山

【康区众多神山之一，朝拜生钦朗扎山被当地人认为是一生的幸事】

生钦朗扎山是康区25座佛教神山之一，按照传统的说法，是著名宗教大师莲花生及宁玛派和噶举派的高僧德青·秋吉林巴、噶玛拔希等修行和朝拜过的地方，故信教群众极为推崇。并以为一生幸事。

山上有几十个景点，以莲花生修行洞最为著名。莲花生修行洞很长，内有奇形怪状的石柱、石芽、似自然形成的佛像等。故在信教群众中，极为推崇生钦朗扎山。

交通：距县城约100公里，其中90公里通汽车。

特别提醒：每年藏历六月十五为此山的朝拜日，远近信众汇集于此顶礼膜拜。

波罗吉荣大峡谷

【艰险奇绝，但又充满传说的峡谷】

波罗吉荣大峡谷夹多曲河奔流向金沙江，纵深5公里，峡谷两侧矗立着高达200米以上的8座绝壁，最窄处仅有3米左右，人行谷底，仰视只见一线天空，环视只见数座秃峰直冲云霄，风光险峻。在峡谷的多曲河中间，有传之为格萨尔王下棋用的四方形巨骰子、珠姆的“天桥”、石刻佛像等景观。

交通：同普乡境内多曲河畔，距317国道5公里，离县城约25公里。木刻之乡波罗古泽也位于峡谷的下游。

门票：70元

波罗古泽

【江达的石刻和波罗古泽的木刻在康区一带非常有名】

波罗古泽青山绿水，森林面积大，林木品种多，尤其是用于刻经版的桦木是这里特有的树种。这也许就是这里能成为木刻之乡的物质基础。波罗一带能独立刻经版的熟练艺人有100多人，现藏于四川德格印经院的经版主要是这里刻工的杰作。该地刻经历史之长，刻工人员之多，刻工技艺之高，是西藏其他地方少有的，是名副其实的“木刻之乡”。

交通：距江达县城50公里

贡觉

通夏寺

【昌都地区萨迦派的早期寺庙，有着与藏地其他寺庙不同的风格】

通夏寺由近百间僧舍依山错落而建，是昌都地区萨迦派的早期寺庙，建筑物的墙面上大多刷着白褐相间的竖条，风格独特。

这里早期培养的高僧，先后成为达珑噶举派的创建人，如达珑墉巴·扎西贝、桑吉雅君、桑吉温等高僧，早年均就读于通夏寺。据史料记载，通夏寺是由后弘期高僧噶顿·普布瓦于1096年创建的。此地原有造型独特的三层殿堂，称为玛堆殿。第一层为藏式，第二层为印度式，第三层为汉式建筑，屋顶为单檐歇山式，上盖琉璃瓦。据说，此即文成公主为镇压女罗刹四肢关节而修建的镇女罗刹掌心寺。民间还传说此殿为文成公主所建。如今寺内珍藏有许多珍贵文物。有国师八思巴馈赠的神像、大明永乐年间的宗教法具、用羊毛丝编织的唐卡，相传还有格萨尔王使用过的宝剑等。

交通：贡觉县城至相皮乡30多公里，而后至相皮山脚下通夏寺十多公里，山脚下为子寺，山上通夏寺需骑马或步行前往。

相皮乡石棺墓

【藏东地区青铜器时期有代表性的考古发现】

在今川西高原的甘孜、阿坝两自治州境内和滇西北横断山区一带，发现了大量的石棺墓，俗称“石棺葬”。西藏文管会文物普查队在昌都贡觉相皮又清理出了5座石棺墓。这里1975年兴建区公所时就曾发现石棺墓多座，但均被毁不存，而清理的5座墓是未被毁坏的。共出土随葬器物13件，其中陶器11件、铜器2件（均为铜刀）。

石棺葬的整体风格与川、滇西部地区石棺葬完全一致，石棺墓葬的时代也应与四川岷江上游石棺墓葬的时代相当，即在战国秦汉时期。这次考古发现对了解昌都藏族及其他藏缅语系民族的历史渊源、民族迁移、民族融合、民族关系等问题，有重要的意义。

交通：前往通夏寺途经相皮乡。

仁达摩崖石刻

【1200多年前西藏文化、政治的忠实见证者】

仁达摩崖石刻是墀松德赞时代遗存，距今已有1200多年。“摩崖造像”的文字中提出了完成藏汉友好大业的任务，而大昭寺门前的“唐蕃会盟碑”上写着已完成了汉藏结盟的任务，说明两块石碑在历史上的连贯性，文字内容也就记载了西藏的政教合一的萌芽意识。“摩崖造像”是研究墀松德赞时代的政治、文化、语言、书法、绘画、雕刻技术的重要遗迹。

交通：距觉克寺15公里，为骡马驿道，从觉克寺骑马单程4小时。

类乌齐

类乌齐寺

【寺内查杰玛大殿是昌都地区历史最悠久、规模最宏大的古寺】

类乌齐寺是由达珑噶举派高僧扎巴微色波于1276年创建，后又经历代法台扩建，形成规模宏大、建筑风格独特的著名寺庙。主要建筑有“萨玛扎仓”、“宁玛扎仓”、“达珑扎仓”、“扬贡嘛樟”（扬贡寺）、“夏仲嘛樟”（夏仲寺）、“特大经堂”、“查杰玛大殿”。

寺院属达珑噶举派，但同时接受宁玛派的一些观点，所以在三个扎仓（僧院）中保留了一个宁玛扎仓，另两个扎仓分别为达珑扎仓和萨玛扎仓（新僧院）。类乌齐寺内部机制较为复杂，计有扬贡寺、夏仲寺两个拉章（活佛私邸或办事机构），三大活佛，三个扎仓，各僧院日常使用自设小经堂，但每逢藏历正月初一和重大佛事活动，三位活佛并列法台，三个僧院全体僧人共用一个查杰玛大殿。

查杰玛大殿通常是类乌齐寺的代称，属扬贡寺管理，是达珑噶举派在藏东的根据地和主寺，该寺所传教法号称“达珑玛唐”即下部达珑，与拉萨“达珑亚唐”（上部达珑）并称，故当地有云“先朝拜拉萨大昭寺，再去查杰玛大殿”。无论外观还是内部的形制都与其他各教派的寺院有所不同：方方正正的三层建筑，外墙涂以红、黑、白竖条，当地文人将之译为“条花殿”，白色代表观世音，红色代表文殊，黑色代表金刚持。

始建于1276年的查杰玛大殿高48.15米，建筑面积3334平方米。一层条花殿为经堂大殿，供奉众多的佛像、唐卡，珍藏着金汁书写的经文和贝叶经，殿内珍藏着寺庙的镇寺之宝——相传为首任法台桑杰温从上部达珑带来的释迦牟尼紫金佛像，据说佛像内有佛陀的舍利和一截指骨；二层红殿供奉着水中释迦像和十六罗汉；三层白殿较小，存放珍贵文物500多件，另有国家一级文物的格萨尔九龙金马鞍、几位重要将领的马具剑戟等。

交通：位于类乌齐老镇上，距新镇35公里。

背包客收藏：查杰玛大殿的磨难

“十年动乱”中，国务院明令保护国家级保护单位的电报尚未到达，寺院已经被毁为废墟，幸好寺院内的佛像和唐卡被收缴入库躲过劫难，直到20世纪80年代重建寺院才重见天日。而其中一些金属佛像、法器被当作破铜烂铁运往外地，途经甘肃柳园车站被敦煌研究所的专家及时发现才得以幸免。

特别提醒：清雍正帝御书匾额“法振西陲”也珍藏于大殿二层，可惜已残破不堪。“法振西陲”译成藏语为“格培林”，该寺以此为荣，也称为“格培林寺”。所以类乌齐寺有多种叫法：查杰玛大殿、扬贡寺、格培林寺等。

德庆颇章神山

【昌都地区的一座神山】

俗称“类乌齐”，藏语意为“大山”，类乌齐县城的名字由此而来。该山距类乌齐县30公里，山清水秀，环境优美。藏历六月十五为神山转山日。

交通：离类乌齐县城30公里

类乌齐寺

长毛岭养鹿场

【西藏地区唯一的马鹿自然驯化场地】

位于类乌齐县长毛岭乡那登通，海拔 3960 米，该地 1988 年被西藏珍稀野生动物考察队划为马鹿自然保护区。养鹿场始建于 1975 年，后逐年扩大，现占地 3.6 平方公里，饲养野生马鹿 120 余头。在养鹿场圈外野鹿至少有几百只。长毛岭养鹿场不仅是昌都地区，而且是西藏唯一的马鹿自然驯化场地。

交通：离县城 52 公里，通汽车。

丁青

孜珠寺

【藏族地区现存规模最大、本教仪轨保存最完整的寺庙之一】

“孜珠”是藏语直译，“六山峰顶”之意，宗教上象征六度波罗蜜。相传为第二代吐蕃王穆赤赞普（公元前 1074 年出生）时期修建的 37 处密教修行场所之一，至今已有 3000 多年历史，而后寺庙兴衰起伏，直到本教著名高僧罗邓宁波·仁增康珠于 14 世纪中期再度兴建和恢复延续至今。

经过历代僧众的不断扩建积累，孜珠寺成为藏族地区现存规模最大、教徒最多、本教仪轨保存最完整的寺庙之一。孜珠寺的本教禅院可系统地讲述本教经典、传授包括神秘而古老的本教无上瑜伽等各种修习方法。孜珠寺内还珍藏着无数珍贵的稀有佛像，康熙帝御赐给当时孜珠寺喇嘛桑吉林巴的御书保存至今。

交通：位于丁青县觉恩乡的孜珠山上，离县城约 45 公里。山脚至山顶 10 公里山路为近年新修，路窄坡陡，路不熟的司机通常被吓出一身冷汗，遇雨雪天气断路。

特别提醒：

1. 藏历五月十五为孜珠寺大法会，本教转经及转山为逆时针方向。
2. 孜珠寺是目前整个西藏唯一保存有一种古老的本教裸体神舞的寺院，这是一种裸体跳神的形式。

布托二神湖

【两个相邻的高山湖泊的统称】

布托湖是布托卡草原上两个相邻的高山湖泊的统称，两湖分别称为普塘错庆和普塘错琼。布托湖是澜沧江支流色曲河的两个平行排列的高山湖泊，海拔 4560 ~ 4600 米，两湖相隔约 5 公里。普塘错庆面积约 9 平方公里，普塘错琼位于普塘错庆的东面，面积约 6 平方公里，周边草原为当地著名牧区。

交通：位于丁青县城北约 25 公里处，不通汽车。

特别提醒：站在孜珠寺，可以看到百里之外的布托湖所在的高山牧场。

布加雪山

【藏东地区最高峰，也是著名的本教圣地】

布加雪山是藏族地区著名的本教圣地，藏东最高山峰，海拔 6328 米。有着奇特的地形特征，从不同的方位望去，有着不同的形状，如山神的万千变化一般。

交通：丁青县西 180 公里

背包客收藏：布托湖与本教的传说

丁青曾叫琼布丁青，琼布是“大鹏鸟后代”的意思。大鹏鸟与当地本教的产生和传播有着密切的关联。相传很久以前，从象雄地区飞来一只大鹏鸟在布托卡草原上掉下两滴眼泪成了两座高山湖泊。大鹏鸟在布托湖附近产下了 3 只水晶蛋孵化出 3 个男孩，这 3 个孩子便成了琼布丁青人的祖先。这种卵生神话被当地的本教典籍和本教信徒普遍看作本教的由来。

背包客收藏：本教

本教又称“本波教”，因教徒头裹黑巾，故俗称“黑教”，它是在佛教传入西藏之前流行于藏族地区的原始宗教。本教最初是在阿里象雄地区发展起来的。它的祖师叫“兴饶”，意思是最高的巫师。本教是一种万物有灵的信仰。传说吐蕃王朝的第一位王聂赤赞普就是天神之子，顺着天梯降到人间。聂赤赞普和他以后的6位赞普在完成人间的事业后，都顺着这天梯回到天上。第八位止贡赞普在和大臣罗昂比武时被杀，这个天梯就被割断了，从此以后的赞普就再也不能上天了。

本教的活动主要通过巫师来进行，随着本教巫师权力的膨胀，赞普的权力逐步被削弱。从松赞干布时期起佛教受到王室的扶植。755年墀松德赞即位后信奉佛教，开始排斥本教，此谓藏地佛教前弘期；9世纪朗达玛即位赞普后实行禁佛运动，本教在复兴的基础上吸收佛教的一些模式和经典发展至今。同时佛教也融合被藏地百姓普遍接受的本教的天地神等观点和形式，逐渐发展为藏传佛教。随着藏传佛教的再度兴起，本教逐渐削弱，但在个别地区依然拥有众多信众。

边坝

三色湖

【大自然的神奇调色板】

三色湖海拔 4200 米左右，实际上是由紧密相连的 3 个湖泊组成。白湖藏语称“错嘎”，湖色灰白；黑湖藏语称“错那”，与白湖有溪相连，宛如母子；黄湖藏语称“错斯”，太阳光下，水色金黄，湖土同色。

在三色湖中黑湖的面积最大，有 1 万多平方米，多雨季节蓄水量可达 2 万多立方米，它是“Z”字形，环山而绕。因为山体为黑色岩石，使水显得深而黝黑，“黑湖”便由此得名；水从“黑湖”里流出后，经过一段百米长的狭窄山缝，地势突然变得平坦，视野开阔，水流减速，湖面平静。水下淤积着从上游流来的大量河沙碎石，清澈见底。因这沙石呈白色，便有了“白湖”的称谓；“白湖”里的水继续流动，顺着缓坡泻入怒江上游的一条无名支流，形成一个小湖，至此湖水再也不流动了，是真正的“死水湖”。这个湖面积不足 3000 平方米，是 3 个湖中最小的一个湖，因含有黄色矿物，水质浑浊，故得名“黄湖”。

三色湖中多鱼，因为当地人不吃鱼所以鱼群既多且大，两岸山岭环绕，自然风光美不胜收，也是野生动物的天堂。传说中三色湖为格萨尔王的 3 个骁勇善战的将军，湖水不竭，将军不亡。

交通：边坝县边坝镇境内，距县城近 50 公里。

特别提醒：

1. 三色湖是边坝县出名的自然风光，道路艰险，每逢雨雪即封山断路，所以春秋季是前往的最好季节。
2. 每年藏历六月十五、十六两天，各地的信教群众常常要远涉千里，绕湖转经祈福。

冬日雪湖

芒康

邦达草原

【世界上海拔最高的机场——邦达机场所在地】

邦达草原海拔 4200 米左右，是澜沧江与怒江之间分水岭——他念他翁山主脊上的一个宽坦山塬盆地，怒江支流玉曲河段两岸广阔的低湿滩地生长着茂密低矮的草甸植物。草原长 80 多公里，宽约 20 公里。世界上海拔最高的机场——邦达机场即坐落在邦达北面草原上。

交通：位于邦达与昌都之间，从昌都县沿澜沧江南下，后折入西侧文沟而上，约 3 小时即可到达。

同卡寺

【保留大量文物古迹的寺院】

同卡寺全称“学呢八宿嘎登桑珠林寺”，俗称同卡寺。同卡寺是由洛巴·江村生格于 1473 年创建的，为功德林拉让（西藏政府摄政之一）所属的一座寺庙。在加强藏汉文化交流方面有过重要贡献，尤其是第七世活佛罗桑巴登江村出任北京雍和宫堪布后，与内地的宗教文化交往更加频繁。

同卡寺至今珍藏着大量的文物，既有古印度铸造的佛像，也有吐蕃时期藏族工匠铸造的佛像，更有内地工匠铸造的佛像。明永乐年间和宣德年间铸造的双龙戏珠钹以及万岁圣旨等都是极为珍贵的文物。该寺大殿中还供有 3 座肉身灵塔。在离寺庙约 500 米处，有泽培仁波切塔，塔呈四方形，底宽 36 米有余，高约 25 米。从外形看，塔为八层，实际内部只有三层经堂，可绕堂观赏，每层塑有大小各类佛像。该塔稳重挺拔，气势雄伟，造型独特，是昌都境内最雄伟、最高大的佛塔之一。

交通：位于八宿县同卡乡政府所在地。距县城 250 公里，有公路连通。

嘎学岩画

【昌都地区至今发现的唯一的早期岩画群】

古老的八宿嘎学岩画整个岩画是在一块大岩石上雕凿的。岩画内容既有单个的图案，如人物、动物、日、月、塔、

芒康县藏式民居

藏文字母，也有组合的图案，如张弓射箭、骑马的人、奔跑的人等。它既反映了人类早期狩猎的原始生活，也反映了人们对大自然的认识，同时佛教的思想也反映在绘画上。

交通：位于八宿县城以西5公里的巴东村牧场处，有乡村土路连接，但需翻山越岭骑马前往。

多拉山

【因为漫山佛像石刻而闻名的神山】

多拉神山规模不大，徒步转一圈约需4小时。沿途可以观赏天葬台和各类石刻艺术。登上主峰，可鸟瞰整个多拉山的核心部分，也是主要的参观点。途中可朝拜以莲花生大师为主的各类佛像、佛塔、六字真言及藏文祈祷经。在多拉山谷中还有一座规模不大的经堂，内供有佛像。多拉山的石灰岩上刻满了佛像和六字真言。由于年代久远风化严重，很多石刻已经模糊不清，当地人认为这是神佛的遗迹，故对此山颇为崇敬。

交通：位于八宿县白马镇以东63公里的川藏公路旁。从邦达草原翻越海拔4839米的怒江山山口，转下著名的川藏线七十二道弯（也称九十九道拐）而后沿怒江支流行车30分钟可达多拉神山。

滇金丝猴国家级自然保护区

【为西藏滇金丝猴的自然保护地】

芒康滇金丝猴国家级自然保护区原为红拉山自然保护区，经西藏珍稀动物考察队考证，确认当地老百姓称之为“准察”的花猴为世界上濒临灭绝的滇金丝猴，是如同大熊猫一样的珍贵灵长目动物。1992年被自治区列为自治区级自然保护区，保护区森林覆盖面积达70% ~ 80%。保护区内除滇金丝猴以外，还有很多珍稀的国家一、二级保护动物和名贵的药材。

交通：芒康县城60公里处，214国道贯穿其中。

特别提醒：保护区的滇金丝猴目前已有600只左右，初春、春末及秋季，在自然保护区的原始森林中常能看到滇金丝猴觅食。

郎巴郎增寺

【兼具藏汉两种文化的古老寺院】

郎巴郎增寺修建于710年的吐蕃时代，至今已有1300多年历史。寺内主佛是大日如来佛，侧前面是老子和庄子的像，是文成公主入藏时，由唐朝工匠雕刻而成的。塑像雕工精细，造型精美，技艺精湛，人物表情丰富，人物形象栩栩如生，兼顾藏汉两家之长，是藏汉关系的历史见证。

每年藏历十二月十四和一月十四是郎巴郎增的“苏觉”、“莽觉”朝圣节，朝拜转经的人们络绎不绝，有来自四川巴塘的、云南的和西藏本地的，三省的朝拜者聚于此地，共同祈祷幸福吉祥的盛会。

交通：在通往莽措湖的公路旁，距县城70公里，可与莽措湖一道游览。

特别提醒：康区群众认为郎巴郎增的威望是自然形成的，而大昭寺的释迦牟尼像是人工铸造的。因而可与大昭寺的佛像媲美，在区内久负盛名。

莽错

【风景如画的高原湖泊】

莽错海拔4313米，湖水面积20多平方公里，地势广阔，四周雪山环绕，是风光秀丽的高原湖泊，湖面上有两个岛，也是飞鸟的天堂。

地址：芒康中部莽岭乡境内，距县城 90 公里，214 国道往北 60 公里处。

特别提醒：每年 10 月的望果节是莽措湖最热闹的时候。

盐井古盐田

【依然保留着古老而原始的制盐模式】

古盐田过去是“茶马古道”的重要驿站，现在是 214 国道的必经之路。

古盐井位于澜沧江两岸，盐井是由于产盐而得名，据史料记载早在唐朝时期盐井就有晒盐的历史，已有 1200 多年历史。至今依然保持着古老的制盐模式，由人从梯子向下到洞底几米至十几米的深处，将卤水背上来倒在盐田里，经过日晒成盐粒。每年农历二三月时盐产量最高，澜沧江西岸产盐为淡红色，且适逢桃花盛开季节，俗称桃花盐，又名红盐。东岸地势高产量少，为价格高的白盐。

交通：芒康县纳西民族乡，沿 214 国道距芒康 107 公里处。

盐井天主教堂

【是西藏唯一的天主教堂】

天主教 1865 年传到盐井，1865 ~ 1949 年历经 17 位外籍本堂神甫。1865 年两位外籍传教士跋山涉水抵达现在盐井的根拉村，修建教堂，信徒越来越多，教堂也颇为气派，可惜原教堂“十年动乱”期间已毁，现在的教堂为重建。上盐井村及周边地区依然有众多天主教信徒每周到教堂做礼拜，教堂新近粉刷一新，为纯净的白色，钟塔高耸，建筑形式结合西方、汉藏多种风格，内部整洁宏伟，可以到这里去聆听藏语。

交通：位于芒康县纳西乡上盐井村，214 国道旁。

吉斯寺

【芒康县 52 座寺庙中最大的一座寺院，文物保护最好】

寺内目前僧人有 80 多人，有一座“释迦牟尼像”，据说是唐朝时期的文物，为大昭寺“释迦牟尼像”的前身，还有一对唐朝时期的“嘎东曲登”。另外，唐、宋、元、明、清时期的文物也较多。吉斯寺属红教，邻近有不同教派的果南寺、色堆寺、帕然寺。

交通：芒康县宗西乡境内

尼果寺

【昔日红教修行圣地，寺院已有 200 多年的历史】

“尼果”藏语就是“神山之冠”的意思，寺院位于海拔 4250 米处，为红教宁玛教派。17 世纪初，喇嘛米帕来到距尼果寺 3 里之外的山洞禅修，后洞内幻化出彩虹，当地人称为彩虹洞。17 世纪中叶，该寺由喇嘛吉尊曲扎嘉措创建，成为藏传佛教著名派系红教高僧修炼之地，后经历代高僧扩建，至今已有 200 多年的历史。寺庙曾经宏伟异常，内塑高 36 米的大佛像，可惜“十年动乱”期间除嘛呢堆外几乎破坏殆尽。

20 世纪 70 年代后开始重建寺院，尼果寺嘛呢堆规模巨大，散布方圆数公里内，还有后人在不断雕刻添加，值得一游。

交通：芒康县宗西乡境内，距县城东北 70 公里处。

多拉日追

【与文成公主进藏有关的传说和人文景观】

传说这里是文成公主进藏时的一个驿站，她在梦中梦到神佛降临此地。第

然乌

二天早上，文成公主烧香祈祷，祝愿此地成为神城，从此，此地的石头都形成了各种佛像，自然成像与人工雕像巧妙结合，形成了一处艺术殿堂，汇聚了藏汉民族的艺术精华。

交通：芒康县宗西乡境内，距芒康县城 90 公里。

曲孜卡温泉

【214 国道沿线的泡温泉好去处】

曲孜卡意为“温泉岸”，这里的温泉有温度、水量大小不同的 108 股泉眼，水温在 20℃ ~ 80℃。其实冬季最适宜泡温泉,但道路交通不便,所以每年 3 ~ 9 月是游客来此泡温泉赏风景的旺季。

交通：214 国道途经此地，距云南省德钦县 120 公里，距盐井 10 公里，距芒康县城 102 公里。

然乌湖

【川藏沿线最著名的风光摄影湖泊】

然乌湖因为紧靠川藏公路而为许多走川藏线旅行的旅行者所熟知。面积为 22 平方公里，湖面的海拔为 3850 米，长约 26 公里，平均宽 1 ~ 5 公里。湖畔西南有岗日嘎布雪山，南有阿扎贡拉冰川，北有来古冰川，东北方向有伯舒拉岭，四周雪山的冰雪融水构成了然乌湖主要的补给水源，并使湖水向西倾泻形成西藏著名河流雅鲁藏布江重要支流帕龙藏布的上源之一。

然乌湖的湖边是大片草甸，背景是白雪皑皑的雪峰，非常适合风光摄影。离然乌镇西 10 公里有“瓦村”。村里的房屋是典型的藏东南林区建筑，是拍摄当地民居风光的好地方。然乌镇西侧湖泊被当地人称为阿木错，狭长的阿木错向西蜿蜒 10 余公里逐渐收缩成一道河谷，湖水清澈。然乌镇东然察公路边的湖泊当地人称为然乌湖，其实两个湖泊有水道相连，难分彼此。

交通：距波密县城 127 公里，距八宿县城 90 公里。由八宿县城乘车，两地相距 89 公里。

餐饮：然乌镇上有五六家川味小餐馆。你如果不善食辣，可以要求厨房里的师傅少放或不放辣。因为地处偏僻，饭菜价钱较贵。荤

业拉山怒江沟 72 拐

菜 10 ~ 15 元 / 份，素菜 8 ~ 10 元 / 份。鸡蛋在这儿的价钱不次于肉类，加上蔬菜以后价格更是厉害，一份番茄蛋炒饭可以卖到 10 元 / 份。餐馆里一般早餐都是面条，唯一一家早餐有馒头卖的饭馆是一家叫“北方小吃”的小饭馆，馒头 0.5 元 / 个。

来古冰川

【世界三大冰川之一】

来古冰川为一组冰川的统称，位于西藏昌都地区八宿县然乌镇境内，紧邻然乌湖，来古冰川为世界三大冰川之一，是帕龙藏布的源头，冰雪融水流进然乌湖，湖畔是茂密的原始森林，还有很多原始的藏族村落，包括美西、亚隆、若骄、东嘎、雄加和牛马冰川，该冰川群中亚隆冰川最为壮观。“亚隆冰川”长 12 公里，从岗日嘎布山海拔 6606 米的主峰延伸至海拔 4 公里的岗日嘎布湖；气候上，地处印度洋季风向青藏高原输送冷空气的主要通道，降水充分，有利于冰川的发育，属于海洋性冰川。

来古冰川下，还有一来古村，这个村子的人特别朴实，他们守候着来古冰川，与冰川日夜相伴。

交通：到来古冰川必须先到然乌镇，然乌镇没有班车到来古冰川，只能包车。路况不太好。只能坐四驱车。

门票：30 元

业拉山怒江沟 72 拐

【堪称中国公路上的奇迹】

业拉山（怒江山）——位于西藏自治区昌都地区八宿县内。垭口于国道 318，标高 4658 米。

川藏线上海拔 4618 米的业拉山公路，坡陡路险，人称“九十九道回头弯”。业拉山是川藏线上以公路曲折而闻名的山，翻过海拔 4618 米的业拉山口，盘旋曲折的公路又急又陡，大多呈 U 形，似乎没有尽头。

从 4120 米的邦达镇过了垭口之后，便是著名的“怒江 72 拐”。这些拐令人望而生畏，堪称中国公路上的奇迹。

实用资讯

交通

昌都地区是西藏的东部门户所在地，5 条内地进藏公路，新藏线、青藏线、川藏南北线和滇藏线，其中后面 3 条进入西藏的第一站都是昌都地区，另外还有邦达机场，可见昌都地区在整个西藏的交通中的重要性。而川藏线、滇藏线均是沿怒江、金沙江、澜沧江所构成的横断山脉地区进藏，沿途雪山、峡谷，道路艰险、风光独特，是几条进藏线路中自然风景最优美的线路，是西藏旅行陆路进出西藏的首选线路。

航空

昌都邦达机场因拥有海拔最高（海拔 4334 米）、跑道最长（长 5000 米）、距城市最远（距昌都县 136 公里）等世界之最享誉国内外。目前只开通了到拉萨和成都的航班。

从机场到昌都县行程 3 小时左右，可以乘机场大巴和出租车到机场。出租车价格 250 ~ 300 元，可拼车。

电话：0895-4821004

特别提醒：由于邦达机场的飞行条件差，航班经常取消或延误。即使登上了飞机，也有可能会被请下去。此外，尽量不要在机场逗留，以免产生高原反应。

公路

昌都是西藏东部横断山脉中的一个镇，是川藏公路的中心点。从川藏公路的西端拉萨或它的东端成都乘客车，长途车昼夜行驶三天两夜即可到达。川藏、滇藏线旅行车和自驾车均在白天行驶，既可游览沿途风光也可保障安全，从成都到昌都 2 天时间自驾就可到。

川藏公路以四川的成都为起点，终点是西藏首府拉萨。从成都出发，经过雅安和康定后，到新都桥便分为南北二线，分别从江达、芒康进入西藏昌都地区，而后分别经林芝、那曲地区前往拉萨。两条线路各具特色，过昌都后南线沿途经过有“西藏江南”之称的林芝地区，其间波密附近道路桥梁经常被洪水、泥石流冲毁，林芝至拉萨路段则全线柏油路；北线经昌都进入那曲地区，藏北大草原和高原缺氧的状态将体现得淋漓尽致，后半程为青藏公路，路况较好。

滇藏公路从云南昆明出发，经大理、丽江、香格里拉、德钦等众多云南名胜景区跨过金沙江进入西藏芒康，而后与川藏南线会合，路况最差部分为云南德钦至西藏波密一段，多陡峭峡谷，雨季频繁断路。近两年云南 228 省道穿越怒江峡谷与西藏察隅的贡隅公路正在施工中，一旦贯通将给旅行者提供一条全新的旅行线路。

川藏南线

即 318 国道，全长 2140 公里。

成都（147 公里）—雅安（217 公里）—康定（149 公里）—雅江（308 公里）—巴塘（104 公里）—昌都芒康（158 公里）—左贡（107 公里）—邦达（94 公里）—八宿（217 公里）—林芝波密（233 公里）—林芝（127 公里）—工布江达（206 公里）—墨竹工卡（73 公里）—拉萨。

川藏北线

即 317 国道，全长 2411 公里。

成都（364 公里）—康定（380 公里）—甘孜（207 公里）—德格（121 公里）—昌都江达（243 公里）—昌都（117 公里）—类乌齐（147 公里）—丁青（250 公里）—那曲巴青（256 公里）—那曲（164 公里）—当雄（162 公里）—拉萨。

滇藏线

即 214 国道，全长 2303 公里。

昆明（397 公里）—下关（14 公里）—大理（166 公里）—丽江（145 公里）—香格里拉（152 公里）—德钦（103 公里）—昌都盐井（111 公里）—芒康（359 公里）—八宿（217 公里）—林芝波密。其后与川藏南线重合。

常用电话

昌都汽车客运站问讯：0895-4822793

昌都地区驻拉萨办事处（西藏拉萨市娘热路 29-1）电话：0891-6832442

昌都地区驻成都办事处（四川省成都市一环路西段昌都宾馆）电话：028-85062288

昌都旅游投诉电话：0895-4821273

昌都地区人民医院电话：0895-4821905

昌都卫生防疫站（昌都镇海南街 15 号）电话：0895-4822809

昌都地区公安处电话：0895-4821756

昌都地区公安处值班电话：0895-4823042

住宿

昌都各城市几乎都在进藏公路边上，都是进藏旅行者的中途食宿点，城镇虽小但餐饮住宿业发达，卫生条件也不错。

昌都

昌都是藏东地区的交通枢纽，是一座位于河谷中的小城，虽然袖珍，但依然可以看到楼房林立。各种设施相对完善，有比较好的宾馆、酒店以及旅馆、招待所，餐饮卫生条件很好。昌都的宾馆和招待所价格在 20 ~ 100 元不等。较好的酒店价格在 80 ~ 300 元，大多有独立卫生间。

昌都饭店

始建于 1984 年，2000 年 9 月获涉外三星级饭店经营资格。标准间 260 元 / 间（带卫生间），三人间 300 元 / 间（不带卫生间）。可随季节不同实行不同的折扣。

地址：昌都西路昂曲河畔

电话：0895-4825998

雪夜中的然乌湖

康巴藏族

昌都电信宾馆

地址：昌都西路 17 号

电话：0895-4848333

康盛宾馆

在客运站以东，与客运站相距约 5 分钟路程，设备完善。

地址：昌都地区西路 10 号

电话：0895-4823168

客运站招待所

设备简陋，但收费便宜，方便搭车，10～15 元/床。

地址：昌都县西大桥附近

芒康

芒康是川藏南线和滇藏线的交会点，所以旅行者，尤其是乘汽车和自驾车的旅行者都把这里作为驿站。

盐井曲孜卡温泉休闲中心

老板叫扎西顿珠，有温泉游泳池，吃住条件不错，住宿点靠近江边。

电话：0895-4911888、13618950134

康圣宾馆

地址：芒康县嘎拓街

电话：0895-4542668

藏式餐厅

左贡

城市面貌很新，旅馆、招待所较多，推荐交通宾馆：标准间50元/间，可住两人，没有独立的卫生间。房间卫生条件不错，被铺都很干净，有电视但效果不太好。也可住宿大炮宾馆，食宿条件不错。

八宿

可住宿迎宾大酒店或八宿交通饭店，条件不错。然乌湖住宿选择很多，推荐邮政招待所和然乌政府招待所，标准间80～100元/间。然乌还有很多家庭旅馆，下面一层为自家的餐馆，上面可以住人，每人30～50元，价格便宜，少数几家提供热水。然乌镇上每晚11点停电。

餐饮

昌都地区以藏族为主，北线靠近那曲地区接近藏北高原，多食酥油、牛羊肉。南线地区海拔较北线低，雨水丰沛，气候条件适于种植蔬菜、水果，餐饮风格较接近四川、云南地区。昌都因为接近四川省，所以全境均有很多四川餐馆，味道不错。在昌都境内行车因为道路崎岖，断路堵车情况时有发生，所以随身携带一些方便食品和饮料以备不时之需很有必要。

购物

昌都地区有名的土特产主要有虫草、贝母、雪莲、核桃、藏刀及高原畜产品等。另外，昌都地区的民族手工艺品也极富特色，其制作精美，结构多样，特别是位于扎曲河上游，离昌都县城120公里的噶玛生产的手工艺品更是闻名康藏。由于昌都地理位置特殊，受到藏、汉、蒙古、纳西以及尼泊尔、印度等民族工艺的影响，所以其本地的手工艺品便逐渐形成了昌都地区独特的民族风格。

醉梨出产在西藏昌都地区的八宿县、左贡县及怒江两岸上林卡与下林卡区。醉梨果实卵圆形，果皮黄色，上有麻点密布。果肉黄白色，肉质松脆、稍粗，汁多味甜，果心稍大。传说天神为了欢迎文成公主一行入藏，以醉梨代酒为其洗尘。

娱乐

昌都地区最适合旅行者前往观光的节日就是类乌齐的“仲确节”，届时各地信徒将会聚到类乌齐转山、朝佛、集会，是旅行、摄影的最佳时节。

丁青热巴艺术

丁青热巴舞是丁青艺术的代表。在丁青县的县城广场，时不时有丁青人跳热巴舞。热巴舞以热情奔放的舞姿、博大精深的内涵享誉区内外。目前，丁青热巴已列入第一批国家非物质遗产项目名录。

仲确节

仲确节是类乌齐县的传统节日，具有悠久历史和广泛影响力。在藏语中“仲”即供奉，“确”即修习，从字面上解释即“修行仪轨节”，每年的藏历六月十五举行。当地人相信在仲确节期间拜佛许愿做买卖就能如愿以偿。融交易、踏青、转神山活动为一体的仲确节始于1326年。1326年当类乌齐的“祖拉康”（查杰玛）大殿的外观内景全部竣工时，乌金贡布大师为庆祝这一佛门的盛事，酬谢被邀的尼泊尔、印度、内地等国内外的能工巧匠和教徒，举行了隆重的落成典礼，四方信徒闻讯赶来庆贺，每年一度的庆典延续至今。仲确节这天，也是祭祀德庆颇章神山的特殊日子。桑杰翁正式把类乌齐的甲日山认定为佛所预言的“德庆颇章”大神山，并于马年对神山进行了开光仪式。从此每年藏历六月十五成为祭祀“德庆颇章”日。

责任编辑：王佳慧　高辰
文字作者：聂作平 西达 老博 韩硕 赵吾文 林木 高晓涛 万佳
图片作者：潘晓春 巴戈 于怀 滕卫华 刘为民 孙石 凌伯雄 赵吾文 林木 全景 CFP 达志影像 /shutterstock 图文天下
封面设计：何睦
内文设计：zhengmei 正美 www.zhengmeiart.com
地图绘制：ANYFOTO
责任印制：闫立中

图书在版编目（CIP）数据

西藏 /《走遍中国》编辑部编著 . —— 4 版 . —— 北京：中国旅游出版社，2014.1（2024.9 重印）
（走遍中国）
ISBN 978-7-5032-4895-5

Ⅰ . ①西… Ⅱ . ①走… Ⅲ . ①旅游指南—西藏 Ⅳ . ① K928.975

中国版本图书馆 CIP 数据核字 (2013) 第 316171 号

审图号：GS（2008）674

书　　名：西藏

作　　者：《走遍中国》编辑部编著
出版发行：中国旅游出版社
（北京静安东里 6 号　邮编：100028）
https://www.cttp.net.cn　E-mail: cttp@mct.gov.cn
营销中心电话：010-57377103，010-57377106
读者服务部电话：010-57377107
经　　销：全国各地新华书店
印　　刷：北京金吉士印刷有限责任公司
版　　次：2014 年 1 月第 4 版　2024 年 9 月第 13 次印刷
开　　本：889 毫米 ×1194 毫米 1/32
印　　张：11
字　　数：380 千字
印　　数：43001~46000 册
定　　价：49.80 元
I S B N：978-7-5032-4895-5
